도암집

이 책은 2016·2017년도 정부(교육부)의 재원으로 한국고전번역원의 지원을 받아
수행된 '권역별거점연구소협동번역사업'의 결과물임.

This work was supported by Institute for the Translation of Korean Classics - Grant funded by the Korean Government.

한국고전번역원 한국문집번역총서/단국대학교 동양학연구원

도암집 5

陶菴集

이재 지음
李縡

최예심 옮김
장유승
권진옥
이승용

일러두기

1. 이 책의 번역은 한국고전번역원에서 간행한 한국문집총간 194집 소재 《도암집(陶菴集)》을 대본으로 하였다. 번역 대본의 원문 텍스트와 원문 이미지는 한국고전종합DB(http://db.itkc.or.kr)에서 확인할 수 있다.
2. 내용이 간단한 역주는 간주(間註)로, 긴 역주는 각주(脚註)로 처리하였다.
3. 대본의 본문과 원주의 구분이 명확하지 않은 경우는 역자가 임의로 조정하였다.
4. 한자는 필요한 경우 이해를 돕기 위하여 넣었으며, 운문(韻文)은 원문을 병기하였다.
5. 맞춤법과 띄어쓰기는 한글 맞춤법과 표준어 규정을 따랐다.
6. 이 책에서 사용한 부호는 다음과 같다.

   ( ) : 번역문과 음이 같은 한자를 묶는다.

   〔 〕: 번역문과 뜻은 같으나 음이 다른 한자를 묶는다.

   " " : 대화 등의 인용문을 묶는다.

   ' ' : " " 안의 재인용 또는 강조 문구를 묶는다.

   「 」: ' ' 안의 재인용을 묶는다.

   『 』: 「 」 안의 재인용을 묶는다.

   《 》: 책명 및 각주의 전거(典據)를 묶는다.

   〈 〉: 책의 편명 및 운문·산문의 제목을 묶는다.

차례

도암집 제15권

서書

도암집 제16권

서書

도암집 제17권

서書

도암집 제18권

서書

도암집 제19권

서書

도암집

제15권

書서

민사회에게 답하다 창수○기유년(1729, 영조5)

答閔士會 昌洙○己酉

말씀하신 내용은 잘 알겠습니다. 성인이 오륜을 서술하면서 부자의 경우는 친함이 있다고 하고, 군신의 경우는 의리가 있다고 하였으니, 이치는 하나이지만 나뉘면 달라지는 것입니다. 몇 해 전 어떤 재신(宰臣)이 세 번 간언해도 들어주지 않으면 울면서 따른다는 말[1]을 인용하며 "신은 떠날 수 있는 의리가 없습니다."라고 말하기까지 하였습니다. 이 말은 윤리를 크게 해치는 것이지만 온 세상이 도도하게 휩쓸려 대체로 한결같아 자연히 임금의 도가 날로 높아지고 신하의 도가 날로 낮아지는 결과를 초래하였으니 어찌할 수가 없습니다.

이번에 고을 관아에 나아가 통곡하는 것이 실로 '의(義)' 한 글자에 부합하지만, 한 걸음 조금 나아간다는 논의는 주저하며 미루는 버릇을 면하지 못한 듯합니다. 《대학》에서 신하가 멈추어야 할 곳을 충(忠)이 아니라 경(敬)이라고 하였으니,[2] 그 뜻이 어찌 분명하지 않겠습니까. 말씀하신 내용이 정확하니 몹시 기쁩니다.

1 세……말 : 《예기》 〈곡례 하(曲禮下)〉의 "자식이 어버이를 섬길 적에 세 번 간언해도 들어주지 않으면 울면서 따른다.〔子之事親也, 三諫而不聽, 則號泣而隨之.〕"라는 말을 인용한 것이다.

2 대학에서……하였으니 : 《대학장구》 전(傳) 3장의 "신하가 되어서는 경에 멈춘다.〔爲人臣, 止於敬.〕"라는 구절을 말한다.

민사회에게 답하다

答閔士會

거취에 대해 질문하셨는데 어찌 스스로 숨기겠습니까. 그러나 시작이 좋지 않았으니 지금은 좋은 방법이 없습니다. 소급하여 논하자면, 정미년(1727, 영조3) 가을과 겨울 무렵 저들이 화를 꾸미려는 마음이 어떠하였으며, 그대들이 통탄하고 두려워한 것이 어떠하였습니까. 지금 아우는 참봉이 되어 편안해지고, 형은 고을 수령이 되어 이익을 얻었으니, 비록 스스로 도모했더라도 이보다 더할 수는 없을 것입니다. 이는 본디 위대한 성인이 도야하고 옮겨준 힘입니다.

그러나 저들이 처음에는 화를 끼치려 하다가 끝내는 각별히 위해주는 것이 어찌 아무 이유 없이 그러는 것이겠습니까. 탕평의 와중에 천 명 백 명을 대적할 수 있는 그대들 몇 사람을 얻어 한바탕 광채를 더하고, 위로는 임금의 마음을 굳건히 하며 아래로는 사사로운 원한을 해소하였으니, 그대들이 저들에게 큰 덕을 베풀었습니다. 이것이 제가 강개한 마음으로 대화와 편지에서 노출하지 않을 수 없는 이유입니다.

사장(士長 민형수(閔亨洙))이 지금 인혐하는 것은 무슨 일 때문인지 모르겠지만 단지 비방이 두려운 듯합니다. 내가 구하지 않았는데 행여 밖에서 오는 것은 원래 어쩔 수 없고, 내가 또 청하지 않았는데 혐의의 단서가 저절로 없어진다면 또 무엇이 부족하겠습니까. 중대한 일을 간파하지 못하면 말단적인 일에 집착하게 됩니다. 또 처음에 비하면 점차 가벼워졌으니 군주의 명령을 받드는 것 외에 어찌 다른 방도가 있겠습니까. 어사로 복명할 때 상소 한 통을 올려 통렬히 아뢰었다면 이렇게 난처한 일들은 없었을 것이니 몹시 한탄스럽습니다. 지금은 비록 억지로 명을 받들더라도 이 도리를 깨닫지 못해서는 안 되므로 이렇게까지 자세히 말하는 것이니 양해해 주시기 바랍니다.

민사회에게 답하다 신해년(1731, 영조7)

答閔士會 辛亥

진천 현감(鎭川縣監 정희하(鄭羲河))이 어제 편지를 보냈는데, 억지로 부임한 것을 후회하는 말이 많았습니다. 지난 일은 원래 말하지 않는 법이지만, 그 시비를 물었기에 감히 모호하게 말할 수 없었습니다. 대개의 뜻은 지금 사류가 의지할 사람은 한두 원로뿐인데, 그 집안의 자제들이 이 세계 속의 사람에게 끌려 들어가는 것을 면치 못한다면 장차 세도를 어디에 두겠냐는 것입니다. 이것은 사장(士長 민형수)이 주범이고 형이 그 다음입니다. 그의 편지에 '사장의 전례〔士長例〕'라는 세 글자가 있었기 때문입니다. 사장이 아니었다면 서우(瑞友)[3]는 하려고 하지 않았을 뿐만 아니라 하지 못할 수도 있었을 것입니다. 사장이 들으면 사양하지 않고 받아들이겠습니까.

3 서우(瑞友) : 정희하를 말한다. 그의 자가 성서(聖瑞)이다.

민사회에게 답하다

答閔士會

오군(吳君)을 권면하고 경계한 것은 참으로 그런 일이 있었습니다. 그들이 뒤따른다는 말 때문에 그렇게 말한 것인데, 병조 판서 이하 몇 사람에 대해서는 원래 지적한 것이 없으니, 부연하여 설명한 사람이 있는 듯합니다. 예조 판서가 계묘년(1723, 경종3) 과거 급제자[4]를 많이 등용하였다는 말을 듣고 마음 속으로 몹시 놀라 자주 말하였으니, 그로 하여금 듣고서 고치게 하려는 것이었습니다. 오군을 만났을 때도 그렇게 하였습니다.

대저 평소에는 시사를 언급한 적이 없지만, 조정 관원을 만나서는 감히 모호하게 말할 수 없으니, 궁벽한 곳에서 사람을 드물게 만나는 것이 낫다는 것을 더욱 잘 알겠습니다. 오군을 통렬히 책망하였는데, 그 뒤로 조금도 달라진 것이 없다고 합니다. 이 또한 함께 말해서는 안 되는 데 말하는 경우[5]에 해당합니까? 그러나 내 마음을 다할 따름이

4 계묘년 과거 급제자 : 목호룡(睦虎龍)의 고변(告變)에서 비롯된 신임옥사 이후 1723년 설행된 계묘토역정시(癸卯討逆庭試)에 급제한 사람을 말한다. 영조가 즉위하여 신임옥사를 소결하면서, 목호룡의 훈명(勳名)을 삭훈하고 당시 토역정시에 합격한 이들도 모두 삭과하였지만, 이후 영조가 경신환국 때 숙종의 처분을 참고하여 토역정시 문무 합격자들을 특별히 복과(復科)시킨 일이 있었다.

5 함께…… 경우 : 《논어》 〈위령공(衛靈公)〉의 "함께 말할 만한데 말하지 않으면 사람을 잃고, 함께 말할 만하지 않은데 함께 말하면 말을 잃는다.〔可與言而不與之言, 失人, 不可與言而與之言, 失言.〕"라는 구절을 인용한 것이다.

니, 훗날 예조 판서를 만나더라도 책면하지 않을 수 없습니다. 이는 모두 몹시 사랑하는 마음에서 한 일인데, 남의 마음이 내 마음과 같지 않으니 어찌하겠습니까. 한 치의 아교로 흐린 황하를 맑게 할 수는 없으니,[6] 이 말을 세 번 반복하며 탄식합니다.

6 한……없으니 : 《포박자(抱朴子)》 〈가둔(嘉遯)〉의 "한 치의 아교로 흐린 황하를 맑게 할 수는 없다.〔寸膠 不能治黃河之濁.〕"라는 말을 인용한 것이다.

민사회에게 답하다 임자년(1732, 영조8)

答閔士會 壬子

정우(鄭友)의 정리가 그대의 말씀대로라면 참으로 난처합니다. 대저 평소 부모에게 도리를 깨우쳐 녹봉으로 봉양하는 것이 선(善)으로 봉양하는 것만 못하다는 사실을 알려드려야 합니다. 일을 앞두고 완곡하게 말씀드리고, 만약 부모의 마음을 돌리지 못하면 부모의 뜻을 거스르지 않는 것은 또 그 다음입니다. 저는 예전에 정부자(程夫子 정이)의 "나를 위하는 것과 부모를 위하는 것은 한 가지 일이다."[7]라는 말을 굳게 믿고서 감히 하루조차 봉양하지 못하였는데, 지금 통렬히 후회해도 어쩔 수 없습니다. 정우의 경우라면 어찌 감히 중도를 지나친 인(仁)이라고 용서하지 않겠습니까마는, 그 중대한 시비를 논함에 있어서는 끝내 감히 두 번째로 떨어질 수는 없으니 어찌하겠습니까.

7 나를……일이다 : 《근사록》 권7 〈출처〉에 보인다.

민사회에게 답하다

答閔士會

호산청(護産廳)의 일을 길에서 소문으로 듣고 밤새 방황하며 하늘을 우러러 탄식하였는데, 편지를 받고 보니 과연 그러하였습니다. 하늘이 이다지도 복을 내리지 않는 것입니까.

저는 늘 송(宋)나라 범중엄(范仲淹)과 사마광(司馬光) 등 여러 공의 주의(奏議)를 모으고 우리나라의 사적을 덧붙여 바쳐서 성상께서 감동하여 깨우치기를 바랐는데, 예전에 이 일을 여쭌 적이 있습니다. 이 일은 원래 준비를 마쳤으나 끝내 지체되었으니, 지금은 시위에 올린 화살과 같아 말해봐야 무익합니다.

항상 생각하기를, 이 일은 나라의 중대한 계책이니, 우리 외숙(민진원)이 말을 꺼내지 않으면 기대할 사람이 없다고 여겼습니다. 지금 과연 이렇게 하셨으니, 어찌 만류할 수 있겠습니까. 그렇지만 갑자기 도성에 가면 사람들의 의혹을 일으키기 쉽습니다. 먼저 거취를 여쭐 때 장차 무슨 말로 해야겠습니까?

청대(請對)는 체모가 중대한데, 필경 귀결되는 곳이 없으면 한갓 서울과 지방의 민심을 두렵게 하고 흔들리게 하여 난리를 부르는 계단이 될 것입니다. 이것은 끝없는 걱정이니 어찌하겠습니까. 이 일은 끝내 좋은 계책이 없으니, 말씀하신 내용에 대해 별지에 제 소견을 대략 진술하였습니다. 행차가 이미 출발하였더라도 이 편지와 함께 알려드리십시오. 모든 일을 깊이 헤아려 신중하고 치밀하게 하시기를 간절히 바랍니다.

민사회에게 답하다 계축년(1733, 영조9)

答閔士會 癸丑

장문의 상소가 작년에 어사로 복명할 때 나왔다면 반드시 오늘날처럼 무거운 죄를 얻지는 않았을 것입니다. 이 역시 이해를 따지는 자의 의혹이라 하겠습니다. 그러나 세도로 말하자면 의리가 어두워지기는 달마다 다르고 해마다 같지 않습니다. 오늘날 한번 유배 가는 것이 더욱 도움이 되겠는지요. 한스러운 것은 단지 인혐으로 귀결되는 바람에 역적의 죄를 성토하여 세도를 크게 부지하지 못한 점입니다.

이른바 장문의 상소라는 것은 어떤 사람이 한 짓인지 모르겠으나, 제 소견으로는 봄 이후의 거취와 연석에서의 대화 가운데 '의심스러워하고 멀리한다.'라는 한 단락에 대해 사우들 사이에 종종 가만히 걱정하고 탄식하는 자가 있었습니다. 이 사람(민형수)의 한 마디가 아니었다면 본심을 밝히지 못했을 것입니다. 그렇다면 이는 효도이지 효도를 손상한 것이 아닙니다. 가령 이 사람이 대궐에서 의기양양하면서 세상에 한 차례 광채를 더했다면, 저는 그것이 효도인지 모르겠습니다.

민사회에게 답하다 갑인년(1734, 영조10)

答閔士會 甲寅

짧은 편지에 알려주신 내용은 잘 알겠습니다. 이름을 나란히 올리는 것이 염치없다는 것은 잘 알고 있습니다. 말씀하신 내용은 친애하는 사람에게 편벽된 것[8]이 아니겠습니까. 평소 심사를 임금께 아뢰지 못한 것이 많으니, 구구한 출처를 논할 겨를이 있겠습니까? 그러나 신하가 임금을 섬길 적에는 작게는 친소(親疎)와 출척(黜陟), 크게는 영욕과 화복이 비록 같지 않은 듯하나 결국에는 단련시켜 성취를 이루게 하는 것으로 귀결됩니다. 하늘이 사람을 대하는 이치는 본디 이와 같으니, 옛날의 일은 논할 것도 없고 미천한 제게 증험해보면 더욱 믿을 만하니, 큰 은혜를 송축하는 마음은 한결같습니다.

다만 나아갔으나 성상을 도와 제몸을 돌보지 않는 절개를 바치지도 못했고, 물러나서도 존심양성(存心養性)하여 하늘에 순응하는 의리를 다하지도 못했으니, 이것이 너무도 큰 죄입니다. 땅을 굽어보고 하늘을 우러러보아도 부끄러우니 어떻게 스스로 설 수 있겠습니까. 말씀하신 뜻은 이 도리에 대해서 꿰뚫어보지 못한 부분이 있는 듯합니다. 붓을 잡으니 저도 모르게 이와 같이 토로하였습니다. 어떻게 생각하십니까? 대심(大心 이유(李維))이 와서 당신 아우가 게으름을 피운다고 전했습니다. 이밖에는 다른 일이 없습니까? 감히 알지 못하겠습니다.

8 친애하는……것 : 《대학장구》 전8장의 "사람은 친애하는 바에 편벽된다.〔人之其所親愛而辟焉〕"라는 말을 인용한 것이다.

민사회에게 답하다 정사년(1737, 영조13)

答閔士會 丁巳

지난 번 편지에 자세히 말씀하신 내용은 실로 몹시 감탄스럽습니다. 제 자식(이제원(李濟遠))은 평소 속된 생각이 많아 남들과 달리 우뚝 서려 하지 않으니, 이번 일도 대개 여기서 말미암은 것입니다. 돌아온 뒤에는 당신의 말처럼 통렬히 꾸짖겠지만, 무슨 소용이 있겠습니까. 남의 부자 사이에 처하여 말을 다하시니 제가 당신에게 조금이나마 믿음을 받고 있다는 사실이 참으로 기쁩니다. 당신의 이 일이 어찌 보통 사람이 미칠 수 있는 것이겠습니까. 비단 저만 탄복하는 것이 아니니, 그 역시 감동할 줄 알지 않겠습니까.

편지 말미에 운운한 내용은 그가 받고 있는 믿음이 제 아비만 못하여 그러한 듯합니다. 앞으로는 제가 있고 없고를 막론하고 일이 생기는대로 가르침을 주신다면 다행이겠습니다.

사위(士衛 민익수(閔翼洙))가 당한 일은 참으로 주자가 이른바 인생의 불행한 일[9]입니다. 더구나 형제가 일시에 곤란을 당한 경우이겠습니까. 이미 대면하여 대략 상의하였으나 앞으로의 일이 몹시 걱정입니다.

9 인생의 불행한 일 : 주자는 천거하는 글에 자신의 이름이 있는 것을 두고 인생의 불행한 일이라고 하였다.《晦菴集 卷24 與魏元履書》이 무렵 민익수가 별천(別薦)을 받아 관직에 임용된 일을 말하는 듯하다.

민사회에게 답하다 무오년(1738, 영조14)

答閔士會 戊午

대보름이 또 다가왔으니 부모 생각하는 효성스러운 마음을 더욱 어찌 견디며 지내십니까. 제 자식의 처신은 사위(士衛 민익수)가 이른바 '그 다음 가는 것'입니다. 저도 본디 불쾌하게 여겼으니 당신의 말씀이 지극히 옳습니다. 그에게 보여주어 명심하도록 하겠습니다.

대저 지금 사람들은 형제와 친구 사이에서도 모난 부분이 적고 남을 따르는 것을 좋아하는 자가 과거에 합격하는 경우가 많고, 이와 반대이면 하지 못합니다. 이 역시 시대의 운수가 그렇게 만드는 것 아니겠습니까. 마주 앉아 마음껏 이야기하지 못하여 한스럽습니다.

상중에 변란을 만나면 예전에 시종신을 거친 사람이라도 궤연을 받들고 산속으로 달아나 피하는 것이 의리에 해가 되지 않을 듯합니다. '일이 있어 도성에 들어온다.' 운운한 말씀으로 말하자면, 상을 당한 사람은 감히 잠시도 여막을 떠날 수 없으니, 출입할 수 있는 경우는 상사(喪事) 때문이거나 때때로 모친을 뵙는 두 가지 일 뿐입니다. 만약 한결같이 예법대로 하여 어기지 않는다면 당일로 돌아와 궤연을 모시더라도 달아나 피한 것과 같으니, 마음에 부끄러운 점이 없을 것입니다. 평소의 행동을 이미 이와 같이 하지 못했다면, 그대로 머물러 난리가 진정되기를 기다리더라도 안 될 것 없습니다. 어떻게 생각하십니까?

민사회에게 답하다
答閔士會

전에 말씀하신 내용은 의리로 논할 수 없습니다. 요즘 주관 없고 이익을 따지는 논의가 대체로 이와 같으니 어찌 말할 것이 있겠습니까. 상중에 임금에게 달려가 문안하는 일로 말하자면, 제 생각에는 3년 동안 부르지 않는다는 뜻[10]이 인정에 순하고 천리에 합당합니다. 비록 전쟁도 피하지 않고 나아간 자가 종종 있었지만 예교(禮敎)에 죄를 짓는 결과를 면하지 못합니다. 더구나 임금에게 달려가 문안하고서 하는 일이 없다면 의리에 합당하겠습니까. 어버이를 섬기는 날에는 이미 제몸을 바치는 절개를 지킬 수 없습니다. 삼년상을 다하는 날까지 하루라도 궤연을 떠나는 것은 효자의 마음에 차마 하지 못하는 일입니다. 몸을 바쳐 나라에 보답할 날이 어찌 없겠습니까. 이 말을 두 사촌에게 전하고 다시 함께 생각하신다면 다행이겠습니다.

10 3년……뜻 : 《춘추공양전(春秋公羊傳)》 선공(宣公) 7년의 "옛날 신하가 대상을 당하면 임금은 3년 동안 문밖으로 불러내지 않았다.〔古者臣有大喪, 則君三年不呼其門.〕"라는 구절을 말한다.

민사회에게 답하다
答閔士會

대상(大祥)이 머지 않았으니 슬피 사모하는 마음을 어찌 견디고 계십니까. 저희 집에서는 손자 아이의 관례(冠禮)를 순조롭게 거행하였습니다. 날씨는 맑고 따뜻한데 사위(士衛 민익수)는 빈(賓)이 되고 사원(士元 민우수)은 찬(贊)이 되었으며 당신 아드님도 와서 보았으니, 기쁘고 다행한 마음이 어떠했겠습니까. 다만 부모 잃은 마음이 더욱 서글프고, 대심(大心 이유)도 살아날 수 없습니다.

예전에 기제(忌祭)의 이성(利成)[11]에 대해 문의하셨는데, 조용히 생각해보니 중고(中古) 이후로 기일에 비로소 제사를 지냈는데, 사시(四時)의 정제(正祭)처럼 중요하지는 않았습니다. 비록 줄이더라도 의리에 해가 되지 않을 것입니다. 어떻게 생각하십니까?

별지 別紙

길 위는 조문하는 곳이 아니지만 저쪽에서 기왕 조문을 청하였다면 내가 어찌 감히 사양하겠습니까. 더구나 가까운 친척 관계로 만나면 곧 애통해할 사람이라면 구애되어서는 안 될 듯합니다.

인가에서 견전(遣奠)[12]하기 전에 조상식(朝上食)을 행하는 경우가

11 이성(利成) : 제사가 끝났음을 고하는 절차이다. 기제 때 시제와 마찬가지로 이성을 고하는 것이 온당한지 논란이 있었다.

12 견전(遣奠) : 발인할 때 대문 밖에서 지내는 제사이다.

많은데, 일의 형세가 편리하기 때문이지만 예법의 본뜻에는 어긋납니다. 길에서 상여를 멈추는 곳에서 상식을 올리는 것이 마땅합니다. 초하루에 빈소를 열고 발인하는 경우의 은전(殷奠)도 그렇습니다. 말씀하신 오시(午時)에 발인한다는 내용은 변례(變禮)입니다. 조전(祖奠)[13]을 올리지 않는 것이 몹시 온당치 않기는 하지만 삭전(朔奠) 역시 빠뜨릴 수 없으니, 권도에 따라 행하는 것이 마땅할 듯한데 어떻게 생각하십니까?

면례(緬禮) 때 입는 시마복(緦麻服)은 원래 삼년상의 체제를 갖춘 것입니다. 그렇지만 삼년상에서 변제(變除)[14]하는 절차 또한 중요하니, 시마복을 입었다고 해서 그만둘 수는 없습니다. 길제 역시 행하지 못할 의리는 없는 듯합니다.

《상례비요(喪禮備要)》 담제조(禫祭條)에는 길복에 대해 별달리 실려 있는 것이 없습니다. 삼포립(黲布笠), 흑대(黑帶) 이외에는 억측하여 말하기 어렵습니다. 검은 선을 두른 망건을 삼포립과 흑대 사이에 나란히 두어야 할 듯한데, 나중에 바꾸어 착용하더라도 무방할 듯합니다.

길제를 담제 지내는 달에 지내는 이유는 삼년 동안 제사를 지내지 못한 나머지 정제(正祭)를 급히 지내야 하기 때문이지만, 중월(仲月)에 주안점이 있으므로 중월이 된 뒤에야 행할 수 있습니다. 맹월(孟月)에 지내도 혐의가 없다는 설로 말하자면, 담제가 계월(季月)에 있어

13 조전(祖奠) : 발인하기 하루 전에 지내는 제사이다.

14 변제(變除) : 상기(喪期)가 경과함에 따라 점차 무거운 복을 벗고 가벼운 복으로 바꾸어 입는 절차를 말한다.

맹월에 길제를 행하는 경우를 가정한 것입니다. 지금 담제 지내는 달에 길제를 이어서 행하는 경우, 앞의 설로 말하자면 중월이 아니고, 뒤의 설로 말하자면 또 달을 넘기지 않은 것입니다. 두 가지 설을 억지로 끌어다가 자기 뜻에 맞추는 것은 반드시 올바른 예의라고 할 수 없으니, 차라리 달을 넘기는 정식 제도를 따르는 것이 낫습니다. 제 생각에 길제와 시제(時祭)는 사시(四時)의 정제라는 점은 같고, 단지 상을 마친 뒤의 첫 제사이므로 그 이름을 구별한 것 뿐입니다. 만약 계월(季月)에 담제를 지낸 자가 맹월(孟月)에 길제를 지내고 중월(仲月)에 또 시제를 지낸다면, 이것은 천도(天道)가 조금도 변하지 않았는데 정제를 거듭 지내는 것이니, 번잡한 것에 가깝지 않겠습니까? 우옹(尤翁 송시열)의 논의는 비록 이와 같으나 감히 대뜸 따를 수 없습니다. 어떻게 생각하십니까?

민사회에게 답하다 기미년(1739, 영조15)

答閔士會 己未

초고는 틈나는 대로 겨우 점검하여 돌려보내니 취사선택하시기 바랍니다. 이 상소에 형제가 연명하는 것은 그만둘 수 없습니다. 군직의 직함이 실직만 못하다는 사위(士衛 민익수)의 말은 참으로 옳습니다. 제수하는 명이 내리기 전에는 천천히 기다려도 무방합니다. 그렇지만 막내(민통수(閔通洙))의 직함이 몹시 긴요하니 이것이 방해가 됩니다. 우선 지방에 있으면서 기다리십시오.

어사의 일에 대해서는 사위의 편지에서도 질문하였습니다. 사위의 의견도 한 가지 방도이지만, 선친의 심사를 아뢰지 못한 것이 지극한 아픔인데 한번 아뢰기도 전에 지레 먼저 혼자 나간다면 끝내 구차할 듯하니, 이것은 맏이(민창수)의 말씀이 나은 듯합니다. 만약 명을 어겼다는 이유로 잡혀간다면, 절박한 사정을 미처 아뢰지 못하였다고 대략 말을 지어내고, 나온 뒤에 연명에 참여할 수 있다면 다행이겠습니다. 비록 이 때문에 엄한 처벌을 받더라도 둘째(민형수) 혼자서 하고, 막내는 추후에 스스로 논열해도 될 듯한데, 어떻게 생각하십니까?

그대들이 하는 일은 매번 허술해서 걱정이니, 지난번 편지에서 먼저 누설되지 않도록 하라는 경계를 보면 알 수 있습니다. 만일 이 일을 하고자 한다면 널리 의논하지도 말고 번거롭게 드러내지도 마십시오.

민사회에게 답하다
答閔士會

두 사촌에 대한 처분[15]이 아직 내리지 않았으니 황공하고 위축됨을 알 만합니다. 한 통의 상소로 선친의 심사를 밝혔고, 임금의 무고를 변론하는 내용도 그 안에 들어 있으니, 충성스럽고 효성스럽다는 칭송이 지나친 줄 모르겠습니다. 그렇지만 지금 소원한 신하가 자기 견해로 곧장 아무개를 흉역이라고 단정했으니, 죽지 않으면 다행입니다. 이렇게 한 뒤에야 믿을 데가 없는 자라고 할 수 있으니, 이것이 이 사람의 처지가 남과 다른 점입니다. 전에 운운한 말은 그가 이것으로 만족하지 말고 백척간두에서 한 걸음 더 나아가기를 바란 것입니다. 친구들의 말은 어떠한지 모르겠지만 제 생각은 다른 것이 없습니다. 죽고 사는 문제를 한쪽에 치워둔다면 무슨 일을 못하겠습니까.

다만 이 사람은 끝내 말라 죽을 관상은 아닌 듯하나 앞으로 수습하기가 몹시 어려우니, 걱정할 점은 이것입니다. 가령 제가 그의 본심을 자세히 알지 못하고 이 점에 대해서 자세히 변명한다면 쓸데없는 짓이니 일에 무슨 보탬이 되겠습니까. 일가의 서찰은 본디 못하는 말이 없으니, 남의 안목을 번거롭게 하지 않으면 그만입니다. 말씀하신 지금과 훗날에 대한 염려는 너무 지나친 듯하니, 마음을 가라앉히고 헤아리신다면 다행이겠습니다.

15 두……처분 : 민형수와 민통수가 상소하여 부친 민진원(閔鎭遠)이 이광좌(李光佐)가 경종의 병을 감추었다는 이유로 역적으로서 토죄하고자 하였으나 하지 못한 실상을 아뢰었다. 《英祖實錄 15年 2月 22日》

민사회에게 답하다
答閔士會

알려주신 김 영(金令)의 말은 무슨 뜻인지 모르겠습니다. 옛날 관례(冠禮)에는 삼가(三加)[16]를 하고 혼례에는 반드시 친영을 하였습니다. 화를 당한 집안의 자손이라고 관례와 혼례를 폐지하는 의리는 없으니, 옛 예법을 어찌 폐지할 수 있겠습니까. 또 관례와 혼례에 무슨 경중의 차이가 있겠습니까. 비록 예를 갖추지 못하더라도 서울에서 행하는 것은 몹시 온당치 않은 일입니다.

16 삼가(三加) : 관례 때 초가(初加)에 치포관(緇布冠), 재가(再加)에 피변(皮弁), 삼가에 작변(爵弁)으로 세 차례 관을 바꾸어 쓰는 의식이다.

민사회에게 답하다 경신년(1740, 영조16)

答閔士會 庚申

새해에 조용히 지내며 복 받으시기 바랍니다. 저는 홀연 회갑이 되었습니다. 젊은 시절이 어제 같은데 어찌 갑자기 이렇게 된 것입니까. 온갖 감정이 교차하여 늙도록 공부를 하지 못했다는 탄식을 이기지 못하겠습니다. 선한 단서가 봄바람처럼 불어오니 저로 하여금 감탄하게 만듭니다. 지난 일은 비록 어쩔 수 없으나 앞으로의 일은 어찌할 수 있으니 천번 만번 스스로 힘쓰기를 바랍니다.

두 대신[17]을 신원하는 은전은 세도를 위해 몹시 다행입니다. 하늘의 도는 반드시 돌아오는 법이니, 이런 일이 있을 줄 알았지만 죽기 전에 볼 줄이야 생각이나 했겠습니까.

우의정(송인명)이 며칠 전 도성에 들어왔다고 하는데 정말입니까? 마무리를 잘 하기가 지극히 어려우니, 어떻게 해야 시종일관 사류의 기대를 저버리지 않을 수 있겠습니까? 말씀하신 뜻은 묵묵히 알겠습니다. 감히 형세를 살펴서 하지 않겠습니까. 그러나 세상 일은 뜻대로 되지 않는 것이 항상 십중팔구이니, 어찌 도움이 되기를 바라겠습니까.

아드님이 과거에 응시하는 것이 시호를 회복한 뒤라면 어찌 아주 좋지 않겠습니까. 다만 참지 못할까 걱정입니다.

17 두 대신 : 김창집(金昌集)과 이이명(李頤命)을 말한다. 이해 6월 13일 삼수역안(三手逆案)을 임인국안(壬寅鞫案)이라 고치고, 계묘 토역 정시(癸卯討逆庭試)를 별과(別科)라 고치면서 두 사람을 신원하였다.

별지 別紙

기년복을 입은 자는 장사지낸 뒤에 평상시처럼 제사지내되 단지 제사고기는 받지 않는다는 것이 율곡의 정론으로,[18] 지금 사대부들이 원래 모두 시행하고 있습니다. 그렇지만 조부모를 위한 최복(衰服)은 다른 기년복에 비할 수 없을 정도로 중요하니, 죽은 사람과 산 사람의 인정과 예법에 있어서 평상시처럼 제사지낸다는 글에 따라 일률적으로 단정할 수는 없을 듯합니다. 제 생각에는 장사지낸 뒤 기제에는 삼헌을 올리고, 삭망과 절일에도 의식대로 해야 합니다.-기제는 상을 치른 뒤의 제사이니, 비록 삼년상의 연제(練祭)와 상제(祥祭)에 삼헌(三獻)을 올리는 의식으로 미루어보더라도 안 될 것이 없을 듯합니다. 더구나 당신은 이미 장사지내기 전에 일헌(一獻)을 올렸으니, 마땅히 이와 같이 차례로 더하고 덜어야 합니다.- 시제는 삼년상을 마치기 전까지 우선 행하지 말고, 예제(禰祭)도 동일합니다.-주자는 자기 부인과 장남의 상을 치르는 삼년 동안 사시제(四時祭)를 거행하지 않았습니다. 이 경우는 삼년상의 체제를 갖춘 것으로, 당신이 지금 입고 있는 복보다 더욱 중합니다. 그렇지만 비춰보고 그 예법의 뜻을 얻을 수 있을 것입니다.- 묘제(墓祭)는 삼년 동안 일헌(一獻)만 올려도 무방합니다.-이는 묘소의 예법입니다. 옛사람이 중시한 것은 가묘(家廟)이니, 가묘에서 이미 정제를 지내지 않는다면 여기서만 유독 의식을 갖출 필요는 없습니다.- 누차 말씀하신 내용을 어기고 제멋대로 이렇게 참작하였으니, 실로 참람하여 두렵습니다. 다시 널리 묻고 깊이

18 기년복을……정론으로 : 《율곡전서(栗谷全書)》 권27에 수록된 〈제의초(祭儀鈔)〉의 상복중행제의(喪服中行祭儀)에 "기년복과 대공복을 입은 경우에는 장사지낸 뒤 평상시처럼 제사지낸다.〔期大功, 則葬後當祭如平時.〕" 하였으며, 주석에 "다만 제사고기는 받지 않는다.〔但不受胙〕" 하였다.

생각하여 처리하십시오.

담제(禫祭)와 길제(吉祭)는 조금 다르니, 중모(仲母)의 기일에 행하더라도 온당치 않은 점이 없을 듯합니다. 상을 치른 뒤 제도를 변경하는 절차가 중요하니, 속히 물리지 말고 시행하도록 하는 것이 마땅합니다.

예제(禰祭)를 반드시 9월에 지내는 이유는 실로 만물이 다 자라는 때라는 점에 주안점을 두기 때문입니다. 만약 정제를 지내지 않고 예제만 지낸다면, 자기 부친만 존숭한다는 혐의가 있습니다. 혹자의 설이 옳은지는 알 수 없으나 저희 집에서는 지난 달에 사정이 있었고 이번 달에도 사정 없는 날이 적어서 얼마 전에 시제를 치렀는데 내일 또 예제를 지내려고 합니다. 번거롭고 잦다는 두려움은 있지만 이 한 가지 일은 제가 경험한 것으로 이치가 있다는 점을 알고 있습니다.

민사회에게 답하다 임술년(1742, 영조18)

答閔士會 壬戌

잠에서 깨어 세수를 하는데 당신의 편지가 홀연 도착하였으니 얼마나 놀랍고 위안이 되었겠습니까. 어제 저녁 저보(邸報)에서는 단지 조상명(趙尙命)이 올린 상소의 대략을 보았을 뿐, 이밖에는 전혀 단서를 듣지 못했습니다. 이른바 어젯밤의 분위기라는 것을 미루어 알 수 있습니다. 소본(疏本)은 과연 성상께 들어갔습니까? 들어가지 않았다면 이처럼 보통을 넘어서는 행동[19]은 없었을 듯합니다. 성상께 들어간 뒤에는 선친의 뜻과 형제의 마음이 모두 명백해졌을 것입니다. 사생과 화복이야 어찌 따질 것이 있겠습니까. 끝내 하늘같은 성상의 은혜가 망극한 덕택이니, 어떻게 보답하겠습니까.

'칼과 차꼬〔枷杻〕'라는 두 글자 외에는 그 당시 상황을 자세히 알 길이 없습니다. 또 유배지를 단지 남쪽 바닷가라고 하였을 뿐이라 어느 곳인지 알 수 없어 답답합니다. 아마도 놀란 혼백이 진정되지 않아 남에게 대신 쓰게 하는 과정에서 빠뜨려서 그러한 것이겠지요. 공초(供招)를 바칠 때 과연 동요하지 않고 말을 명쾌하게 하였습니까? 내 근력이 만약 병들지 않았을 때와 같다면 어찌 중도에 가서 보지 않겠습니까. 만번 죽다 한번 살아난 얼굴을 보지도 못하고 이렇게 멀리 이별하니, 한탄이 그치지 않습니다.

19 보통을 넘어서는 행동 : 영조가 민창수의 상소를 보고 감선(減膳)하겠다고 한 일을 가리키는 듯하다. 《英祖實錄 18年 1月 27日》

민사회에게 답하다
答閔士會

손자 목(木 이목(李木))이 돌아오면 정확한 소식을 알 수 있을 것이라 한창 기다리고 있었는데, 뜻밖에 편지를 받았으니 놀랍고 위안이 되는 마음이 어떠하겠습니까. 그간의 상황에 대해서는 이제야 그 대략을 들었습니다. 심문한 내용이 미처 생각지 못한 것이었고, 또 헤아릴 수 없는 위엄을 마주하였으니, 공초의 내용을 일일이 재단하기 어려워 간혹 말을 가리지 않았으나 요컨대 대체를 잃지 않았습니다. 그러나 '지만(遲晩)'[20] 두 글자는 몹시 좋지 않으니, 곁에서 보는 젊은이가 책망하는 것이 마땅하고, 그대가 스스로 허물하는 것도 마땅합니다.

대저 아무개를 위해 죽는다는 것은 지극히 의의가 없습니다. 그러나 이 일은 단지 '제가 상소를 올린 본뜻은 이와 같으니, 다섯 사람[21]의 원통함을 하소연하기 위해서가 아닙니다. 그러니 그들이 역적인지 역적이 아닌지는 제게 물을 일이 아닙니다.'라고 하며 이 주장을 지키며 누차 공초를 받더라도 변하지 않는다면 어찌 완벽한 도리가 아니겠습니까. 편안히 앉아서 생각하기는 쉽지만 창졸간에 이렇게 하기는 쉽지 않았을 것이니, 이것은 평소의 견식이 두루 미치지 못하여 그러한 것입니다. 한탄스럽습니다.

20 지만(遲晩) : 죄인이 늦게 자복하여 미안하다는 뜻으로 하는 말이다.

21 다섯 사람 : 임인옥사 때 무고로 죽은 이천기(李天紀), 김용택(金龍澤), 심상길(沈尙吉), 서덕수(徐德修), 정인중(鄭麟重)을 말한다.

그렇지만 모든 일은 대체를 보아야 합니다. 그대가 이 일을 한 것을 세속 사람들이 보기에는 놀랍고 괴이한 것이 마땅합니다. 그렇지만 그 마음을 따져보면 효성과 우애에서 나왔고, 나라에 충성하는 마음이 또 더욱 많으니, 하늘을 우러러보고 땅을 굽어보아도 부끄러울 것이 없습니다. 비록 사소한 착오가 있더라도 어찌 가슴 속에 담아둘 것이 있겠습니까. 임시로 사모를 쓰고 입대하게 하더라도 성상의 덕에 무슨 해가 되겠습니까. 이렇게 하려고 하지 않고 기어이 국문하려고 하였으니, 그 몹시 통탄스러운 마음은 실로 아무개 무리의 만 배는 될 것입니다. 그저 밥 잘 먹고 더욱 몸 보중하여 생전에 만나게 되기를 바랍니다.

민사회에게 답하다
答閔士會

답장을 가지고 돌아간 여관 사람이 열원(閱院)에서 점심 먹기 전에 도착했습니까? 손자 목(木)이 저녁에 돌아와 길에서 만났다는 소식을 들었는데 오히려 위안이 됩니다. 어제는 어느 마을에 묵었습니까? 아마도 사위(士衛 민익수)와 이미 작별하였을 것인데, 좋지 않은 마음이 생기는 지경에 이르지는 않았습니까?

저리(邸吏) 편으로 베껴쓴 그대의 상소가 막 도착하였는데, 한번 읽으니 가슴 속이 시원해집니다. 평소 한 번 상소하려던 뜻이 이제는 다시 마음 속에 맺히지 않을 듯하니, 얼마나 통쾌합니까. 다시 보니, 여러 사람이 불같이 화를 내는 것은 형세상 면하지 못할 것이 분명한데, 한때의 위험과 굴욕으로 그 화를 막은 것도 다행입니다. 감히 알지 못하겠습니다만 성상께서도 과연 자세히 보셨습니까? 이 지경에 이르러서도 여전히 임금이 한번 깨닫기를 바라니, 마음이 서글프고 생각이 우활합니다. 비록 그렇게 되지 않더라도 사방에 전파되어 모든 사람이 볼 것이니, 둘째 형님(민형수)의 본심이 후세에 환하게 드러날 뿐 아니라 수십 년 묵은 간사한 무리들의 소굴을 타파하여 속셈을 감추지 못할 것입니다. 세도에 다행한 일이 아니겠습니까. 앞으로 그대가 생각날 때마다 읽으면 이 회포를 쏟아낼 수 있을 것입니다.

이익배(李益培) 군이 와서 아무개 무리가 돌입하는 바람에 처음에 쓴 전지(傳旨)가 중지된 실상을 전하였습니다. 나라가 어찌 되려는 것입니까. 사류의 생사와 화복은 논할 겨를이 없을 듯합니다. 도성은 날로 멀어지고 큰 바다를 앞에 두고 있으니 늙은이의 심회로는 대처하기 참으로 쉽지 않을 것입니다. 그렇지만 옛사람이 '충의는 골수를 채웠다.'[22]라고 하였으니, 그대를 위해 이 말을 믿고 걱정하지 않을 뿐입니다.

오늘 필시 진위(振威)를 지났을 것인데, 그곳을 지나면 즉시 서신을 받기가 어렵습니다. 또 심부름꾼 한 사람을 보내 활원(活源 청주)과 전주(全州)를 지날 때 쓴 편지를 조정세(趙靖世)와 이기경(李基敬)에게 부쳐 번갈아 전하게 하는 것이 어떻겠습니까?

22 충의는 골수를 채웠다 : 소식(蘇軾)의 〈이공택에게 주다〔與李公擇〕〉에 나오는 "도리는 심장과 간을 관통하고 충의는 골수를 채웠다.〔道理貫心肝, 忠義塡骨髓.〕"라는 구절을 인용한 것이다.

민사회에게 답하다
答閔士會

자세히 말씀하신 내용은 잘 알겠습니다. 정자(程子)의 말은 제가 그대를 위해 읊고자 하였는데 그대가 먼저 말했습니다. 그러나 끝내 벗어나지는 못한 듯합니다. 생각하고 있는 두 가지 일 가운데 상단의 일은 구차하고, 하단의 일은 좋습니다.

어제 유생 홍재(洪梓)가 찾아왔기에 그대의 상소를 읽게 하고, 다 읽은 뒤에 묻기를, "이 상소의 가부가 어떠한가? 중지한 것이 그에게 영예롭겠는가?" 하니, 그는 묵묵히 아무 말도 하지 않았습니다. 그러다가 공초를 펼쳐보더니, "'역적인가?〔逆乎〕'[23]에 대한 대답은 단지 '이 일은 이미 아우의 상소에 논열한 내용에 자세히 말하였습니다.'라고 해야 할 뿐입니다. 이밖에 어찌 다른 견해가 있겠습니까?"라고 하였습니다. 이는 상관 없는 자의 견해인데 생각하기 쉽고 이야기하기 쉬워 제가 전에 했던 말에 비해 더욱 좋을 듯한데 어떻습니까? 그러나 이미 이루어진 일은 말하지 말고, 지난 일은 탓하지 말아야 하니, 내버려두고 다시는 마음 속에 담아두지 말아야 합니다. 먼 길에 더욱 조심하십시오.

23 역적인가 : 영조가 민창수를 친국하며 "너는 김용택과 이천기가 역적이라는 것을 아는가?〔汝知龍澤輩爲逆乎〕"라고 한 말을 가리키는 듯하다. 《英祖實錄 18年 1月 29日》

민사회에게 답하다

答閔士會

진위(振威)를 지난 뒤로는 다시는 아무런 소식을 듣지 못했습니다. 활원(活源)을 지날 때 닷새날 보낸 수첩(手帖)을 엊그제 비로소 조군(趙君 조정세)에게 전해 받았기에 다급히 열어보았으니, 놀랍고 기쁜 마음이 어떠했겠습니까. '몸은 건강하고 밥도 잘 먹는다〔身健善飯〕'라는 네 글자는 남아 있는 사람의 마음에 지극히 위안이 됩니다. 요새 날씨가 몹시 나쁘니, 무릅쓰고 길을 가면서 감기에 걸리는 일은 면했는지 모르겠습니다. 여정을 계산하면 이미 후풍(候風)[24] 경계에 도착했을 듯합니다. 젊은 시절 거센 바람을 맞으며 파도를 헤치고 가고픈 마음이 있었는데, 이제 그대에게 양보하게 되었습니다. 이것이 얼마나 장대한 유람입니까. 무엇이든 하늘 같은 성상의 은혜 아닌 것이 없습니다.

사원(士元 민우수)이 7일에 수촌(壽村)에서 나를 찾아와 하룻밤 묵고 돌아갔는데 겨우 1~2리 만에 말에서 떨어져 크게 다쳤습니다. 대저 온 집안이 똑같이 액운을 당하고 있으니 어찌하겠습니까.

말씀하신 내용은 잘 알겠습니다. 이 말이 백춘(伯春 김원행(金元行))의 입에서 나온 것은 이치상 필연적인 결과입니다. 일찍 이렇게 하도록 하였다면 그간의 허다한 의심과 비방이 어찌 있었겠습니까. 몹시 기뻡

24 후풍(候風) : 제주의 후풍도(候風島)를 말하는 듯하다. 《국역 신증동국여지승람 제38권 전라도 제주목》

니다. 훗날 돌아오면 이 의리에 대해 통렬히 이야기할 것이니, 일단 놓아두고 다시 말하지 않겠습니다.

당심(黨心)은 좋은 것도 있고 좋지 않은 것도 있으니, 그 사이에 구별이 없어서는 안 됩니다. 먼저 넓은 바다의 큰 파도로 편협한 흉금을 모두 씻고, 돌아온 뒤에 괄목상대할 수 있을 것입니다. 얼마 전 어떤 젊은이가 그대를 비난하기에 내가 대답하기를, "사마천(司馬遷)이 '그가 외적을 물리친 공로 역시 천하에 드러내기 충분하다. 그런데 제 몸과 처자를 보전한 신하들이 또 뒤따라 그의 단점을 매개로 삼는다.'[25]라고 하였다. 옛사람의 이 말을 깊이 유념해야 한다."라고 하였더니, 그 사람은 '예예' 하면서 갔습니다.

25 그가……삼는다 : 사마천(司馬遷)의 〈임소경에게 답하는 편지〔報任少卿書〕〉에 나오는 말로, 흉노에게 항복한 이릉(李陵)을 두둔하는 내용이다.

민사회에게 주다

與閔士會

활원(活源 청주)을 지날 때 보내준 편지 외에는 아득히 소식을 듣지 못하였습니다. 아마도 바닷가에 도착한 지 이미 오래일 텐데, 바람의 기세는 어떠하며 며칠이나 머물렀습니까? 먼 길을 가느라 고생하다가 편안히 누워 쉬고 있을 것인데 역시 나쁘지 않습니까? 그간 마음 속으로 참회하던 것은 이미 남김없이 씻어버렸습니까? 서울의 소식은 약수(弱水)[26]를 사이에 둔 것처럼 까마득합니다.

저들이 변론한 소차를 막내 아우(민통수)가 혹시 보내서 보여주었습니까? 그들이 군색하여 도피하는 정상은 도리어 우습습니다. 오광운(吳光運)이 대사간으로 상소하였는데 기세가 전에 비해 제법 꺾였으니 다른 것은 미루어 알 만합니다. 그대의 본뜻은 비록 아뢰지 못하였으나 사장(士長 민형수)은 심사를 드러내었을 뿐만 아니라 그의 말 역시 세도에 보탬이 없다고 할 수 없습니다. 어떤 이는 그대의 아드님이 그대를 모시고 바다로 들어갈 생각으로 이미 출발하였다 하고, 어떤 이는 행낭을 꾸려 출발하려다가 그대가 편지로 힘써 저지하는 바람에 중도에 그만두었다고 하는데, 누구 말이 옳은지 모르겠습니다. 그저 가는 곳마다 몸 보중 잘 하시기 바랍니다.

26 약수(弱水) : 봉래산 주위를 둘러싸고 있다는 전설의 바다로, 깃털도 가라앉히므로 건널 수 없다고 한다.

민사회에게 주다
與閔士會

2월 18일 편지가 가장 나중에 온 것인데, 며칠 전 담양(潭陽) 관아에서 보름날 아침의 답장을 전해 보냈습니다. 이것은 최근의 서신이니 얼마나 위안이 되었겠습니까. 그 사이에 순풍을 만났는지 모르겠습니다. '곧장 구름 돛을 달고 넓은 바다를 건넌다.'[27]라는 구절을 읊을 때마다 상쾌했는데, 그대가 이처럼 장대한 유람을 하게 될 줄은 생각지 못했습니다. 보내준 편지의 내용은 모두 참회하는 말인데, 이 일이 언제 끝나겠습니까.

이른바 '지당하고 무방하다.'라는 말은 위안하는 말에 불과합니다. 그러나 다섯 사람[28]을 위해 죽는 것이 참으로 의미가 없는 듯하지만, 군주의 무고를 위해 죽었다면 역시 의미가 없다고 할 수 있겠습니까. 식견이 여기에 미치지 못하니 애석합니다. 비록 그대가 굴복하지 않았더라도 반드시 죽지는 않았을 것입니다. 죽지 않고서 위로는 선친의 뜻을 드러내고 아래로는 어진 아우라는 이름을 잃지 않는다면 이것이 가장 원만한 일이겠지만 어찌 쉽겠습니까.

맹자는 대장부를 위무(威武)로 굴복시킬 수 없다고 하면서 반드시 먼저 넓은 집에 거처하며 바른 자리에 서서 큰 도를 행한다고 하였습니

27 곧장……건넌다 : 이백(李白)의 〈행로난(行路難)〉에 나오는 구절이다.

28 다섯 사람 : 임인옥사 때 무고로 죽은 이천기(李天紀), 김용택(金龍澤), 심상길(沈尙吉), 서덕수(徐德修), 정인중(鄭麟重)을 말한다.

다.[29] 그대에게 이미 이 세 가지가 없는데 위무에 굴복하지 않을 수 있다면 참으로 그 자리에서 성불(成佛)하는 것이니, 천하에 어찌 이런 이치가 있겠습니까. 내 생각에 그대가 후회할 점은 이번에 대답을 잘못한 것이 아니라 평소 독서하지 않은 것입니다. 남간(南間)에서 《심경(心經)》을 읽을 때는 아니지만, 위리안치된 가운데 《대학》을 읽은 선배의 일은 본받을 만합니다.[30] 안주한 뒤에는 온갖 잡념을 없애고 조용히 앉아 책을 보며 노년에 성과를 거두기 바랍니다.

29 맹자는……하였습니다 : 《맹자》 〈등문공 하(滕文公下)〉의 "천하의 넓은 집에 거처하며 천하의 바른 자리에 서며 천하의 큰 도를 행하여 뜻을 얻으면 백성과 함께 행하고 뜻을 얻지 못하면 혼자 그 도를 행하여 부귀가 방탕하게 하지 못하고 빈천이 지조를 바꾸지 못하며 위무가 굴복시키지 못하니 이것이 대장부이다."라는 말을 인용한 것이다.

30 남간(南間)에서……만합니다 : 남간은 의금부의 감옥이다. 조직(趙溭)이 1615년(광해군) 감옥에 갇혀 있을 때 퇴계(退溪)가 보던 《심경》을 얻어 3백여 번을 읽었다. 《明齋遺稿 卷45 高城郡守贈大司憲趙公行狀》 정철(鄭澈)은 강계(江界)에 위리안치되었을 때 《대학》을 손에서 놓지 않고 소주(小註)까지 외었으며, 유배지에 둘러친 울타리의 장목(長木)을 하얗게 깎아 《대학》을 써놓고 아침저녁으로 사색하였다. 《宋子大全 卷155 松江鄭公神道碑銘》

민사회에게 주다
與閔士會

방금 그대의 집에서 새로 빚은 술 두 병을 따로 사람을 시켜 보내왔습니다. 그대는 비록 바다 너머 만 리 떨어진 곳에 있지만 집안 사람이 그대의 마음을 알았습니다. 받은 즉시 따라서 마시니 색깔과 맛이 몹시 좋았습니다. 그대와 대작하는 것과 무슨 차이가 있겠습니까.

그대 아드님이 편지로 알려주어 배를 출발한 이튿날 소안도(所安島)로 옮겨 정박하였다는 것을 알았습니다. 이 섬은 배를 출발한 곳에서 멀지 않은 듯한데 몇 리나 되는지 모르겠습니다. 그 뒤 순풍을 얻어 탈 없이 잘 건너갔습니까? 이규채(李奎采) 군이 돌아올 때 반드시 제게 들를 것인데, 들른 뒤에 그대의 정확한 소식을 알 수 있겠지만 지금까지 오지 않으니 얼마나 답답하겠습니까.

요즘은 날씨가 좋은 때가 전혀 없어 길 가는 사람을 위한 걱정이 간절합니다. 새로 도착한 곳의 풍토는 어떻습니까? 모든 일은 그럭저럭 잘 되고 있습니까? 저는 또 위완통(胃脘痛)의 남은 기운 때문에 며칠 동안 크게 앓았는데 지금까지 소생할 기미가 없습니다. 우리들은 각자 노년이 되었으니 편안히 지내도 건강할 때가 적습니다. 더구나 무더운 날씨에 장기(瘴氣)가 쌓인 고을에서는 어떻겠습니까. 그저 어디를 가든 몸 보중 잘하기 바랄 뿐입니다.

요즘 가슴 속의 후회는 깨끗이 씻어냈습니까? 그간 운운한 이야기는 십분 지당하다는 그대의 말에 마음이 격해져 어쩔 수 없이 의리에 대해 이야기하며 조금도 꺼리지 않았던 것입니다. 훗날 살아서 돌아온 뒤

마주보고 웃으며 농담할 것이니, 완벽을 요구하는 말이 어찌 이 정도에 그치겠습니까. 언제쯤 그대가 술을 들고 찾아오겠으며 내가 또 견여(肩輿)를 타고 가서 사례하여 이 속에 겹겹이 쌓인 회포를 풀 수 있겠습니까. 돌아올 때 반드시 한라산 정상에 한번 오르고 와서 제게 장관을 자랑하기 바랍니다.

민사회에게 주다
與閔士會

사연(士淵 민통수)은 조만간 제수를 받은 뒤에 변무하는 상소를 올릴 것이라 하고, 사위(士衛 민익수)는 상소의 초고를 지어 보여주었는데, 저도 한두 번 의견을 주고받았습니다. 27일 아침 사위가 수촌(壽村)의 여막에서 돌아오기 앞서 편지를 보내 사연의 병이 위독하다고 알렸는데, 며칠 되지 않아 부고를 받을 줄은 생각지 못했습니다. 이 사람이 여기서 그친 것입니까. 이와 같은 화란은 실로 인간 세상에 드문 일입니다. 그대의 정리를 생각하면 어찌 차마 말할 수 있겠습니까.

그렇지만 우리 외숙께서는 깊은 인과 두터운 덕을 지녔는데, 돌아가신 지 십 년도 되지 않아 갑자기 두 아들을 잃었으니 하늘의 이치가 어찌 이럴 수 있습니까. 그대가 집에 편안히 앉아 있었다면 작년과 금년 같은 운수로는 필시 불행할 일이 있었을 것인데, 그대가 절해고도로 쫓겨났으니 하늘의 뜻은 석과(碩果)의 보답[31]을 한 듯합니다. 지금 집안의 책임은 그대가 아니면 누가 맡겠습니까. 부디 통렬히 마음을 가누고 오로지 슬픔을 잊고 생명을 보존하도록 마음 먹으십시오.

오늘 이여량(李汝亮 이규채) 군이 갑자기 찾아왔는데 그대의 소식을 들으려고 이 사람을 기다린 지 오래였습니다. 그 놀랍고 기쁜 마음을 어찌 다 말하겠습니까. 풍랑이 출몰한 상황을 자세히 들으니 사람을

31 석과(碩果)의 보답 : 《주역》 〈박괘(剝卦) 상구(上九)〉의 "큰 과일은 먹히지 않는다.〔碩果不食〕"라는 말을 인용한 것으로, 집안의 명맥이 이어진다는 뜻이다.

두렵게 만듭니다. 몸을 가벼이 여기고 배를 출발시켰으니, 이 또한 끝내 소홀한 잘못이 있습니다. 돌아올 때는 부디 깊이 경계하여 다시는 위험한 짓을 하지 마십시오.

이군을 만날 기약이 없는 듯하였는데 예전처럼 만나서 반가웠습니다. 그대와 만날 날 또한 어찌 없겠습니까. 그저 죽은 사람을 다시 볼 수 없다는 사실이 애통하고 애통할 뿐입니다.

민사회에게 주다

與閔士會

요즘 점점 추워지는데 유배지에서의 근황은 어떠합니까? 부자가 만났으니 그 기쁨을 알 만합니다. 언제쯤 돌려보낼 것입니까?

인심과 도심이 이발(已發)에 속한다는 말은 김(金)의 말이 옳습니다. 다만 그것은 작용이니 어찌 본체가 없겠습니까. 뜻을 성실히 하여 스스로 속임이 없는 것도 이발입니다. 미발과 이발을 막론하고 모두 공을 들여야 하니, 그대의 말이 완벽한 것 같지만 이 장에서는 딱 맞지 않습니다. 이발을 미발이라고 하였으니 주지가 이미 완전히 어긋났습니다. 그대들이 절해고도에 갇혀서도 경전의 뜻을 강론하니, 참으로 기특한 일입니다.

민사회에게 주다

與閔士會

사위(士衛 민익수)의 부고[32]가 아마 서울에서 전해졌을 것입니다. 한 집안이 거듭 참혹한 상화(喪禍)를 겪었으니, 참으로 고금에 드문 일입니다. 그가 얼마 전 들러서 묵었을 때 '우리 집안은 사류 중에 신임사화를 홀로 면하였습니다. 사물의 이치는 으레 순환하는 법이니, 근래의 일은 혹시 이 때문이 아니겠습니까.'라고 하였는데, 열흘도 되지 않아 그가 또 이어서 죽었습니다. 이 사람은 포부가 작지 않아 일생 곤궁하였으나 훗날 급한 일이 생길 때 쓰이기를 바랐는데 이렇게 되었습니다. 하늘의 뜻이니 어찌하겠습니까.

25일에 편지를 써서 그대에게 보냈을 때 그 역시 자리에 있었는데, 이튿날 수촌(壽村)의 여막으로 돌아가겠다고 하였습니다. 이틀 동안 조용히 이야기를 나눈 것이 끝내 영원한 이별이 될 줄 누가 생각했겠습니까.

그믐날 편지가 왔는데 팔뚝에 통증이 있다고 하였고, 2일에는 팔뚝의 통증이 나아간다고 하였습니다. 4일에는 목구멍이 붓지도 막히지도 않았는데 음식이 넘어가지 않으니 감기인 것 같다며 가마와 말, 모장(毛帳) 따위를 얻어 서울에 들어가 조리하고자 하였습니다. 그 편지는 조카 겸(兼 민백겸(閔百兼))이 대신 쓴 것이니, 2일의 편지가 절필(絶筆)

32 사위(士衛)의 부고 : 민익수는 1742년(영조18) 11월 5일 세상을 떠났다. 《貞菴集 卷10 伯氏掌令府君墓誌》

이었습니다.

5일 새벽에 가마와 말을 비롯한 도구들을 준비하여 보냈는데, 그 전날 밤과 이튿날 아침에 음식을 조금 들고 평상시와 같이 수작하였으며, 제 답장을 받아볼 수 있었습니다. 짐을 꾸려 출발하려는 사이에 잠시 베개에 기대어 단잠을 자는 듯하였는데, 겸이 더 이상 걱정하거나 의심하지 않고 천천히 깨우며 "길은 먼데 날이 이미 저물었습니다."라고 하였더니 이미 대답이 없었습니다. 그제야 제게 다급히 알렸기에 먼저 환약(丸藥)을 보냈습니다. 제 아들이 이어서 급히 갔지만 이미 어찌할 수가 없었습니다. 상(喪)은 진시(辰時)에 났고 고복(皐復)은 미시(未時)에 하였습니다.

고아는 6일 밤에 밤길을 달려 도착하였고, 사원은 병에 걸렸다는 소식만 듣고 7일에 비로소 도착하여 문 앞에서 발상(發喪)하였습니다. 그날 밤 겨우 습(襲)을 하고 소렴(小斂)을 하였는데, 판재(板材)를 얻기 어려워 속수무책으로 앉아서 기다릴 뿐이었습니다. 11일 밤 비로소 시신을 관에 넣었는데 관이 그다지 좋지 않았으나 값은 2백이나 되었습니다. 이 이야기를 들으니 그 사이의 형편이 경황없었다는 것을 알 수 있습니다. 여드레 만에 성복하였으니 이 역시 운명이 궁한 한 가지 단서입니까.

어제 사원이 고아가 된 조카를 데리고 사촌(沙村)에 가서 묵었는데 금명간 서울로 들어와 고아에게 먼저 당한 상(喪)의 궤연 앞에서 승중하여 복을 입게 하고, 보름에 맞추어 도로 나와서 발인하려고 의논하고 있는데, 홍(洪)과 신(申) 두 이종형제가 어젯밤 이곳에 와서 묵고 돌아갔습니다. 겸이 집으로 돌아가고자 수촌 여막에 들렀다가 우연히 그가 병이 났을 때를 만났다고 합니다. 이 사람이 없었다면 그가 죽은 시각도 모를 뻔 하였으니, 이것은 천행입니다.

산소는 여산(驪山) 근처를 벗어나지 않을 듯한데, 상주는 집안에 걸리는 일이 많아 서울에서 상을 마치겠다는 본뜻을 따르고자 국동(國洞 안국동)에서 반혼(返魂)하려고 하는데, 저는 절대 안 된다고 여깁니다. 광산(廣山)을 쓰던 다른 산을 쓰던 막론하고 반곡은 여산에서 하고, 반곡한 뒤에는 숭중한 궤연을 이어서 받들고 한 곳에 모여야 합니다. 제 말대로 할 수 있을지 모르겠습니다.

지금 집안의 재력이 고갈되어 빚 갚을 돈과 발인하고 장사지낼 도구를 전혀 마련할 길이 없다고 합니다. 부고를 보내는 일은 서울에 있는 종제들이 필시 하였을 것인데 슬프고 경황이 없어 다른 말을 언급하지 못했을 것입니다. 또 여기에 가는 정생(鄭生)의 가노(家奴)는 믿을 만한 인편이므로 번거로움을 꺼리지 않고 자세히 알리는 것입니다.

이 사람을 잃은 뒤로 집안이 텅 비었으니, 우리는 장차 누구에게 의지하겠습니까. 병중에 잊지 못하는 것은 그대 한 사람 뿐이니, 이 때문에 속히 사면을 받기를 바라는 것입니다. 내년에 있을 나라의 경사 때 반드시 만날 기약이 있을 것입니다. 살아있는 사람은 만날 수 있지만 죽은 사람은 어찌하겠습니까. 마주보고 한바탕 통곡할 길이 없으니 그저 편지를 앞에 두고 눈물을 흘릴 뿐입니다.

민사회에게 답하다
答閔士會

뜻밖에 함평(咸平) 사람이 와서 초사흘의 편지를 받아보았습니다. 묵은 병은 조금 나았다니 기쁜데, 서원 인편의 편지는 아직 오지 않았습니다. 나심보(羅心甫 나형규(羅烱奎))가 찾아오는 즐거운 일이 있었다는 이야기를 들었는데, 그 사람이 예전에 앓던 병이 이미 나았다는 것을 알겠습니다.

이른바 서원의 인편이란 경현서원(景賢書院)을 가리키는 것입니까? 이 서원에는 학봉(鶴峰) 김성일(金誠一)을 배향한 지 오래입니다. 김공이 이름난 선비이기는 하지만 동인(東人)으로 불리는 사람이니, 원장을 맡아달라는 요청에 망설임이 없지 않았습니다. 그러나 우옹(尤翁 송시열) 역시 예전에 원장을 지냈다는 말을 들은 듯하여 의심하지 않고 허락하였습니다. 전해들은 이야기를 반드시 믿을 수는 없어 선생안(先生案)을 가져다 살펴보려 하는데, 번거로워질까 겁이 나서 하지 않으려 합니다. 부디 조용히 나군에게 언급하여 찾아서 알려달라고 하십시오. 순정(旬呈)[33]의 일은 옛사람도 행한 경우가 많습니다. 말씀하신 내용을 보니 도리어 우습습니다. 그대가 비록 살아서 육지로 나오더라도 의(誼), 지(志)[34] 등과 이름과 발걸음을 나란히 한다면, 도리어 빈산에서 말라죽는 것이 통쾌하지 않겠습니까.

33 순정(旬呈) : 유배객이 열흘마다 관할 관청에 문서를 바치는 것이다.

34 의(誼), 지(志) : 임인옥사에 이의를 제기하였다가 죽음을 당한 이광의(李匡誼), 윤지술(尹志述)을 말하는 듯하다.

민사회에게 답하다 계해년(1743, 영조19)

答閔士會 癸亥

얼마 전 대기(大紀 홍창한(洪昌漢))가 지난 보름의 편지를 전해주었는데, 멀리서 그리워하는 마음에 몹시 위로가 되었습니다. 새해가 되었는데 객지에서의 사정이 보이는 듯합니다. 먹고 자는 일은 한결같이 편안합니까?

동궁이 홍역을 앓고 계시는데 약원이 숙직하는 장소를 옮겼다고 하니,[35] 형세상 필시 경하할 일이 생길 것입니다. 더구나 삼가(三加)[36]가 머지 않아 경사가 이어졌으니, 그대도 필시 사면을 받고 돌아올 것입니다. 기쁜 마음으로 기대합니다. 제 병은 점차 나아지고 있으며 모든 일은 거의 평소와 같습니다.

아이가 금천 현감(衿川縣監) 자리를 얻어[37] 한계를 긋는 근심을 조금 덜었지만 왕왕 불편한 점이 있어 아직 숙배를 미루고 있습니다. 설령 부임하여 하룻동안 봉양하더라도 끝내 관직 없이 우두커니 있는 것이 낫습니다. 엊그제 사람이 와서 조카 상(祥 민백상(閔百祥))과 김씨 집안 자제가 예전처럼 교제한다는 이야기를 전했습니다. 제가 대답하기를,

35 약원이…하니 : 이 무렵 동궁(사도세자)는 홍역을 앓고 있었는데, 증상이 호전되어 1743년 1월 2일, 약원이 승문원으로 숙직하는 처소를 옮겼다.

36 삼가(三加) : 41쪽 주16 참조.

37 아이가……얻어 : 저자의 아들 이제원(李濟遠)은 1742년 12월 27일 금천 현감에 임명되었다. 《承政院日記 英祖 18年 12月 27日》

"세금을 가볍게 거두는 법을 만들어도 탐욕을 부리는 폐단이 있는데, 세금을 무겁게 거두는 법을 만든다면 그 폐단이 어떻겠는가."[38]라고 하였습니다. 그의 부형은 예전에 유엄(柳儼) 등과 절교하지 않았으니, 모든 일이 부형만 못한 자가 어찌 이와 같이 하지 않겠습니까. '아비도 없다.'라는 말씀은 지나치지 않은 듯합니다. 그가 이미 묻지 않았으니 제가 무슨 말을 하겠습니까.

이 편지를 사원(士元 민우수)에게 보내주고 만났을 때 꺼내 보여주고 이어서 통렬히 꾸짖게 하려고 하였습니다. 비록 작은 일이지만 잘못인 줄 알았으니, 인순하며 고치지 않아서야 되겠습니까. 비록 늦었더라도 자숙할 수 있으니, 어찌할 방법이 없다고 말하지 마십시오.

홍순보(洪純甫 홍계희(洪啓禧))가 스스로 해명한 상소[39]로 말하자면, 그의 말이 이미 이와 같고, 연석에서의 이야기가 반드시 모두 진실은 아닐 것입니다. 그러나 이 상소가 나온 뒤로 또 들으니 젊은이들과 홍순보의 아이들이 예전처럼 교유하고 있다는데, 설령 절교하지 않았더라도 어찌 이처럼 바삐 하는 것입니까. 그대 아드님도 예전에 제게 한 차례 꾸중을 들었는데, 혹시 알려드려 알고 있습니까? 아이들의 일은 대체로 마찬가지입니다. 의리는 말할 것도 없고 혈기에서 나온 분노도 전혀 없으니, 이 세계가 장차 어떤 세계가 되려는 것입니까. 통탄스럽습니다.

38 세금을……어떻겠는가 : 《춘추좌씨전(春秋左氏傳)》 소공(昭公) 2년에 보인다.

39 홍순보(洪純甫)가……상소 : 홍계희는 1743년 2월 2일부터 박문수(朴文秀)가 함경 감사로 재직 중 불법을 저질렀다고 탄핵하며 세 차례에 걸쳐 상소하였다. 《英祖實錄 19年 2月 2日》

민사회에게 답하다
答閔士會

유현의 출처는 논의할 점이 많으니, 동(動)은 길(吉) 하나일 뿐이라는 가르침[40]은 참으로 거짓이 아닙니다. 돌아갈 적에 올린 여덟 조목의 상소[41]를 잠깐 보았는데, 소매에 넣은 차자에 대한 이야기는 듣지 못했습니다. 혹시 있는데 모르는 것입니까?

지난달 22일 편지로 거취를 묻고, 24일과 25일 사이 조정에 나아갔는데, 편지가 도착한 것은 사직을 고한 며칠 뒤입니다. 진대(陳對)할 때의 의리에 대해서는 그 편지에 원래 언급한 것이 없었습니다. 성균관 유생들의 상소에서 도의의 사귐[42]이라고 한 말을 들은 듯한데, 보내준 편지에서도 그렇게 말했으니 우습습니다. 옛사람이 이른바 도의의 사귐은 이와 같지 않은 듯합니다.

을사년(1725, 영조1)과 병오년(1726) 무렵, 돌아가신 외숙께서 제

40 동(動)은……가르침 : 주돈이(周敦頤)가 말하기를, "길(吉)·흉(凶)·회(悔)·인(吝)이 동에서 생긴다. 아, 길은 하나일 뿐이니 동을 삼가지 않을 수 있겠는가.〔吉凶悔吝生乎動, 噫, 吉一而已, 動可不愼乎.〕"라고 하였다. 《近思錄 卷5 克治》

41 여덟 조목의 상소 : 1743년 4월 4일, 찬선 박필주(朴弼周)가 돌아갈 것을 고하며, 첫째, 자기를 속이지 말 것, 둘째, 자기 멋대로 하지 말 것, 셋째, 사정에 순응할 것, 넷째 자기 허물을 반성할 것, 다섯째, 기쁨과 분노를 조절할 것, 여섯째 언행을 조심할 것, 일곱째 세자의 덕을 기를 것, 여덟째 당론을 평정할 것 등 여덟 조목의 상소를 올렸다. 《英祖實錄 19年 4月 4日》

42 도의의 사귐 : 성균관 유생 정취하(鄭就河) 등의 상소에서 저자와 박필주의 관계를 두고 '도의의 사귐〔道義之交〕'이라고 하였다. 《承政院日記 英祖 19年 4月 16日》

게 관직에 나아가라고 권하며 "나아가지 않으면 불러들이라는 상소가 나올까 두렵다."라고 하셨는데 아직도 기억합니다. 당시에는 농담으로 여겼지만 지금은 불행히도 들어맞았으니, 세상에 어찌 이처럼 기괴한 일이 있습니까.

당귀채(當歸菜)는 도착한 즉시 상에 올렸지만 이가 없으니 어떻게 씹겠습니까. 인생이 여기에 이르니 모든 일에 흥미가 없습니다. 그렇지만 베풀어주신 정은 깊습니다.

민사회에게 답하다
答閔士會

사위(士衛 민익수)가 살아있을 때는 만나면 가슴이 트였고, 편지를 받아도 그러하였습니다. 그가 죽은 뒤로 잊지 않고 그리워하는 사람은 그대 뿐입니다. 얼굴을 볼 기약도 없고, 편지를 받는 일도 멀리 있을 때보다 못한데, 열흘 동안 떨어져 있으니 굶은 것처럼 허전하였습니다. 이런 때 안부 편지가 갑자기 왔으니, 마음의 소리가 호응한다는 말이 어찌 헛말이겠습니까. 늦더위가 갈수록 심해지는데 조리하며 잘 지내고 있다고 하니 더욱 위안이 됩니다.

저는 기제(忌祭)가 또 다가왔으니 애통하고 그리운 마음 새롭습니다. 사원(士元 민우수)은 하루종일 소식(素食)을 하지 말라고 권하였고, 그대도 제사를 섭행하는 것이 좋다고 하였는데, 모두 간절한 염려에서 나온 것이니 힘을 헤아려 처신하겠습니다. 형세상 이와 같이 될 것이니 이러고도 살아있는 사람의 일이라고 할 수 있겠습니까.

며칠 전 사원의 편지에, "그대가 겨울에도 부채를 부치지 않고 의관을 바로하고서 똑바로 앉아있다고 하기에 배우고자 하였으나 며칠 되지 않아 곧 그만두었으니, 참으로 이른바 현명한 사람이 형이고 어리석은 사람이 동생이라는 말[43]과 같습니다."라고 하였습니다. 제가 마음

43 현명한……말 : 두보의 〈광가행 증사형(狂歌行贈四兄)〉에 "형과 나이를 비교하면 한 살 차이인데, 현명한 사람이 형이고 어리석은 사람이 동생이라네.〔與兄行年校一歲, 賢者是兄愚者弟.〕"라는 구절을 인용한 것이다.

속으로 웃으며, "사원의 겸양이 심하구나. 이런 사람을 아우로 삼았으니, 우리들이 현명하지 못하다고 한스러워할 것이 있겠는가."라고 하였습니다.

이번에 〈육담화장(肉談和章)〉이라는 글을 사원보다 먼저 지었으니, 이른바 약자가 먼저 두는 것이 아니겠습니까. 여기서도 현명한 형의 한 가지 단서를 볼 수 있습니다. 그에게 답하는 편지에 이미 이 뜻을 언급하였습니다. 그대가 지은 글을 육담이라고 하였지만, 뜻은 몹시 아름답습니다. 다만 저를 거의 성인에 가까울 정도로 지나치게 칭찬하였으니, 만약 그대의 막내 아우(민통수)가 살아 있었다면 촌뜨기라는 지목을 실컷 들었을 것입니다. 그가 아직 죽지 않았다면 마주보고 한바탕 크게 웃었을 텐데 한스럽습니다. 제주 바다가 깊지 않은 것이 아닌데, 흉중의 후회스러운 마음을 깨끗이 씻어오지 못한 것입니까. 그렇지만 그 양심은 참되고 절실하니 이것이 중요합니다.

별지 別紙

근래에 신축년(1721)과 임인년(1722)의 일기 몇 건을 구해서 뽑아 베껴쓰고 있는데 아직 일을 마치지는 못했습니다. 을사년(1725) 이후 환관 손형좌(孫荊佐)의 공초를 말단에 반드시 수록한 뒤에야 박상검(朴尙儉) 무리의 실상이 남김없이 드러날 것입니다. 얻어보고자 하는데 길이 없으니, 그대가 예전에 베껴둔 것이 있는지 모르겠습니다. 혹 몽와(夢窩 김창집(金昌集))댁처럼 화를 입은 집안에 있다면, 보고듣는 대로 찾아서 보여주시기 바랍니다.

민사회에게 답하다
答閔士會

황제의 은혜가 망극하다는 이야기[44]는 들었습니까. 좋은 말에 금 안장을 얻고 득의양양하게 돌아왔으니, 그대가 아니면 누가 이처럼 분개하는 말을 하겠습니까. 유양휘(柳陽輝 유복명(柳復明))가 연행을 떠나면서 글을 청하기에 방금 몇 구절을 써서 보냈습니다.

원한을 품고 아픔을 참으며 含寃忍痛
절박하여 어쩔 수 없이 하네 迫不得已
마음 속에 명심할 것은 銘在心內
오직 이 여덟 자뿐이라네 惟此八字
심양으로 간 사신이 돌아올 때 瀋使之還
북과 피리로 맞이하였네 迎以鼓吹
임금 곁에서 謦欬君側
누가 이 의리를 깨우칠까 誰以此義

가슴 속의 불평한 기운이 이와 같이 저절로 드러난 것입니다. 말할 만한 직임에 있으면서도 말하지 않았으니, 이는 무슨 일입니까. 통탄스럽습니다.

44 황제의……이야기 : 1743년(영조19) 조중회(趙重晦)가 상소하여 조현명(趙顯命)이 문안사로 심양에 갔다가 50리 밖에서부터 영접을 받자 황은이 망극하다고 하였다고 문제삼았다.《英祖實錄 19年 11月 28日》

민사회에게 답하다
答閔士會

사원(士元 민우수)의 직임[45]은 말할 만하지만 지금의 시세와 자신의 역량으로 볼 때 끝내 말할 만하지 않습니다. 가령 이 병으로 인하여 대사헌과 대사성의 직임을 얻는다면, 그때는 학문이 더욱 진보하고 덕이 더욱 밝아져서 말할 만한 것을 말하여 세도를 부지하기를 도모할 수 있을 것입니다. 그렇다면 우리는 미처 보지 못하더라도 어찌 우리 도(道)의 다행한 일이 아니겠습니까. 급하게 여기지 말고 그가 병을 조리할 곳으로 삼도록 하십시오.

대간 조익장(趙益章 조중회)의 일은 이미 들었습니까? 들으니 그는 삶아 죽이면 죽을 것이라는데,[46] 우리의 치욕을 씻고 임금의 입을 막을 수 있겠습니까. 사원과 마주 보고 한바탕 웃었습니다. 그대가 곁에 있지 못하는 것이 한스럽습니다.

45 사원(士元)의 직임 : 당시 민우수는 사헌부 지평이었다.

46 삶아……것이라는데 : 영조가 "조중회를 삶아 죽이기 전에는 내가 임금의 자리에 있지 않겠다."라고 한 말에 대한 대답으로 보인다. 《承政院日記 英祖 19年 11月 29日》

민사회에게 답하다 갑자년(1744, 영조20)

答閔士會 甲子

어제 저녁 내내 비가 내릴 줄 알았다면 어찌 비녀장을 빼낸 고사[47]를 따라 며칠 동안 조용히 이야기하지 않았겠습니까. 홀로 산에 있는 집에 누워 있으니 사위(士衛 민익수)의 묵은 자취가 하나하나 마음을 아프게 하고 눈으로 보기에 참담할 것입니다. 어찌 견디겠습니까.

저는 예전처럼 조리하고 있습니다. 연일 만나는 사람은 친애하는 사람으로 모두 만 번 죽을 뻔하다가 한 번 살아난 사람입니다. 성상께서 널리 용서하는 덕이 하늘처럼 끝이 없으니, 병든 제 마음도 이 덕분에 자못 시원합니다. 무엇인들 감축할 일이 아니겠습니까.

익장(益章 조중회)이 연석에서의 이야기를 구두로 전해주었는데, 성상께서 하교하신 대의는 '민백상(閔百祥)의 상소는 백부(민창수)를 위해 원통한 사정을 하소연한 것인 듯하므로 뺐다.'[48]라는 것입니다. 밝으신 성상께서 위에 계시어 아무리 어두운 곳이라도 남김없이 통촉하십니다. 알려주는 사람이 없어 듣고서 알지 못할까 염려되므로 대략 언급합니다.

47 비녀장을 빼낸 고사 : 한(漢)나라 진준(陳遵)이 잔치를 벌일 때마다 손님들이 집에 가지 못하도록 문을 잠그고 손님이 타고 온 수레의 비녀장을 빼어 우물 속에 던져넣었다. 《漢書 卷92 陳遵傳》

48 민백상(閔百祥)의……뺐다 : 1744년(영조20) 민백상이 부친 민형수(閔亨洙)의 원통한 사정을 하소연하자 영조는 이것이 백부 민창수(閔昌洙)를 위해 올린 것이라고 하며 상소를 불태우고 민백상을 남해현(南海縣)에 유배하였다. 《承政院日記 英祖 20年 2月 12日》

민사회에게 답하다

答閔士會

편지가 갑자기 왔으니 펼쳐 보고 위안이 되는 마음 어찌 끝이 있겠습니까. 다만 홀로 강가 정자에 앉아 적적한 가운데 책을 보고 있다고 들었는데, 필시 지난날보다 나을 것입니다. 제 몸의 증상들은 나빠지는 것만 있고 나아지는 것은 없습니다. 함부로 움직일 뜻이 없지 않으나 다시 생각해보니 지난 상소의 '가이(可以)'[49] 두 글자는 지금 아직은 아닙니다. 아직 할 수 있기 전에는 임금을 속이는 데 이르지는 않을 듯하니, 이로써 자신을 용서하고 버려진 신세를 면치 못하고 있습니다. 그렇지만 며칠 전 이미 나아가고자 하나 할 수 없다는 상소를 올리고 성상께 견책을 청하였습니다.

별지로 자세히 말씀해 주셨는데, 지극한 정에 몹시 감사드립니다. 제 거취로 말하자면, 의리는 논하지 않고 오직 병세의 가감을 기준으로 삼을 것입니다. 시대의 소장치란(消長治亂)은 논하지 않고 단지 춥지도 않고 덥지도 않은 기후만 취할 것입니다. 옛 어진 이 중에도 출처를 이와 같이 한 사람이 있습니까. 그대는 부디 고상한 논의로 여기지 마십시오.

49 가이(可以) : 저자가 1746년(영조22) 올린 상소에 "신이 몇 년 전 사직 상소에 '걸음이 전폐를 오르내릴 수 있고 언어가 강론에 참여할 수 있으면〔行步可以升降殿陛, 言語可以參涉講討〕 감히 한 번 나아가지 않겠습니까.'라고 하였습니다."라고 한 대목이 있다.

민사장에게 답하다 형수○기유년(1729, 영조5)

答閔士長 亨洙○己酉

그대의 상소는 보고 돌려드립니다. 대의는 신하의 분의와 사사로운 의리를 둘다 완곡히 온전하게 지키는 데 힘쓰는 것이었습니다. 그러므로 스스로 인혐하는 쪽으로 귀결되어 통쾌하게 말하지 못하였는데, 옛사람이 일을 논하는 체재는 이와 같지 않았습니다. 그렇지만 이와 같은 처지에서 이렇게 한 줄기 길을 열어 오늘날 사람들로 하여금 이러한 도리가 있다는 것을 알게 하였으니, 그대의 역량이 아니면 할 수 없는 일입니다. "사람들은 훌륭한 부형이 있는 것을 즐거워한다."[50]라는 맹자의 가르침이 참으로 저를 속이지 않았습니다. 다만 말이 그대에게서 나왔으므로 성상을 감동시키기가 더욱 어려울 것이니, 이것이 개탄스러울 뿐입니다. 조정에 서서 일을 할 때 한결같이 이를 준칙으로 삼아 남들을 따라 공리(功利)에 빠져들지 않는 것이 어리석은 저의 바람입니다.

유안(幼安 이병태(李秉泰))이 읽고 탄식하기를, "백옥(伯玉 오원(吳瑗))의 만 마디 말이 어찌 감히 사장(士長 민형수)의 몇 줄 글에 미칠 수 있겠는가. 나는 의리가 이와 같아야 하는지 모르겠다."라고 하였는데,

50 사람들은……즐거워한다 : 《맹자》 〈이루 하(離婁下)〉에 "정도에 맞는 자가 맞지 않는 자를 길러 주며, 재주 있는 자가 재주 없는 자를 길러 준다. 그러므로 사람들은 훌륭한 부형이 있는 것을 즐거워한다.〔中也養不中, 才也養不才, 故人樂有賢父兄也.〕"라고 하였다.

이 말을 사원에게 들려줄 수 있겠습니까?

글씨를 반드시 잘 쓸 필요는 없지만 단정한 것이 중요합니다. 그대의 심획(心畫 글씨)이 바르지 않은데 통렬히 고치지 않았습니까? 우연히 언급합니다.

민사장에게 주다

與閔士長

외진 곳에 살아 인편이 드물어 그대가 떠난 지 며칠이 되어서야 비로소 엄한 견책을 받았다는 소식을 들었습니다. 여주(驪州) 고을에 도착해서야 그대 아우님이 연석의 대화와 소차를 보여주어 자세한 내용을 알게 되었습니다. 황공하고 놀라운 마음 어찌 끝이 있겠습니까. 가을철에 비가 자주 내리는데 길 가며 몸 보중 잘 하기 바랍니다. 이미 어느 곳에 도착하였습니까? 지금 사람들은 대부분 죽었는데 그대만 죽지 않았습니다. 무더운 날씨의 험한 잔도가 이보다 만 배나 더하더라도 어찌 말할 것이 있겠습니까.

그대의 상소는 결국 인혐하고 사직하는 내용이니, 체모가 조금 가볍습니다. 그러나 후세에 대의를 보이기에는 충분합니다. 다만 그대의 한 마디 말 때문에 위로는 성상께서 무한히 잘못된 행동을 하도록 만들고, 아래로는 노친을 비상한 지경에 두었습니다. 그대는 단지 성심과 신의가 미덥지 못하다는 점을 스스로 깊이 반성하십시오. 평소 매번 그대에게 독서를 권하였는데 데면데면 듣는 것을 면하지 못했습니다. 지금이야말로 분발하고 참아서 부족한 점을 보완할 때입니다. 천번 만번 부지런히 힘써 견식을 길러 훗날 잘못을 고칠 방도로 삼는 것이 어떻습니까? 송강공(松江公 정철(鄭澈))이 강계(江界)에 위리안치되어 흰 나무에 《대학》을 쓴 고사[51]가 있는데 들은 적이 있습니까?

51 송강공(松江公)이……고사 : 55쪽 주30 참조.

민사연에게 답하다 통수○갑인년(1734, 영조10)

答閔士淵 通洙○甲寅

새로 제수되었다는 소식을 들었습니다. 그대의 둘째 형이 위리안치되었을 때도 대궐의 직임에 나아갔는데, 하물며 지금이겠습니까. 선비를 시험하는 일에도 명을 받고 달려갔으니, 거취에 대해서는 이미 정해진 생각이 있는 듯합니다. 어찌 다시 묻는 것입니까.

대기(大紀 홍창한(洪昌漢))는 6품에 오른 뒤 쓸데없는 관직은 물론이고 언관의 직임도 한결같이 나아가지 않으면서 스스로 통쾌하다고 여깁니다. 그러나 제 생각은 이와 같지 않아, 매번 직분을 다하고 말을 다하는 것이 가장 중요하다고 생각합니다. 그가 겁이 많고 약하여 하지 못할 뿐이지 당초에 어찌 강론하여 정한 일이 있겠습니까.

그대의 처지는 남과 비교하면 차이가 있습니다. 비록 쓸데없는 관직이라도 한 번 발을 들이면 뒤섞여 함께 가기 쉬우니, 참으로 부끄러운 일입니다. 앞으로 언관의 직임은 사적인 분의상 감히 말하지 못할 것이니, 한 번 나아가고 한 번 물러나는 사이에 기구하고 구차하기가 참으로 그대의 말씀대로일 것입니다.

이번에 한 번 숙배하지 않을 수 없다면, 한 번 숙배한 뒤에는 곧바로 글을 올려 체직되어 고향으로 돌아와 독서하십시오. 그리고 앞으로는 크고 작은 관직에 제수하는 명을 굳게 사양하고 나가지 않으면 분의와 염치를 모두 얻을 수 있을지도 모릅니다. 그러나 지금의 두서를 보건대 끝내 버티지 못할 듯하니 어찌하겠습니까.

오직 사양하고 받고 말하고 침묵하는 일은 한결같이 어버이의 뜻을 묻고서 하십시오. 지금 얼음과 눈이 높이 쌓였는데 아이종이 쓸데없이 수십 리나 되는 먼 길을 왔으니, 존보(尊甫 김신겸(金信謙))가 사람을 심하게 그르쳤습니다. 몹시 우습습니다.

도암집

제16권

書서

민사위[1] 익수 에게 주다 을사년(1725, 영조1)

與閔士衛 翼洙○乙巳

거취에 대해서는 만났을 때 이미 다 말씀드렸습니다. 대체로 물러나면 입을 다물고, 나아가면 충언(忠言)을 올리기를 생각하는 것이 하나의 법도가 되었습니다. 지금 또한 국상(國祥) 때에 맞추어 조정에 나아가 나라를 근심하고 임금을 사랑하는 정성을 드러내고자 이렇게 계획을 정했습니다. 그래서 일전에 짧은 상소를 작성하여 부치려고 했지만 근심스러운 점이 있어 우선 그만두었습니다. 성상의 마음이 이미 한쪽으로 치우쳐 모든 일이 소용없으니 무슨 말로 성상의 마음을 돌릴 수 있을지 모르겠습니다. 이때에 조금이나마 성상의 잘못을 바로잡는 의리를 다하는 것이 어떨지 모르겠습니다.

성상의 마음을 돌리는 것은 본디 쉽지 않고 또 성상의 노여움을 촉발할지도 알 수 없으나 요컨대 내 마음을 다할 뿐입니다. 이전의 비답에서 자신의 부족한 부분을 보충하라고 말씀하신 것은 예전의 일을 끌어와 책려한 것이지 직접적으로 도움을 구하는 것과는 다릅니다. 그런데 오히려 성상의 비답을 핑계로 충언을 아뢸 수 있겠습니까. 차라리 수졸(守拙)하는 법도[2]에 의거하여 일단 입을 다물고 있는 것이 낫지 않겠습

1 민사위 : 민익수(閔翼洙, 1690~1742)이다. 본관은 여흥(驪興), 자는 사위(士衛), 호는 숙야재(夙夜齋), 시호는 문충(文忠)이다. 저자의 외종제이다.

2 수졸(守拙)하는 법도 : 일반적으로 졸렬함을 지킨다는 뜻으로 벼슬에 나아가지 않는다는 말인데, 자신이 지키는 법도를 겸사로 말할 때 쓰기도 한다.

니까. 부디 시의(時義)를 살펴서 조회에서 물러나셨을 때 조용히 여쭤 보고 자신의 의견을 참작하여 답장을 보내주십시오. 마음속으로 이해해주길 바랍니다.

민사위에게 답하다 무신년(1728, 영조4)

答閔士衛 戊申

이 몸은 망극한 성상의 은혜를 받아 거적을 깔고 처벌을 기다리던 중에 외람되이 성상의 인대를 받고 위로하는 말씀을 들었습니다. 초하루에 비로소 간절한 마음을 진술하였는데, 상소의 내용대로 고향에 돌아가 모친을 보살피라는 비답이 내렸습니다. 온 집안 사람들이 감축하는 마음을 무슨 수로 표현하겠습니까.

역적 이지시(李之時)는 이인좌(李麟佐)의 족당으로 청주(淸州)에서 함께 봉기했다가 뒤늦게 체포된 자인데, 김장(金丈 김진옥(金鎭玉))과 장장(張將 장붕익(張鵬翼))도 과연 이 사람에게 무함(誣陷)을 받았습니다. 역적의 공초(供招) 가운데 '사혐(私嫌)'이라고 말한 부분은 바로 제가 갑오년(1714, 숙종40) 회시(會試)의 시관(試官)으로 있을 때 이지시 부친의 답안이 차하(次下) 등급으로 합격했는 데도 제가 합격자 명단에서 빼버려 뼛속까지 원한을 품었다고 한 것[3]인데, 그 해에는

3 역적……것 : 이인좌(李麟佐)의 반란에 가담한 이지시(李之時)가 체포되어 심문을 받는 가운데 이재(李縡), 김진옥(金鎭玉), 장붕익(張鵬翼) 등을 무고하였다. 그 뒤 무고가 밝혀져 영조가 이지시에게 그 이유를 묻자, 그는 대답하기를 "이재는 갑오년(1714, 숙종40)에 감시(監試)의 시관이 되었는데, 저의 아비가 그때 합격자의 명단에 들었는데도 그에 의해 제거되었기 때문에 저는 항상 원망하고 미워하면서 죽이고 싶은 마음이 있었습니다. 김진옥은 저의 집안 산소를 두 차례나 불법으로 차지하였습니다. 그런데 제가 사람이 미천하고 힘이 약하여 무단히 빼앗겼기에 저는 항상 분한 마음을 품고서 기어이 유감을 풀어버리려고 하였습니다. 장붕익은 충청 병사(忠淸兵使)로 재임할 때에 저의 가문을 모욕했기에 원한이 매우 깊게 맺혔으므로 과연 무고했던 것입니

원래 이러한 일이 없었습니다. 김장(金丈)과 장장(張將)의 일 또한 허황하여 진실로 그 끝을 헤아리기 어려운데, 성상 앞에서 실상을 이미 대략 아뢰었습니다. 사방을 둘러보아도 움츠러들어 달려갈 곳이 없으니[4] 장차 어떻게 처신해야할지 모르겠습니다.

신지(新池)는 평소 서로 의지가 되는 지세(地勢)라 참으로 좋긴 하지만 지금 시의(時義)가 매우 위태로우니, 깊은 산속으로 달려가지 않으면 또한 화가 친우들에게 미칠 듯합니다. 원주(原州)가 조금 낫긴 하지만 원씨(元氏) 집은 끝내 구차합니다. 제협(堤峽 제천(堤川))은 정종(鄭從)[5]의 월림산(月林山)[6] 집과 사장(士長 민형수(閔亨洙))의 새로 지은 집이 있어 이사할 수 있을 듯한데, 양식이 없을 뿐만 아니라 역적들이 흩어져 들어갔다는 말이 파다하게 퍼졌으니 이로울지 해로울지 예측하기도 어렵습니다. 지금 의리에 처하는 방법에 대해 어떤 이는 산속으로 깊이 들어가는 것이 좋다고 하고 어떤 이는 산속으로 들어가는 것이 더욱 황공하다고 하니, 두 가지 말이 어떻습니까? 이사하기 전에는 오직 깊이 숨어 지내며 손님을 사절하여 자숙하는 계책으로 삼겠습

다."라고 하였다.《承政院日記 英祖 4年 4月 25日》

4 사방을……없으니 : 어지러운 세상에 자신의 뜻을 펼치지 못한다는 뜻이다. 《시경》〈소아(小雅) 절남산(節南山)〉에 "네 마리 말이 끄는 수레를 타니, 네 마리 수말의 목이 굵도다. 내가 사방을 둘러보아도 움츠러들 뿐 달려갈 곳이 없도다."라고 한 데서 나온 말이다.

5 정종(鄭從) : 저자 모친의 외제(外弟)인 정천(鄭洊, 1659~1724)이다. 본관은 연일(延日), 자는 장원(長源), 호는 첨의당(瞻依堂)이다. 영춘 현감(永春縣監)으로 있다가 파직되어 제천으로 돌아와 선친의 무덤 곁에 집을 짓고 살았다.

6 월림산(月林山) : 제천시 금성면 월림리에 있는 산이다.

니다. 주자(朱子)는 "문을 닫고 담 구멍을 막는다고 화를 피할 수 없다."[7]라고 말하였습니다. 본디 이와 같은 의리를 알고 있지만, 지금은 어쩔 수 없이 용문(龍門)이 남긴 법도[8]에 의탁할 따름입니다. 이 말 또한 매우 참람한 것이니 그저 웃고 맙니다.

7 문을……없다 : 채원정(蔡元定)의 말인 듯하다. 《송사(宋史)》 〈유림전(儒林傳) 채원정(蔡元定)〉에 "만약 환난이 있다면 또한 문을 닫고 담 구멍을 막아도 피할 수 없다.〔若有禍患, 亦非閉門塞竇所能避也.〕"라는 말이 보인다.

8 용문(龍門)이 남긴 법도 : 세상을 피해 은거하며 자숙하는 것을 말한다. 주희(朱熹)의 〈이천선생 연보(伊川先生年譜)〉에 다음과 같은 내용이 보인다. 1103년에 언관이 정이천(程伊川)을 논죄하기를 "그는 지금 다시 글을 지어 조정을 비난하고 있으니, 이제 조칙을 내려 출사한 이후 그가 지은 모든 글을 없애고 그가 지은 책은 감사가 각찰하도록 하십시오."라고 하였는데, 이에 정이천은 용문(龍門)의 남쪽으로 거처를 옮기고 사방의 학자들이 찾아오지 못하게 하였다.

민사위에게 답하다 갑인년(1734, 영조10)
答閔士衛 甲寅

동짓날이 갑자기 다가오고 모친의 기제(忌祭)[9]가 또 가까워졌으니 애통하고 사모하는 마음이 어떠합니까. 학질은 결국 기운이 쇠하여 생기는 것이니, 그대가 어찌 알지 못하고 목숨을 부지하는 도를 생각하지 않습니까. 병이 있으면 잠시 먹고 마시되 병이 나으면 처음대로 돌아가야 하니[10], 이미 《소학(小學)》에 실려 있습니다. 먹고 마시는 것은 예(禮)의 작은 일이고 슬퍼하여 생명을 해치는 것은 크게 효를 상하는 것입니다. 제가 그대들을 깊이 사랑하지는 하지만 어찌 예를 아끼는 것이 또한 그대들만 못하겠습니까. 부디 의심하지 마십시오.

9 모친의 기제(忌祭) : 민익수의 모친은 1733년에 세상을 떠났다.

10 병이……하니 : 《소학》 〈명륜(明倫)〉에 "부모의 상중에 있는 자는 대상(大祥) 전에 모두 술을 마시거나 고기를 먹어서는 안 되니, 만약 병이 있거든 잠시 고기를 먹고 술을 마시되 병이 그치면 또한 마땅히 처음대로 돌아가야 한다." 하였다.

민사위에게 답하다 을묘년(1735, 영조11)

答閔士衛 乙卯

조 이우(趙二憂)[11]의 묘를 이장하는 행렬이 진위(振威)를 지나갈 때 억지로 일어나 곡을 하고 돌아왔습니다. 아직 살아있는 저는 온갖 변고를 두루 겪다보니 이 노인이 사생이 갈리는 때에 지조가 우뚝하여 지금 사람이 미칠 수 없다는 것을 더욱 잘 알겠으니, 사람은 늘그막의 지조를 신중히 하지 않을 수 없습니다. 흑산도(黑山島)와 벽파진(碧波津)[12]으로 쫓겨난 두 나그네[13]의 소식을 들으니 걱정하고 한탄하는 마음을 어찌 다 말하겠습니까.

11 조 이우(趙二憂) : 조태채(趙泰采, 1660~1722)이다. 본관은 양주(楊州), 자는 유량(幼亮), 호는 이우당(二憂堂)이다. 김창집(金昌集), 이이명(李頤命), 이건명(李健命)과 함께 노론사대신의 한 사람으로, 신임옥사 때 진도에 유배되었다가 이듬해 적소에서 사사되었다.

12 벽파진(碧波津) : 진도(珍島)에 있는 포구이다.

13 두 나그네 : 이태중(李台重, 1694~1756)은 신임사화 때 화를 입은 노론 4대신의 신원(伸寃)을 주장하다가 분당을 일삼는다는 탄핵을 받아 흑산도(黑山島)에 위리안치되었다. 홍계유(洪啓裕, 1695~1742)는 같은 해 이태중을 비호하는 상소를 올렸다가 진도(珍島)에 위리안치되었다.

민사위의 문목에 답하다 병진년(1736, 영조12)

答閔士衛 丙辰

문 중부(仲父 민진원(閔鎭遠))의 책상자에 있는 이른바 《헌근록(獻芹錄)》 한 책은 재작년에 성상께 바치고자 했으나 그러지 못한 책입니다. 자제의 마음으로 차마 민멸되는 것을 보지 못하여 상소를 올려 이 책을 바치고자 하는데 어떨지 모르겠습니다. 다만 이 책은 건저(建儲) 한 가지 일을 위해 만든 것인데, 바치지 못한 것은 원자(元子)[14]가 태어나셨기 때문이니, 혹자는 "지금 건저의 일은 삭제해야 된다."라고 합니다. 이 말은 어떻습니까?

오늘날 국가에서 죽은 신하를 위해 추증하고 애도하는 뜻이 비상한데도 비망기와 연석의 이야기에서 고집한 바가 있다고 말씀하시어[15] 뒤늦게 나무라는 뜻이 있었습니다. 상소의 말미에 몇 마디 말로 대략 진술하여 평소의 본뜻을 밝히는 것이 어떻겠습니까? 상소를 올리는 것은 상주(喪主)가 해야 합니까? 일찍이 시종신을 거친 자가 해야 합니까? 중부께서 계축년(1673, 현종14)에 도성에 들어온 것은 마지못해 한 일이라 하루도 고향으로 돌아갈 생각을 하지 않은 적이 없었습니다. 그러다가 원자가 태어나시어 국가의 근심의 다소 풀리자 비로소

14 원자(元子) : 1735년(영조11)에 태어난 사도세자(思悼世子, 1735~1762)를 말한다.

15 고집한……말씀하시어 : 민진원이 세상을 떠났을 때 영조가 몹시 슬퍼하면서 하유하기를, "민 봉조하는 휴척(休戚)을 함께 하는 신하로서, 고집한 것은 막힌 점이 있으나 나라를 위하는 단심(丹心)은 변함이 없었다." 하였다. 《英祖實錄 12年 11月 28日》

돌아가기로 결단하시어 왕세자 책례(冊禮)가 끝나면 부모님을 모시고 고향으로 돌아가려고 생각했는데 질병이 갑자기 생겨 뜻대로 하질 못했습니다. 백종(伯從 민창수(閔昌洙))이 장례를 치른 후에 다시는 신주를 모시고 서울로 돌아오지 않고 그대로 단암(丹巖)에 머무르고 있습니다. 혹자는 "노친이 서울에 계시는데 신주가 만들어진 후에 장차 슬픈 마음을 펼 길이 없으니 정리상 차마 하기 어렵습니다."라고 합니다. 이 말은 또 어떻습니까?

답 《헌근록》은 몇 해 전에 이미 보여주셨습니다. 근래 묵묵히 생각하니 이 책에 모은 글은 충심이 환하게 드러난 것이기에 참으로 민멸되어서는 안 된다고 여겼습니다. 부친을 여읜 자식들이 장차 어떻게 계획할지 몰랐는데 지금 과연 이처럼 문의하였습니다. 다만 책 말미의 내용은 이것이 작년 이전의 일이니 비록 지금 드러내더라도 또한 혐의될 게 없습니다. 그러나 지금 시세의 형편으로 보자면, 성상의 마음이 다른 견해를 듣기 싫어하고 제대로 보지 못하는 단서가 있으니 세세하게 고민하지 않아서는 안 됩니다. 혹자의 말처럼 삭제한다면, 허다한 격언(格言)이 본디 증상에 알맞은 좋은 약인데 이 내용을 제거하면 공허해져 정채가 없어집니다. 대저 이 책의 체모는 죽음을 앞두고 올리는 상소와는 다르니, 비록 시기를 늦추더라도 불가할 게 없습니다. 평소의 충정이 이미 성상의 뜻과 부합되지 않았으니 애도하는 하교[16]

16 애도하는 하교 : 영조가 민진원을 애도하며 "일전의 하교에 나의 마음을 다 말하였다. 고집하는 것이 막힌 바가 있다고 말한 것은 추후에 제기할 필요가 없다. 내가 이미 마음속으로 그가 그러하다는 것을 알고 있으니, 어떻게 거짓으로 말할 수 있겠는가.……진실로 나의 이런 뜻을 본받지 않는다면 이는 임금이 있다는 것을 모르는 것일 뿐만 아니라, 실로 아비가 있다는 것도 모르는 것이 될 것이다."라고 하였다. 《英祖實

만 보아도 알 수 있습니다. 이 억울한 마음을 품고 책상자에 보관했다가 성상께서 조금이라도 밝게 깨닫게 될 때를 기다리는 것만 못합니다만 이는 본디 감히 바랄 수가 없습니다. 또 그럴 수 있는 기회가 없지는 않을 것이니 우선 기다렸다가 다시 논의해도 늦지 않습니다.

상소를 올리는 것은 응당 상주가 해야 하지만 상주 동생[17]에게 맡기고자 한다면 "신의 형 아무개가 신이 일찍이 시종신을 역임했다는 이유로 상소를 지어 올리게 하였습니다."라고 말하는 것이 마땅할 듯합니다. '통원(痛冤)' 두 자[18]는 진실로 지나치지 않지만 성상의 하교에서 뒤늦게 나무란 것은 본디 새로운 사건이 아니니 지금 변론하여 밝히는 것은 알맞은 때가 아닌 듯합니다. 이는 사장(士長 민형수)의 무리가 훗날 책임질 사항이니 이것이 어찌 상소의 말미에 간략한 몇 마디 말로 밝힐 수 있는 것이겠습니까. 경연의 하교에 대해서는 더욱 자제의 입장에서 앞날을 경계로 삼아 뒷날을 조심하는 단서가 되니 부디 각자 통렬히 반성하여 우리 외숙의 본심이 훗날에 퇴색되지 않도록 하십시오. 이것이 큰 효도입니다. 어떻게 생각하십니까?

하루라도 고향으로 돌아갈 생각을 하지 않은 적 없었던 유지는 어찌 군이 알려주셔야 알겠습니까. 제 생각에는 성복(成服)한 다음 영구를

錄 12年 12月 1日》

17 상주 동생 : 민형수(閔亨洙)를 가리킨다.

18 통원(痛冤) 두 자 : 민우수(閔遇洙)가 저자에게 보낸 편지 가운데, 이 편지의 문목(問目)과 거의 동일한 내용의 편지가 있다. 그 편지 내용에 "혹자는 '원소(原疏)는 통원(痛冤)의 뜻을 위주로 하고 건저(建儲)의 내용은 지금에서는 결국 공언이므로 권 안에 있는 말들은 삭제하는 것이 마땅할 듯합니다.'라고 하는데, 이 말이 어떻습니까?" 하였다.《貞菴集 卷5 上陶庵》

모시고 곧장 여강(驪江 여주(驪州))으로 돌아가 외숙의 평소 뜻을 따르는 것이 마땅합니다. 시기가 혹한이고 사세 또한 걸리는 일이 많아서 이미 그럴 수 없는 상황이면 장례 날짜를 정한 이후에 장례일 전에 영구를 모시고 돌아와 강가 정자에 모시면서 하관하는 일을 기다린 다음 그곳으로 신주를 모시고 돌아와 삼년상을 마치는 것이 의심할 바 없을 듯합니다. 정리상 비록 차마 할 수 없다는 말은 이미 종자(宗子)도 아닐 뿐더러 또 일찍이 분가했으니 혹자의 말은 논할 필요도 없습니다.

민사위에게 답하다

答閔士衛

보내신 편지는 잘 살펴보았습니다. 흥군(興君) 아내[19]의 궤연에 올리는 상식(上食)을 이미 그만두지 않았으니 삭망전(朔望奠)을 행하지 못할 의리는 없는 듯합니다. 오직 상주가 참최복(斬衰服)을 입었다면 '기년상과 대공상의 장례를 치르기 전에는 간략하게 진설한다'는 예문(禮文)으로 미루어보자면 '은(殷)' 한 글자는 온당하지 않은 듯합니다. 묘제(墓祭)를 그만두어도 된다는 것은 더욱 의심할 게 없습니다. 상주 동생의 부인의 다례(茶禮)를 행하는 문제는 비록 분가했으니 삼년 동안 제사지내는 경우와 다르긴 하지만 참최상의 장례를 치르기 전에 다른 사람에게 대신 행하게 하는 것은 또한 감히 할 수 없을 듯합니다. 어떻게 생각하십니까?

19 흥군(興君) 아내 : 민형수(閔亨洙)의 둘째 아들이 백흥(百興)이다.

민사위에게 답하다 정사년(1737, 영조13)

答閔士衛 丁巳

물으신 내용은 잘 살펴보았습니다. 자식이 부모를 위하는 마음은 다만 마음속에 스스로 만족하기를 구하면 그만이니 어찌 하기 싫은 것을 억지로 시키겠습니까. 만약 이것을 깨닫는다면 처신할 바를 알 수 있을 것입니다. 그러나 역량이 부족하면 차라리 갑술년의 고사[20]를 따라서 자취가 없는 것이 낫지 않겠습니까.

그 아래에서 말씀하신 것은 진실로 옳습니다. 대저 지금 시절은 참으로 끝없는 변괴가 일어나니 본디 비슷한 부류를 확충하여 지극한 의리에 나아가기가[21] 쉽지 않습니다. 그러나 일이 크고 작든 한 번이라도 실패한다면 평소 품었던 뜻에 더욱 해가 될 듯하니 이는 응당 전전긍긍하며 신중히 처리해야 할 부분입니다. 어떻게 생각하십니까?

치제(致祭)의 시기는 예조(禮曹)에 일임해도 본디 무방하지만 치제문을 맡기는 일은 혹 좋지 못한 사람에게 맡긴다면 어찌 매우 난처한 경우가 아니겠습니까. 성상께서 결정하신다면 참으로 어찌할 수 없습니다만 해당 관각에서 물어보거든 조금 뜻에 맞는 사람을 골라 답하는 게 옳겠습니다. 다시 생각해 보십시오.

20 갑술년의 고사 : 갑술년은 1694년(숙종20)의 갑술환국을 가리키는 듯하나 미상이다.

21 비슷한……나아가기가 : 맹자가 말하기를 "자기의 소유가 아닌 것을 취하는 자를 도둑이라 이르는 것은 종류를 채워서 의(義)의 다함에 이른 것이다.〔夫謂非其有而取之者, 盜也, 充類至義之盡也.〕"라고 한 데서 나온 말이다. 《孟子 萬章下》

민사위에게 답하다

答閔士衛

근래 대심(大心 이유(李維))이 돌아와 그대의 소식을 자세히 듣고 편지까지 받았으니 위로되는 마음이 어떠하겠습니까. 저희 아이의 거취에 대해선 국우(國友)[22]의 말이 어찌 명쾌하지 않겠습니까마는 그 아이가 이미 지절(志節)이 없이 과장(科場)으로 달려갔으니[23] 갑자기 은거하여 고고하게 살기를 요구하긴 어렵고, 오직 일마다 직분을 다하여 만에 하나라도 나라의 은혜에 보답하길 생각할 따름입니다. 이렇게 하지 못하고 그저 남들과 뒤섞여 간다면 더 이상 할 말이 없습니다만 그 아이가 장차 어떻게 계획을 세울지 모르겠습니다. 모든 일에 대해 하나하나 그대에게 여쭙게 하였습니다. 저는 이미 멀리 있으니 그대가 어찌 자식처럼 봐주지 않겠습니까. 아무쪼록 그 아이를 잘 지도해 주십시오. 그 아이가 혹 묻지 않더라도 생각나면 말해주시고, 허물이 있으면 꾸짖어 다신 사론(士論)에 죄를 짓지 않도록 해주십시오.

22 국우(國友) : 저자의 벗인 오박(吳璞)인 듯하다. 그의 자가 국보(國寶)이다.

23 아이가……달려갔으니 : 저저의 아들인 이제원(李濟遠, 1709~1752)은 1736년(영조12) 알성문과에 병과로 급제하고, 2년 뒤 예문관 검열이 되었다.

민사위에게 답하다
答閔士衛

제 아이가 만약 벼슬에 나아가 직분을 다할 수 있다면 필시 좋은 도리가 되지 않지는 않을 것입니다만, 과거에 급제하고 나서 바로 벼슬을 하지 않으면 졸렬한 솜씨를 감추는 계책에 불과하니 어찌 꼭 이렇게 하겠습니까. 이렇게 권하십시오. 다만 '직분을 다하다〔盡職〕' 두 자가 매우 어려운 일이라 벗들 가운데 실로 부탁할 만한 사람이 없어 걱정입니다. 이전 편지에서 말씀하신 내용은 뜻이 깊습니다. 또한 그 아이는 평소 그대를 존경하고 믿으니 결코 범범하게 여기지 마시고 잘 지도해 주십시오.

소지(小紙)에서 말씀하신 내용은 잘 살펴보았습니다. 제 경우는 비록 벼슬을 하고 있진 않지만 오랫동안 군직의 직함을 지니고 있어 관복을 입어도 본디 괜찮지만 그대는 필시 그렇지 않을 듯합니다. 심의(深衣)는 화려한 복식이지만 예법에서 길복을 임시로 입는 것을 인정하니 상중에도 무방할 듯합니다. 어떻게 생각하십니까?

민사위에게 주다
與閔士衛

성(聲) 대감[24]이 영예롭게 발탁되어 부친의 자취를 이었고 나이 또한 마침 똑같습니다.[25] 이는 실로 드문 일이니 기특하고 기쁜 마음을 이루 다 말하겠습니까. 품계를 건너뛰어 승진한 것이 너무 빠르고 책임이 막중하니 깊이 사랑하는 마음에 기쁨보다 걱정이 많습니다.

제 생각에 거취는 결정하기 어렵지 않습니다. 신하의 몸은 자신의 것이 아니고, 더군다나 이처럼 위태로운 세상을 만나 이처럼 중한 책임을 맡았으니 재주와 역량이 전혀 감당할 수 없는 경우가 아니라면 다만 응당 벼슬에 나아가 죽을 힘을 다해 만에 하나라도 나라의 은혜에 보답하기를 도모할 따름입니다. 비록 나아가기 어려운 단서가 있더라도 일의 경중은 본디 분명합니다. 병조(兵曹)는 문관의 직책과는 달라서 눈앞에서 시비를 다투어 결정할 일이 없고, 또 무관을 등용하거나 내칠 때 당파에 얽매어서는 안 될 듯하지만, 역적 편의 사람은 끝내 높이 등용하기 어려우니 계묘년(1721, 경종3)의 과거에 합격한 자들[26]은 더

24 성(聲) 대감 : 민응수(閔應洙, 1684~1750)를 말한다. 본관은 여흥(驪興), 자는 성보(聲甫), 호는 오헌(梧軒), 시호는 문헌(文憲)이다. 1737년(영조13) 병조 판서에 제수되었다.

25 나이……똑같습니다 : 민응수의 부친은 민진주(閔鎭周, 1646~1700)인데, 1699년(숙종 25)에 병조 판서에 제수되었다. 민진주와 민응수 부자가 병조 판서에 제수된 나이가 모두 54세였다.

26 계묘년의……자들 : 1723년(경종3) 시행된 '계묘토역정시(癸卯討逆庭試)'를 가리

욱 마땅히 구별해야 합니다. 사사로움을 버리고 공도를 넓히며 인재를 모으는 데 힘쓴다면 어찌 인심을 크게 위로하는 일이 아니겠습니까. 만약 그러질 못하고 한결같이 전임자의 정사처럼 한다면 끌어준 당로자(當路者)의 마음에는 참으로 부합하겠지만 사류(士類)를 실망시키고 집안을 욕보이는 것이 어떠하겠습니까. 앞서 말한 것에 대해 스스로 잘 헤아려서 능력이 안 되면 차라리 작은 혐의를 이유로 사퇴하여 엄한 견책이 내리면 반드시 물러나고 마는 것이 낫지 않겠습니까.

말씀하신 두 가지 일은 또한 옳은 말씀입니다. 그대의 식견과 생각이 어찌 여기에 미치지 않았겠습니까. 이는 필시 나아가려다가 나아가지 않은 상황에서 높게도 낮게도 되지 않으려는 계책입니다. 앞으로 제 아이를 지도할 때는 결코 이처럼 주저하지 말게 하십시오. 우습네요. 제 말이 틀렸다고 여기지 않는다면 조만간 혹 아이를 다시 만나거든 그대의 뜻을 말해주고 아이가 결정한 바를 들어주십시오. 우연히 편지를 보게 되어 저도 모르게 이렇게까지 말하게 되었습니다. 질문이 없으면 간섭하지 않는 것이 저의 법도라 그러한 것이니, 번거롭게 남들에겐 말하지 마십시오.

킨다. 소론의 김일경(金一鏡) 등이 노론 사대신(四大臣)을 비롯한 노론 일파를 처단한 일을 기념하기 위하여 1723년 3월 16일 시행한 과거이다.

민사위에게 답하다
答閔士衛

날씨가 서늘해져 더욱 근심스러운 차에 그대의 편지를 받으니 그리운 마음은 똑같습니다. 아이의 처신이 지극히 어렵다는 점은 진실로 말씀하신 바와 같습니다. 그 아이가 과거에 응시할 때 이미 이렇게 될 줄 예상했는데 지금도 후회할 줄 모르지요? 웃고 맙니다.

얼마 전 연석에서 내린 하교는 어찌 매우 황공한 말이 아니겠습니까. 그중 몇 마디는 비상하니 관계된 것이 실로 큽니다. 전적으로 미천한 저를 지목한 것이라면 오히려 다행입니다. 저는 본디 평범한 문관인지라 학문으로 자처한 적이 없었으니 어찌 감히 대번에 폐단이 있고 없고를 말하겠습니까. 독서를 잘하지 못하고 자식 교육도 잘하지 못했다는 점은 성상의 하교가 실로 지당합니다. 제가 있는데 어찌 감히 아이로 하여금 깊이 인혐하다가 한 번 호소하고 대번에 나아가게 하겠습니까. 사정을 잘 아는 자는 혹 이해해 주겠지만 모르는 자는 비방하는 것이 당연합니다. 그러나 이 또한 아비의 허물이니 임금과 부모의 사이에서 의리에 처하는 것이 참으로 쉽지 않습니다. 그 아이가 비록 통렬하게 진술하여 자신의 도리를 다하더라도 다만 임금의 허물을 드러내고 아비의 죄를 보태는 것이니, 차라리 우선 이렇게 그 자신이 혼자 비방을 받도록 내버려 두고, 떠나게 되면 다른 죄를 핑계로 떠나는 것이 낫지 않겠습니까. 다만 생각건대 성상의 마음이 이미 이와 같으니 끝내 반드시 밖으로 드러나는 것을 막을 수 없을 것입니다. 또한 어찌합니까. 한밤에 걱정하고 탄식하는 것은 감히 일신의 사사로움 때문이 아닙니다.

민사위에게 주다

與閔士衛

듣자니 성상께서 수라를 물리셨다고 하는데 신하들과 함께 일제히 호소하지 못하여 분의상 매우 황송합니다. 이번 처분은 곧장 통곡하고 싶지만 그럴 수 없으니 군덕(君德)과 세도(世道)를 장차 어찌합니까. 아이가 편지를 보내와 제게 거처를 옮겨 상소를 올리라 하고, 이의철(李宜哲)은 편지를 보내와 도성 근처로 한 번 나아가라고 권유하였는데, 저는 완고하여 변통할 줄 모릅니다. 모르겠습니다만 그대의 생각은 어떠합니까? 들었으면 합니다.

아무개가 재상이 되었으니 우리 아이가 결코 두려운 마음으로 그대로 있으려고 하지 않을 것인데, 이미 그 아이를 위한 계책은 세워두었는지 모르겠습니다. 이러한 상황에서 손을 빼고 좌시한다면 부탁한 뜻이 아닌 듯합니다. 사실에 의거하여 솔직하게 아뢰는 것이 통쾌하지만 아이의 역량으로는 아마 그렇게 못할 것이고 저의 병 또한 이와 같으니, 진정을 아뢰어 물러나고서 이후에 다시 고민하는 것이 그래도 이대로 있는 것보다 낫겠지요? 성상께서 수라를 다시 들기 전이라 다른 일에 신경 쓸 겨를이 없겠지만 수라를 다시 드신 이후엔 더 이상 지체해서는 안 됩니다. 잘 지도해 주십시오.

민사위에게 답하다

與閔士衛

편지에서 '유우(兪友)' 운운한 내용은 일반적인 분수로 말하자면 또한 그럴 듯합니다. 성상께서 수라를 물리신 것이 어찌 매우 초조하고 절박한 일이 아니겠습니까마는 잘못된 거조만큼 중대한 일은 아닙니다. 부모를 봉양하는 방법에는 부모의 뜻을 봉양하거나 부모의 구복(口腹)을 봉양하는 차이가 있으니 이 의리는 본디 분명합니다. 이미 의리를 통렬하게 아뢰어 임금을 허물이 없는 곳으로 인도하지 못했으니 큰일에 대해서는 더 이상 할 말이 없습니다. 또 구구한 잔단 일에도 힘쓰지 못하여 만 번 죽을 죄를 지었음에도 미혹된 식견이 끝내 변할 줄 모르니 어찌합니까.

저는 이전까지 거취를 구차히 하려고 하지 않으나 끝내 분의(分義)를 해친 경우가 많았던 듯합니다. 매번 스스로 살펴볼 때마다 두려운 마음뿐입니다. 제 아이가 과거에 급제한 이후엔 그 아이로 하여금 스스로 충성을 바쳐 본조를 차마 잊지 못하는 뜻을 보이기를 제멋대로 바랐습니다. 지금은 시사(時事)가 더욱 어찌할 수 없는 상황이니 자숙하는 것 외엔 달리 무슨 계책이 있겠습니까. 사실에 의거하여 솔직히 아뢰는 것은 그 아이의 역량으로는 쉽게 하지 못할 것입니다. 성(聲 민응수(閔應洙)) 대감이 이미 나왔으니 이번 한 수 또한 잘 수습한 것이라 하겠습니다.

복위되기를 눈이 뚫어지듯 바란다는 한 마디 말에 오히려 급류 속에서 용감히 물러난 사람이 있었습니다.[27] 더군다나 지금의 거조는 다만 성상이 신하를 종처럼 꾸짖고 돼지처럼 욕하는 정도에 그치지 않았으니, 사대부의 처신이 참으로 어렵습니다. 국사가 장차 어디로 귀결될지 모르겠습니다.

27 복위되기를……있었습니다 : 송(宋)나라 태종(太宗)이 유창언(劉昌言)을 파직시키고 좌우에 묻기를 "창언이 울더냐?" 하였고, 여몽정(呂蒙正)을 파직시키고 말하기를 "몽정은 복위되기를 눈이 뚫어지듯 바랄 것이다." 하였다. 이 말을 들은 전약수(錢若水)는 탄식하며 "성상이 신하를 대하는 게 이와 같구나." 하였다. 《御批歷代通鑑輯覽 卷73 宋太宗皇帝》 한편 송(宋)나라 때 한 도승(道僧)이 진단(陳摶)에게 전약수의 사람됨을 두고 "그는 급류 속에서 용감히 물러날 수 있는 사람이다.〔是急流中勇退人也〕"라고 했었는데, 뒤에 과연 전약수가 벼슬이 추밀 부사(樞密副使)에 이르렀을 때 40세도 채 안 된 나이로 용감하게 관직에서 물러났다. 《宋史 卷266 錢若水列傳》

민사위에게 답하다

與閔士衛

우리 아이의 일에 대해 말씀하신 것이 또한 이와 같으니 서울의 분위기를 알 만합니다. 아마 귀로 듣는 것보다 눈으로 보는 것이 심해서 그런 것이겠지요. 의리에 의거하여 솔직히 아뢰다가 혹 이로 말미암아 죽을 수 있으니 참으로 말씀하신 바대로입니다.

다만 삭출(削黜) 당한 자는 삭직(削職) 당한 자와는 달리 곧 죄인입니다. 죄인의 자식이 어찌 감히 성상을 가까이 모시는 자리에 편안히 있을 수 있겠습니까. 비록 곧장 이렇게 호소하더라도 불가할 게 없을 듯하지만, 이것이 만약 황공하여 감히 할 수 없다면 병을 아뢰고 나오고, 진술서에도 이렇게 말하고 비록 국문을 당하더라도 또한 이렇게 말한다면 어찌 죽음에 이르기야 하겠습니까. 비록 죽더라도 또한 과분하게 죽은 것이 아니니 지나치게 겁먹을 필요는 없습니다. 능행(陵幸)을 마칠 때까지 기다려도 크게 문제될 것은 없습니다만 오직 이 일은 자세히 따져보아야 합니다. 그 아이가 필시 이 문제를 그대에게 여쭐 것이니 충분히 헤아려서 잘 가르쳐 주십시오.

민사위에게 주다

與閔士衛

내일 있을 모임에 비록 이 병이 없더라도 한 발짝이라도 문을 나설 수 있겠습니까. 전하는 사람이 잘못 전한 것입니다. 중한 견책을 받는다면 이 황공한 마음을 편안히 할 수 있을 것입니다. 별지(別紙)에서 물으신 것은 예전에 상중에 있는 사회(士會 민창수(閔昌洙))의 편지를 통해 그 곡절을 들었습니다. 저희 집에서도 서손(庶孫) 장방(長房)이 신주의 글자를 고칠 때 이름을 쓰지 않은 지가 두 세대입니다. 저희 서종대부(庶從大父)께서 축문을 쓸 때 스스로를 칭하면서 반드시 '서(庶)'라고만 썼으니 그 뜻이 매우 좋습니다. 사회로 하여금 죽구(竹舅)[28]에게 알리도록 하십시오. 며느리를 볼 때의 호칭 또한 어찌 의심할 게 있겠습니까.

28 죽구(竹舅) : 미상이다.

민사위에게 답하다 무오년(1738, 영조14)
與閔士衛 戊午

이전 편지에서 말씀하신 것은 매우 정확하지만 끝내 그 사람의 도움을 받지 않을 수 없겠습니까? 이 일은 매우 어려우니 어찌합니까. 평안도 관찰사[29]의 편지는 읽고 돌려보냅니다. 이 대감도 이 노인(이이(李珥))을 높여야 한다는 것을 알고 있으니, 세상에 이른바 후신(後身)은 전생(前生)의 일을 알지 못한다는 말은 그릇된 것일 듯합니다. 그렇지만 오늘날 세상의 어떤 사람이 또 "우리 선생이 또한 일찍이 이렇게 말했다."라고 한다면, 이런 경우에도 응당 후신을 통해서 봐야하는 것이겠습니까. 껄껄 웃습니다.

속집의 우계(牛溪 성혼(成渾))에게 보낸 답장 가운데 "천지 사이의 정기(正氣)가 없어질 것이다.[30]"라고 운운한 것을 읽어본 적이 있습니까? 이 노인의 심사가 이와 같았는데, 조정에서 이미 사당에 특별히 제사를 지내고 또 그 자손들을 수차례 녹용하였으며 게다가 그 문집을

29 평안도 관찰사 : 민응수(閔應洙)를 가리키는 듯하다. 민응수는 1738년(영조14) 평안도 관찰사가 되었다.

30 천지……것이다 : 이이가 성혼에게 보낸 편지에 "저들이 이미 나라를 그르친 소인이라고 하여 저를 내쫓고 난 뒤에야 비록 과격하지 않고자 한들 되겠습니까. 말세의 풍속이 구차스럽고 게을러서 바른말을 하지 않는 것이 진실로 시대의 습관인데, 이때에 또 존형의 과격하게 만들지 않아야 하나는 논의가 그 사이에 행해지면, 천지 사이의 정기(正氣)가 다 없어질 것이니, 다시 말하지 마시기를 바랍니다."라고 한 내용이 보인다. 《栗谷全書 卷11 答成浩原》

중간하였으니, 이 노인이 오늘날 이것을 얻은 것이 영화로운 일입니까, 아닙니까? 이와 같은데도 우리들이 또 그분의 말씀을 다시 엮어 지금 평안도 관찰사에게 간행하도록 부탁하는 것은 실로 이 노인을 더욱 부끄럽게 만드는 일이 될 듯하니, 이전 편지에서 머뭇거린 것은 이 때문입니다.

다른 현인은 괜찮지만 이 노인과 중봉(重峰 조헌(趙憲))은 불가합니다. 다시 엮는 일에 있어선 제가 부족한 정성을 바치고 싶지만 감당하지 못할까 두렵고 그렇다고 또 감히 사양할 수도 없기에 상자 안에 보관하여 훗날을 기다리는 것이 참으로 좋은 계책이라 여겼습니다. 아무개가 저를 찾아오는 것도 오히려 불가능한데 하물며 그와 함께 시종일관 이 일을 하겠습니까. 내버려두고 다시는 말하지 맙시다.

그런데 평안도 관찰사와 주고받은 편지의 뜻을 보건대 이 일은 그대에게서 발단이 된 듯합니다. 이는 그대가 이전의 제 편지가 잘못되었다고 여겨서이니, 이제 이전 편지보다 좀 더 상세하게 제 생각을 다 알려드립니다. 이에 대해 다시 깊게 헤아려주십시오. 혹 식견 있는 벗과 함께 사리에 대해 명확하게 논의했는데도 다시 제 말이 잘못되었다고 여기고 끝내 그렇게 할 수 없다면 또 상세하게 알려주십시오. 제가 또 어찌 감히 자신하겠습니까.

민사위에게 답하다 기미년(1739, 영조15)
答閔士衛 己未

두 외종제의 상소[31]를 읽어보니 매우 기뻤습니다. 우리 외숙의 심사가 이제부터 환하게 밝혀지고 임금의 무고를 통렬하게 씻는 일이 또한 여기에 달려있습니다. 남들이 충(忠)과 효(孝)가 모두 온전해졌다고 말하니 이는 지나친 말이 아닙니다. 그러나 이 일은 끝내 믿는 바가 있어서 감히 말한 것 같으니 응당 두려워하는 뜻을 깊이 새겨 결코 으스대지 말아야 합니다. 또 듣자니 대관이 연석(筵席)에서 구제해 주려고 매우 힘을 쓴다고 하는데 이는 좋은 소식이 아닙니다. 죄를 받거나 받지 않는 것을 막론하고 이후에 남들이 붙잡을까 두렵습니다. 이 일의 관건을 잘 꿰뚫고 있어야만 가업을 계승하고 나라에 충성했다고 이를 만합니다. 어떻게 생각하십니까?

31 두 외종제의 상소 : 1739년(영조15) 이광좌(李光佐)를 소척하려고 올린 민형수(閔亨洙)와 민통수(閔通洙)의 상소를 가리킨다.

민사위에게 답하다

與閔士衛

온릉(溫陵)의 복위 문제[32]는 수백 년 동안 억울한 일이었는데 하루아침에 회복되었으니 어찌 몹시 슬프고 다행스러운 일이 아니겠습니까. 다만 이 일은 군신과 부자 사이의 큰 변고와 관계된 것이라 반드시 매우 지극히 자세히 의리를 헤아려야 하고, 그 사이에 털끝만큼의 사사로운 뜻도 용납해서는 안 됩니다. 성상의 뜻이 우선 지향하는 바가 있어 신하들이 모두 휩쓸려 따랐으니, 비록 일반 대중에게까지 물어보아야 한다[33]고 하였으나 또한 한바탕 부질없는 글에 불과할 뿐입니다. 어찌 상례와 변례를 참작하고 고금을 절충하여 지당한 의리로 귀결시킬 수 있겠습니까. 이미 이루어진 뒤이니 본디 감히 경하하지 않을 수 없지만, 국가의 대사를 급박하고 구차하게 처리했으니 생각하면 두렵지 않겠습니까.

눌재(訥齋 박상(朴祥))와 충암(冲菴 김정(金淨))의 논의[34]가 본디 정당

32 온릉(溫陵)의 복위 문제: 온릉(溫陵)은 중종(中宗)의 비(妃) 단경왕후(端敬王后)이다. 중종반정 후, 단경왕후의 아버지가 연산군(燕山君)의 매부로서 연산군 축출을 위한 반정모의에 반대한 일로 반정 공신들에 의해서 폐위되었다. 1739년(영조15) 단경왕후로 복위되었다.

33 일반……한다 : 모든 의견을 합쳐서 길한 쪽으로 따라야 한다는 것이다. 《서경》〈홍범(洪範)〉에 "크게 의심나는 점이 있거든, 자기 마음에 물어보고, 관원들에게 물어보고, 일반 대중에게 물어보고, 거북과 시초 점을 쳐서 물어보아야 한다."라고 한 데서 나온 말이다.

34 눌재(訥齋)와 충암(冲菴)의 논의 : 1515년(중종10) 두 사람은 각각 순창 군수(淳

하지만 중묘(中廟) 당시라면 괜찮고 중묘 이후라면 불가합니다. 집에서 죄 없이 어미가 집에서 쫓겨났는데 이미 아비가 없어 명을 받을 수 없다면 자손들이 감히 개인적인 의견으로 억지로 신주를 사당에 모실 수 없으니 그 의리가 매우 분명합니다. 그래서 길에서 만난 사우가 물어보면 번번이 이렇게 대답하였습니다. 지금 말씀해주신 것과 집에서 예전에 들었던 것이 두 가지가 꼭 부합하니 저의 견해가 의리에 크게 벗어나지 않아 매우 다행입니다. '뒷날의 걱정거리이다〔日後慮〕' 세 글자를 길에서 또 듣게 되어 "아마도 억측인 듯하니 어찌 이런 이치가 있겠는가."라고 대답했습니다. 묻는 자가 반신반의하였습니다.

왕비[35]의 위차가 회복된 이후엔 정청(庭請)한 신하들의 죄를 일일이 뒤늦게 따지기는 본디 어렵지만, 배향한 세 사람을 의심할 바 없이 출향(黜享)해야[36] 합니다. 대신할 사람에 대해서는 천천히 논의해도 무슨 문제가 있겠습니까. 숙묘(肅廟) 묘정의 세 신하[37]가 아직 무탈하니 생각하면 마음이 아픕니다. 이것은 비록 백세가 지나더라도 끝내 한 번 바로잡지 않을 수 없습니다.

昌郡守)와 담양 부사(潭陽府使)로 있으면서 상소하여, 폐위된 중종의 비 단경왕후(端敬王后) 신씨(愼氏)를 복위할 것과 신씨를 폐위하도록 주도한 박원종(朴元宗) 등을 처벌할 것을 청하였다가 대사헌 권민수(權敏手) 등의 논핵을 받고 각각 보은(報恩)과 남평(南平)에 유배되었다. 《中宗實錄 10年 8月 8日, 11日, 24日》

35 왕비 : 인현왕후(仁顯王后)를 가리킨다.

36 배향한……출향(黜享)해야 : 이 무렵 단경왕후를 폐위시킨 박원종(朴元宗), 성희안(成希顔), 유순정(柳順汀) 등 중종반정의 3공신을 중종의 묘정에 배향한 일을 철폐하는 논의가 일어났다.

37 숙묘(肅廟)……신하 : 숙종의 묘정(廟庭)에 배향된 남구만(南九萬), 윤지완(尹趾完), 최석정(崔錫鼎) 등을 가리키는 듯하다.

민사위에게 답하다

與閔士衛

말씀하신 것은 처분이 아직 내려오기 전이라 참으로 황공합니다만 이미 성조(聖朝)가 노친(老親)에게 내린 은혜를 입은 처지이니 또한 어찌 감히 그 은혜를 허투루 하겠습니까. 집안의 재력을 보태어 지나치게 성대하게 치를 필요는 없습니다. 잔치를 마련할 때엔 평소 생신 때 음식을 진설하는 것처럼 하고 음악도 사용하지 말며 손님도 초대하지 말며, 자손들은 장수를 비는 술잔을 올리고 파하여 성대한 잔치자리를 좋아하지 않는 노친의 본의를 따르고 또 성군의 은총을 저버리는 일이 없도록 할 뿐입니다. 조정의 신료를 초대한다는 사장(士長 민형수(閔亨洙))의 말은 예전에 듣고서 웃었으니 이 사람의 우활함이 이와 같습니다. 그 사이에 처분이 혹 이미 내려왔더라도 이는 응당 죄과의 경중과 견책의 말뜻이 어떠한지를 살펴보고 처리하면 됩니다.

민사위에게 답하다
與閔士衛

사연(士淵 민통수(閔通洙))을 만났을 때 도성을 떠나 칩거하여 스스로 처신하는 의리로 삼으라고 힘써 말해주었고, 그 또한 며칠 안에 떠날 것이라 말했습니다. 지금 그 형의 말을 들어보니 예전처럼 집에 머물러 있고 또 벗들과 왕래하기도 한다고 합니다. 이는 필시 문을 열어 맞이하면서 남에게 청탁하려는 것이니 예전에 하던 짓과 똑같습니다. 그동안 서울에 있던 것도 매우 잘못된 처사라 때때로 남들의 심한 비방을 초래하였는데 더군다나 지금은 그 형이 유배를 간[38] 상황이지 않습니까. 실로 고금에 없었던 상황이라 스스로 처신하는 방법은 응당 피눈물을 흘리며 허물을 뉘우치는 사람보다 곱절로 조심해야 할 터인데, 오히려 득의양양하게 평범한 사람과 똑같이 행동하니 도대체 이 사람은 어떤 자입니까.

초대하지 않아도 벗의 집에 갔다면 그가 본디 터무니없기는 하지만 만약 벗이 초대하였다면 그 사람은 매우 나쁜 사람입니다. 그대가 곁에 있으면서 어째서 통렬하게 꾸짖어 왕래를 끊게 하지 않았습니까. 당장 광문(廣門)[39]으로 나와서 노친을 뵈러 오거나 제사에 참여하는 일 외에

38 형이 유배를 간 : 1739년(영조15) 5월 15일 민형수(閔亨洙)는 해남현에 찬배되었다.

39 광문(廣門) : 광주(廣州)의 광문촌(廣門村)을 가리킨다. 민진원(閔鎭遠)이 살던 곳이다.

는 도성 근처에 얼씬거리지 못하게 하길 간절히 바랍니다. 하루나 이틀 사이에 처리할 일이 아니라면 또한 응당 그 사이에도 문을 닫고 숨어 지내며 비록 근래 왕래하던 자라도 물리치고 보지 말아야 합니다. 그가 저와는 일찍이 소원하여 제가 그동안 비난을 받게 한 자이지만 이 소식을 듣고 한탄스런 마음을 금할 수 없어 차마 가만히 있을 수가 없습니다. 조용히 그에게 보여주시고 다른 사람에게는 번거롭게 보여주지 마십시오.

민사위에게 답하다

與閔士衛

사연(士淵)의 일[40]을 듣고 황망하고 놀랐습니다. 이 일은 국가의 형벌과 포상 가운데 어디에 해당합니까. 이 하나의 일로 그 나머지를 알 수 있습니다. 지극히 근심스럽고 한탄스런 마음에 차라리 아무런 말도 하지 않으렵니다. 상소를 이미 성상께서 보셨을 것 같은데 어떻게 처분이 내렸는지 모르겠습니다. 말씀하신 뜻은 매우 우스울 따름입니다. 그대의 곡진하고 방편적인 방법으로도 그가 싫어할까 걱정인데, 그가 어찌 제 충고를 감당하겠습니까. 우매한 성품이 늙을수록 더욱 심해지는 것을 스스로 잘 알고 있습니다. 이제부터는 한결같이 그대에게 독서를 권하는 않는 예를 따라 말하지 않을 것이니, 그대 또한 연좌당하는 법을 근심하지 마십시오. 그러나 그대가 비록 스스로 독서하지 않는다고 했지만 근래 듣자니 그대의 후생 가운데 조금 진보한 자가 있다고 합니다. 이 어찌 배우지 않았어도 나는 반드시 그를 배웠다고 하는[41] 경우가 아니겠습니까. 매우 기쁜 일입니다.

40 사연(士淵)의 일 : 1739년(영조15) 민통수(閔通洙)는 광주 부윤(廣州府尹)에 제수되었다.

41 배우지……하는 : 《논어》 〈학이(學而)〉에서 자하(子夏)가 "어진 이를 어질게 여기되 색을 좋아하는 마음과 바꿔하며, 부모를 섬기되 능히 그 힘을 다하며, 인군을 섬기되 능히 그 몸을 바치며, 붕우와 더불어 사귀되 말함에 성실함이 있으면 비록 배우지 않았다고 말하더라도 나는 반드시 그를 배웠다고 말하겠다."라고 한 데서 나온 말이다.

민사위에게 답하다

與閔士衛

이광좌(李光佐)의 상소는 아직 보지 못했지만 그 뜻은 한 번 통쾌하게 분한 마음을 토해내고자 한 것입니다. 그러나 그저 군색한 모습만 보였으니 그에게 있어 성공한 계책인지는 모르겠습니다. 술자리는 본디 알맞은 때가 아닌 듯합니다. 그러나 형은 유배를 갔고 동생은 발탁되었으니 이 세상이 사람을 참으로 황망하게 만듭니다. 저 사람의 몹쓸 말은 또한 특별한 일이나 새로운 말이 아니니 다만 힘써 행해야 할 뿐입니다. 비록 원만한 때를 기다리고자 한들 쉽게 되겠습니까. 오직 일마다 간략히 하여 편치 않은 뜻을 보인다면 될 것 같은데 어떻게 생각하십니까?

사연(士淵 민통수)의 상소를 그대가 부탁한대로 자세히 살펴보니 조어가 간혹 범범하고 차례가 정리되지 않았습니다. 그래서 대략 바꾸고 첨삭한 부분이 있는데 낮에는 번거로운 일이 많고 밤에 틈을 내다보니 심부름꾼을 며칠 동안이나 머무르게 했지만 끝내 서두른 결과를 면치 못했습니다. 참고하여 마음껏 고치십시오.

민사위에게 답하다 경신년(1740, 영조16)

答閔士衛 庚申

이전 편지에서 불행하다며 운운하신 것을 뒤늦게 알게 되었습니다. 우리들이 청요직에 오를 수 있었던 것은 모두 선대의 음덕 덕택으로 이미 과분한데, 그대가 특히 움츠려들어 감히 편안하지 못한 것은 다만 한 장의 홍패(紅牌)가 없어서입니다. 저와 사장(士長 민형수), 사연(士淵 민통수) 무리가 본래부터 가지고 있던 것처럼 여길 수 있겠습니까. 한편으론 우습고 한편으론 부끄럽습니다.

그대는 시속을 따른다고 자처하기를 항상 즐기지만 남들은 평범한 벼슬아치로 대하지 않으니, 태양 아래 있으면서 그림자를 피하려는 부류가 아니겠습니까. 근세에 학행(學行)과 경세(經世)가 둘로 나뉘어 조정에서 그대를 처우하는 것이 동쪽을 의도하면서 서쪽을 말하는 꼴이니 당사자로서는 앞으로 스스로 처신하는 의리가 매우 어려울 것입니다. 그러나 천하의 일은 목표가 같지만 가는 길은 다른 법이니, 전곡(錢穀)이나 갑병(甲兵)의 일도 유자들 자기 분수의 일이 아니겠습니까. 지금의 계책으로는 오직 의리의 길에 우뚝하게 자립하여 출처를 마땅하게 하고 체용(體用)을 모두 갖추어 세상 사람들로 하여금 이 도리가 있다는 사실을 알게 한다면 좋겠습니다. 그러나 이는 본디 쉽사리 대번에 말할 수는 없습니다. 지금부터는 독서한 사람이라는 이름을 피하지 마시고 더욱 견식을 확충하여 세상에 쓰인다면 실로 천만다행이겠습니다. 성상의 하교가 읽는 이로 하여금 감동하여 눈물을 흘리게 만드니 비상한 은혜에는 필시 비상한 보답이 있어야할 터, 어떤 계획이 있는지 모르겠습니다.

민사위에게 답하다

答閔士衛

25일에 보내신 답장을 그믐날에야 받아보았습니다. 그 사이에 또 무한한 변고가 있었으니, 지붕을 쳐다보며 탄식할 뿐입니다. 말씀하신 내용은 참으로 우스울 따름입니다. 지혜의 본체는 본디 원만하지만 쓰는 사람이 잘못 쓸 따름이니, 한쪽을 구제하느라 다른 한쪽을 망치는 것은 이상할 게 없습니다. 이 일에서도 본디 정도를 지켜 흔들리지 않는 뜻을 볼 수 있습니다만 사적인 의리에 관계되니 군주의 덕을 간절히 이야기하여 만에 하나라도 깨우치시기를 바라는 것만 못합니다. 비록 우활하고 어리석은 듯하지만 신하의 직분으로는 당연하니, 이전에 부탁드린 것을 유의하시길 간절히 바랍니다. 상소의 초고를 작성하면 그로 하여금 제게 보여주어 첨삭하고 윤색하게 해 주십시오. 급하다면 비록 곧장 사용해도 또한 괜찮습니다. 범범하게 생각지 마시고 나머지 일도 크든 작든 그를 잘 지도해주십시오.

성상을 바로잡는 일은 응당 관직(館職)을 맡은 이후에 할 수 있는 일인데 지금은 사관의 임무가 매우 급박합니다. 이러한 때 급급하게 발걸음을 떼는 것은 매우 어려운 일이지만 또한 한두 번 명을 어기는 것으로 벗어날 수 있는 일이 아닙니다. 어떻게 생각하십니까?

사연의 일 또한 웃음을 자아냅니다. 이번의 합계(合啓)를 이광좌가 죽기 전에 볼 수 있게 한 것은 실로 그의 힘입니다. 세상이 비록 이와 같지만 사연이 어찌 벼슬살이하는 자가 아니겠습니까. 다만 선친의 뜻이 밝혀지기 전에 대번에 나아가지 않도록 하십시오. 또 모름지기 의리의 경계를 엄격히 밝혀 더 이상 이러한 내용이 우리 아이의 소매 속 소초(疏草)에 들어가지 않도록 한다면 다행이겠습니다.

민사위에게 답하다
答閔士衛

아이가 애당초 충언을 아뢰려는 계획이 어긋나지 않았다면 이번처럼 버티는 일이 없었겠지만 형세상 이미 어찌할 수가 없습니다. 힘써 피할 의리가 없으니 끝내 이루기 어려울 듯합니다. 이후의 출처는 다만 박부득이(迫不得已)한 이후에 나아가고, 나아간 뒤에는 지조를 굽히지 않고 일마다 맡은 직분을 다할 뿐입니다. 그는 고고한 뜻을 지닌 선비가 아니라 근래 과거에 합격한 자이니 어찌 이러한 법도를 벗어날 수 있겠습니까. 오직 '직분을 다한다〔塞職〕' 두 글자는 말하기는 쉬우나 행하기는 어려우니 일마다 책려해주시길 바랍니다.

조만간 한 마디 말을 아뢰어 성상을 감동시켜 깨우치기를 기약해야 합니다. 그간 그대에게 요구한 것은 또한 여러 사람들의 생각을 모으고 충성스럽고 유익한 말을 널리 구하는 뜻이었으니, 통렬하게 한 통의 글을 짓는 것이 좋겠습니다. 어찌 이렇게 떨떠름하게 여기십니까. 이는 눈앞의 일이 아니니 천천히 도모하는 것 또한 무방합니다.

생각건대 시호(諡號)가 내리는 날 길례(吉禮)를 잘 치렀을 것이니, 손뼉 치며 기뻐하는 마음을 이루 다 말하겠습니까. 우리들이 사람답게 사는 것은 오직 성조(聖祖)의 뜻과 사업 덕택이니 오늘날 선조의 위대한 공렬을 서술하면서 천리(天理)의 정도를 순수하게 따르지 못하고 모두 한바탕 겉치레로 귀결된다면 세도(世道)에 무슨 보탬이 있겠습니까. 슬퍼하고 한탄한들 어쩌겠습니까. 아이가 더울 때 옥살이를 벗어날 수 있었던 것도 선조의 은택이 미쳐서입니다.

별지 別紙

사장(士長)의 처음 뜻은 참으로 좋았습니다. 이전의 상소는 본디 이광좌를 전적으로 토죄한 것은 아닙니다. 그러나 그가 살아있을 때는 죽이려고 하다가 죽은 뒤에는 모두 잊는다면 끝내 세도를 위하고 군부를 위하는 본뜻에 어긋납니다. 어찌 당동벌이(黨同伐異)로 여기지 않겠습니까. 이광좌를 처벌하라는 계사(啓辭)의 내용은 추탈하라는 내용으로 바꾸어야 하니 이는 그만둘 수 없는 일입니다. 부디 이를 사연(士淵) 무리에게 일깨워주어 속히 정지해야 한다는 논의에 흔들리지 않도록 하십시오.

형제가 연이어 사은숙배하였으니 청명한 시대인 듯하지만 끝내 그런 시대가 아니니 앞으로 거취가 또 어떨지 모르겠습니다. 이 또한 원래의 편지에서 말한 우리 아이를 위한 계획에서 벗어나지 않는 듯합니다. 이 무슨 세상입니까. 통탄한들 어쩌겠습니까. 사장 형제가 근래에 전임 충청도 관찰사를 데려오려고 합니다. 시세가 이와 같으니 지금은 할 말이 없습니다. 바라건대 그들이 그 사람에게 이끌려 가는 일이 없도록 말해주십시오. 마주보고 웃지 못하는 게 안타깝습니다.

'뒷날의 걱정거리이다〔日後慮〕' 세 글자에 대한 논의는 정청(廷請)이 있게 되면 어떻게 말할 생각이라고 합니까? 무옥(誣獄)에 대해서는 논죄한 결과가 나오기를 천천히 기다렸다가 이 의리를 통렬하게 말해야 하는데 사장의 무리가 아니면 할 수 없을 듯하니 차분히 생각하는 것이 좋겠습니다.

민사위에게 답하다

答閔士衛

사장(士長)의 허술한 점은 만났을 때 이미 경계해 준 바가 있습니다. 지금 과연 큰일이 생겼으니 이 일을 장차 어떻게 수습할지 모르겠습니다. 군주의 덕과 세상의 운수를 위해서 매우 근심스럽고 괴롭습니다. 과거에 급제한 경사가 이어지니 어찌 기쁘지 않겠습니까마는 성만(盛滿)[42]에 대한 근심이 집목(集木)[43]보다 심합니다. 당사자가 이 뜻을 알 수나 있을지 모르겠습니다.

42 성만(盛滿) : 차고 넘치면 마침내 기울게 된다는 경계를 뜻한다.

43 집목(集木) : 나무에서 혹시라도 떨어질까 두려워하는 것이다. 《시경》 〈소아(小雅) 소완(小宛)〉에 "우리는 온유하고 공손해야 한다, 나무 위에 아슬아슬 앉아 있는 것처럼.〔溫溫恭人, 如集于木.〕"라고 한 데서 나온 말이다.

민사위의 문목에 답하다 신유년(1741, 영조17)
答閔士衛 辛酉

문 종제(從弟)가 새로 가자(加資)[44]를 받았으니 사당(祠堂)에 고해야 하는데, 궤연(几筵)에도 고해야 합니까? 궤연에 고하게 되면 붉은 관복을 입고 옥대를 차고서 절을 올려야 하는데 정리상 곡을 하지 않을 수 없으니, 고하는 글에 이른바 '선대의 가르침을 계승하여 남기신 경사의 덕택'이라고 운운하는 것은 응당 고쳐 써야할 듯합니다. 조카들이 과거에 급제하거나 종매(從妹)가 혼례를 치를 때 고하고 고하지 않는 문제는 응당 이를 따라야 하기에 더욱 가르침을 듣고자 합니다.
답 새로 가자 받은 사실을 궤연에 고하는 것은 사당과 똑같이 할 필요는 없습니다. 고하는 글은 그가 출직(出直)하여 제사에 참여했을 때 다만 '아무개가 모월 모일에 아무 품계로 발탁되었습니다.'라고 고하면 될 뿐입니다. 비록 관복을 입지 않더라도 무슨 문제가 있겠습니까. 과거에 급제한 조카들의 경우는 새로 급제한 자의 복색으로 알현하지 않을 수 없을 듯합니다. 종매가 결혼하게 되면 또한 고해야 하니 이는 모두 살아계시는 것처럼 여기는 뜻입니다. 어떻게 생각하십니까?

문 길제(吉祭)를 지내려고 하는데 분가한 사람의 기년상을 만나면 장례를 마치기를 기다린 후에 뒤늦게 길제를 지내야 합니까? 길제는 매우 급한 일인지라 평상시 지내는 시제(時祭)와는 차이가 있으니 비

44 새로 가자(加資) : 원문의 신자(新資)는 주로 당상관이 되었을 때를 말한다.

록 장례를 지내기 전이라도 행할 수 있는지요?

답 길제는 선유(先儒)가 "비록 맹월(孟月)에 지내더라도 또한 혐의될 게 없다.[45] 또 간혹 담제(禫祭)를 지내는 달이 제사를 지내야 하는 중월(仲月)이라면 달이 지나기를 기다리지 않으니 선조를 받드는 것을 급선무로 여기기 때문이다."[46]라고 하였습니다. 더군다나 길제는 상례를 치른 뒤의 제사이니 평상시 지내는 시제와는 차이가 있습니다. 비록 기년상의 장례를 마치기 전이라도 분가한 경우라면 행하지 못할 이유는 찾을 수 없습니다.

문 부친이 살아계실 때 모친의 상을 당한 사람이 장례를 치르기 전에 세상을 떠나면 그 아들이 대신 복을 입어야 합니까? 망자가 살아있을 때 부친이 계셨기 때문에 비록 장자라도 감히 상례를 주관하지 못했으니 그 아들도 대신 입어서는 안 됩니까?

답 《가례(家禮)》의 장기(杖期) 조목에 "적손이 부친이 죽고 조부가 살아계실 경우 조모를 위해 입는다.〔嫡孫父卒祖在爲祖母〕"라고 했으니, 이는 승중(承重)[47]하는 것입니다. 만약 승중의 경우가 아니라면

45 비록……없다 : 송시열의 〈이중심에게 답하다〔答李仲深〕〉에 "길제는 실로 상례를 치른 뒤의 남은 제사이니, 비록 맹월에 지내더라도 또한 혐의될 게 없다.〔吉祭實喪之餘祭, 則雖行於孟月, 而亦無嫌也.〕" 하였다.

46 또……때문이다 : 송시열의 〈김문중에게 답하다〔答金文仲〕〉에 "만약 담제를 지내는 달이 제사를 지내는 중월이라면 달이 지나기를 기다리지 않으니, 이는 선조를 받드는 것을 급선무로 여겨서 그러한 것이다.〔若或禫月是當祭之仲月, 則不待踰月而吉祭, 是以奉先爲急而然也.〕" 하였다.

47 승중(承重) : 장손으로 아버지가 죽은 뒤에 조부모의 상사를 당했을 때, 아버지를

응당 부장기(不杖期) 조목에 들어가야 합니다. 이를 미루어 보건대 대신 복을 입지 않을 수 없을 듯합니다. 성자장(成子長 성진령(成震齡))이 지난해 족손 가운데 조부가 살아계실 때 조모의 상을 당하여 승중한 경우를 두고 의리를 크게 해쳤다고 하면서 그로 하여금 부장기복(不杖朞服)으로 바꾸게 하였는데, 마침내 호중(湖中)에서 한바탕 시빗거리가 되어 결국은 애초의 상복으로 돌아갔습니다. 말씀하신 내용은 아마도 성자장의 뜻과 같은 것이지요? 다시 상세히 살펴보시기 바랍니다.

대신하여 상주(喪主)가 되고 제사를 받드는 것을 말한다.

민사위에게 답하다

答閔士衛

"적손이 부친이 죽고 조부가 살아계실 경우 조모를 위해 입는다"는 것이 이미 《가례》의 장기(杖期) 조목에 들어가 있으니 승중이 되는 것은 의심할 게 없고, 여기서 또한 조부는 항상 상주가 됩니다. 복을 대신 입는 것은 본디 승중과 조금 다르지만 그래도 이 뜻을 미루어 쓸 수 있습니다.

부친이 살아계실 때 모친의 상을 당하여 장례를 치르기 전에 세상을 떠난 사람의 경우는 대신 복을 입지 않는다고 운운한 것은 예서(禮書)에서 그 출처를 볼 수 없습니다. 이 문제에 대한 제 생각을 확정하지 못한 것은 이 때문입니다. 이 문제는 큰 절목이니 바라건대 다시 널리 상고하여 하나로 귀결시키는 것이 어떻겠습니까?

민사위에게 답하다

答閔士衛

근래 시운(時運)이 매우 좋지 않습니다. 그러므로 사장(士長)의 상소에 관한 일을 말하자면, 좋지 않은 것은 비록 그대들이 주위에서 보고 있으면서도 막지 못한 것이고, 좋은 것은 사회(士會)의 진심어린 정성으로 끝내 상소를 올리지 못한 것이니, 모두 시운이 그렇게 만든 것입니다. 이 일은 의리상으로 보면 의심할 게 없지만 또한 쉽게 이룰 수는 없을 듯합니다. 그러나 과연 이렇게 할 수 있다면 오히려 그 본심을 드러낼 수 있으니 어찌 다행이 아니겠습니까.

민사위에게 답하다 임술년(1742, 영조18)

答閔士衛 壬戌

비국(備局)에서 주고받았다는 이야기는 외부 사람이 알 수 있는 바가 아니니 우리들은 오직 한결같이 사장(士長)의 말을 믿을 따름입니다. 나머지 일은 모두 군색하게 빠져나가려는 모양새입니다. 이광좌(李光佐)의 운세 또한 이와 같으니 오히려 웃을 만합니다. 이는 사회(士會)의 뜻이 비록 꺾였지만 사장(士長)의 말은 시행되었고, 사장의 본의는 비록 드러났지만 사회의 본의는 오히려 다시 퇴색되었으니, 사회의 형이 없는 것이 안타깝습니다.

민사위에게 답하다

答閔士衛

제가 사연(士淵)을 아끼는 것이 어찌 덕장(德章 이수(李綏))만 못하겠으며 또 그대와 사회(士會)에게 차이를 두겠습니까. 다만 사귐에 깊고 얕음이 있고 사세(事勢)에 구애되는 것이 많을 뿐입니다. 그대의 동생과 말한 내용은 조만간 필시 듣게 될 터인데 지금 그대의 편지를 받아보니 저 또한 어질지 못하고 이전에 이것을 그대들에게 요구한 것은 망령된 짓이었습니다. 어쩌면 할 수 없는 일을 요구한 것인가 봅니다.

얼마 전에 보내준 편지는 아들과 사위가 마침 함께 자리에 있어서 보여주었더니 사위가 말하기를 "이 어르신의 말은 그럴 듯합니다."라고 하였고 아들은 "불가함을 분명히 알겠습니다."라고 하기에 저는 "두 사람의 말이 모두 일리가 있다."라고 말했습니다. 오늘 또 아들을 불러 자세히 물어보니 "조(趙)의 차자(箚子)에 대해서는 본디 통렬하게 변론하지 않을 수 없지만 이는 오히려 중요하지 않은 일이고, 응당 백씨(伯氏 민창수(閔昌洙))의 본심을 밝히는 것을 위주로 해야 합니다."라고 대답하였습니다. 이 견해는 저도 미치지 못한 바입니다.

근래에 이덕부(李德孚) 형님의 아들이 방문하여 "순지(順之 민백순(閔百順))는 응당 아무개 재상과 의절하겠습니까?"라고 묻기에 "의심하지 마라, 뭐하러 물어보느냐?"라고 대답했습니다. 또 "사돈은 어떻게 하겠습니까?"라고 묻기에 저는 "형제와 인척 사이에 처신하는 것은 그에게 달려있으니 내가 어찌 알 수 있겠느냐."라고 대답했습니다. 어제 어떤 자가 사연의 일로 정장(呈狀)하였는데 비국(備局)에서 엄하게 배척하였으니 공론의 엄격함을 알 만합니다. 그대가 그를 위해 계획한다면 응당 "본심을 밝힌다〔明本心〕"는 세 글자를 상소의 제일가는 의리로 삼아야 하니 그가 도모하는 것을 살펴보아 잘 인도하십시오.

애초에 이미 홍(洪)·정(鄭) 무리와 힘을 합쳐 저지하였으니 이번의 상소는 그가 응당 해야 할 것인데 하지 못하여 늙은 형으로 하여금 분수를 넘는 행동을 하게 하여 헤아릴 수 없는 죄에 빠지게 만들었습니다. 지금 또 그 본심을 밝히지 못한다면 장차 어떤 사람이 되겠습니까. 그의 마음은 편하겠습니까. 근래 사회에게 받은 편지에서 평소 마음에 두지 않는다는 말을 하였고 어떤 이는 '패악한 아들〔悖子〕'이라는 말이 있다고 전했는데 과연 어떠한지 모르겠습니다.

별지 別紙

그간 보내신 별지는 모두 잘 받아보았습니다. 우리 아이의 뜻은 본래 추국일(推鞫日)이나 그 다음날에 사연이 응당 큰형을 위해 변론할 것이라 생각했습니다. 그 말 가운데 "성상의 덕을 바로잡는 것은 매우 어렵다."라고 여러 번 일컬었는데 성상의 덕을 바로잡는 일은 지극히 무엄한 일이지만 이 말은 격분하여 그렇게 말한 것입니다. 이른바 본심을 밝히는 것에 대해서 "신(臣)의 큰형이 분수에 넘는 행동을 한 것은 모두 선신(先臣)의 유지를 따르려는 뜻과 죽은 형의 본심을 밝혀 성상께서 깨우치기를 바라는 데서 나온 것입니다. 결국 형벌이 내리는 급박한 때에 지만(遲晩)한다는 말이 나오게 되었습니다. 그 상소의 초고는 이미 형제들이 상의하여 완성한 것이니 그 사이에 어찌 다른 견해가 있겠습니까마는 전하의 앞에서 대답을 잘못하지 않을 수 없었으니, 아무개 무리의 위세가 두렵다는 것을 더욱 잘 알 수 있습니다."

라고 운운하였으니 이전 편지에서 제가 이른바 미치지 못한 것이라 한 것입니다.

스스로 죄를 묻는 말은 그대가 알려준 것과 모두 같습니다. 대저 자리를 떠나 짐을 벗어놓겠다는 성상의 하교는 실로 매우 황송합니다. 이 하교는 본디 이미 아무개 무리가 뛰어나오는 기회가 되고 또 사연과 상(祥 민백상(閔百祥))의 무리가 감히 말하지 못하는 구실이 되겠지요. 그대가 말한 "사연은 필시 사리에 비교적 나은 것을 스스로 담당할 것이다."는 말은 참으로 그러합니다. 그러나 사연이 그렇게 하지 않는다면 상(祥) 또한 하지 않을 수 없습니다. 사연이 내직을 맡기를 기다린 뒤에야 할 수 있다는 말이 개인적으로 온당하다고 여기지만 현재의 관직은 이미 체직되기 쉽지 않고, 내직이라는 것도 또 정확히 언제가 될지 알 수 없으니, 그 사이 공사간의 일을 헤아릴 수 없습니다. 이와 같이 머뭇거리다 끝내 하지 못하게 된다면 이 사람은 장차 어떤 사람이 되겠습니까.

애초에 사람들에게 의혹을 일으킨 한 것은 또한 말씀하신 바와 같습니다. 장례를 마친 후에 거행한다면 다만 그대의 편지에서 주제로 삼은 몇 조목들을 말하여 두 형님의 심사를 드러내고, 상단에 있는 아이의 말은 우선 내버려두십시오. 이는 앞으로 할 만한 때를 보고서 행하더라도 또한 늦지 않습니다.

비국(備局)에 올린 정문(呈文)은 오히려 근거가 없는 것도 아니지만 혼가(昏家)에 의지한다는 단락과 '진실하지 못한 말〔游辭〕' 두 글자는 스스로 아는 것이 분명하다고 이를 만하니 우스울 따름입니다. 그대들의 처사는 항상 허술하여 문제입니다. 근래의 편지들을 보내달라고 하니 매우 기쁩니다. 그대의 부탁대로 모두 찾아서 보냅니다. 제가 전후로 보낸 편지는 비록 찾아서 돌려보내진 못하지만 사연에게는 말하지 마십시오. 그 가운데 전적으로 버릴 만하지 않는 말은 그대의 뜻으로 잘 인도해주시면 매우 좋겠습니다. 사위는 꼼꼼하고 주밀하여 함께 일을 논의할 만한 자입니다. 예전부터 크든 작든 하나도 숨기는 일이 없어 이번에 받은 편지도 꺼내어 보여주었으니, 한 번 웃을 만합니다.

민사위에게 답하다
答閔士衛

짧은 편지를 받고서 종종 홀로 웃음을 터트렸으니, 웃게 된 것은 통곡이 심한 나머지 노래가 나오는 것과 같습니다. 끝 부분에서 힘을 합친다고 운운한 것은 어떻게 말을 만들어야 좋을지 모르겠습니다만 중한 견책을 받고 죽을 지경에 이른 날에 무슨 겨를이 있어 본뜻을 밝히겠습니까. 이는 훗날을 기다리더라도 무방할 듯하니 다시 고려해보십시오.

근래 연석에서의 말은 믿지 못하겠으니 지난번 조명정(趙明鼎)의 상소를 보아도 또한 알 수 있습니다. 단지 애초에 귀에 들어오고 눈에 보이는 것만을 기준으로 삼아야 하니, 훗날 조용히 수정한 본(本)을 어찌 논하겠습니까. 만약 전해 들었다고 말한다면 필경 사실이건 거짓이건 모두 거리낄 게 없습니다. 만약 그가 한 때의 고생을 어렵다고 여겨 이 말이 있었는지 없었는지 분명히 밝히지 않고 내버려둔다면 나의 한 몸은 이미 윤리를 벗어난 것이니 이 어찌 중대하고 어렵지 않겠습니까. 모름지기 차분하게 잘 깨우쳐야 합니다.

민사위의 문목에 답하다

答閔士衛問目

문 은내(誾內)[48]의 부제(祔祭)를 조모(祖母)의 궤연에서 행할 것인데 제가 그 제사를 주관하게 되었습니다. 부제를 지낼 때 응당 본복(本服)을 입어야 합니까? 신상(新喪)을 위해 설행하는 것이니 신상의 시마복(緦麻服)을 입어야 합니까? 만약 이 제사를 작년 7, 8월에 지냈다면 자리에 있는 사람들이 모두 구상(舊喪)의 상복을 입어야 합니까? 아니면 모두 신상의 상복을 입어야 합니까?

답 부제(祔祭)는 신상(新喪)을 위해 설행하는 것이니 비록 이 제사를 작년 7, 8월에 지냈더라도 신상에 오복(五服)을 입는 사람들은 모두 각기 자신이 입어야 하는 상복을 입어야 합니다. 그러나 그대로 말하자면 시마복(緦麻服)은 너무 가볍습니다. 또 이것은 국가의 제도이니 작년과 금년을 막론하고 본래의 상복을 입고 제사를 지내야할 듯합니다. 어떻게 생각하십니까?

48 은내(誾內) : 아무개의 아내를 가리키는 듯하나, 미상이다.

민사위의 문목에 답하다
答閔士衛問目

문 내상(內喪)을 당하여 빈소를 차리지 못했는데 외상(外喪)을 당하면, 입관(入棺)은 내상을 먼저 하고 성복(成服)은 외상을 먼저 하며, 내상의 상식(上食)에 소식(素食)을 쓰지 않아도 될지 모르겠습니다.

답 입관과 성복의 선후는 말씀하신 대로인 듯합니다. 내상의 상식(上食)에 고기를 쓰는 것은 온당치 않을 듯합니다. 비록 부부에게는 일심동체의 의리가 있지만 남편은 본래 하늘처럼 여기는 존재라는 것이 선유(先儒)의 정론입니다. 참작한 것이 있으면 그만이지만 그렇지 않다면 후한 쪽을 따라도 무방하니 어떻게 생각하십니까?

김양행(金亮行)이 얼마 전 편지를 볼 때 함께 있었는데, 물어보니 그 또한 "망인이 살아있다면 필시 소식하였을 것이니 살아있는 것처럼 여기는 도리에 있어서 의심할 게 없습니다."라고 말했습니다. 이 말 또한 일리가 있습니다. 이를 아우님에게 알려주어 확정하는 것이 어떻겠습니까? 며칠이나 더 머물다가 서울로 돌아오려고 하십니까? 만나서 책을 교정하겠다고 한 약속을 어기지 마시기 바랍니다.

민사위에게 답하다
答閔士衛

여막으로 돌아오셨다는 소식을 들은 후로 근심과 염려가 조금 풀렸습니다. 다만 여주(驪州)의 식구들은 모두 편안히 잘 지내고 있고 다른 걱정거리는 없는지 모르겠습니다.

저는 제수하는 교지를 받은 지가 이미 한 달 남짓이 되었는데 병 때문에 상소를 짓지 못했다가 이제야 완성했습니다. 이는 예전에 문형(文衡)의 권점(圈點)에 현주(懸註)[49]된 이후의 처음 상소라 전혀 언급하지 않을 수는 없지만 말을 만들기도 어렵습니다. 바라건대 마음대로 통렬하게 첨삭하고 윤색하여 돌려주십시오.

"헤아린 바가 있다고 함부로 생각하였습니다."[50]라는 한 구문은 비록 많은 의미를 포함하였지만 끝내 분명하지 못합니다. 대략 그 주된 뜻을 언급하는 것만이 좋다고 여기신다면 또한 대략 말씀해 주시어 이 구문을 바꾸어 주는 것이 어떻겠습니까. 언제 오시렵니까? 미리 알려주십시오.

49 현주(懸註) : 추천을 하거나 의망을 할 경우, 추천하는 사유나 의망하는 사유를 대상자의 이름 밑에 기록하는 것을 말한다.

50 헤아린……생각하였습니다 : 《승정원일기》 영조 18년 10월 21일 기사에 관련 내용이 보인다.

민사위에게 주다

與閔士衛

새벽닭이 울기도 전에 인편을 통해 그대의 고생하는 형편을 들으니 그리워하는 마음이 그치질 않습니다. 스스로를 박하게 대한다는 것을 평소 알고는 있었지만 한겨울인데도 아직 겨울옷을 주지 않고 있으니 이 어찌 처음에 생각이나 했겠습니까. 몸을 가릴 의복과 배를 채울 음식은 본래 하늘이 주는 것이니 다만 이것이 마음에 누가 되지 않게 할 뿐입니다. 비록 성인이라도 모두 이러하였지만 어찌 지나치게 박하게 하여 병을 만든 적이 있겠습니까. 이는 그대가 허술해서 그런 것이니 그저 아내만 탓해서는 안 됩니다. 이제부터 응당 경계할 줄 알아야 합니다. 겸(兼 민백겸(閔百兼))은 반드시 모시고 돌아오려 할 것인데, 부디 잘 조섭하여 속히 낫기를 바랍니다.

민사원[51] 우수 에게 답하다 경술년(1730, 영조6)

答閔士元 遇洙○庚戌

열흘 동안 두 차례 편지를 받으니 이는 새해의 한 가지 즐거운 일입니다. 더군다나 부모님을 모시는 근황이 평안하다고 들었으니 어떻겠습니까.

국동(國洞) 사람[52]의 병이 나아질 기색이 없다고 하니 염려가 그치질 않습니다. 평소의 뜻이 시끄러운 것을 좋아하지 않는다는 것을 알고 있으니, 시골이 그립겠지만 그렇다고 어찌 오릉(於陵)의 중자(仲子)[53]가 될 수 있겠습니까.

임기응변은 본디 불가합니다. 우리들은 이미 '도리(道理)' 두 글자를 가슴에 새기고 있어서 본래 세속을 따를 수 없으니, 오직 어진 이가 헤아려 알맞게 할 따름입니다. 주자(朱子) 문하에서 배우는 자가 온갖 집안일 때문에 학문에 방해가 되는 것을 걱정하니, 선생이 "다만 이것도 곧 실지에 힘쓰는 것이니 매사에서 도리를 보고 쉽게 지나쳐서는

51 민사원 : 민우수(閔遇洙, 1694~1756)이다. 자는 사원(士元), 호는 정암(貞庵), 시호는 문간(文簡)이다.

52 국동(國洞) 사람 : 민진원(閔鎭遠)의 집이 안국동(安國洞)에 있어서 그 집안사람인 듯하지만 미상이다.

53 오릉(於陵)의 중자(仲子) : 전국시대 제(齊)나라의 진중자(陳仲子)를 가리킨다. 형 진재(陳載)가 제나라의 공경(公卿)으로 만종(萬鍾)의 봉록을 받고 있었는데, 이를 의롭지 못하다 여겨 처자와 함께 초(楚)나라로 옮겨 와 오릉(於陵)에서 가난하게 살았다. 《孟子 滕文公下》

안 된다. 만약 한번이라도 벗어나거나 물리치려는 생각이 일어난다면 도리와 사무가 둘로 갈라지니 독서 또한 쓸데없는 일이 되고 만다."[54]라고 가르쳤습니다. 그저 예전에 들었던 것을 알려드려 참고하시는 데 보탬이 되도록 합니다. 어떻게 생각하십니까?

54 만약……만다 : 주자가 그의 제자 진부중(陳膚仲)에게 보낸 편지글에 보인다. "온갖 집안일 때문에 학문에 방해가 되는 것이 걱정이라고 하니 이는 본디 어쩔 수 없는 것이지만 또한 이것 역시 실지에 힘쓰는 것이다. 다만 매사에서 도리를 보고 쉽게 지나치지 말아야 하고, 다시 그 사이에서 평소 병통이 되는 것을 본다면 통렬하게 잘라내는 것이 학문의 요체가 되니 무엇을 더 보태겠는가. 만약 한번 벗어나려는 마음이 일고 한번 물리치려는 생각이 생긴다면 도리와 사무가 둘로 갈라지니 독서 또한 쓸데없는 일이 되고 만다."《晦庵集 卷49 答陳膚仲》

민사원에게 답하다

答閔士元

근래에 덕(德)에 나아간 깊이는 감히 알 수는 없지만 어리석은 제가 가만히 있으면서 남을 잘 인도한다는 칭찬을 받는 것은 사원(士元) 그대의 덕택이 큽니다. 이 몸이 일생동안 얻은 헛된 명성이 모두 이와 비슷하니, 스스로 웃고 맙니다.

민사원에게 답하다 임자년(1732, 영조8)

答閔士元 壬子

보여주신 고인(古人)의 시구(詩句)는 참으로 감탄할 만합니다. 사원(士元) 그대는 이미 이 말처럼 되었습니까? 공자(孔子)께서 늙음이 장차 닥쳐오는 것도 알지 못한다고[55] 스스로 말씀하셨는데, 성인은 어째서 이와 같이 되었으며, 우리들은 어째서 이와 같이 되지 못하는 것입니까? 여기서 깊이 체험한다면 혹여 분발하여 노력하는 단서가 될 수 있을는지요? 오래된 질병을 뿌리째 없애는 것은 본디 어려우니 부디 마음을 편안히 가지고 잘 조섭하시고 헤어질 때의 말을 잊지 마시길 바랍니다.

만났을 때 나는 예전 그대로였는데 相逢猶故我
잠깐의 이별 후에 갑자기 새 봄이 되었구나 乍別遽新春
《중용》의 다섯 가지를 그만두지 않는 것[56]을 中庸五不措

55 늙음이……못한다고 : 《논어》 〈술이(述而)〉에 "진리를 터득하지 못하면 발분하여 먹는 것도 잊어버리고, 진리를 터득하면 즐거워서 걱정도 잊어버린 가운데, 늙음이 장차 닥쳐오는 것도 알지 못한다." 하였다.

56 중용(中庸)의……것 : 《중용장구(中庸章句)》 제20장에 "배우지 않을지언정 배우면 능하지 못하거든 그만두지 말며, 묻지 않을지언정 물으면 알지 못하거든 그만두지 말며, 생각하지 않을지언정 생각하면 터득하지 못하거든 그만두지 말며, 분변하지 않을지언정 분변하면 분명하지 못하거든 그만두지 말며, 행하지 않을지언정 행하면 독실하지 못하거든 그만두지 말아야 한다."라고 한 데서 나온 말이다.

그대는 명심하길 바라네 願子且書紳

작년 설날에 그대가 헤어질 때 간절하게 시를 구했던 것이 갑자기 생각나서 우연히 이 시구를 지었는데, 적으려고 하자 곧 잊었습니다. 한 해가 지났는데도 저는 예전 그대로이니 참으로 개탄스럽습니다.

민사원에게 답하다

答閔士元

근래에 그대가 자못 분발하여 노력하는 것을 보니 예전처럼 구차하게 안주하는 기상이 아니라서 기쁘고 다행스런 마음을 참으로 말로 할 수가 없습니다. 그러나 이 일은 매우 큰 것이라 짧은 시간에 효과를 거둘 수 없습니다. 혹여 조금이라도 방기한다면 이 마음은 이미 흩어져 무력해지니, 이는 손을 흔들며 앞으로 향해 가다가 몇 걸음만 가고서 멈추는 것에 가깝지 않겠습니까. 몹시 두렵습니다.

말씀하신 여러 병통은 모두 미숙해서 그런 것이니 오직 여기에 나아가 계속해서 행하여 숙달된 후에는 자연스럽게 이러한 병통이 없어질 것입니다. 섭렵하는 묵은 습관이 이미 고질이 되었으니 대대적으로 제거하지 않으면 다시 처음과 같아지게 될 듯합니다.

요사이 족보 만드는 일을 겨우 끝내게 되어 때때로 서책을 보니 조금 의미를 느낍니다. 《중용(中庸)》의 본문은 비록 외우지만 장구(章句)는 대부분 잊어버려 이제부터 근근이 수습하고자 합니다. 《중용혹문(中庸或問)》은 언제나 다시 강론할 수 있을지 모르겠습니다. 《사서언해(四書諺解)》는 한두 명의 벗들에게 검토를 맡겼는데, 깨우치는 곳이 많으니 과연 석담(石潭 이이(李珥))이 남긴 책인가 봅니다.

민사원에게 답하다 갑인년(1734, 영조10)

答閔士元 甲寅

만나지 못하여 할 말이 마음속에 켜켜이 쌓여 있었는데, 만나서는 그만에 하나도 말하지 못했습니다. 돌아와서는 아쉬운 마음에 더욱 잊을 수가 없었는데, 편지가 왔으니 참으로 저와 똑같은 마음입니다.

스스로 허물하는 말은 그대의 마음이 어찌 그렇지 않을 수 있겠습니까마는 또한 그렇게 할 필요는 없습니다. 이 일에도 천리(天理)와 인욕(人慾)의 구분이 있으니 다만 응당 기미를 살펴 깊이 반성하여 확실하게 부모의 마음으로 생각하고 또 성인의 말씀이 두려워할 만하다는 것을 깊이 알아야 합니다. 맹자(孟子)가 구복(口腹)과 심지(心志)의 크고 작은 부분을 논한 말[57]이 가장 절실하니, 또한 증명이 됩니다. 어떻게 생각하십니까?

저는 쇠약해져 떨쳐 일어나지 못합니다. 이별한 후로 두 달이 지났는데 스스로 반성해보면 조금도 얻은 것이 없습니다. 예전에 만나서 대화한 것은 모두 좋은 말만을 가려낸 것이니 이렇게 하고도 오히려 학문에 뜻을 두었다 말할 수 있겠습니까. 두려운 마음을 자못 가눌 수가 없습니다.

57 구복(口腹)과……말 : 맹자가 이르기를 "사람의 몸에는 귀한 것, 천한 것이 있고, 작은 것, 큰 것이 있으니, 작은 것으로 큰 것을 해치지 말고, 천한 것으로 귀한 것을 해치지 말아야 한다. 작은 것을 기르는 자는 소인이 되고, 큰 것을 기르는 자는 대인이 된다."라고 한 데서 온 말로, 천하고 작은 것이란 곧 구복이나 충족시키는 일을 가리키고, 귀하고 큰 것이란 곧 올바른 심지를 가리킨다. 《孟子 告子上》

민사원에게 답하다
答閔士元

혼례(婚禮)에 관한 논의는 어제 서울에서 돌아온 대심(大心 이유)을 통해 이미 대략 들었습니다. 저는 예서(禮書)를 깊고 자세하게 연구한 적이 없고 다만 그 대체만을 대략 보았으니 이 일 또한 그러합니다. 그렇지만 시종 행할 수 없다고 생각하였습니다. 근래 우옹(尤翁 송시열)의 예의(禮疑)에 관한 글을 읽고서 그것이 의리에 어긋나지 않다는 것을 더욱 더 믿게 되었습니다. 지금 말씀하신 것은 곡진하고 상세하지만 여전히 분명하여 의심할 바가 없이 확실하게 합치되지는 못하니, 아마도 선입견이 위주가 되어 그러한 것이겠지요.

말씀하신 내용은 비록 여러 가지이지만 중요한 근거로 인용한 것은 다만《가례》의〈관례(冠禮)〉와〈혼례(昏禮)〉에 있는 상이한 글과 주자가 이계선(李繼善)에게 답한 두 가지 조목뿐입니다.〈관례(冠禮)〉와〈혼례(昏禮)〉는 넓게 보아야 한다는 점을 예전에 만나서 말하였고, 이계선의 일은 본디 혼례를 주관하는 자가 상복을 입은 자여서는 안 된다는 증거가 될 수 있습니다. 모친이 상복을 입고 있는데 혼례를 행하면 '모친이 살아계시니 미안하고 본령(本領)이 바르지 않다.'[58]라

58 모친은……않다 : 주자의 〈이계선의 문목에 답하다〔答李孝述繼善問目〕〉에 "숙부가 혼례를 주관할 경우 곧 아내를 맞이해도 혐의가 없으니, 예경과 율법에서 모두 상고할 수 있다. 다만 어머니가 살아계시는데 숙부가 혼례를 주관하기에는 또한 미안할 듯하다.〔若叔父主婚, 卽可娶婦無嫌, 禮律皆可考也. 但母在而叔父主婚, 恐亦未安.〕" 하였고, 또 "숙부에게는 관궤(盥饋)의 예를 행한다는 예문(禮文)이 없으니, 시어머니와

는 말로 보건대 행해서는 안 된다는 것을 알 수 있습니다. 주자가 이미 미안하고 바르지 않다고 말했으니, 《가례》 또한 주자 자신이 지은 것인데 또 무슨 이유로 굳이 '주혼자(主昏者)' 세 글자를 붙여서 부모를 빼놓고 후인들이 구차하게 예를 사용하는 폐단을 열었겠습니까. 이로 보건대 부모가 혼례를 주관하는 사람 가운데 포함되어 있음을 알 수 있습니다.

그대는 아래의 미안하고 바르지 않다는 말을 주의 깊게 보지 않고 다만 '무혐(無嫌)' 두 글자를 매우 중요하게 간주하고 예법에 대해 부연하고 풀이하여 몹시 길게 말하였습니다. 심지어는 '미(未)'와 '불(不)' 자를 구별하였는데, '미(未)'와 '불(不)' 자의 뜻이 본디 다르긴 하지만 예법에 어긋난다는 점에서는 마찬가지입니다. 그런데도 억지로 부회하여 마치 참으로 주자에게 인정을 받은 것처럼 하였습니다. 설사 주자의 뜻이 진실로 이와 같더라도, 자식의 지극히 애통한 심정으로 그 상황에 처하면 오히려 차마 못하는 바가 있어서 복(服)을 다 마치기를 기다려도 끝내 두 번째 의리로 전락하진 않을 것입니다. 더군다나 주자의 뜻이 반드시 그렇지도 않으니 어떻겠습니까.

무릇 사람이 책을 읽을 때 비록 심기(心氣)가 평온하더라도 오히려 의리를 제대로 보지 못할까 걱정입니다. 지금 자신의 사적인 견해를우선 마음속에 품고서 성현의 말을 몰아서 따르게 하니 이는 문의(文義)를 오해한 것일 뿐만 아니라 해가 됨은 이루 다 말할 수 없습니다.

함께 관례의 예를 받는 것은 예법에 방해가 된다. 모친이 만약 복(服)을 입고 있다면 또한 이 혼례를 행하기 어려우니, 요컨대 본령이 바르지 못하다.〔叔父無盥饋之文. 蓋與姑受禮, 禮相妨也. 母若有服, 則亦難行此禮, 要是本領未正.〕" 하였다.

며느리를 보는 일에 대해서는 비록 말씀하신 내용이 상세하지만 끝내 통하는 설명이 되지 못합니다. 무릇 예(禮)라는 것은 이치입니다. 천리(天理)는 유행하여 구애됨이 없으니 조금이라도 통하지 않으면 예가 아니고, 예가 아니라면 구차할 뿐입니다. 그대는 구차하게 반드시 통하게 하려고 하지 마십시오.

우옹의 말씀은 본디 믿을 만하고 동춘 선생(同春先生 송준길(宋浚吉))이 초상(初喪) 때 혼례를 행하는 것을 걱정한 것은 후세를 위한 염려가 더욱 깊습니다. 현석(玄石 박세채(朴世采))의 논의는 인정(人情)과 사세(事勢)로 말한 것뿐입니다. 지금은 세도(世道)가 날로 쇠퇴하고 상제(喪制)도 크게 무너졌으니 식자로서 이 세상에 살면서 장차 저것을 따르겠습니까, 이것을 따르겠습니까? 저의 의혹은 끝내 스스로 풀리지 않습니다. 그러나 한쪽으로 치우쳤을 걱정하여 다만 첨지(籤紙)를 남겨놓았습니다. 차분히 음미하고 탐구하다 보면 혹시라도 깨닫는 바가 있을는지요.

민사원에게 답하다 을묘년(1735, 영조11)

答閔士元 乙卯

상세하게 말씀하신 뜻은 잘 알겠습니다. 이전 편지의 '지애(至哀)' 두 글자는 참으로 효자의 마음을 상하게 한 듯하지만 붓끝에서 갑작스레 나온 것을 면치 못하였으니 생각하면 송구스럽습니다. 그대가 말한 이른바 밖에서 온 의사(意思)라는 것은 주자의 글과 《가례정의(家禮正義)》에서는 본디 이와 같으나, 저의 논의는 끝내 이 의사(意思)를 주장할 따름입니다. 그대가 반드시 주자의 글과 《가례》에서 의리를 돌이켜 구하려는 것은 마음이 편안하지 않은 바가 있기 때문입니다. 그러나 이미 여기서 변통하는 뜻을 얻은 것이 더욱 명백하니 마음에 이미 부족할 게 없습니다. 효자의 마음이 이와 같다면 저의 의혹은 마땅히 풀려야 할 듯한데 여전히 그러질 못하니 선입견을 고치기 어려움이 심합니다.

인(仁)과 지(知)에 대한 견해가 이미 각기 다르고[59] 자구(字句)의 사이에서 보는 데 깊고 얕은 차이가 있으니, 많으면 많을수록 더욱 합치되지 않는 것은 이상할 게 없습니다. 그러나 이 일은 이미 정해진 계산이 있으니 우선 내버려두고 훗날을 기다리는 것이 낫습니다. 궁리

59 인(仁)과……다르고 : 입장에 따라 견해가 각기 다르다는 말이다. 《주역》 〈계사상(繫辭上)〉에 "어진 자는 이를 보고서 인이라고 이르고, 지혜로운 자는 이를 보고서 지라고 이르며, 백성들은 날마다 쓰면서 알지 못한다.〔仁者見之, 謂之仁; 智者見之, 謂之智; 百姓日用而不知.〕"라고 한 데서 나온 말이다.

(窮理)하고 격물(格物)하는 단서가 어찌 이 일뿐이겠습니까. 하숙경(何叔京 하호(何鎬))에게 보낸 주자(朱子)의 편지글에 대해 예전에 논한 것은 잠깐 보고 이렇게 생각한 것에 불과하고 그 후로는 다시 생각해보지 않았습니다. 옛 사람이 궁리하고 격물한 공부는 필시 이처럼 허술하지는 않았을 것이니 매우 두렵습니다. 이 일은 결국 암중모색에 가까워 정확히 하기가 쉽지 않으니 그대의 견해는 과연 어떠한지 모르겠습니다. 이후에 편지로 알려주시어 참고하여 생각할 수 있도록 해주십시오.

징사(徵士) 윤서응(尹瑞膺)의 편지에서 질문한 심설(心說)에 대해서도 그대의 의견을 들었으면 합니다. 편지를 전하는 자가 아침부터 와서 재촉하기에 다 말하지 못합니다.

민사원에게 답하다
答閔士元

한 번에 두 훌륭한 며느리를 보게 되었으니 이것이 얼마나 큰 복입니까. 대심(大心)이 돌아와 소식을 자세히 들었으니 직접 본 것과 무엇이 다르겠습니까. 매우 기쁘기도 하고 한편으론 슬픔이 따라 일어났습니다. 이때에 갑자기 그대의 편지를 받으니 얼마나 위안이 되고 마음이 놓이겠습니까. 비 내린 후에 학문하는 체후가 평안한지요? 저는 방금 중양절을 보냈는데 근심스레 앉아서 국화를 마주하니 지나버린 세월이 더욱 안타깝습니다.

대심이 벽에 써놓은 명(銘) 두 구절을 외워 전해주면서 정(靜)에 치우친 병통이 있다고 하였는데, 그 말이 참으로 옳습니다. 그대가 저에게 경계해주는 것 또한 매우 간절하니 서로 권면하여 통렬하게 고치는 것이 마땅합니다. 어떻게 생각하십니까?

백승(伯繩 민백남(閔百男))과 군회(君會 민광우(閔光遇)) 등 여러 사람이 마침 근방에 왔으면서도 며느리를 보는 자리에 오지 않았고, 순(順 민백순(閔百順))도 며칠 앞서 미리 돌아갔다고 들었습니다. 우리 외가의 돈독하고 화목한 가풍이 쇠퇴하였으니 탄식합니다. 그대들 또한 마땅히 스스로 반성하여 닮지 말아야 합니다.

민사원의 문목에 답하다 정사년(1737, 영조13)

答閔士元 丁巳

문 우계(牛溪 성혼(成渾)) 선생은 임진년 난리 때 분문(奔問)[60]하지 않았습니다. 스스로 죄인의 몸이라 생각하여 감히 임금 앞에 대뜸 나아갈 수 없어서가 아니겠습니까? 아니면 창졸간이라 나가지 못하였는데 이미 임금이 파천했기 때문에 끝내 하지 않은 것입니까? 그가 뒤늦게 행재소로 달려간 것은 오음(梧陰 윤두수(尹斗壽))은 정승이 되고 송강(松江 정철(鄭澈))은 용서를 받아 국론(國論)이 조금 변했기 때문입니까? 아니면 왜구가 이미 깊이 침략하여 국가가 장차 망할 것 같아 다른 것은 돌아보지 못했던 것입니까?

우계는 일찍이 초야의 신하로 자처했기 때문에 이처럼 진퇴를 신중히 하였습니다. 퇴계(退溪 이황(李滉))와 율곡(栗谷 이이(李珥)) 등의 현인들은 과거로 출사하여 관례대로 관직에 종사하였으니, 비록 나아가기 어려운 단서가 있더라도 왜란으로 급박한 상황에선 의리상 응당 분문해야 합니까? 분문하였다는 이유로 직명(職名)이 내린다면 또한 감히 다시 개인적인 의리로 인혐하지 말고 관직을 사양하지 않고 받아야 합니까? 아니면 난리를 매개로 나아갔다는 혐의가 있으니 관직을 받아서는 안 됩니까? 또 사계(沙溪 김장생(金長生)) 선생은 임진년 난리 때 이미 직명이 있었는데도 분문하지 않은 것입니까? 난리 중에 수령으로 나갔던 것 같은데 자세하진 않습니다.

60 분문(奔問) : 난리를 당한 임금에게 달려가서 문후(問候)하는 것을 말한다.

신재(愼齋 김집(金集))는 병자호란 때 무슨 관직에 있었기에 또한 분문하지 않았습니까? 우암(尤菴 송시열)이 남한산성(南漢山城)에 따라 들어간 것은 그때 대군의 사부로 서울에 있었기 때문입니까? 만약 직명이 없었다면 백성과 함께 피난해도 불가할 게 없습니까? 동춘당(同春堂 송준길)은 그때 안음(安陰)으로 피난하였습니다. 동춘당처럼 막 관직에 나아갔지만 아직 조정에 서지 못한 경우는 피난하여 산골짜기로 들어가도 의리상 온당치 않은 점이 없습니까?

정자(程子)는 "여공(呂公 여공저(呂公著))은 대대로 녹을 받은 신하이니 돌아가 임금을 뵙지 않을 수 없었던 것이다."[61]라고 하였습니다. 여씨(呂氏)는 송(宋)나라 때 대대로 정승을 지냈기 때문에 정자의 말이 이와 같았습니다. 대대로 녹을 받는 신하의 의리는 또 응당 별도로 논해야겠지만, 우리나라와 동춘당의 관계가 또한 송나라와 여공의 관계와 같으니, 비록 미관말직에 있더라도 또한 응당 별도의 의리가 있어야 합니까?

만약 그때 동춘당이 왜구가 우글거리는 곳의 수령이 되었다면 비록 곧장 수령에 배수되어 평소 응당 힘써 사직해야 경우일지라도 이 상황에는 다만 명을 받들 뿐입니까? 선비는 지키는 바가 있으니 국가의 존망과 제 몸의 생사를 모두 돌아볼 겨를이 없이 다만 응당 고수하여 변치 않아야 할 뿐입니까? 평소 고루하여 옛 현인들의 사적에 대해선 자세히 알지 못하는 것이 많은데, 우연히 마음속에 느낀 바가 있어 서적을 찾아보았지만 또 자세하지 않기에 길게 여쭐 수밖에 없습니다.

61 여공(呂公)은……것이다 : 《이정외서(二程外書)》 권11 〈시씨본습유(時氏本拾遺)〉 편에 보인다.

답 우계 선생의 임진년 거취에 대한 일은 감히 알지 못하겠지만 그때는 임금이 파천하는 급박한 상황이라 형세상 필시 소식을 듣지 못하여 미처 따라가지 못했을 것입니다. 애초에 분문하지 않은 것은 죄인의 몸이라 감히 대뜸 나아가지 못한 것이고, 뒤늦게 행재소에 따라간 것은 국론이 조금 바뀌어 그런 것은 아닐 것입니다. 비록 초야의 신하라도 이미 출사했고 관직도 높으며 왜구가 이미 깊이 침범하여 국가가 장차 망할 지경이라면 산골짜기에 숨어서 신하의 의리를 스스로 다하지 않을 수 있겠습니까. 가령 오음이 정승이 되지 않고 송강이 용서를 받지 않았더라도 스스로 처신하는 의리는 그만둘 수 없을 듯합니다. 초야의 신분이라도 오히려 이와 같거늘 더군다나 퇴계와 율곡 등의 여러 현인처럼 과거로 출사한 경우는 어떻겠습니까. 그러나 이는 저의 억측이니 대현(大賢)의 행위는 본디 보통사람이 알 수 있는 바가 아닙니다.

사계는 본디 음사(蔭仕)로 출사하여 평범한 관리로 자처하였습니다. 동춘당과 우암 두 분은 병자호란과 정묘호란 때 단지 낮은 관리였는데 조정에 있으면 임금을 모시고 따라갔으며 초야에 있으면 피난하여 각기 스스로 의리를 따랐으니 우계의 경우와 일률적으로 논할 수는 없습니다. 신재와 같은 경우는 당시 직분이 집의(執義)와 감정(監正)이었는데 분문하려고 서둘러 행장을 꾸렸다가 길이 막혀서 나아가지 못했습니다. 그 책임은 우계보다는 조금 덜하고 동춘당과 우암에 비하면 자별합니다. 초야의 신분이든 과거로 출사한 경우든 막론하고 국가에 변란이 일어난 때에 직명이 내린다면 또한 응당 그 역량을 헤아려 감당할 수 있은 후에 받아야 합니다. 개인적인 의리나 작은 혐의 따위를 논할 겨를이 있겠습니까.

동춘당이 안음(安陰)의 산속에 있을 때 곧장 수령으로 배수되었는데 부임을 명령 받은 곳이 왜구가 우들거리는 곳이라면 장차 사양할 의리는 없습니다. 선비는 지키는 바가 있으니 응당 고수하여 변치 않아야 한다고 운운한 것은 도를 아는 자의 말이 아닌 듯합니다. 변고는 본디 헤아릴 수 없는데 군자의 출처에 어찌 일정한 것이 있겠습니까? 다만 때에 따라 의리에 처하여 그 마음이 편한 데로 나아갈 뿐입니다.

그대의 이 말이 가정에서 나왔음을 알고는 있지만 평소 정(靜)을 좋아하고 동(動)을 싫어하니 치우친 곳에서 필시 병통이 생길 수도 있기에 제 말이 부득불 이와 같은 것입니다. 서둘러 답장을 보내느라 미처 서적을 자세하게 찾을 겨를이 없었습니다. 온당치 않다고 생각하신다면 다시 편지를 보내주십시오.

민사원에게 답하다 무오년(1738, 영조14)

答閔士元 戊午

편지 말미에 다시 물으신 내용은 잘 알겠습니다. 한직(閑職)은 본디 시종신과 차이가 있지만 관직이 없는 것과도 비할 수 없습니다. 평소 나아가지 어려운 의리가 있더라도 분문(奔問)은 신하의 변함없는 본분이니 또한 어찌 평소 지키는 바를 하찮게 여긴다는 혐의가 있겠습니까. 다만 길이 막혀 나아가지 못한 듯하니 신재(愼齋 김집)와 같은 경우입니다.

민사원에게 답하다
答閔士元

신재(愼齋 김집)는 지난 조정 정축년(1637, 인조15)에 여러 지방 수령을 역임했는데 대간(臺諫)의 관직은 명에 응하지 않았습니다. 그러나 화의가 이루어진 후에 도성에 들어와 진위(進慰)하였으니, 만약 길이 막히는 문제가 없고 분문하였을 때 대간의 관직에 제수되었다면 필시 본분에 따라 직무를 수행하였을 것입니다. 시세와 의리에 처하는 문제는 상황에 따라 변하는 것이니 한쪽에 얽매여서는 안 될 듯합니다. 이 문제에 대해 그대가 항상 머뭇거리고 움츠러드는 뜻이 있는 듯하니 어쩌면 또한 치우친 점을 미처 다 극복하지 못했기 때문이겠지요?

민사원에게 답하다
答閔士元

이 몸이 대심(大心 이유)이 땅에 묻히는 것을 차마 볼 수 있겠습니까. 또 곧이어 영궤(靈几)와 이별하자니 죽어서 떠나고 살아서 남아있는 상황을 차마 견딜 수 있겠습니까. 그러나 슬퍼만 하는 것은 무익하여 부득불 함께 지내는 한두 명의 동지들과 다시 학업에 매진하니 죽은 사람만 슬프다는 것을 새삼 알겠습니다.

책을 보고 병을 조리하는 것을 함께 실행하고 싶지만 끝내는 병을 조리하는 것을 위주로 하니, 생각건대 그대 또한 이를 면치 못하겠지요. 우리들은 모두 이미 노쇠하여 공부하는 것이 이와 같으니 어찌 크게 진보할 가망이 있겠습니까. 매우 걱정스럽고 두렵습니다.

존보(尊甫 김신겸(金信謙))와 대심이 차례로 세상을 떠났으니 운수가 참으로 좋지 않지만, 선(善)을 행하려는 마음은 결코 이 때문에 그쳐서는 안 되니, 다만 숨이 붙어 있으면 조금도 나태하지 않겠다는 뜻을 지녀야 합니다. 어떻게 생각하십니까? 병든 몸이 마음이 약해져 사생에 대해 생각하면 털끝만큼이라도 마음이 동요되지 않을 수 있겠습니까. 여기서도 스스로 시험하여 힘쓸 바를 알 수 있겠지요. 마음에 들어오는 것이 있어 저절로 누누이 말하는 것을 면치 못하였습니다. 헤아려 주십시오.

민사원에게 답하다

答閔士元

대심(大心 이유)이 병들었을 때 말하기를,

"산중에 있을 때 하루는 저녁 내내 눈물을 흘렸습니다."

라고 했습니다. 그 이유를 물으니, 대답하기를,

"근래 다른 소망은 없고 다만 우리 부친을 위해 좋은 묏자리를 얻어 안장해 드리고 우리 형을 위해 좋은 산수를 얻어 머물게 해 드리는 것입니다. 이제 우리 형을 위한 좋은 산수는 뜻대로 되었지만 부친을 위한 좋은 묏자리는 아득히 기약하기 어렵습니다. 이는 저의 효성이 평소 얕아서 그런 것이니 이 때문에 눈물을 흘렸습니다."

라고 했습니다. 또 말하기를,

"제가 죽더라도 이 정자만큼은 버리지 말기 바랍니다."

라고 하였습니다. 그 말이 매우 슬프니 차마 저버릴 수 있겠습니까. 이제 아이로 하여금 그 뜻을 잇게 하였는데 설령 훗날에 집이 완성되어 늙은이가 그 사이를 한가롭게 거닐더라도 또한 무엇이 즐겁겠습니까.

아이가 건물을 짓게 된 시말을 수집하여 책자 하나를 만들어내었습니다. 또 생각건대 그가 산에 있을 때 필시 사람들과 수창한 작품들이 있을 것이니 그것들을 찾는 대로 추가로 기록하여 새로 지은 집에 보관하고, 우리들이 오가면서 혹 전할 만한 시문을 짓거든 그 뒤에 부기한다면 산 속의 고사가 되기에 충분합니다.

그대는 작년부터 이미 산수에서 함께 은거하자는 약조를 하였고, 올봄에는 한 번 방문할 생각이 있었으나 찾아오지 못했습니다. 그러니 그의 뜻을 슬퍼하는 한 마디 말을 하지 않을 수 있겠습니까. 초본(草本)을 보냈으니 바라건대 차분히 열람하시고 그 말미에다 글을 써서 돌려보내주십시오.

얼핏 듣자니 정자를 지을 때 부린 일꾼이 자못 많았는데도 한 사람도 원망하지 않았다고 하고, 그의 부음(訃音)이 도착한 날에 고을 사람들과 절의 승려들이 모두 슬퍼하며 안타까워했다고 합니다. 그가 어떻게 남들에게 이러한 대우를 받았는지 모르겠습니다. 더욱 슬퍼할 만합니다.

민사원에게 답하다 기미년(1739, 영조15)

答閔士元 己未

이번에 나가서 선유동(仙遊洞)에서 수십 일을 머물고, 돌아가는 길에 호우(湖右 충청도) 지방에 들렀다가 초순에는 이미 집으로 돌아왔습니다. 산수는 과연 소문대로였습니다. 상하 수십 리인데 위는 그윽하고 기이하였으며 아래는 웅건하고 넓게 펼쳐져 있으며 중간에는 계란 노른자 같은 작은 들판이 펼쳐져 있었습니다. 대심(大心)은 그 사이에 집을 짓고 또 위로는 용추(龍湫) 옆에 작은 정자를 지었는데 높은 곳을 점유하여 온갖 뛰어난 점을 구비하였습니다. 대심의 역량이 아니면 참으로 쉽게 이렇게 마련할 수 없었을 것입니다. 그러나 조물주가 아끼고 숨겨두었다가 마치 대심을 기다려서 드러낸 것 같으니 이는 우연이 아닌데도, 또 한두 해 정도 청복(淸福)[62]을 누리게 내버려두지 않았으니 이는 어째서입니까.

날마다 산수 유람에 피곤하여 호남과 영남에서 약간의 사우들이 왔는데도 유익한 강학을 하지 못했습니다. 회가(晦可 송명흠(宋明欽)) 또한 일이 있어서 늦게야 도착했는데 하루 동안 머물고 송면(松面)까지 함께 갔다가 이별하였습니다. 특별한 일이 없는 날 한 번 양산사(陽山寺)와 법흥사(法興寺)에 방문한 것 외에는 둘러본 곳이 없습니다.

대심의 대상일(大祥日)이 어느새 다가왔기에 돌아와 그의 묘소에

62 청복(淸福) : 처한 환경에 만족하며 유유히 살아가는 것을 가리키는데, 주로 벼슬에서 물러나 초야에 은거하는 것을 말한다.

가서 곡을 하니 애통함이 처음과 같았습니다. 훗날 산에 들어가면 장형(章兄)[63]의 옛 자취가 또 슬픔을 보탤 것이니 어찌하겠습니까. 이번에 그대와 함께 가질 못해서 한스럽긴 하지만 병을 조심하는 방도에 맞으니 가을이 지나면 묵은 빚을 갚을 수 있겠지요.

그대를 위해 좋은 집터를 봐둔 것이 한두 곳 있는데 그래도 끝내 그대가 직접 보는 것만 못합니다. 비록 혹 좋은 곳이 있더라도 온 가족을 모두 데리고 은거하기가 어찌 쉽겠습니까. 근력이 약해지기 전에 해마다 왕래했으면 합니다. 저와 함께 이곳에서 지내는 것도 또한 좋을 것이니 굳이 별도로 다른 집을 지을 필요가 있겠습니까.

63 장형(章兄) : 이집(李緝, 1679~1739)을 가리킨다. 그의 자가 여장(汝章)이다. 저자의 족형(族兄)인데 이해 세상을 떠났다.

민사원에게 답하다 경신년(1740, 영조16)

答閔士元 庚申

노팽(老彭)[64]의 묘도문자가 그대의 손에서 나오지 않는 것을 항상 걱정하였는데, 이번엔 훌륭한 글을 지었습니다. 죽은 자나 살아있는 자나 모두 다행이니 묘표(墓表)와 묘지(墓誌)를 막론하고 제가 어찌 감히 사양하겠습니까. 다만 견식이 뛰어나지 않고 필력이 더욱 쇠퇴하여 옛날의 뜻을 한 번 갚고자 하지만 또한 쉽지 않을 듯하니 어찌합니까. 그저 그의 고아에게 독촉하지 말라고 말해주십시오.

시사를 걱정하고 한탄하는 마음이 어찌 끝이 있겠습니까. 아이가 관직(館職)을 얻은 지 4일 만에 교지가 겨우 도착했는데 특별히 체차한 지방에 있는 신하들의 명단 가운데 이미 들어가 있으니, 비록 충언을 바치고자 한들 형세상 본디 그럴 수 없습니다. 그러나 엄한 집안의 가르침은 벗이 잘 인도해주는 주는 것만 못하다는 말씀이 참으로 저를 일깨워주었습니다. 다만 천하 만사는 말하는 것은 쉽고 실행하는 것은 어려운 법입니다. 벗에게 요구하고 아들에게 요구하는 것을 자신이 그 상황에 처하게 되면 끝내 실행하지 못할 듯하니, 이것이 제가 깊이

64 노팽(老彭) : 윤지술(尹志述, 1697~1721)이다. 본관은 칠원(漆原), 자는 노팽(老彭), 호는 북정(北汀), 시호는 정민(正愍)이다. 권상하(權尙夏)가 소론의 유규(柳奎) 등 800여 명의 상소로 삭직되자 성균관 유생으로서 권상하의 신구(伸救)를 상소하였다. 또 성균관 장의로서 이이명(李頤命)이 편찬한 숙종의 지문(誌文)이 편파적으로 기록되었다고 상소하고, 유생들을 선동하여 권당(捲堂)하였다. 이듬해 신임사화에 사형되었다.

두려워하는 바입니다. 어떻게 생각하십니까? 한 해에 한 번 만나서 강가에서 노닐기로 약속했거늘 거듭 소홀히 여기는 것입니까?

민사원의 문목에 답하다 신유년(1741, 영조17)

答閔士元問目 辛酉

80세의 조모(祖母)가 살아계시는데 자손들이 매우 많고, 그 가운데는 복(服)이 다한[65] 외손이 이미 많습니다. 이에 대해 혹자는 말하기를 "옛사람은 조상(弔喪)할 때 조복(弔服)에 삼베를 덧대었습니다. 지금 조상의 상례 때 검은 관과 흰 띠만 사용하는 것은 매우 정의(情意)가 없으니, 의당 연포(練布)로 만든 관과 두 가닥으로 늘어뜨린 띠를 사용하여 대략 면례(緬禮)[66] 때 상복을 입어야 하는 친척이 삼베를 덧대는 복제(服制)와 같이 하고, 장례를 마치면 복을 벗어야 합니다."라고 하였습니다. 또 어떤 이가 따지기를 "이와 같이 한다면 자손이 조상을 위해 편의적으로 삼베를 덧대는 복제를 사용하는 것이니, 이는 무겁게 여기고자 하다가 되레 가볍게 여기는 것이고 친하다는 뜻을 보이려다가 되레 소원해지는 것이므로 온당치 않다."라고 하였습니다. 이 두 가지 설명 가운데 어떤 것이 옳겠습니까?

조복에 삼베를 덧대는 복제는 본래 벗을 위한 조복이니 조상을 위해 행해서는 안 됩니다. 면례 때 사용하는 것은 왕숙(王肅)과 구준(丘濬)[67]의 논의에서 나온 것으로 이 역시 옛 제도가 아닙니다. 지금 억지

65 복(服)이 다한 : 촌수 관계가 8촌을 넘어, 복(服)을 입어야 하는 관계가 이미 끊어졌다는 말이다.

66 면례(緬禮) : 무덤을 옮겨 다시 장례를 지내는 일로, 곧 이장(移葬)을 말한다.

67 왕숙(王肅)과 구준(丘濬) : 왕숙(王肅)은 삼국시대 위(魏)나라의 경학자이고, 구

로 인용하는 것은 역문(役文)[68]에 가깝고, 새롭게 만들어낸 것이라고 한다면 의기(義起)[69]의 혐의가 있으니, 둘 다 옳은 점을 찾을 수 없습니다.

준(丘濬)은 명(明)나라의 학자이다.

68 역문(役文) : 고경(古經)의 내용을 자의(自意)에 의하여 마음대로 해석하는 것을 말한다.

69 의기(義起) : 예와 관련된 경전 본문에는 없지만 합당한 이치에 따라서 새로운 예법이나 기준을 마련하는 것을 말한다.

민사원에게 답하다

答閔士元

계부(季父)의 묘를 개장(改葬)하는 날에 일이 생겨 내일로 당겨 잡았는데 시각이 매우 일러 방금 출발하였습니다. 누누이 경계하신 바가 참으로 걱정하고 염려하는 마음에서 나왔으니 어찌 힘써 따르지 않겠습니까. 이미 살아있는 몸으로 어찌 사람의 이치를 버릴 수 있겠습니까. 날씨가 매우 좋지 않지만 모장(毛帳)을 비롯한 여러 도구들이 모두 갖추어져 있으니 너무 염려치 마십시오. 저 때문에 바람 부는 날씨를 두려워하여 이번 걸음을 중지한다면 걱정되는 마음이 어찌 병보다 곱절이 되지 않겠습니까.

민사원에게 답하다
答閔士元

말씀하신 악정자춘(樂正子春)의 경계[70]는 어쩌면 이경암(李敬菴 이행태(李行泰))의 일[71]에서 느낀 바가 있어서겠지요. 한 번 말에서 떨어져 몸을 상하게 했다는 이유로 말 타는 것을 그만두려고 한다면 끝내 그렇게 하지는 못할 것입니다. 더군다나 악정자춘의 근심은 당에서 내려오다가 생긴 것이고 말을 타다가 생긴 것은 아니지요. 사람이 움직이지 않을 수 없으니 크고 작은 일과 멀고 가까운 곳을 막론하고 출입할 때엔 오직 삼가고 조심하는 마음 하나만 보존하면 됩니다. 어떻게 생각하십니까?

70 악정자춘(樂正子春)의 경계 : 악정자춘은 증자(曾子)의 제자이다. 악정자춘이 당에서 내려오다가 발을 다쳐서 수 개월 동안 밖을 나가지 않고 오히려 근심스러운 얼굴빛을 하였다. 제자가 "선생님의 발이 이미 다 나았는데도, 수개월 동안 밖으로 나가지 않으시고 오히려 근심스러운 얼굴빛을 하고 있는 것은 어떻게 된 것입니까?"라고 물으니, 악정자춘이 답하기를 "내가 증자에게서 듣건대 부모가 온전히 나를 낳아 주셨으니, 자식은 의당 몸을 상하지 말고 온전히 살다가 돌아가야 한다고 하였다. 그런데 나는 그 효도를 잊고 몸을 다쳤으므로 근심을 금치 못한 것이다." 하였다. 《禮記 祭義》

71 이경암(李敬菴)의 일 : 이행태(李行泰)가 그의 자식들에게 말하기를 "내가 묵묵히 생각해보니 평소 부모를 섬기는 절행은 마음에 크게 부끄러운 점이 없었다. 그런데 불행히도 말에서 떨어져 팔뚝 뼈를 상하게 하였으니 이 때문에 몸은 온전히 하여 세상을 떠난 증자(曾子)에게 매우 부끄럽다.〔吾默念平日事親之節, 無大愧於心, 而不幸墜馬傷腕骨, 以是甚慙於啓手也.〕" 하였다. 본서 권32에 수록된 〈주부 경암 이공에 대한 묘갈(主簿敬菴李公墓碣)〉에 보인다.

민사원에게 답하다 임술년(1742, 영조18)

答閔士元 壬戌

사연(士淵 민통수)이 갑자기 저 세상 사람이 되었고, 은내(闇內)의 장례 또한 내일인데 모두 가보지 못하니 인사(人事)가 한탄스럽습니다. 말씀하신 유자(孺子)의 고고한 풍도는 감탄스럽습니다. 지금 사람이 옛 사람에 미치지 못하는 것이 어찌 유독 이 일만 그렇겠습니까. 그러나 이와 같은 일은 다만 응당 경중과 완급을 헤아려 결정해야 하고 일이 지나가면 더 이상 마음에 담아두지 말아야 합니다. 만약 이처럼 하지 않는다면 또 각종 병통이 생길 듯하니 이미 지난 일에도 무익하고 미래에도 해가 됩니다. 어떻게 생각하십니까?

조례(弔禮)에 '지팡이를 짚는다.〔策之〕'라는 뜻은 부축한다는 뜻인 듯합니다. 이는 다만 반배(半拜)하는 모습을 말한 것이니 알기 어려운 점은 없을 듯합니다. 이것을 비천한 부류에게 행하더라도 어찌 불가할 게 있겠습니까. 근래엔 무슨 책을 보십니까? 더욱 힘쓰시길 바랍니다.

민사원에게 답하다
答閔士元

소지(小紙)의 내용은 잘 알겠습니다. 사람이 글을 범범하게 보는 것은 유독 《사략(史略)》 초권(初卷)만 그러한 것이 아닙니다. 상 상공(尙相公 상진(尙震))의 말씀이 참으로 좋고, 그 말씀이 도에 가깝다는 것을 알 수 있다고 한 말도 매우 좋습니다. 이 말을 제게 보여주신 것 또한 훌륭한 충고라 이를 만합니다. 우리들이 모이기는 본디 쉽지 않으나 때때로 훌륭한 말씀을 해주시니 어찌 노년의 한 가지 다행스런 일이 아니겠습니까. 다만 제가 이해하지 못하는 점이 있습니다.

사원(士元)은 어떤 사람입니까? 중(中)과 화(和)의 공부에 힘써야 하는 자가 아닙니까. 이처럼 조악하고 졸렬한 말은 또한 응당 현자의 입에서 나와서는 안 될 듯하니 절대로 다시는 그러지 마십시오. 상중에 있는 윤일복(尹一復)이 예전에 묘문(墓文)을 독촉하는 편지를 보내왔는데 지금은 비록 논할 겨를도 없지만 일찍이 그대에게 행장의 초고를 재촉하는 뜻으로 미루어보자면 어찌 끝내 정성스런 부탁을 저버릴 수 있겠습니까.

봄 사이 전해오는 말을 들은 후부터 팽우(彭友 윤지술(尹志述))를 위하는 그간의 마음이 삭막해져 없어지려 하니 장차 어찌합니까? 또 이야기가 길어질까봐 답장을 보내지 않았으니, 그를 만났을 때 조용히 이 뜻을 전해주시는 것이 어떻겠습니까?

민사원에게 답하다
答閔士元

한밤의 인편을 통해 도착하셨다는 소식을 비로소 들었습니다. 필시 문 앞에서 발상(發喪)하였을 것이니 이는 무슨 일입니까? 이는 무슨 이치입니까? 통곡하고 통곡합니다. 지척의 거리에 있으면서도 가서 부둥켜안고 통곡하지 못하니 이 몸이 세상에 살아있다고 할 수 있겠습니까. 지금부터 살아남은 자의 근심은 모두 그대와 홀로 된 아들에게 남겨졌습니다. 그대는 모름지기 스스로 마음을 추슬러 억지로 잘 먹고 지낸 이후라야 어린 애들을 온전히 살릴 수 있으니 부디 깊이 생각하십시오.

습렴(襲斂)하는 여러 도구들은 서울의 인편을 기다려야 하고, 성복(成服)의 시기는 다만 형세를 따르면 그만입니다. 객지에서 상례를 치르느라 모든 일이 매우 어려우니 형세상 어떻게 할 수 있다면 비록 성복한 후에 곧장 출발해도 또한 괜찮습니다.

담군(擔軍)에 대한 일은 빨리 계획을 정하지 않을 수 없으나 다만 삯이 없어 걱정입니다. 비록 경계(京契)를 쓰더라도 형세상 반드시 날짜에 앞서 분부(分付) 해야 하고, 향군(鄕軍)과 같은 경우는 더욱더 미리 조처해야 합니다. 상여와 복색 따위는 서울에서 담군을 고용하건 시골에서 고용하건 반드시 일찍 내려와야 합니다. '이 일은 성복한 후에 비로소 할 수 있는 일이다.'라고 하지 말아야 합니다. 여기서 영구를 모시고 발인하는 날짜는 이곳저곳의 사세(事勢)를 헤아려 우선적으로 선정하고 이는 금기에 구애되지 말고 다만 사세를 따라야 합니다. 그 이후라야 조치할 수 있습니다.

향군은 번거롭게 고을 관청에 부탁할 필요가 없습니다. 이 고을은 저희 집 묘지기들을 모두 징발할 수 있고, 고을 안의 사우들 또한 집집마다 장정을 한 사람씩 차출하되 장정이 없으면 억지로 할 필요는 없습니다. 설령 담군을 얻더라도 조달하여 데리고 올 만한 사람이 반드시 있지는 않을 것입니다.

이곳은 제가 비록 직접 가지 않더라도 오히려 누워서 지휘할 수 있지만 저곳은 믿을 만한 자가 없을 듯합니다. 상례를 치를 때는 하루가 되건 이틀이 되건 노상의 제구(祭具)와 양식은 모두 미리 준비해야 합니다. 성복한 이후에 미리 겸(兼 민백겸)을 먼저 본가로 돌려보내 결정한 이후에 저곳에서 행해야 할 일을 자세히 적어서 주십시오. 그대는 성복한 후에 여기에 머무는 며칠 동안 조용히 저를 찾아와 함께 상례의 모든 일을 상의하고, 겸(兼)이 돌아갈 때도 저에게 들르게 하여 병중에 했던 말을 알게 하십시오.

병들기 며칠 전에 이틀 동안 조용히 이야기하였는데 오히려 미처 다 펴지 못하고 남은 소회가 있습니다. 앉아서 섣달에 만날 약속을 기다리는 것도 늦어서 싫어하였는데 갑자기 천고의 긴 이별을 할 줄이야 생각이나 했겠습니까. 제가 죽은 후의 모든 일을 모두 지금 세상을 떠난 사람에게 기대했건만 이제는 틀렸고, 제가 도리어 이 사람을 위해 발인할 걱정을 하게 되었는지요?

그대는 집안의 모든 일을 알지 못하고 그저 앉아서 형의 말만 듣기만 하였으니 일생을 편안하고 한가롭게 지냈다고 할 만한데, 갑자기 이러한 변고를 당하였으니 이제부터 모든 책무는 전적으로 그대 한 몸에 모여 있습니다. 장차 어떻게 감당하시겠습니까? 우선 마음을 추스르고 상례를 잘 이겨내어 몸이 상하는 일이 없도록 하십시오. 명정(銘旌)에는 대관(臺官)의 직함을 쓰고, 단령(團領)[72]은 예전에 입었던 것이 없으니 새로 만들 필요는 없습니다.

72 단령(團領) : 관리들이 입던 공복으로, 위아래가 붙은 포(袍)이다. 깃이 둥글고 소매가 넓으며, 길이는 발뒤꿈치까지 내려오는 홑옷이다.

민사원에게 답하다
答閔士元

승중복(承重服)은 만들어서 기다릴 수는 있지만 말씀하신 것처럼 묘소 앞에서 수복(受服)[73]하는 것은 단지 억측한 견해입니다. 예(禮)의 뜻으로 말하자면, 체모는 사당보다 무거운 것이 없고 묘소는 가볍습니다. 수복이 얼마나 큰일인데 무거운 곳을 버리고 가벼운 곳을 취한단 말입니까. 저의 생각은 이와 같았는데, 사우 가운데 저를 위해 대신 편지 쓰는 자가 따지며 말하기를,

> "장례를 마친 후에 달려가 곡을 하는 자는 먼저 묘소에 가서 곡하고 절하는 것이 예(禮)입니다. 이를 참조한다면 묘소 앞에서 수복하는 것 또한 할 수 있습니다."

라고 하였습니다. 저는 다음과 같이 대답했습니다.

> "달려가 곡을 하는 것과 복을 대신 입는 것은 체모가 절로 다르니 억지로 합해서는 안 됩니다. 더군다나 먼저 묘소에 하는 것은 다만 곡하고 절하는 것뿐입니다. 성복은 집에 돌아온 후에 하는 것이니 증거로 삼기에 부족할 듯합니다. 이 의리를 따르고자 한다면 우선 묘소 앞에서 곡하고 절하고서 돌아와 성복하는 것이 마땅합니다."

시험 삼아 《상례비요(喪禮備要)》에 실려 있는 '분상(奔喪)' 조목을

73 수복(受服) : 상례에는 일정한 기간이 지나면 슬픔을 줄여 나가는 절차에 따라 상복을 거친 것에서 점차 고운 것으로 바꾸는데, 옷을 바꾸어 새로 지어 입는 것을 수복(受服)이라 한다.

가져다 의리를 찾아본 다음 두 가지 설명의 득실이 어떠한지를 결정하십시오. 수복에 생포(生布)를 쓰는지 연포(練布)를 쓰는지 여부에 대해서는 이미 부친을 대신하여 그 상을 마치는 자는 아울러 모두 삼년을 지낸다[74]는 예문(禮文)으로 보건대 다만 한결같이 연제(練祭) 이후의 복제로 처리해야 합니다. 그렇다면 수질(首絰)[75]과 관련된 문제는 또한 따질 게 없습니다. 집에 도착한 날 곧장 수복한다는 설명은 매우 옳으니 은전(殷奠)[76]과 상식(上食)을 기다릴 필요 없이 분향(焚香)하고 입으로 고축(告祝)하는 일을 모두 해야 합니다.

74 아울러……지낸다 : 《오례통고(五禮通考)》 권254에 "지금 복제령에 여러 적자가 죽어 형제가 없을 경우에는 적손이 승중한다. 만약 적자의 형제가 상을 마치지 못하고 죽은 경우에는 적손 또한 승중한다. 그 적자 형제의 상이 소상 전에 났을 경우에는 소상 때에 승중복을 입고, 소상 뒤에 났을 경우에는 심상을 펴서 아울러 모두 삼년을 지낸 뒤에 제복(除服)한다.〔今服制令, 諸嫡子死無兄弟, 則嫡孫承重. 若嫡子兄弟未終喪而亡者, 嫡孫亦承重. 其亡在小祥前者, 則於小祥受服, 在小祥後者, 則申心喪, 並通三年而除.〕"라고 한 내용이 보인다.

75 수질(首絰) : 상복을 입을 때 머리에 두르는 짚과 삼으로 만든 띠를 말한다.

76 은전(殷奠) : 상례(喪禮)에서 평소에 올리는 조석전(朝夕奠)과는 달리 성대하게 제수(祭需)를 갖추어서 올리는 전을 말한다.

민사원에게 답하다

答閔士元

어제 보내신 답장이 밤에 도착하니 마치 다시 얼굴을 직접 보는 듯하였습니다. 살아있는 자는 비록 이별해도 오히려 만나볼 수 있지만 죽은 자는 어찌합니까. 매우 비통합니다.

그대가 돌아갈 때 우연히 보게 되었는데, 소의 성질이 길들여졌는지는 알 수 없지만, 소 위에 앉은 자나 소를 끄는 자가 모두 우활하여 과연 떨어져 다치는 곤액을 당했습니다. 그대는 스스로 이 정도면 잘 떨어졌다고 핑계를 대지만 이는 좋은 일이 아닙니다. 소나 말을 막론하고 시험 삼아 떨어졌을 때의 기상(氣象)과 의미(意味)가 어떠하였는지를 생각해 보십시오. 그대는 학문에 있어서도 대부분 이와 비슷합니다. 그러므로 매번 나갈 때마다 이와 같으니 어쩌면 하늘이 그대를 놀라게 하려는 것인지요. 바라건대 이를 통해 분발하여 이전의 위축되고 나약한 습속을 통렬하게 제거하고 가는 곳마다 노력하여 몸과 마음이 잠시라도 평안하고 견고하지 않은 때가 없도록 하십시오. 그렇게 되면 자연스레 이러한 근심은 사라질 것입니다. 이 일은 비록 작은 일이지만 또한 스스로 학문의 힘을 시험해 볼 수 있으니 우활하다고 생각지 마십시오.

민사원에게 주다

與閔士元

양성재(楊誠齋 양만리(楊萬里))가 일찍이 장위공(張魏公 장준(張浚))에게 가르침을 청하였는데, 위공(魏公)이 말하기를,

"원부(元符)[77] 연간에 금대(金帶)를 두르고 보라색 인끈을 늘어뜨린 귀인들이 어찌 한정이 있겠는가마는 오직 추지완(鄒志完 추호(鄒浩))과 진영중(陳瑩中 진관(陳瓘))의 성명이 일월과 광채를 다툰다."

라고 하였습니다. 성재는 이 말을 듣고 종신토록 명절(名節)을 가다듬었으니, 이 내용은 《학림옥로(鶴林玉露)》에 나옵니다.

예전에 홍순보(洪純甫 홍계희(洪啓禧))가 저를 찾아왔을 때 우연히 이 책을 보고 있었는데, 그가 돌아갈 때 이 부분을 뽑아 보여주었더니 그는 아무 말이 없었습니다. 어제 《근사록(近思錄)》〈출처(出處〉를 강론하다가 수괘(隨卦)의 육이효(六二爻)의 겸하여 친할 수 없는 상(象)[78]을 논한 부분에 이르러 탄식하며 말하기를, "홍순보에게 보여주지 못한 것이 한스럽다."라고 하였습니다. 제가 이 사람을 위한 정성이

77 원부(元符) : 송(宋)나라 철종의 연호이다.

78 수괘(隨卦)의……상(象) : 《근사록(近思錄)》 권7 〈출처(出處)〉에서 이천(伊川) 정이(程頤)가 말하기를 "사람이 따르는 바가 바름을 얻으면 사(邪)를 멀리하고 그름을 따르면 옳음을 잃어, 두 가지를 다 따르는 이치가 없으니, 수괘(隨卦)의 육이효(六二爻)가 만일 초효(初爻)에 얽매이면 오효(五爻)를 잃는다. 그러므로 상전(象傳)에 '겸하여 친할 수 없다.'라고 하였으니, 사람이 바름을 따름에 마땅히 전일해야 함을 경계한 것이다." 하였다.

오히려 이와 같으니 또한 이른바 걱정이 많은 자가 아니겠습니까. 그가 비록 저의 문하에 잘못 들어왔지만 이미 가까운 친척 관계라 끊어버릴 의리가 없어 오면 만나봅니다. 그렇다면 편지를 보냈는데 답장하지 않는 것 또한 도리(道理)를 이루지 못하니, 매번 이와 같아서는 안 될 듯합니다. 상차(喪次)[79]에 들러 남긴 편지에 근래 답장을 쓰고자 해서 편지지에 글을 쓰다가 경솔하게 이 말을 언급하였으니 이는 또 결국 실언을 면치 못한 것이겠지요. 이미 이러한 생각이 있어서 만나면 입에서 나오는 대로 말하고 편지를 쓰면 손이 가는대로 써버리니 함축이 모자란 병통임을 본디 스스로 알고 있습니다. 바라건대 가부를 생각하여 다시 알려주시기 바랍니다.

그대는 온갖 일에 대해서 '겸(謙)' 자의 뜻이 너무 지나쳐서 가사(家事)든 시사(時事)든 모두 모른다고만 하니 이 때문에 그대의 형과 일찍이 상의했던 것을 반드시 그대에게 언급하지 않았습니다. 종종 주고받는 편지는 다만 경의(經義) 따위인데 이 또한 겸양하느라 겨를이 없는 기상(氣象)이라 매번 의미가 적습니다. 지금은 그대의 형이 죽었으니 누구와 함께 이야기하겠습니까. 이제부터 크고 작은 일에 관계없이 응당 그대에게 질문할 것이니 그대 또한 생각을 다해 대답하여 부족한 부분을 보완해주길 바랍니다. 이 또한 학자로서 궁리(窮理)하고 격물(格物)하는 일입니다.

79 상차(喪次) : 상제(喪制)들이 상복을 입거나 조문을 받는 막차(幕次)이다.

민사원에게 주다
與閔士元

듣자니 고아의 정신과 몸에서 이미 원기가 빠졌다고 합니다. 병이 생긴 이후에는 후회해도 뒤늦게 치료하기 어려우니, 그 형세의 완급을 살펴보아 급박하면 장례를 지내기 전에는 고기만 먹게 하더라도 의리에 해가 될 게 없습니다. 그대 또한 미리 생각해야 할 것입니다. 여기 왔을 때는 제 말을 듣지 않을 수 없으니 저기로 돌아간 후에는 계속해서 방반(傍盤)의 법식을 사용하고 장례에 임해서 다시 정을 펴는 것이 좋습니다. 오늘의 일은 이것보다 더 큰 일이 없으니 힘써주시길 간절히 바랍니다.

여기서 조발(調發)한 인부들과 친구 집에서 보내온 자들을 합치면 한 무리를 이룰 수 있습니다. 그대가 연달아 편지를 보내어 부탁한 말이 뜻은 좋으나 끝내 실행할 수 없습니다. 만약 그들의 병과 추위를 지나치게 걱정한다면 누가 병이 없고 춥지 않다고 기꺼이 말하겠습니까. 그렇다면 한 사람의 담군(擔軍)을 얻고자 하더라도 할 수 없을 듯합니다. 저는 예전에 지나치게 자애로운 점을 스스로 병통으로 여겼는데 그대의 이 일 또한 너무 지나칩니다.

송우(宋友)는 본디 상례 행렬을 맞이할[80] 뜻이 있어서 개연히 저의

80 상례 행렬을 맞이할 : 원문의 영번(迎燔)은 뜻이 자세하지 않다. 번(燔)은 일반적으로 섶을 태워 하늘에 제사지내는 번시(燔柴), 구운 고기의 제물을 뜻하는 번종(燔從)의 의미로 사용되는데, 여기서는 의미가 통하지 않아 번(燔)을 제사의 의미로 보고

한 마디 말에 승낙하였으니 이는 결코 쉬운 일이 아닙니다. 그러나 이는 다만 상여를 호송하여 지역을 벗어나는 일일 뿐입니다. 잘 통솔하라고 요구하지 마시고 오직 그가 하는 대로 들어주십시오. 그가 고생을 겪으면 저도 편하질 않으니 이 뜻을 몰라서는 안 됩니다.

말에서 떨어진 일을 운수의 탓으로 돌리고자 하니, 이 또한 지나치게 스스로에게 관대하여 하늘을 원망하고 남을 탓하는 결과를 면치 못한 것이겠지요. 함부로 행동하지 마시고 의당 자중하여 몸과 마음을 잠시의 틈도 없이 항상 안정되고 견고하게 해야 하니, 그대 또한 스스로 보전할 수 있겠습니까.

주자가 《중용(中庸)》 수장(首章)을 논하면서, 계신공구(戒愼恐懼)를 평지에서 고삐를 놓지 않는 것에 비유하고, 신독(愼獨)을 위험한 곳에 오르고 물을 건널 때 고삐를 더욱 꽉 잡는 것과 같다고 하였습니다. 이 말을 증험해보면 그대가 중(中)과 화(和)의 공부에 전적으로 노력하지 않는다는 것을 알 수 있습니다. 이것이 어찌 운수가 그렇게 만든 것이겠습니까. 《주자어류(朱子語類)》 가운데 이 말의 내용은 훗날 자세히 살펴보아야 합니다. 병을 진단하여 알맞은 약을 처방하는 것은 학자에게 가장 급선무이니 이전의 나약함을 반성하여 앞으로 맹렬하게 나아가길 그대에게 간절히 바랍니다.

일전에 그대의 제자 가운데 어떤 이가 충청도 고을에서 나를 찾아와 한 마디 말을 청하기에 '인을 행한다〔當仁〕' 두 글자를 주었습니다. 말이 나온 김에 이것까지 언급하였지만 학문을 말하기엔 아직 때라 아니라 감히 그 이야기를 마치지 못하겠습니다. 편지 쓰는 것에 대한

번역하였다.

그대의 말씀은 곡진하여 매우 좋으니 우선 실언하지 말라는 경계를 지켜야 끝내 가엾게 여기고 구제하려는 본뜻을 잃지 않을 것이니 이대로 해야 할 것입니다.

여강(汝剛)[81]이 후사를 세우는 문제는 지성으로 마음을 돌리기를 바라야 하거늘 서울의 인편을 통해 어제 편지를 받아보니 치우치고 막힌 견해가 여전합니다. 후손이 끊어지는 것 외에는 할 수 있는 것이 없으니, 어찌합니까?

81 여강(汝剛) : 저자의 사촌 동생 이구(李絿, 1688～1726)를 말하는데, 이구는 딸만 일곱을 두고 후사가 없이 죽었다.

민사원의 문목에 답하다
答閔士元問目

문 장례를 지내기 전에 치전(致奠)하려는 사람이 있으면 그저 관례대로 받아야 합니까? 오늘날 장례를 지내기 전의 모든 일은 한결같이 상중의 예법으로 처리하여 제수는 소식(素食)으로, 제기는 장식이 없는 기물을 사용하니, 평소에 거상할 때는 때가 아닌 특별한 음식을 쓰지 않습니다. 치전에 사용하는 여러 물품은 비록 소찬(素饌)을 쓰더라도 또한 때가 아닌 특별한 음식에 해당하니, 살아있다고 여기는 도리에 미안하지 않겠습니까.
답 장례를 지내기 전의 모든 일은 한결같이 상중의 예법으로 처리하였으니 치전을 행하지 않는 것이 살아있다고 여기는 의리에 합치될 듯합니다.

문 우리 집안의 전례(前例)에는 모두 만장(挽章)을 사용하였는데 신축년 화[82]를 겪고 나서는 부탁할 만한 곳도 이미 많지 않고, 또 전란으로 황폐해지면 예물을 줄인다는 의리에 따라 남에게 만장을 다시는 부탁하지 않았습니다. 이제 평소 쌓아둔 것을 백에 하나도 시험해 보지 못하여 친척과 벗들 가운데 또한 깊이 알고서 매우 안타까워하는 자가 있습니다. 그런데 만약 상주의 집에서 부탁하지 않으면 반드시 짓지는 않을 것이니 이러한 친척과 벗들을 가려서 부탁하고자 합니다.

82 신축년 화 : 1721년(경종1)에 발생한 신축옥사(辛丑獄事)를 가리킨다.

그러나 오늘날 이러한 사람이 또 어찌 많겠습니까. 게다가 평소 겸손하여 감히 남들의 성대한 칭찬을 받지 않았으니 또한 감히 이렇게 하지 않아 남기신 뜻을 따랐습니다. 감히 이렇게 절하며 여쭙니다.

답 만장을 부탁하는 것은 또한 때가 아닌 듯하고 게다가 남기신 뜻에도 어긋나니, 장례를 지내기 전에 부탁할 필요는 없습니다. 친척과 벗들 가운데 부탁하고자 하는 사람에게 대략 이 뜻을 전하여 그들로 하여금 조용히 추후에 만장을 쓰게 하는 것이 온당할 듯합니다. 어떻게 생각하십니까?

민사원에게 답하다 계해년(1743, 영조19)
答閔士元 癸亥

저는 예전에 삼년상 안에 신산(新山)에 묘제(墓祭)를 지낼 때 삼헌(三獻)을 쓰는 것은 과중하다고 생각하였습니다. 삼년상 안에 오직 우제(虞祭)와 졸곡(卒哭), 대상(大祥)과 소상(小祥)이 예를 갖춘 큰 제사이고, 묘제는 본래 체모가 가벼워 의당 우제와 졸곡 등의 여러 제사에 비할 수 없습니다. 만약 묘제도 예를 갖추어야 한다면 필시 별도의 축문이 있을 것인데 예로부터 그러한 것은 없었으니, 삼헌을 하는 경우에는 평소 묘제를 지낼 때의 축문을 써야할 듯한데, 평소 쓰던 것을 상중에 쓴다면 어찌 범박하지 않겠습니까. 게다가 선대에는 모두 예를 줄여 일헌(一獻)만 했는데 이제 와서 유독 예를 갖춘다면 또한 미안합니다. 그러므로 제가 상을 당했을 때 일헌으로 제사를 지냈습니다.

그대의 형이 살아있을 때도 여러 번 논의하여 끝내 제 말이 옳다고 하였습니다만 이 예는 실로 회천(懷川) 고을의 두 선생[83]에게서 나온 것이니 경솔하게 고치긴 어렵다고 말했습니다. 우연히 《율곡별집(栗谷別集)》에 수록된 〈송강일록(松江日錄)〉을 보다가 "율곡(栗谷)은 일헌이 옳다고 여겼다."라고 한 말이 있었습니다. 이를 적어서 보여주니 "말씀대로 하겠습니다."라고 하였습니다. 그 뒤로 제사를 지내는 일에 대해 알려준 내용이 주고받은 편지 중에 대략 있는데, 오랜 시간이 흘러 그 말이 기억나질 않습니다.

83 회천(懷川)……선생 : 송시열과 송준길을 말한다.

그러나 제 생각엔 묘제와 궤연(几筵)은 다르니 어찌 강신(降神)과 사신(辭神)과 같은 일이 없을 수 있겠습니까. 다만 선묘(先墓)의 예를 줄이는 의식처럼 해야 합니다. 대상(大祥)의 경우는 승중(承重)한 상인(喪人)이 최복(衰服)을 벗고 백의(白衣)와 백립(白笠)을 착용하였다가 제사가 끝나면 다시 최복으로 갈아입으며, 제부(諸父)는 법식대로 옷을 바꾸어 입었으니 다시 의심할 게 있겠습니까. 적손(嫡孫)이 이미 담제(禫祭)를 지내지 않았다면 제부는 다만 담제를 지내는 날에 곡위를 설치한 뒤 곡하고 상복을 벗어야 합니다. 우암(尤菴) 또한 정일(丁日)이나 해일(亥日)로 담제를 지내는 날을 잡는다고 했으니, 제 생각에는 길사(吉事)에는 가까운 날을 먼저 택한다[84]는 의리로 미루어 보자면 첫 번째 정일 또한 불가할 게 없습니다.

84 길사(吉事)에는……택한다 : 《예기》 〈곡례(曲禮)〉에 "무릇 날짜를 점칠 때에는 열흘 밖의 날을 '먼 어느 날'이라고 하고, 열흘 안의 날을 '가까운 어느 날'이라고 한다. 상사에는 먼 날을 먼저 점치고, 길사에는 가까운 날을 먼저 점친다.〔凡卜筮日, 旬之外曰遠某日, 旬之內曰近某日. 喪事先遠日, 吉事先近日.〕" 하였다.

민사원에게 주다

與閔士元

저의 병은 이전에 비해 크게 달라진 것이 없어 문을 닫고 누운 채 뜰에 피고 지는 꽃만 바라보고 있습니다. 예전에 병들지 않았을 때는 산골짜기와 언덕을 탐방하며 허투루 보내는 날이 없어 심상하게 보았는데, 이제서야 그것이 얻기 어려운 좋은 일이었음을 알게 되었습니다. 유현(儒賢)의 거취에 대해선 그대 또한 들었으리라 생각됩니다. 어떻게 생각하는지 모르겠습니다. 돌아가는 길에 진언한 8조목은 잘 수습하셨겠지요?

민사원에게 주다

與閔士元

이 몸은 먹을 때는 남의 손을 빌리고 다닐 때는 남의 부축을 받으니, 바라는 것은 오직 어린아이의 마음을 온전히 얻는 것뿐입니다. 한결같이 나태하여 온갖 일이 모두 이전과 같지 않으니 덕업을 세우고 엄격하게 말하는 일은 다시 할 수 없겠지요?

민사원에게 주다
與閔士元

성서(聖瑞 정희하(鄭羲河))의 시문은 과연 완곡하고 게다가 실정을 잘 말하였습니다. 응교(應敎)인 그의 조카가 시사(時事)를 말하다가 견책을 당하여, 감산(柑山)의 초당이 사회(士會 민창수)가 돌아간 후로 또 좋은 주인을 얻게 되었습니다.

그의 상소는 본디 분의를 다 펼치진 못했지만 또한 그의 가풍을 실추시키지 않았다고 하겠으니 매우 기쁩니다. 사회의 일을 논한 것은 비록 본령을 잃었지만 상국(相國 민진원(閔鎭遠))의 충성으로 10대의 자손을 용서해줄 수 있다는 말[85]을 하였으니 오히려 근래 명릉(明陵)[86]의 권위에 의지하는 투식적인 말보다 낫습니다. 다만 성상의 하교에 매번 탐라(耽羅)와 원주(原州) 두 적소(謫所)를 나란히 거론하시고 심지어는 원주의 적소로 보내어 관대하게 처리하였기 때문에 그가 감히 방자하다고 하시니,[87] 원주의 적소에서 용서를 받고 풀려나는 것은 쉽지

85 상국(相國)의……말 : 1743년(영조19) 부응교 정실(鄭宲)이 올린 상소에 "봉조하신 민진원(閔鎭遠)은 군주를 사랑하고 국가를 걱정하여 지성으로 보답하고자 했으니 진실로 이른바 사직(社稷)의 신하입니다. 그의 충심을 행한 자취는 10대의 자손까지라도 용서할 만합니다."라는 내용이 보인다. 《承政院日記 英祖 19年 4月 26日》 한편 10대의 자손까지라도 용서할 만하다는 것은 춘추시대 진(晉)나라의 기해(祁奚)가 선자(宣子)를 만나 숙향(叔向)의 공과를 논하면서 "오히려 10대의 자손을 용서해 줄 수 있다.〔猶將十世宥之〕"라고 한 데서 나온 말이다. 《春秋左氏傳 襄公21年》

86 명릉(明陵) : 숙종과 인현왕후(仁顯王后), 인원왕후(仁元王后)의 능이다.

않을 듯합니다. 배척을 당한 재상[88]이 동대문 밖으로 나갔다가 심양문안사(瀋陽問安使)로 차출되었으니 오래지 않아 필시 도로 들어올 것입니다.

87 원주의……하시니 : 민창수는 1742년(영조18) 제주도 대정현(大靜縣)으로 유배를 갔다가 이듬해 1743년(영조19) 원주(原州)로 이배되었다. 이 무렵 영조가 내린 비망기에 민창수를 관대하게 처리하였기 때문에 그의 마음이 방자하다라는 말이 나온다. 《承政院日記 英祖 19年 4月 26日》

88 배척을 당한 재상 : 조현명(趙顯命)을 가리킨다.

민사원에게 답하다
答閔士元

또 초하루를 맞이하고 이어서 제삿날을 만나니 마치 그대의 심사를 보는 것 같습니다. 제 병은 조섭하는 데 각별히 신경을 써서 나아지기만 하고 심해지지는 않으나 강학은 전부 폐기해버렸으니 부끄럽고 두려운 마음을 또한 어찌합니까.

20세 이전에 머리가 빠지고 30세 이후엔 이가 빠졌습니다. 이렇게 잔약한 몸으로 얻은 것 또한 이미 과분합니다. 백년, 천년을 말할 게 있겠습니까. 그러니 장차 한결같이 하늘에 순응하여 좋아하고 싫어하는 사사로움을 용납하지 않을 뿐입니다.

글은 차분히 고치는 게 좋겠습니다. 시향(時享)을 대신 행하는 문제는 그대의 집안에선 이미 가법(家法)이 되었으니 지금 의심할 게 없습니다. 그러나 저는 반드시 의거할 만한 글을 본 이후에 행하고자 하니 이 때문에 걱정입니다. 사회(士會)의 편지 가운데 그대들이 제사에 참여하지 않을 의리가 없다고 말하였는데 저는 마음에 미안한 바가 있으니 또한 어찌 반드시 강제하겠느냐고 답하였습니다. 그러나 이 때문에 제사를 그만둔다면 또한 탄식할 만합니다.

그대의 아들이 며칠 동안 곁에 있어서 자못 도움되는 바가 있었습니다. 목(木)[89]도 함께 하였으니 비단 그의 성장에 보탬이 되기 위해서만은 아닙니다. 척속(戚屬)이 점점 멀어지고 소원해지니 우리들이 살아

89 목(木) : 저자의 손자이다.

있을 때 우리 아이의 정의(情意)가 그대의 아들과 서로 합치되었으면 합니다. 다만 일이 많아 오랫동안 머물지는 못할 듯합니다만 또한 어찌 훗날이 없겠습니까. 사선(士先)[90]을 만났는데 다만 부지런히 과거 공부하기를 권면하였을 뿐이니, 지난 번에 한 말이 아무런 효과가 없었기 때문입니다.

90 사선(士先) : 미상이다.

민사원에게 답하다

答閔士元

제삿날이 또 닥쳐와 애통하게 사모하는 마음이 끝이 없습니다. 병든 이후로 기제(忌祭)를 맞이하면 당일에만 고기를 먹지 않았습니다. 그러나 끊임없이 걱정하고 염려하는 말이 이처럼 간절하여 먹으려고 하다가 저어되는 마음이 있는 듯하여 감히 그대의 말처럼 하지 않았습니다. 사회(士會)가 또 제사를 섭행하도록 권하였는데 이처럼 조심조심 몸조리를 한다면 혹여 악화되지는 않겠지만 이러고서 살아있는 사람이라 할 수 있겠습니까.

혹자가 성(聲 민응수(閔應洙)) 대감이 파직되어 고향으로 잘 돌아갔다고 전하였습니다. 황려(黃驪 여주(驪州))가 어떤 힘이 있는 곳이기에 정승직을 사양한 두 사람을 용납할 수 있단 말입니까. 만약 이대로 먼저 병들었다가 뒤에 치유된 사람처럼 된다면 그 다행스러움을 어찌 말로 할 수 있겠습니까. 그대 또한 좋은 땅의 기운을 타고 인(仁)을 행하는 사업을 스스로 기약하여 사우들의 기대를 저버리지 마십시오. 이전에 기꺼이 착실하게 노력하지 않은 것 또한 먼저 병든 사람과 같은 부류이니 발끈하는 기색을 짓지 마십시오. 사회의 이른바 〈육담화장(肉談和章)〉이 이미 도착하였으니, 이는 아우가 필시 하나하나 형보다 못해서만은 아니겠지요? 그러나 일을 이루려면 재촉해서는 안 되니 마음이 가야 할 수 있습니다.

민사원에게 답하다
答閔士元

화답시는 감탄을 그칠 수 없습니다. 말이 좋지 않은 것은 아니지만 따끔하게 충고하는 의사(意思)가 부족하지 않겠습니까. 햇벼가 익어가는 것이 몇 이랑인지는 모르겠지만 득의한 기미가 있는 듯하니 서생(書生)의 좁은 안목이 참으로 한 번 웃을 만합니다.

'군실형(君實兄)' 세 글자를 남에게 읽어보게 하였는데 이해할 수 없는 점이 있습니다. 제종(諸從) 가운데 자(字)나 호(號)를 두루 생각해보면 끝내 이와 비슷한 것이 없으니 저는 본디 매우 노둔하지만 전고를 사용하는 것[91]〔使事〕 또한 우활하다고 할 수 있습니다. 군실(君實)[92]이 군실이 된 것이 어찌 한 때 사직한 하나의 일 때문이겠습니까. 더군다나 같은 고을에 두 명의 군실이 모두 이를 호(號)로 삼는다면 또한 구분하기 어려울 듯합니다. 매우 우스울 따름입니다.

91 전고를 사용하는 것 : 민우수가 저자를 사마광(司馬光)에게 비유했기 때문에 이렇게 말한 것이다.

92 군실(君實) : 사마광(司馬光)의 자이다. 그는 신종(神宗) 때에 왕안석(王安石)의 변법(變法)을 반대하여 추밀부사(樞密副使)의 직책을 사양하고 낙양(洛陽)에 퇴거하여 독락원(獨樂園)을 짓고서 15년 동안 한가로이 지내는 동안 명성이 천하에 드러나, 심지어 아동이나 하인들까지도 모두 사마군실이 누군지를 알았다고 한다.《宋史 卷336 司馬光列傳》

민사원에게 답하다
答閔士元

삼령산(參苓散)을 쓰는 것은 오히려 경옥고(瓊玉膏)를 쓴 다음의 일입니다. 경옥고는 최(崔) 아무개나 윤(尹) 아무개를 막론하고 모두 알맞은 약제라 하였고, 시험해보아도 조금도 해가 없었으니 더욱 믿을 수 있었습니다. 회가(晦可 송명흠)가 개탄한 데에는 이유가 있습니다. 예전 우옹(尤翁)이 노년 때 이 경옥고를 장기간 복용하였는데 회덕(懷德) 고을의 후생(後生)들이 저절로 익숙해져 당시에 우옹에게 기대했던 것을 저를 위해 지금 세상에 기대하였으니 하나같이 어쩌면 이렇게 우활합니까.

햇벼에 대한 말은 한바탕 웃음을 자아내니, 아마도 또한 울타리를 부수는[93] 하나의 단서겠지요. 그대가 일컬은 '군실형(君實兄)'이라는 자는 여전히 예전의 질곡(桎梏)에 구속된 몸이니 어찌 벗어날 수 있겠습니까. 그대가 조금도 머뭇거리지 않고 말을 내뱉는 것이 안타깝습니다.

93 울타리를 부수는 : 대방(大方), 즉 큰 도를 이루는 경지를 말한다. 주자의 〈우계현학에서 대각을 바라보다〔尤溪縣學觀大閣〕〉에 "득의한 채 산수에서 함께 배회하고, 정을 잊은 채 물고기와 새와 함께 노니네. 사물과 나 근본 같은 곳 살피어 울타리를 부수면 곧 큰 도라네.〔得意溪山供徙倚, 忘情魚鳥共徜徉. 應觀物我同根處, 剖破藩籬卽大方.〕"라고 한 시구에서 나온 말이다.

민사원에게 답하다
答閔士元

그대의 생질 집안의 의례(疑禮)는 '비록 하루 동안의 짧은 시간이라도 유독 부친이 살아계시는 경우가 아니겠는가.'라는 이전의 한 마디 말로 이미 다했으니 다시 무슨 말을 하겠습니까. 여러 설이 번다하여 쉽게 이해되지 않겠지만 부친의 상중에 승중(承重)하는 예는 이 일과 비교할 수 있는 것이 아닙니다. 더군다나 이는 부친이 살아계시는데 모친상을 당한 경우이니, 그대가 인용한 "부친이 죽었을 경우 모친을 위해서〔父卒則爲母〕"[94]라는 것은 그 본의와 득실을 막론하고 또 들어맞은 적이 있겠습니까. 오복(五服)의 제도는 비록 이루어지지 않았지만 오복의 체모는 이미 세워졌다고 말한 것은 의리가 정확합니다. 애초에 부친이 살아계실 때 상주가 되었다가 지금 만약 부친이 돌아가셨다고 대번에 그 복제를 바꾸어 곧장 사사로운 정을 편다면, 돌아가신 분을 섬기기를 살아있을 때처럼 섬기는 의리가 어디에 있겠습니까. 효자와 어진 이가 이러한 상황에 처하면 필시 차마 하지 못하는 바가 있을 것이니, 다시 이것을 말합니다.

94 부친이……위해서 : 《의례(儀禮)》〈상복(喪服)〉의 '자최삼년조(齊衰三年條)'에 "아버지가 죽었을 경우 어머니를 위해서 삼년복을 입는다.〔父卒則爲母三年〕"라는 구절을 가리킨다.

민사원에게 답하다
答閔士元

새로 제수받은 일에 대해 이미 그대를 위해 염려하였습니다. 형제가 사헌부에 함께 있는 것은 세상에 드문 일이라 영화롭지 않은 것은 아니지만 두려움 또한 따릅니다. 여러 가지 말씀하신 내용은 잘 알겠습니다. 우암(尤菴)은 제자인 수암(遂翁)에 대해 출처를 함께 하였기 때문에 먼저 경험한 것을 후진에게 지도하였으니, 대신 상소를 써준 것은 바로 그 하나의 일입니다. 제가 경험하여 익숙한 것은 예문관과 삼사(三司)의 상소이니, 만약 그대가 급제하여 이 관직을 맡게 되면 그대의 말이 아니더라도 응당 그대를 위해 상소를 써줄 것인데 어찌 이러한 도리를 헤아리지 않습니까. 유현(儒賢)의 출처를 함부로 바라서서는 안 되지만 상소가 완성된 후에 보여주신다면 견해에 따라 비평하는 것을 감히 사양할 수 없습니다.

사회(士會)의 이른바 하책(下策)에 대해 저는 이렇게 생각합니다. 겸양하는 말은 그대의 장기이니 상단에 진술하고, 하단에 친혐(親嫌)을 핑계 댄다면 힘들이지 않고 체차될 것이니 이는 묘책입니다. 그대가 이렇게 하려 하지 않는 데는 참으로 의도가 있으니, 이는 노련한 음관(蔭官)이나 문재(文宰)라도 미칠 수 있는 바가 아닙니다. 상책(上策)은 분수를 넘는 것을 면하지 못할 듯하니, 만약 이 일을 말하고자 한다면 언관(言官)으로 자처하여 일을 말하는 것이 좋고, 그대 형의 일에 대해선 신원하기를 일삼을 필요는 없습니다. 중책(中策)은 오히려 괜찮은 듯합니다. 그런데 병장(病狀)[95]은 당하관(堂下官)은 올리지 못하는 것이 법식이니, 상소를 올리지 않고 병장을 올리는 것은 더욱 분의(分義)가 편안하지 않습니다.

송파(松坡)는 곧 넓은 곳이니 왕래하는 데 무슨 문제가 있겠습니까. 비록 성상의 하유(下諭)가 이르더라도 급급하게 상소를 올릴 필요는 없으니 10일 전후엔 모두 불가할 게 없습니다. 그 사이에 어찌 의견을 주고받으며 자세히 상의할 길이 없겠습니까. 사회의 편지 가운데 유지(諭旨)를 받들 때의 의례(儀禮) 절차를 자못 상세히 적었는데, 다만 단령(團領) 한 가지 일이 빠져있습니다. 저 또한 화재를 겪은 이후로 다시는 공복(公服)을 갖추어 입지 못하고 고을에는 빌릴 곳도 없어서 부득이하게 직령(直領)을 입고 대신 거행하였는데 항상 미안하였습니다. 그대는 이와 같진 않겠지요?

95 병장(病狀) : 병으로 일을 쉰다는 뜻을 적어 윗사람에게 올리던 일, 또는 그런 글을 말한다.

민사원에게 답하다
答閔士元

예전에 사회(士會)가 계획한 상책(上策)은 제 생각에는 돌아가신 형님[96]이 그때 처한 상황이 비록 매우 놀랍고 두려웠으나 이미 밝으신 성상께서 통촉하고 감싸주어 끝내 별다른 일이 없었으니, 자제의 입장에서 신변(伸辨)할 만한 단서가 없을 것 같습니다. 돌아가신 형님이 하려던 것을 가지고 그 뜻을 따라 실행하고자 한다면 이는 정사를 말하는 것이라 또한 쉽게 말할 수 없을 듯하니 이는 앞서 편지에서 말한 뜻입니다. 춘옹(春翁 송준길)의 전례가 비록 이와 같지만 고금의 사세와 자기 역량에 비추어 감히 함부로 비견할 수 없거늘 어째서 생각하지 않고 이렇게 말하는 것입니까.

병장(病狀)은 곧 이른바 병이 위중하여 올라가지 못하는 일을 말하는 것이지만 규식은 대개 순례대로 올리는 진정서와 같습니다. 그러나 선조(先朝)부터 이미 정해진 법식이 있고 당하관은 병장을 올리지 못하는 것은 금령(禁令)이 분명하고 오직 가선대부 이상만 그렇게 할 수 있습니다. 이는 비록 우암(尤菴)의 전례가 있으니 또한 논할 것이 없습니다.

사회의 이른바 중책(中策)은 앞서 편지에 이미 말했으니 오히려 실행할 만합니다. 그러나 이 또한 신중하게 상의하여 만약 이렇게 하고자 한다면 자신의 뜻에 따라 한 통을 지어 보여주십시오. 그것을 본 이후

96 돌아가신 형님 : 민창수(閔昌洙)를 가리킨다.

라야 고칠 수 있습니다. 대신 초고를 작성할 수 없는 실상은 또한 이전 편지에서 다 말했습니다. 의논할 만한 일이 있다면 어찌 번거롭다고 꺼리겠습니까. 저 또한 소견에 따라 답하는 것이니 원래 어려운 일은 아닙니다.

민사원에게 답하다
答閔士元

미발(未發) 운운한 것으로 말하자면, 제가 보통 사람은 원래 미발의 때가 없다고 하는 것이 아닙니다. 보통 사람의 마음은 혼매하지 않으면 반드시 어지러우니 이러한 때가 있기 쉽지 않습니다. 그러나 혹 이러한 때가 있다면 그 경지는 곧 성인과 차이가 없습니다. 그대는 성인과 차이가 없다는 말을 믿지 못하고 반드시 보통 사람의 미발을 혼매하다고 보려 하니 이것이 누누이 말해도 끝내 합치되는 않는 이유입니다.

자사(子思)가 말한 중(中)과 화(和)는 다만 도리(道理)와 명색(名色)의 방면에서 말한 것이니 성인과 보통 사람의 차이가 없습니다. 아래에 있는 '치(致)' 자에 이르러서야[97] 성인은 능하고 보통 사람은 능하지 못함을 알 수 있습니다. 만약 미발의 경계를 논한다면 어찌 피차의 차이가 있겠습니까. 오직 성인만이 깨끗하고 고요하며 환하고 투명하기 때문에 미발이라고 부를 수 있고, 보통 사람에게 미발의 때가 없다고 하는 것은 바로 이 혼매함 때문입니다.

97 아래에……이르러서야 : 《중용장구》 1장에 "희로애락이 발하지 않은 것을 중(中)이라 이르고, 발하여서 모두 절도에 맞는 것을 화(和)라고 이르니, 중은 천하의 큰 근본이고, 화는 천하의 통하는 도이다. 중과 화를 지극히 이루면 천지가 제자리를 잡고 만물이 제대로 길러질 것이다.〔喜怒哀樂之未發, 謂之中, 發而皆中節, 謂之和, 中也者, 天下之大本也, 和也者, 天下之達道也. 致中和, 天地位焉, 萬物育焉.〕"라고 한 데서 보인다.

지금 혼매한 것을 미발로 보는 것은 어째서입니까? 만약 혼매를 방일(放逸)에 상대하여 말한다면 못에 잠겨있는 물고기와 하늘에 날아다니는 새들 사이에 대략 동정(動靜)의 구분이 있는 듯하지만 그 본심(本心)이 어지러운 것은 마찬가지이니 의당 모두 동(動)으로 귀결되어 정(靜)이라 이를 수 없습니다. 정(靜)이라 이르는 것도 오히려 불가한데 더군다나 '미발' 두 글자는 매우 정미한 부분이 아니겠습니까. 이른바 미발이라는 것은 곧 기(氣)가 아직 작동하지 않아 적막하게 동(動)하지 않는 때입니다. 그런데 혼매는 혼탁한 기(氣)가 분잡하게 일어나 생각에 선(善)도 불선(不善)도 없어 아무것도 불러일으킬 수 없습니다. 이 경지를 곧 미발이라고 부른다면 미발의 명목을 더럽히는 정도가 어떠하겠습니까.

여자약(呂子約 여조겸(呂祖謙))이 아직 보거나 듣지 못한 것을 미발처(未發處)라고 하자 주자(朱子)가 책망하며 말하기를 "다만 일종의 정신이 혼매한 사람이 잠이 부족한데 다른 사람 때문에 놀라 깨면 잠깐 동안 사방을 분간하지 못하는 때에 이러한 기상(氣象)이 있습니다."라고 하였습니다.[98] 그대의 논의는 혹 이것에 가깝지 않겠습니까. 바라건대 편지 전문을 구하여 이에 대해 반복하여 궁구하십시오. 그런데도

98 여자약(呂子約)이……하였습니다 : 주자의 〈여자약에게 답하다[答呂子約]〉에 다음과 같은 내용이 보인다. "만약 반드시 아직 보거나 듣지 못한 것을 미발처(未發處)로 삼는다면 다만 일종의 정신이 혼매한 사람이 잠이 부족한데 다른 사람 때문에 놀라 깨면 잠깐 동안 사방을 분간하지 못하는 때에 이러한 기상이 있는 것입니다. 성현의 마음은 담연하면서도 깊고 고요하며 총명하고 밝게 통하여 결코 이와 같지 않습니다.(若必以未有見聞爲未發處, 則只是一種神識昏昧底人, 睡未足時,被人驚覺, 頃刻之間, 不識四到時節, 有此氣象. 聖賢之心湛然淵靜, 聰明洞徹, 決不如此.)"

의혹이 풀리지 않는다면 또한 어찌할 수 없습니다.

《주자어류(朱子語類)》의 내용은 말씀하신 대로 찾아보니 이는 호광중(胡廣仲 호식(胡寔))에게 보낸 편지와 합치됩니다. 남헌(南軒 장식(張拭))의 뜻은 미발지중(未發之中)이 본디 보통 사람의 타고난 본성이지만 보통 사람은 미발의 때가 없고 오직 성인만이 적막하게 동(動)하지 않는다는 것입니다. 퇴옹(退翁 이황)의 《주서절요(朱書節要)》 주(註)에서 필시 이를 가리킨다고 운운한 것은 비록 추측에서 나온 것이지만 또한 맞지 않다고 말할 수 없습니다. "적막하게 동(動)하지 않는 것은 보통 사람도 모두 이러한 마음이 있다"[99]라고 한 것은 바로 "성품이 정(靜)한 사람은 이러한 때가 있을 것이다."[100]라고 한 것과 같은 맥락

99 적막하게……있다 : 《주자어류(朱子語類)》 권95에 "《주역》 〈계사전 상〉의 '적막하게 동하지 않는다'라는 것은 일반 사람도 모두 이러한 마음이 있지만, '감응하면 마침내 천하의 일에 통한다.'라는 것에 이르러서는 오직 성인만이 할 수 있다. 일반 사람은 그렇지 못하니, 일반 사람은 이러한 마음이 있다 하더라도 미발의 때에 벌써 어지럽다. 〔寂然不動, 衆人皆有是心, 至感而遂通, 惟聖人能之, 衆人卻不然, 蓋衆人雖具此心, 未發時已自汨亂了.〕" 하였다.

100 성품이……것이다 : 주자의 〈호광중에게 답하다〔答胡廣仲〕〉에 "흠부(欽夫 장식(張軾))의 미발에 관한 논의는 참으로 구분이 너무 심한 것 같습니다. 그러나 이른바 '없다'라는 것은 본래 이 이치가 없다는 것을 이른 것이 아니고, 다만 물욕이 서로 끌어당겨 다시는 맑고 고요한 때가 없다는 것을 일렀을 따름입니다. 저의 생각에는 이것 또한 사람이 품부 받은 바가 같지 않음에 따라, 성품이 고요한 사람은 혹 이러한 미발의 때가 있을 것이라고 생각합니다. 다만 경(敬)으로써 주재할 줄 모르면 혼미하고 박잡하여 스스로 깨닫지 못하고서 결국에는 사라지고 말 따름입니다.〔欽夫未發之論, 誠若分別太深, 然其所謂無者, 非謂本無此理, 但謂物欲交引, 無復澄靜之時耳. 熹意竊恐此亦隨人禀賦不同, 性靜者須或有此時節. 但不知敬以主之, 則昏憒駁雜, 不自覺知, 終亦必亡而已矣.〕"라고 한 내용이 보인다.

입니다. "미발의 때에도 이미 어지럽다."고 운운한 것은 지극히 어폐가 있습니다. 이미 어지럽다고 말했다면 이미 이것은 이발(已發) 이후의 병통이니 어찌 미발의 때라고 부를 수 있겠습니까. 기록한 자의 잘못인 듯하니 이에 대해선 꽉 막히게 보지 마십시오.

앞에서 한바탕 털어놓은 말은 모두 공정하게 의리를 말한 것이니 어찌 선생과 후진을 따질 것이 있겠습니까. 이 때문에 자책한다면 지나친 듯합니다. 그러나 이 가운데 말투가 혹여 평온하지 않고 시끄럽게 떠드는 데 가깝다면 이는 응당 서로 경계할 일입니다. 어제 우연히 "군자는 다투는 것이 없다."[101]라는 장(章)을 강론하며 수 차례 완미하고 외우니 이내 심기(心氣)가 화평해져 천하에 성내며 다툴 일이 없어졌습니다.

대저 우리들이 논하는 것은 바로 근본이자 바탕입니다. 여기에 한 번 착오가 생기면 그 해는 매우 깊으니 소상하게 상의하여 끝내는 하나로 귀결시키지 않을 수 없습니다. 부디 구습을 씻어내고 새롭게 거듭나기를 간절히 바랍니다.

주서(朱書)는 봄 이후에 보고자 하니, 보내준 책을 특별히 남겨두어 참고할 수 있다면 얼마나 다행이겠습니까. 일전의 편지 가운데 〈사선시(謝扇詩)〉는 한 번 웃게 만듭니다. 제가 근래 부채를 위해 그대에게 사례하면서 "미천한 몸이 버려진들 무엇을 한스러워하겠는가, 오히려

101 군자는……없다 : 《논어》 〈팔일(八佾)〉에 "공자가 말하기를 '군자는 다투는 바가 없으니 있다면 아마도 활쏘기일 것이다. 읍하여 사양하고 오르며 내려와서 진 사람에게 벌주를 마시게 하니, 그 다툼이 군자답도다.' 하였다.〔子曰, 君子無所爭, 必也射乎, 揖讓而升, 下而飮 其爭也君子.〕"라고 한 말을 가리킨다.

작은 행실이 소홀할까 걱정이네. 지금부터 경(敬)자 하나로, 아무리 다급한 때라도 여기에 의거하리.〔敢恨微躬棄, 還憂細行疏. 從今一敬字, 造次必斯於.〕"라고 하였습니다. 어떻게 생각하십니까?

민사원에게 답하다 갑자년(1744, 영조20)

答閔士元 甲子

부본(副本)은 정확하고 온당하여 논의할 만한 게 없습니다. 윗부분에는 '신제수(新除授)'라 쓰고 아랫부분에는 관명(官名)만 쓰는 것이 좋을 듯합니다. 그대가 비록 겸손하여 자처하지 않더라도 친지 사이에 주고받는 편지의 봉투에 쓰는 관명을 일일이 사양하고 피할 수 있겠습니까. 이것을 이미 피할 수 없다면 유독 성상 앞에서만 지나치게 겉으로 사양할 필요는 없을 것이니, 어떻게 생각하십니까.

미천한 신하인 저의 거취는 본디 감히 스스로 중하게 여길 수 없습니다. 생각건대 보양관에 제수된 명을 힘써 받드는 것은 실로 의미가 없었지만 이번에 빈객의 직분은 나아가 강독하는 일이 있으니 그래도 하루의 책무를 스스로 다할 수 있습니다. 더군다나 분수를 넘는 잘못된 은혜를 받았는데도 만약 또 굳이 사양한다면 앉아서 은혜를 요구하는 결과를 면치 못할 듯합니다. 그러므로 애초의 상소에서 앞으로 한 번 나아가 명을 받들겠다는 뜻으로 대답하였습니다. 실정이 대개 이와 같았으니 함부로 말씀드린 것이 아닙니다. 그러나 상소에는 또한 "걸어서 전폐(殿陛)를 오르내릴 수 있고, 강연에 참여하여 이야기할 수 있다면"[102]이라고 말했습니다. 이미 그렇게 기약했으니 지금의 근력은 우선

102 걸어서……있다면 : 1743년(영조19) 9월 15일 저자가 좌부빈객을 사직하며 올린 상소에 "가만히 있으면서 은혜로운 명령을 어겼으니, 신하의 분의가 모두 무너졌습니다. 하늘의 영령에 힘입어 요행히 죽지 않고 만에 하나 걸어서 전폐(殿陛)를 오르내릴

논하지 않더라도 이것이 어찌 가까운 시일 안에 기약할 수 있는 일이겠습니까. 비단 병세(病勢)가 이와 같을 뿐 아니라 조정의 형편 또한 응당 나아가고 물러가는 것을 고려할 대상입니다. 하루아침에 갑자기 죽어서 몹시 기다리는 성의에 조금이라도 보답하고 지난날의 허물을 갚지 못할까 매우 걱정입니다. 말씀하신 내용 역시 저의 뜻을 충분히 이해하지 못한 듯하여 질문한 기회에 언급하였습니다.

수 있고, 강연에 참여하여 이야기할 수 있다면 어찌 한번 나아가 명을 받드는 날이 없겠습니까.〔坐辜恩旨, 臣分都虧, 賴天之靈, 幸而無死, 萬一行步可以登降殿陛, 言語可以參涉講說, 則亦豈無一進承命之日?〕"라고 한 말이 보인다.《陶菴集 卷7 別諭後疏》

민사원에게 주다

與閔士元

두 분 송(宋) 선생의 선후 문제[103]에 대한 그대의 뜻이 저의 견해와는 다르다는 것을 이미 알고 있습니다. 지금 듣자니 사행(士行 송문흠(宋文欽))의 무리가 그대의 편지를 받고서 그 권위에 기대 의기양양해 하는 바람에 한 무리의 사류(士流)가 모두 불평한 심사를 품었다고 합니다. 예전의 풍파가 거의 잠잠해졌다가 다시 일어나 서울에서 하는 말들이 매우 떠들썩하니, 물을 막으려고 물을 붓거나 불을 끄려고 불을 붙이는 것[104]은 좋은 계책이 아닌 듯합니다. 그대는 어찌 그리 생각이 없습니까. 원래의 편지를 본 이후라야 그 득실을 자세히 말할 수 있으니 가까운 인편을 통해 한 통 베껴 써서 보내주시는 것이 어떻겠습니까?

103 두……문제 : 송시열과 송준길의 문묘배향 선후 문제를 가리킨다. 본서 권12에 수록된 〈윤경휴에게 답하다〔答尹景濡〕〉는 1743년(영조19)에 쓴 것인데, 이와 관련된 내용이 보인다. "성균관에서 소란이 일어난 것은 참으로 불행한 일이니, 호서의 유자들이 고집하는 것은 또한 전수받은 바가 있어서입니다.……이번 유자들의 상소에서 문묘배향을 누구를 뒤로 하고 누구를 먼저 하는 문제가 애당초 그렇지 않았다면 참으로 좋았겠으나 이미 그렇게 된 마당에 그 말이 근거가 없지 않으니 또한 어찌 시벌(施罰)에 이를 수 있겠습니까. 정생(鄭生)의 일은 또한 망령된 것이니 지금의 계책으로는 오직 서로를 잘 화해시키는 것뿐입니다. 이 논의를 불거지게 하여 피차간에 더욱 격동하는 지경에까지 이르지 않도록 하십시오."

104 물을……것 : 도움이 안 된다는 말이다. 《장자》 〈인간세(人間世)〉에 "불을 끄려고 불을 더 붙이고, 물을 막으려고 물을 더 붓는 것이다.〔以火救火, 以水救水.〕"라고 한 데서 나온 말이다.

민사원에게 주다

與閔士元

학궁(學宮)이 떠들썩합니다. 이전 편지에서 알려주신 내용 외에 다시 들은 소식이 있습니까? 사행(士行)을 만났을 때 비방을 초래한 원인을 나무랐더니, "그대가 앞뒤를 따질 때 의도가 있고 없는 데서 죄의 유무를 판단할 수 있다고 하였습니다. 그렇다면 저희들에게 의도가 있어 죄가 있다는 것을 어떻게 알 수 있습니까?"라고 하였습니다. 저는 대답하기를, "상소의 일은 내가 모르지만 그대들이 사원(士元)의 편지를 얻고는 기뻐하며 전파하였다. 이 때문에 감히 마음이 없다고 보장하지 못한다."라고 하였습니다.

어제 한 사우가 찾아와 이 일을 논의하였는데, "동춘당(同春堂 송준길)의 후손이 선후의 문제에 있어 사사로운 마음이 없을 수 없는 것은 사원(士元)의 편지를 통해 알 수 있습니다."라고 하였습니다. 이로써 말하자면 그대의 편지가 회가(晦可 송명흠) 무리에게 다만 무익할 뿐만 아니라 또 해를 끼친 것입니다. 지금은 과연 후회해야 한다는 것을 알겠습니다. 이전에 한 말처럼 서로 다른 의견이 조화를 이룬다면 다행이겠습니다. 이 뜻을 지난번 답장에서는 바빠서 다 말하지 못하여 뒤늦게 말합니다.

민사원에게 주다

與閔士元

비문(碑文)[105]이 완성된 후에 비록 내 정성을 다 쏟았다고 여기지만 기량이 고작 이것뿐입니다. 여강(汝剛 이구(李絿))이 다시 살아난다면 어떻게 생각할지 모르겠습니다. 다행스러운 것은 오직 그대들이 다른 의논이 없다는 점입니다. 근래 초본(草本) 두 건을 미상(渼相 유척기(兪拓基))과 누강(樓江) 정우(鄭友 정희하(鄭羲河))에 보내어 질정하여 현위(弦韋)[106]로 삼아 서로 보완하여 도움을 받고자 하였습니다. 미상의 답장은 아직 도착하지 않았습니다만 아이들을 만났을 때 말하기를,

"율옹(栗翁 이이)의 《경연일기(經筵日記)》를 백년이 지난 뒤에 함부로 전파한 것도 오히려 여러 노선생이 걱정하고 탄식하였거늘, 더군다나 지금 임금과 관계된 일에랴. 개인의 비석은 야사(野史)와는 다르니, 지금 대번에 비문(碑文)에 드러내놓고 새기는 것은 온당치 않을 듯하다."

라고 하였습니다.

'충신과 역신이 뒤섞이고 세도가 무너졌다〔忠逆混世道喪〕' 여섯 글자

105 비문(碑文) : 저자의 중부인 귀락당(歸樂堂) 이만성(李晩成)에 대한 신도비를 가리킨다.

106 현위(弦韋) : 활시위〔弦〕와 부드러운 가죽〔韋〕으로 단점을 서로 보완하는 것이다. 《한비자(韓非子)》 〈관행(觀行)〉에 "서문표(西門豹)는 성질이 급하기 때문에 위(韋)를 차고 다니면서 성질을 알맞게 하였고, 동안우(董安于)는 성질이 완만하기 때문에 현(弦)을 차고 다니면서 성질을 알맞게 하였다."라고 한 데서 나온 말이다.

가 큰 흠결이긴 하지만 본색(本色)은 본디 이와 같습니다. 성서(聖瑞 정희하)처럼 훌륭한 사람의 논의에서도 그 염려한 말이 또한 이와 같은데 그대들의 소견이 어떠한지 모르겠습니다.

정(鄭)의 편지를 보냅니다. "다른 사람의 말로 본다면 이 글은 물령한 데에 이르지 않은 듯하지만 과유불급이라는 성인의 말씀이 참으로 원만하고 좋습니다. 근래 '선악(善惡)' 두 글자의 의리를 조금 분명하게 깨달았으니, 편벽되지 않고 치우치지 않아 과(過)와 불급(不及)이 없는 중(中)이 선(善)이고, 과(過)와 불급(不及)이 악(惡)입니다. 이 글의 구어(句語) 사이에 이전 성상과 지금 성상에 대해 신중을 기하지 않는다면 과(過)하여 악(惡)이 됩니다. 그대들은 모름지기 더욱 자세히 살펴서 그 가운데 남들의 눈에 크게 걸릴 만한 것들을 이처럼 고친다면 좋겠습니다."라고 운운하였습니다. 위에서 말한 여섯 글자는 제 생각에 결코 고쳐서는 안 되는데, 미상은 또 '변란(變亂)' 두 글자를 고쳐야 한다고 말했습니다. 이 또한 어떻게 생각하십니까? 고친다면 무슨 말로 고쳐야 합니까? 정(鄭)의 말대로 고친 부분을 별지에 적어서 보내니 이에 대해서도 가부를 말씀해주길 바랍니다. 이외에 말씀해 주실 만한 것은 범범하게 여기지 마시고 자세히 알려주길 바랍니다.

민사원에게 답하다 을축년(1745, 영조21)

答閔士元 乙丑

기천서원(沂川書院)[107]의 원유(院儒)가 단자(單子)를 올리면서 그대에게 도유사(都有司)를 맡아달라고 청하였는데 흔쾌히 승낙하였다고 하면서, 내게 강규(講規)를 만들어 보내달라고 하였습니다. 그래서 이미 그렇게 하겠다고 허락하였습니다. 다만 그대의 평소 기상과 규모를 보건대 기꺼이 맡지 않을 듯합니다. 이 일은 실로 처음에 기대한 바가 아닌데 아마도 그대의 학력(學力)이 그렇게 만든 것인가 봅니다. 바라건대 이 마음을 굳게 지켜 한 고을을 위해 선도해 주십시오. 이후로 비록 매달 멀리 가보진 못하겠지만 아무 일이 없을 땐 왕래하는 수고를 마다하지 마시고 유종의 미를 거두십시오. 어떻게 생각하십니까?

107 기천서원(沂川書院) : 경기도 여주군 금사면 이포리에 있는 서원이다.

민사원에게 답하다
答閔士元

얼핏 듣자니 기천서원(沂川書院)에 사람들이 간신히 모여 장차 강학하는 일을 이루려 하였는데, 그대의 편지가 도착하자 일제히 물러났다고 합니다. 예전에 참여하기를 원한 것은 본디 그대의 본색(本色)이 아니기에 우려하였는데, 뜻하지 않게 또 해만 끼치게 되었습니다. 지금 이러한 시기에 갓을 부수고 옷을 찢을 수도 없고, 또 궁궐 앞에서 하소연하거나 간언을 올릴 수도 없으니, 이는 참으로 식견 있는 자들이 함께 걱정하고 탄식하는 바입니다. 모르겠습니다만 그대는 과연 앞으로 자제들을 금지하여 과거 보는 선비의 반열에 끼지 못하게 하려는 것입니까. 이미 그렇게 하지도 못하면서 다만 고을 사람들이 모여 강학하는 자리에 자취를 끊고자 한다면 참으로 무엇 때문인지 모르겠습니다.

오늘날 선비의 기풍은 서울과 지방을 막론하고 모두 쇠미하여 진작되지 못하니 강학하는 일이 비록 이루어져도 실제 효과를 바라기 어렵습니다. 그러나 시세가 이와 같으니 더욱 앞장서서 경학을 권면하여 배양하는 계책으로 삼아야합니다. 제 생각은 이와 같은데, 또한 너무 우활하여 믿기 부족하다고 여기지 않겠습니까. 이미 소회가 있어서 편지를 보내는 김에 부질없이 말해봅니다.

도암집

제17권

書서

신가상[1] 이의 에게 답하다 을묘년(1735, 영조11)

答愼可象 爾儀○乙卯

돌아가는 길에 먼 길을 돌아 들러주었으니, 그 정성스러운 뜻에 감사드립니다. 또 그대의 편지를 받고서 부모님을 모신 뒤로 공부하는 정황이 평안하다는 소식을 듣고 기뻤습니다. 저는 노쇠하고 병든 몸으로 어느덧 다시 연말을 맞이하니, 아침에 도(道)를 듣고 저녁에 죽고 싶은 소망이 간절하지 않은 것은 아니지만, 정력이 미치지 못하여 조금의 진보도 없기에 그저 가슴을 치며 탄식할 뿐입니다.

오늘날의 학자들은 대부분 일에 뜻을 빼앗길까 걱정하는데, 그 일이라는 것을 물어보면 가난과 과거공부라고 합니다. 이는 일이 마음을 얽매는 것이 아니라, 바로 마음이 일에 얽매이는 것입니다. 가난은 가난에 대처하는 도리가 있고, 과거 시험은 과거 시험에 응하는 도리가 있으니, 일마다 모두 도리에 부합하기를 구하는 것이 바로 학문입니다. 그러나 그 요점은 모두 이치를 궁구하는 데 있고, 이치를 궁구하는 근본은 또 거경(居敬)에 있습니다. 대곡 선생(大谷先生)[2]을 평소에 실로 깊이 흠모했던 터라, 이 때문에 그 분의 어진 자제에게 기대하던 바가 매우 컸습니다. 그런데 분발하여 애쓰는 뜻을 보지 못하고 그럭저

1 신가상(愼可象) : 신이의(愼爾儀, 1685~1756)를 말한다. 본관은 거창(居昌), 자는 가상(可象), 호는 취촌(醉村)·명발와(明發窩)이다. 저자의 문인이다.

2 대곡 선생(大谷先生) : 신후윤(愼後尹, 1640~1713)을 말한다. 본관은 거창(居昌), 자는 동로(東老), 호는 대곡(大谷)이다.

럭 세월만 보내면서 어느덧 마흔, 쉰의 나이[3]에 이르렀으니, 어찌 매우 안타깝지 않겠습니까. 지금부터는 개연히 학문하는 사람으로 자임하여 집안의 서업(緖業)을 무너뜨리지 않는다면 친우로서 역시 영광스러울 것입니다. 어떻게 생각하는지요?

○담대(澹臺)가 언(偃)에게 발탁된 이유는 그가 언(偃)의 집에 찾아오지 않았기 때문이니,[4] 이 역시 시골에 사는 사람이 마땅히 알아야 하는 일입니다.

3 마흔, 쉰의 나이 : 원문의 '無聞時節'은 사 오십의 나이를 뜻한다. 《논어》 〈자한(子罕)〉에 "후생을 두렵게 여겨야 할 것이니, 앞으로 후생들이 지금의 나보다 못하리라고 어떻게 장담할 수 있겠는가. 그러나 사십이나 오십 세가 되도록 세상에 알려지지 않는 사람이라면, 또한 두려워할 것이 없다고 하겠다.〔後生可畏, 焉知來者之不如今也? 四十五十而無聞焉, 斯亦不足畏也已.〕" 하였다.

4 담대(澹臺)가……때문이니 : 언은 공자의 제자 자유(子遊)의 이름이고, 담대는 담대멸명(澹臺滅明)이라는 사람이다. 자유가 무성 재(武城宰)로 있을 적에 공자가 그에게 묻기를 "네가 인재를 얻었는가?"라고 하자, 대답하기를 "담대멸명이라는 사람이 지름길로 다니지도 않고, 공무가 아니면 한 번도 저의 집무실에 찾아온 적이 없습니다."라고 한 데에서 온 말이다. 《論語 雍也》

신가상의 문목에 답하다
答愼可象問目

문 왕근사(王近思)가 묻기를, "안자(顔子)가 누추한 골목에 살면서 안로(顔路)에게 맛좋은 음식을 올리지 못했으니, 자식된 입장에서 근심이 없을 수 없었을 것입니다."하니, 주자(朱子)가 말하기를, "이것이 중하면 저것이 가벼우니, 별다른 방법이 있었던 것은 아니다."[5]라고 하였습니다. 이른바 '이것이 중하다'는 것은 '그 즐거움을 고치지 않았다〔不改其樂〕'[6]는 즐거움이고, 이른 바 '저것이 가볍다'는 것은 맛좋은 음식을 못 올리는 걱정입니까? 그렇다면 맛좋은 음식을 올리지 못하는 근심은 과연 자식된 입장에서 가벼이 여겨도 되는 일입니까? 주자가 별다른 방법이나 생각이 없었다는 말은 어찌할 수 없었다는 뜻입니까?

답 왕근사의 질문은 맛좋은 음식을 올리지 못하는 근심이 도를 즐기는 마음을 해칠까 염려한 것이었기에, 주자가 "이것이 중하면 저것이 저절로 가벼워지니, 이를 대처함에 별다른 방법이 없었고 별다른 생각이

5 왕근사(王近思)가……아니다 : 왕근사의 이름은 역행(力行)이며, 동안(同安) 사람으로 주자의 문인이다. 본문의 내용은 《주자전서》 권4 〈답왕근사(答王近思)〉에 보인다.

6 그……않았다 : 공자가 안연(顔淵)의 안빈낙도를 칭찬하여 "어질도다, 안회여! 한 그릇의 밥과 한 표주박 물로 누추한 거리에 사는 것을 남들은 그 곤궁한 근심을 견디지 못하거늘, 안회는 도를 즐기는 마음을 변치 않으니, 어질도다, 안회여!〔賢哉回也! 一簞食, 一瓢飮, 在陋巷, 人不堪其憂, 回也不改其樂, 賢哉回也!〕" 하였다. 《論語 雍也》

없었다."라고 대답한 것뿐이지, 또한 맛좋은 음식으로 봉양하는 것을 가볍게 여긴 것이 아닙니다. 의리의 마음이 중하면 아무리 큰 근심거리라도 그 마음을 어지럽히고 빼앗을 수 없습니다. 이처럼 이해하면 말의 뜻이 절로 분명합니다.

문 《대학》의 "남들이 자신을 보는 것이 마치 폐와 간을 보듯이 한다.〔人之視己, 如見其肺肝然〕"[7]라는 구절을 우계(牛溪 성혼)는 소인(小人)의 폐와 간으로 보았고, 율곡(栗谷 이이)은 자기의 폐와 간으로 보았는데, 두 설 중에 어느 것을 따라야 합니까?
답 종전에 읽을 때에도 소인의 폐와 간으로 보아야 한다고 생각했습니다. 율곡의 설은 들은 적이 있지만, 감히 따를 수 없습니다.

문 《맹자》 "도성선(道性善)" 장에서, 잠실 진씨(潛室陳氏)[8]가 "성(性)을 논하면서 기(氣)를 논하지 않았으니, 맹자의 설은 미비하다."라고 하였습니다. 이(理)가 형체와 기운 속에 부여된 것을 성(性)이라고 하는데, 맹자가 이미 성(性)을 거론하였으니, 기(氣)를 논하지 않아

7 남들이……한다 : 《대학장구》 전(傳) 6장에, "소인이 홀로 있을 때에 악행을 하되 못하는 짓이 없다가, 군자를 본 다음에는 그 악행을 덮어 가리고 선행을 나타내지만, 남이 자기를 보는 것이 마치 폐와 간을 보듯이 하니, 무슨 유익함이 있으리요.〔小人閒居, 爲不善, 無所不至, 見君子而后, 厭然揜其不善, 而著其善, 人之視己如見其肺肝然, 則何益哉?〕"라고 한 내용을 가리킨다.

8 잠실 진씨(潛室陳氏) : 송(宋)나라 영가(永嘉) 사람 진식(陳埴)으로, 주자의 제자이다. 잠실 선생(潛室先生)이라 불렸으며, 제자를 많이 길렀는데 제자들의 질문에 대한 그의 답을 모은 《목종집(木鍾集)》이 있다.

미비하다고 할 수 없습니다. 또 "성(性)이 선(善)함을 말하면서 말씀마다 요순을 일컬었다.〔道性善, 言必稱堯舜.〕"라는 구절의 집주(集註)에 "중인(衆人)은 사욕에 빠져서 이것을 잃는다."라고 하였는데, 운봉 호씨(雲峰胡氏)[9]는 말하기를 "집주에서 물욕을 말하고 기질을 말하지 않았다."고 하였습니다. 이른바 물욕이란 것이 기질이 아니고 무엇이겠습니까. 본문과 집주에서 비록 '기(氣)' 한 글자를 드러내지 않았지만 실제 말하지 않은 가운데 포함되어 있습니다. 이렇게 보는 것이 어떻습니까?

답 이미 성(性)이라고 불렀으니 그렇다면 본래 이미 형기 속에 떨어져 있는 것입니다. 그러나 맹자가 말한 성의 선함은 단지 기질에서 본연의 선을 척출(剔出)해 온 것입니다. 이 때문에 집주에서 성을 풀이하여 "사람이 하늘에서 얻어 태어난 이치이다."라고 한 것이니, 그 의리가 지극히 명백합니다. '성을 논하면서 기를 논하지 않아 설이 미비하다'는 것은 잠실 진씨의 말이 아니라 실은 정자(程子)의 말입니다. '집주에서 물욕만 말하고 기질을 말하지 않았다.'라는 것에 대해서는 운봉 호씨의 말을 이해할 수 없습니다. 말씀하신 대의(大意)가 옳은 듯합니다만, 상세하고 극진하지는 못합니다.

문 명도 선생(明道先生)은 말하기를, "선(善)은 실로 성이지만, 악(惡) 역시 성이라 하지 않을 수 없다."[10]라고 하였습니다. 생각건대,

9 운봉 호씨(雲峰胡氏) : 호병문(胡炳文, 1250~1333)으로, 운봉은 호이다. 휘주(徽州) 무원(婺源) 사람으로, 자는 중호(仲虎)이다. 원나라 때 경학가로, 강녕 교유(江寧敎諭) 등을 지냈다.

선은 바로 미발시(未發時)의 불선이 없는 상태를 말하고, 악은 이발처(已發處)에서 기질을 띠고 있습니다. 그렇다면 정(情)이라고 해야 하는데도 성이라고 한 것은 어째서입니까? 진씨(陳氏 진식(陳埴))가 "그렇지 않으면 성이 어디로부터 생기겠는가."[11]라는 말로 '악을 성이라 하지 않을 수 없다.'라는 뜻을 발명하였지만, 어구가 과중한 듯하니, 혹 양자(揚子)의 선악혼설(善惡混說)[12]로 귀결되는 듯합니다. 어떻게 생각하시는지요?

답 명도 선생의 "악도 성이라 하지 않을 수 없다."라는 말은 전적으로 기질을 가지고 말한 것입니다. 그 아래의 "맑고 탁함이 비록 같지 않으나 탁하다고 해서 물이 아니라고 할 수는 없다."라는 단락의 뜻이 절로 분명합니다. 진씨의 설에서 "기질을 논하지 않으면 악이 어디로부터 나오겠는가."라는 말은 병통이 있다고 여겨지지 않습니다.

문 《맹자》 〈고자(告子)〉에 "생리적인 본능을 성(性)이라 한다."의 주(註)에 "이(理)를 가지고 말한다면 인의예지(仁義禮智)의 본성을

10 명도 선생(明道先生)은……없다 : 명도 선생 정호(程顥)는 '생(生)'의 이치를 '성(性)'으로 간주하여 "선은 실로 성이지만, 악 또한 성이라 하지 않을 수 없다.〔善固性也, 然惡亦不可不謂之性也.〕" 하였다. 《二程遺書 卷2》

11 진씨(陳氏)가……생기겠는가 : 진식(陳埴)의 《목종집(木鍾集)》 권2에 "기질(氣質)의 성(性)을 알아야 선악(善惡)을 각기 귀착시킬 곳이 있게 된다. 기질의 성이 없다면 악이 어디에서 나오겠는가.〔纔識氣質之性, 卽善惡方各有着落, 不然則惡從何處生?〕"라고 한 말을 가리킨다.

12 양자(揚子)의 선악혼설(善惡混設) : 성(性)에는 선과 악이 뒤섞여 있다는 양웅(揚雄)의 설이다.

부여받는 것을 어찌 동물이 얻어 온전히 할 수 있는 것이겠는가?"라고 하였으니, 이는 동물이 인의예지 네 가지를 온전히 품부받을 수 없다는 말입니까? 아니면 동물 역시 네 가지를 품부받기는 하지만 온전히 할 수 없다는 말입니까? 또 "순수한 인의예지는 사람과 금수가 다르다."라고 하였는데, 이 '순수한〔粹然〕'이라는 두 글자는 마땅히 품부받을 때의 분수로 보아야 합니까? 아니면 발현된 곳의 밝고 어두움의 차이로 보아야 합니까?

답 주(註)에서 말한 한 구절은 강문(江門 권상하(權尙夏)의 문하)의 일대 관건입니다. 제 소견으로는 이(理)는 다만 하나의 이치이니, 부여해 줄 적에 어찌 인의예지 네 가지로 갈라져서 하나의 동물에게 각각 부여될 리가 있겠습니까? 동물이 온전히 할 수 없는 것은 다만 기질에 의해 어두워지고 막히기 때문입니다. 오직 온전히 할 수 없기 때문에 순수함은 동물과 사람 사이에 차이가 있는 것입니다.

문 《맹자》〈공손추 상(公孫丑上)〉"인(仁)은 천작(天爵)이다."[13]의 주(註)에 "인(仁)은 천지가 사물을 낳는 마음이니, 인(仁)을 가장 먼저 얻는다."라고 하였습니다. 오상(五常)을 차례로 헤아려 보면 인(仁)이 진실로 먼저이기는 하지만, 만일 형체가 이루어져 이치가 부여되는 때를 논하자면 오상이 성(性) 안에 갖추어져 있으니, 먼저 얻거나 뒤

13 인(仁)은 천작(天爵)이다 : 《맹자》〈공손추 상(公孫丑上)〉에 "인(仁)은 하늘의 높은 벼슬이며, 사람의 편안한 집이다. 그러나 이것을 막는 이가 없는 데도 인하지 못하니, 이것은 지혜롭지 못한 것이다.〔夫仁, 天之尊爵也, 人之安宅也, 莫之禦而不仁, 是不智也.〕"라고 한 내용을 가리킨다.

에 얻었다고 말하기는 힘들듯합니다.

답 천지가 사물을 낳는 마음은 '인(仁)'에 불과하니, 사람이 반드시 천지가 사물을 낳는 마음을 얻어서 태어나기 때문에 인(仁)을 가장 먼저 얻는다고 말한 것입니다.

신가상에게 주다 임술년(1742, 영조18)

與愼可象 壬戌

홍제(洪弟)[14]가 돌아가는 길에 만나 보셨는지요? 〈이소(離騷)〉의 "어찌하여 옛날엔 향기롭던 이 풀들이 지금은 어찌 이처럼 쑥 덤불이 되었는가?"[15]라는 구절은 늘 암송할 때마다 탄식이 일어납니다. 우리들도 죄가 없을 수는 없을 듯하니, 어찌한단 말입니까. 일전에 이곳에 들르셨을 때에 피차간에 서로 말이 없어 도리어 일이 줄어듦을 깨달았으니, 지금부터는 함께 도모할 수 없습니다. 그러나 구제하여 빼내주는 힘을 오히려 그대에게 바라지 않을 수 없습니다.

14 홍제(洪弟) : 홍계희(洪啓禧, 1703~1771)를 말하는 것으로 보인다. 저자의 처숙부이자 종고모부인 홍우전(洪禹傳, 1663~1728)의 아들이다.

15 어찌하여……되었는가 : 현인과 충신, 악인과 역신과 뒤섞여 자신의 절개나 지조를 바꾼 것을 말한다. 굴원(屈原)의 〈이소(離騷)〉에 "난초와 지초는 변하여 향기를 잃고, 전초(荃草)와 혜초(蕙草)는 바뀌어 띠풀이 되었네. 어찌하여 옛날엔 향기롭던 이 풀들이 지금은 어찌 이처럼 쑥덤불이 되었는가.〔蘭芷變而不芳兮, 荃蕙化而爲茅, 何昔日之芳草兮, 今直爲此蕭艾也?〕" 하였다.

신군서[16] 수이 에게 답하다 계해년(1743, 영조19)

答愼君敍 守彛○癸亥

여름이 깊어가는 이때에 그대를 향한 그리움이 간절했는데, 문득 보내준 답장을 받으니, 마치 얼굴을 마주한 듯하여 전혀 산하(山河)가 멀리 떨어져 있는 줄 모르겠네. 풍한(風旱)이 심상치 않은데, 근래 체후는 더욱 평안한가?

상중에 있는 나는 앓고 있던 병이 갑절로 심해져서 흡사 재발한 듯이 자리에서 움직일 때조차도 남의 부축을 받아야 하니, 비록 아침에 도(道)를 듣고자 하는 바람이 있지만 이루지 못할까 염려되네. 그러나 살아 숨쉬고 있는 동안 이런 뜻을 게을리 할 수가 없어 중도에 매번 돌아보며 신(愼) 아무개가 왔는지 물었네. 진실로 헤어질 때의 말대로라면 과연 몇 리쯤 뒤따라 왔는가?[17] 이 일을 물어보고 싶지만 편지는 직접 만나서 말하는 것만 못하니, 자세히 말을 할 수가 없네. 그대는 자신에 대해서 걱정할 것이 없으니, 나를 위해 근심할 것이네.

세상이 쇠퇴하고 도가 쇠미해진 터라, 순박하고 성실하여 이 학문을

16 신군서(愼君敍) : 신수이(愼守彛, 1688~1768)를 말한다. 본관은 거창(居昌), 자는 군서(君敍), 호는 취한당(就閒堂)이다.

17 진실로……왔는가 : 신수이가 용인의 한천에서 작자를 만나서 제자의 예를 갖추고 "선생은 공자를 바라보고 노력하는 분이니, 신수이가 뒤따르고 있다는 것을 잊지 말고 자주 돌아보십시오.〔拜陶菴于龍仁之寒泉, 因執弟子之禮, 請學曰, 先生望孔子而上者, 毋忘愼守彝隨後, 頻頻回顧也.〕"라고 말한 적이 있기 때문에 이렇게 말한 것이다.《錦谷先生集 卷13 就閒堂愼公墓碣銘》

짊어지고 갈 수 있는 자를 많이 얻기가 쉽지 않으니, 이는 내가 제자들을 잘 이끌지 못한 죄이네. 이렇게 질문을 받고 나니, 실로 너무나 두렵고 부끄럽네. 시 두 편은 읊어보니 더욱 맛이 느껴지네. 심부름꾼이 서서 재촉하기에 화답하는 시를 짓지 못하였으니, 아쉬운 마음을 어찌 다하겠는가. 다만 때에 맞게 늘 몸을 보중하기 바라네.

신대운 암 의 문목에 답하다 갑자년(1744, 영조20)

答申大雲 嵓 問目 甲子

문 시아버지가 며느리의 상(喪)에 대하여 이미 다른 집에 산 경우가 아니라면 마땅히 상주(喪主)가 되어야 하는데, 《상복소기》에, "우제(虞祭)와 졸곡(卒哭)에는 그 남편이나 자식이 제주(祭主)가 되고 부사(祔祀)[18]할 때는 시아버지가 제주가 된다."라고 하였습니다. 그렇다면 제주(題主)에는 '죽은 며느리〔亡婦〕'라고 쓰는데, 제사를 지낼 때에는 축문(祝文)에 '죽은 아내〔亡室〕'라고 써야 합니까? 혹은 '아버지가 아들 아무개를 시켜 죽은 며느리에게 고한다.'라고 해야 합니까? 시아버지와 남편이 우제와 졸곡 때에 일이 생겨 참여하지 못하고, 또 남편의 친척 중에 제사를 대신 지낼 사람이 없어서 본가(本家)에서 제사를 지내야 한다면 축문에 '아버지가 죽은 딸에게 고한다.〔父告于亡女〕'라고 써야 합니까?

답 모든 상(喪)에는 아버지가 있으면 아버지가 상주가 되니, 며느리의 상에는 시아버지가 마땅히 상주가 되어야 합니다. 《상복소기》에서 말한 남편이나 자식이 주관한다는 것은 상주를 말하는 것이 아니라, 제사를 지낼 때 제주(祭主)가 되는 것을 말합니다. 제주(題主)에는 상을 주관하는 사람의 속칭(屬稱)[19]을 칭하니, 마땅히 '죽은 며느리〔亡

18 부사(祔祀) : 합사(合祀)하는 것으로, 그 조부에게 다른 사당으로 옮겨 가야 한다는 것을 아뢰고 새로 죽은 사람에게 이 사당에 들어가야 함을 아뢰는 것이다. 아버지는 아버지의 조고에게 합사하고 어머니는 조비(祖妣)에게 합사한다. 《朱子家禮 卷4》

子婦〕'라 써야 합니다. 제사를 지낼 때는 남편과 아들이 은혜가 중하고 복(服)이 중한만큼 정(情)을 펴도록 해야 하기 때문에 시아버지가 아들과 손자로 하여금 주관하게 합니다. 그러나 상을 주관하는 사람이 이미 시아버지니, 축문에 "시아버지가 아들 아무개로 하여금 며느리에게 고한다."라고 쓰는 것에 의심의 여지가 없으니, 그 아들이 어찌 갑자기 '죽은 아내〔亡室〕'라고 칭하여 고할 수 있겠습니까.

남편의 친척 중에 이미 사람이 있다면 비록 그가 제사에 참여하지 못하여 본가에서 제사를 지낸다하더라도 축문에 '아버지가 죽은 딸에게 고한다.'라고 쓰는 것은 절대 불가합니다. 예(禮)는 혐의를 멀리하기 때문입니다. 남편의 친척 중에 제주(祭主)를 맡을 사람이 있는데, 일이 있어 참석하지 못했다고 하여 갑자기 본가 종친(宗親)으로 제주(祭主)를 삼는다면 어찌 이러한 이치가 있겠습니까? '아버지가 죽은 딸에게 고한다.'라고 쓰는 것은 남편의 친척 중에 의탁할 곳이 없어 부득이 본가에 돌아갈 경우에 쓸 수 있으니, 그런 뒤에야 이에 대해 논할 수 있습니다. 또 자식의 아내는 마땅히 '망자부(亡子婦)'라고 칭해 하지, 말씀하신 것처럼 '망부(亡婦)'라고 하는 것은 말이 되지 않을 듯합니다.

19 속칭(屬稱) : 신주에 쓰는 친속 관계의 호칭으로, 속(屬)은 고조(高祖), 증조(曾祖), 조(祖), 고(考) 등과 같은 친속 관계의 호칭이고, 칭(稱)은 관직·호·항렬 등이다.

나심보 형규 에게 주다 을축년(1745, 영조21)

與羅心甫 烱奎○乙丑

이별한 뒤에 아직까지 한 번도 소식을 듣지 못했으니, 모르겠습니다만 며칠에 집에 도착하였고, 양우(楊友)와는 어디에서 헤어졌습니까? 문득 이미 가을에 접어들었는데, 그 사이 견디기 힘들 정도로 장마와 혹독한 더위가 있었으니, 그대가 이때보다 먼저 떠난 것이 너무나도 기쁩니다. 돌아간 뒤에 모든 정황은 어떠합니까? 새로 지은 서재에는 이미 편액을 달았을 텐데, 같이 공부를 하는 사람은 몇 명입니까? 제가 바라는 것은 진실된 공부에 힘을 기울여 제가 써준 글씨가 그저 벽에 걸어두는 장식으로 전락하지 않도록 하는 것입니다.

저의 병세는 헤어질 때에 비해 조금 나아졌고, 《대학》은 이미 한번 복습하였습니다. 붕우들이 모였다 흩어지는 것이 매우 일정치 않은데, 오직 이원보(李元甫) 군만 떠나지 않고 곁을 지키고 있습니다. 절구 한 수는 헤어질 때에 지었던 것인데, 전해주지 못했기에 이 편지에 써서 제 마음을 붙입니다.

나심보의 문목에 답하다
答羅心甫問目

문 수(水), 화(火), 금(金), 목(木), 토(土)의 질문에 대하여

답 일행(一行)이 각각 오행(五行)[20]을 갖추고 있다는 것은 강절(康節 소옹(邵雍))의 설이니, 이는 이러한 이치가 있습니다. 그러나 초학자는 마땅히 일행에서 각각 그 이치를 구해야하니, 충분히 익혀 환하게 꿰뚫게 되면 일행이 각각 오행을 갖추고 있음은 절로 순차적으로 깨달을 것이니, 완급과 선후의 차례가 이와 같습니다.

문 "다른 사람이 참여하여 알게 한 뒤에 행동하고, 증거를 댈 수 있는 경우에만 말한다."[21]라는 내용에 대해 양응수(楊應秀)[22]가 말하기를 "친히 선생님께 가르침을 들으니, '여자는 경거망동해서는 안 되니, 반드시 다른 사람이 참여하여 안 뒤에 행동하고, 여자는 가벼이 말을 해서는 안 되고, 반드시 다른 사람이 함께 증거를 들어 징험한 뒤에

20 오행(五行) : 각종 물질을 구성하는 다섯 가지 원소인 수(水)·화(火)·목(木)·금(金)·토(土)를 말한다.

21 다른……말한다 : 《공자가어(孔子家語)》 〈본명해(本命解)〉의 내용으로, 《소학(小學)》 〈명륜(明倫)〉에 보인다.

22 양응수(楊應秀, 1700~1767) : 본관은 남원(南原), 자는 계달(季達), 호는 백수(白水)이다. 권집(權緝)과 저자의 문하에서 수학하였다. 경학과 성리학에 전념하여 〈사서강설(四書講說)〉, 〈이기설(二氣說)〉, 〈지각설변(知覺說辨)〉을 남겼으며, 천문학에도 밝아 〈혼천도설(渾天圖說)〉을 지었다. 저서로 《백수문집(白水文集)》이 있다.

말을 해야 하니, 모두 혐의를 멀리하는 도(道)이다.'"라고 하였는데, 어떻게 생각하십니까?

답 양군(楊君)이 말한 것이 과연 저의 견해입니다.

문 "선비의 후계자가 된다.〔先妣之嗣〕"[23]에서 선비는 아들의 어머니를 가리켜 말한 듯한데, 어머니가 생존해 있더라도 역시 선비라고 하는 것입니까?

답 우암 선생(尤庵先生 송시열)은 "통상 선비(先妣)는 그 아버지의 어머니 이상 제비(諸妣)를 가리켜 말한다."라고 하였습니다. 그러므로 그 아버지에게 비록 살아 있는 어머니가 있더라도 역시 이렇게 쓸 수 있습니다.

문 "어른이 다 마시지 않았으면 젊은이는 감히 마시지 않는다."[24]의 주(註)에 '어른이 다 마시고 난 뒤에 마신다.'라고 하였습니다. 그렇다면 어른과 젊은이가 각자 잔을 두는지요?

23 선비의 후계자가 된다 : 《소학》〈명륜(明倫)〉에, "〈사혼례(士昏禮)〉에 말하기를 '아버지가 초례(醮禮)하는 아들에게 명하기를 「가서 너의 내조자를 맞이하여 우리 종묘의 일을 계승하되, 힘써 공경하는 마음으로 선도하여 어머니의 후계자가 되게 해야 하니, 너는 떳떳함을 지녀야한다」고 하면 , 아들은 「예! 오직 감당하지 못할까 두렵거니와 명을 잊지 않겠습니다」 고 말한다.〔士昏禮曰, 父醮子, 命之曰 往迎爾相, 承我宗事, 勗帥以敬, 先妣之嗣, 若則有常. 子曰, 諾, 唯恐不堪, 不敢忘命.〕'"하였는데, 그 주(註)에 "선비지사(先妣之嗣)는 며느리가 시어머니가 맡았던 제사를 대신하는 것을 말한다.〔先妣之嗣, 謂婦代姑祭也.〕"라고 하였다.

24 어른이……않는다 : 본래 《예기》〈곡례(曲禮)〉에 나오는 말로, 《소학》〈명륜(明倫)〉에 실려 있다.

답 고례(古禮)에는 어른과 젊은이가 동시에 각자의 잔을 들었으니, 현재에 손님과 주인이 응수하는 예와는 같지 않습니다.

나심보의 문목에 답하다 병인년(1746, 영조22)
答羅心甫問目 丙寅

문 《심경》 첫 번째 장에 대해 퇴계 선생(退溪先生)이 말하기를 "인심(人心)과 도심(道心)은 모두 이발(已發)한 곳에 나아가 말한 것이다. 그러므로 정일(精一)과 집중(執中)은 모두 발현된 것으로 인하여 힘쓰는 일이며, 정(靜)한 때의 공부에 대해서는 언급하지 않았다."[25]라고 하였으니, 이 말은 과연 두들겨도 깨지지 않을 말입니까? 만약 그렇다면 이는 실재 만세 심학의 연원인데, 여전히 체용(體用)이 갖추어지지 않은 것은 어째서입니까?

답 인심과 도심을 모두 이발한 곳에 나아가 말한 것은 실제 두들겨도 깨지지 않는 의론입니다. 만일 용(用)에 나아가 본다면 체(體)가 본래 그 속에 존재하니, 어찌 체용이 갖추어지지 않았다고 말할 수 있겠습니까. 성현의 말씀은 대부분 동처(動處)에 해당하나, 오직 《중용》의 "희로애락미발(喜怒哀樂未發)"[26] 한 구절은 정(靜)의 지극한 곳을 말한 것입니다. 자사(子思)가 이 말을 한 뒤로, 학자들이 심(心)을 논한 부분에 대해서 용(用)만 말하고, 체(體)를 말하지 않았다고 번번이

25 인심(人心)과……않았다 : 《퇴계집》 권14 〈답이숙헌문목(答李叔獻問目)〉에 나오는 내용이다.

26 희로애락미발(喜怒哀樂未發) : 자사(子思)가 말한 《중용》 수장(首章)의 "희노애락이 아직 발하지 않은 상태를 중(中)이라고 한다.〔喜怒哀樂之未發, 謂之中.〕"는 내용을 가리킨다.

의심하였으니, 체용일원(體用一源)[27]의 의미를 전혀 모르기 때문에 그런 것입니다. 옛날 사람들이 힘을 기울인 곳은 역시 모두 용(用)에 있었지만, 그 귀결점을 말하자면 체(體)입니다. 《대학》 정심장(正心章)에서 다만 심(心)의 용(用)만을 말했지만, 사유(四有)[28]를 제거하면 심(心)의 체(體)가 절로 바루어지는 것을 알 수 있는 것과 같습니다.

문 '곤괘(坤卦) 육이(六二)'[29]에서 부주(附註)의 첫 부분 정자(程子)의 말[30]이 처음과 끝 사이에 문리(文理)가 서로 연결되지 않는듯하니,

27 체용일원(體用一源) : 세상의 삼라만상이 본체인 이(理)의 용(用)으로서 현현(顯現)한 것이라 그 근원이 하나라는 뜻이다. 정이천(程伊川)의 《역전(易傳)》서문에 "지극히 은미한 것은 이(理)이고 지극히 현저한 것은 상(象)이니, 체(體)와 용(用)이 한 근원이고 현저함과 은미함이 간격이 없다." 하였다.

28 사유(四有) : 마음이 올바름을 얻지 못하는 네 가지 원인을 말한다. 《대학장구》 전7장에 "마음에 성내는 바가 있으면 바름을 얻지 못하고, 두려워하는 바가 있으면 바름을 얻지 못하며, 좋아하는 바가 있으면 바름을 얻지 못하고, 근심하는 바가 있으면 바름을 얻지 못한다.〔心有所忿懥, 則不得其正, 有所恐懼, 則不得其正, 有所好樂, 則不得其正, 有所憂患, 則不得其正.〕" 하였다.

29 곤괘(坤卦) 육이(六二) : 《심경부주》 권1의 "《주역》의 곤괘(坤卦) 문언전(文言傳) 육이효(六二爻)에 '군자가 경(敬)으로 안을 곧게 하고 의(義)로 밖을 방정하게 한다. 그리하여 경(敬)과 의(義)가 확립되면 덕(德)이 외롭지 않으니, 「곧고 방정하고 커서 익히지 않아도 이롭지 않음이 없다」는 것은 행하는 바를 의심하지 않는 것이다.〔易坤之六二曰, 君子敬以直內, 義以方外, 敬義立而德不孤, 直方大不習無不利, 則不疑其所行也.〕'"라고 한 부분을 말한다.

30 부주(附註)의……말 : 그 내용은 다음과 같다. "배우는 자들은 굳이 먼데서 구할 필요가 없고 가까이 자기 몸에서 취하여 다만 사람의 도리를 밝힐 뿐인데, 경(敬)할 뿐이니, 이것이 곧 핵심이다. 《주역》의 건괘(乾卦)에는 성인의 학문을 말하였고 곤괘(坤卦)에는 현인의 학문을 말하였는데, 오직 '경(敬)으로 안을 곧게 하고 의(義)로써

무엇 때문입니까?

답 정자(程子)의 말씀 중 '천착하고 얽매임〔穿鑿繫累〕' 이하 부분은 따로 한 문단이 되어야 하는데, 읽는 자들이 대부분 본장(本章)에 억지로 끌어다 붙여서 말하여 천착에 가까우니, 현인들도 이러한 병통을 면하지 못하였습니다. 일반적으로 《심경》의 부주(附註)는 구절을 따라 풀이하는 경전(經傳)의 주설(註說)과는 다릅니다. 이 장(章)으로 말하자면, 정자의 말은 진실로 '경직의방(敬直義方)' 한 구절에 있습니다. 다른 나머지 말이 서로 들어맞지 않는데도 잘라 내지 않았으니, 《주역》이 사람을 헷갈리게 한다는 사실을 몰라서는 안 됩니다.

문 정심장(正心章) 부주(附註)의 다섯 째 항목에 질문한 사람의 뜻은 성의(誠意)에 있는데, 귀산(龜山)이 정심(正心)으로 대답을 한 것[31]은 어째서입니까?

밖을 방정하게 하여 경과 의가 확립되면 덕이 외롭지 않다'고만 말하였으니, 성인에 이르러서도 이와 같을 뿐이요 다시 딴 길이 없다. 천착하고 얽매임은 자연스러운 도리가 아니다. 그러므로 도(道)가 있고 이치가 있으면 하늘과 인간이 하나여서 다시 분별되지 않으니, 호연지기가 바로 나의 기운이다. 이것을 기르고 해치지 않으면 천지에 충만하고, 조금이라도 사심(私心)에 가려지면 줄어들어서 작아짐을 안다. '사무사(思無邪)'와 '무불경(毋不敬)' 다만 이 두 구(句)를 따라서 행하면 어찌 어그러짐이 있겠는가. 어그러짐이 있는 것은 모두 공경하지 않고 바르지 않음에서 말미암는다.'"

31 정심장(正心章)……것 : 귀산(龜山)은 송대(宋代)의 학자 양시(楊時, 1053~1135)이다. 본문의 내용은 정심장(正心章)의 "《대학》에서 성의(誠意)를 함에 어떻게 천하를 평안히 할 수 있는지 묻자, 귀산 양씨(龜山楊氏)가 '후세에는 진실로 정심(正心)을 한 사람이 없으니, 정심을 하면 그 효험이 자연 이와 같은 것이다. 마음은 한 번 생각하는 사이에 털끝만큼이라도 어긋남이 있으면 곧 바르지 못하게 된다.'"라고 대답한 내용을 가리킨다.

답 공부하는 것으로 말하면 성의가 정심보다 앞서지만, 공을 거두는 곳으로 말하자면 마음이 바루어지면 뜻이 성실해지는 것이 절로 그 안에 포함되어 있습니다. 그러므로 주자(朱子)의 말에 이따금 "마음을 바루고 뜻을 성실히 한다."라는 말이 있는 것입니다. 게다가 혹인은 전적으로 평천하(平天下)를 위해 질문하였으니, 정심을 평천하의 근본으로 삼은 것은 중요한 곳을 취하여 말한 것입니다.

문 '사거(舍去)'와 '달거(達去)'[32]에서 두 '거(去)'자(字)는 무슨 뜻입니까? '달(達)'은 어찌하여 '조문도(朝聞道)'가 되고, '사(舍)'는 어찌하여 '석사(夕死)'가 되는 것입니까?[33]

답 '거(去)' 자(字)는 어조사로 보아야 합니다. '달(達)'은 생사의 이치에 밝다는 것을 말하기 때문에 '조문'에 속하고, '사(舍)'는 단지 목숨을 버리고도 두려워하지 않는다는 뜻이기 때문에 '석사'에 속하는 것입니다.

32 사거(舍去)와 달거(達去) : 송(宋)나라 이천(伊川) 정이(程頤)가 부릉(涪陵)에서 배를 탔는데, 풍랑이 극심하여 배 안의 사람들이 모두 정신을 잃었으나, 정이는 신색(神色)이 자약하였다. 배에서 내리자, 언덕 위에서 어떤 사람이 소리를 높여 정이에게 묻기를, "사(舍)해서 이러한가, 달(達)해서 이러한가?〔舍去如斯, 達去如斯.〕"라고 한 말을 가리킨다. 여기서 사(舍)는 모든 것을 버린다는 뜻이고 달(達)은 모든 이치를 달관한다는 뜻이다. 《心經 卷2》

33 달(達)은……것입니까 : 《논어》 〈이인(里仁)〉에 "아침에 도(道)를 들으면 저녁에 죽어도 괜찮다.〔朝聞道, 夕死可矣.〕"라고 한 말을 인용한 것이다. 《학림옥로(鶴林玉露)》에서 달(達)을 '아침에 도(道)를 들음〔朝聞道〕'이라 하고, 사(舍)를 '저녁에 죽음〔夕死〕'이라 하였기 때문에 말한 것이다.

문 "중(中)은 치우치지도 않고 의지하지도 않는 것이다."에 대하여 우암 선생이 어떤 사람의 물음에 답변하기를 "사람의 마음이 발하지 않았을 때에는 고요할 따름이나 사물을 응대함에 미쳐서는 희(喜)에 치우치기도 하고, 노(怒)에 치우치기도 한다."라고 하였습니다. 그런데 그대는 미발시(未發時)에는 희로애락(喜怒哀樂)자를 붙일 수 없다고 말을 하였으니, 우암 선생의 뜻과 어긋나는 점이 있는 듯합니다.
답 우옹의 주장은 어떤 사람이 '편(偏)'자를 치우쳐서 올바르지 못하는 의미로 보았기 때문에 '편(偏)'자가 오로지 한 가지 일만을 주장한다는 뜻임을 알려주려 하였기에 이렇게 말한 것입니다. 제가 "미발시에는 희로애락 자를 붙일 수 없다."라고 한 것이 바로 우암 선생의 "고요할 따름이다."라는 뜻이니, 어긋나는 점이 있는지 모르겠습니다.

문 미발지중(未發之中)[34]이 군자가 힘을 기울여야 할 부분인 듯한데, 그대는 "이는 단지 성(性)의 체(體)를 형용한 것이니, 힘을 기울여야 할 부분이라고 말해서는 안 된다."라고 하였습니다. 그렇다면 힘을 기울여야 할 부분은 어떤 곳입니까?
답 미발과 이발은 바로 상태를 가리켜 말한 것이니, 힘을 기울여 할 곳은 아래 문장의 하나의 '치(致)'자[35]에 있습니다.

34 미발지중(未發之中) : 본래 《중용장구》의 말로, 《심경부주》 권1에 "희로애락의 정(情)이 발하지 않은 것을 중(中)이라 이르고〔喜怒哀樂之未發, 謂之中〕, 발하여 모두 절도에 맞는 것을 화(和)라 이른다."라고 하였는데, 첫 번째 구절의 말을 줄인 것이다.
35 아래……치(致)자 : 《심경부주》 권1 '미발지중(未發之中)' 아래에 "중은 천하의 큰 근본이요, 화는 천하의 공통된 도이다. 중과 화를 지극히 하면〔致中和〕, 천지가 제자리를 편안히 하고, 만물이 잘 생육될 것이다."라고 하였는데, 하나의 '치(致)'는

"수도지교(修道之教)[36]"도 이 안에 들어 있다."에 대하여

윗 문장의 '하늘이 명(命)하신 것을 성(性)이라 이르고, 성(性)을 따르는 것을 도(道)라 하고, 도(道)를 품절(品節)해 놓는 것을 교(教)라 한다.'라는 세 구절은 이 장(章)[37]의 강령입니다. 그러나 '하늘이 명(命)한 것을 성(性)이라 하고, 성(性)을 따르는 것을 도(道)라 한다.'라는 구절은 '중화(中和)' 두 글자에서 이미 모두 설파하였으나, '도를 품절해 놓는 것을 교라 한다.'라는 구절은 붙일 곳이 없기 때문에 주(註)에서 다시 제기하여 "중화의 도를 다하면 '수도지교'가 또 자신으로 인해 서게 될 것이다."라고 한 것입니다.

'치중화(致中和)'의 '치(致)'를 가리킨다.

36 수도지교(修道之教): 《중용》 수장(首章)에 나오는 말로, 주자가 수도지위교(修道之謂教)의 교(教)자에 대해 "성(性)과 도(道)는 비록 같으나 기품(氣稟)이 혹 다를 수 있기 때문에 과불급(過不及)의 차이가 없을 수 없다. 성인(聖人)께서 인물(人物)이 마땅히 행해야 할 것으로 인하여 품절(品節)하여 천하에 법으로 삼으셨으니, 이것이 이른바 교(教)이다. 예를 들어 예악(禮樂)이나 형정(刑政) 따위가 그것이다." 하였다.

37 이 장(章): 《심경부주》 권1의 12번째 〈중용(中庸) 천명지위성장(天命之謂性章)〉을 가리킨다.

김자앙 후옹 에게 답하다 갑자년(1744, 영조20)

答金子昂 厚顒○甲子

헤어진 뒤에 전혀 소식을 듣지 못한데다 쓸쓸한 가을 날씨에 그리운 마음이 더욱 간절하던 차에 뜻하지 않게 지난달에 보내신 편지를 받았으니, 얼마나 위로가 되겠습니까. 다만 듣기로 착실히 독서를 하지 못한다고 하니, 무엇 때문에 그런 것입니까?

백포(白浦)의 기이한 경관은 듣기만 해도 정신이 상쾌해지니, 땅이 그에 걸맞는 사람을 얻은 것이니, 더욱 기쁩니다. 다시 찾아 주시겠다는 말씀을 들었으나 궁한 사람의 일은 역시 쉽지 않을 듯합니다. 이곳에 오실 수 없다면 양우(楊友)를 여러 차례 방문하는 것이 좋은 방법일 듯하니, 어떻게 생각하십니까?

장년 이후에 세상에서 조금 벗어나 물외를 방랑하는 것도 역시 훌륭한 일입니다. 금강산에서 돌아오는 길에 고생스레 저를 찾아 주셨으니, 이 역시 헛된 명성이 사람을 속여서 그런 것입니다. 어찌 천하의 큰 볼거리에 견줄 수 있겠습니까. 문득 절로 웃음이 납니다.

안달경 구 에게 답하다 병진년(1736, 영조12)

答安達卿 衢○丙辰

형로(衡老)[38]와 여러 사람들은 차례대로 돌아가고 수세(守歲)[39]하는 사람은 얼마 되지 않으니, 그대에 대한 그리움이 더욱 간절하지만 만날 수가 없습니다. 그대의 괴로워하고 탄식하는 심정은 참으로 서로 같은 처지입니다. 사람의 마음은 날을 아까워 할 줄 모르고, 한해의 끝 무렵에 이르러서야 조금이나마 안타까워할 줄을 압니다. 올 한 해는 끝이 났지만 그래도 내년에는 바로 잡을 수 있으니, 진실로 12월 30일에 이르러 후회한들 무슨 소용이 있겠습니까.

지난번에 《맹자집주》의 "인심(人心)은 죽지 않는다."[40]는 한 구절을 읽으면서 서로 마주하여 한탄하였습니다. 인심이 죽지 않는 까닭을 구해보면 '우근척려(憂勤惕厲)' 네 글자를 벗어나지 않습니다. 만일 이러한 뜻을 보존하여 잠시라도 중단이 없다면 살아서는 요행히 면하지

38 형로(衡老) : 이천주(李天柱)를 말하는 것으로 보인다. 본서 권3 〈이형로를 이별하다〔別李衡老〕〉시에 '형로(衡老)' 아래에 '천주(天柱)'라는 주(註)가 달려 있다.

39 수세(守歲) : 제석(除夕)에 밤새도록 잠을 자지 않고 새해 아침이 밝아 오는 것을 기다려 맞는 것을 말한다.

40 인심(人心)은 죽지 않는다 : 《맹자》 〈이루 하(離婁下)〉 20장 주(註)에, "이는 위 장에 순(舜)임금을 말씀한 것을 이어서, 인하여 여러 성인(聖人)을 차례로 서술하여 뒤를 이으면서, 각기 그 한 가지 일을 들어서 그 '걱정하고 부지런히 힘쓰며 두려워한 뜻'을 드러낸 것이니〔見其憂勤惕厲之意〕, 천리(天理)가 이 때문에 항상 보존되는 것이요, 인심(人心)이 이 때문에 죽지 않는 것이다.〔人心之所以不死也〕" 하였다.

않고, 죽어서는 부끄러움이 없을 수 있습니다. 이는 우리들이 마땅히 서로 권면하여 죽은 뒤에야 그만두어야 할 일입니다. 어떻게 생각하십니까? 그대가 부지런히 가르침을 구하는 마음에 감사하여 이렇게 말하였으니, 부디 새해를 맞아 더욱 새로워지기 바랍니다.

안달경의 문목에 답하다 신유년(1741, 영조17)

答安達卿問目 辛酉

문 우제(虞祭), 졸곡제(卒哭祭), 상제(祥祭)와 담제(禫祭)에는 음식을 진설할 때에 자반(炙盤)을 함께 올리는데, 시제(時祭) 때에 잔을 올릴 때마다 각각 올리니, 그 의미가 무엇입니까?

답 우제, 졸곡제, 상제, 담제는 비록 점점 슬픔이 줄어 길(吉)을 향해 가지만, 여전히 슬프고 경황이 없는 뜻이 있으니, 완전히 길(吉)한 제사와는 동일하게 할 수 없어서 그런듯합니다.

문 《상례비요》에 이르기를, "선묘(先墓)에 부장(祔葬)할 때에는 선조들에게 고하고, 합장할 때에 또 먼저 장사지냈던 신주에 고하고, 조부의 묘 곁에 새로 무덤을 쓸 경우에는 마땅히 먼저 조부의 묘에 고한다."라고 하였습니다. 이미 합장하는 경우가 아니라면 반드시 아버지의 묘에 고할 필요가 없는 것입니까?

답 선영에 고하는 예는 진실로 마땅히 조부의 묘에 해야 하지만, 아버지의 무덤에도 "새로 상을 당하여 모일에 모소(某所)에 묻고, 합부(合祔)는 우선 길한 해를 기다린다."는 뜻으로 고하는 것이 옳습니다.

문 광중(壙中)에 현훈[41]을 넣을 때 《가례(家禮)》와 《비요(備要)》에

41 현훈(玄纁) : 장례 때 광중(壙中)에 넣는 것으로, 여러 개의 검은 비단 묶음과 붉은 비단 묶음을 말한다.

'손을 씻는다〔盥手〕'는 글이 없는데도 세속에서는 모두 손을 씻으니, 모르겠습니다만 무엇에 근거한 것입니까?

답 광중에 현훈을 넣을 때 손을 씻는 것은 세속에서 의례 행하는 경우가 많습니다. 혹자는 말하기를 "《상례비요》의 별본(別本)에 있다고 하는데, 정말 그런지는 모르겠습니다.-이 책은 신본과 구본이 있다.-

문 졸곡일이 만일 조부모의 기일과 겹칠 경우에 이미 장례와 우제(虞祭)를 지났으므로 제사를 폐해서는 안 될 듯하니, 복이 가벼운 자에게 시켜서 소략하게 한 잔을 올리는 것이 무방한 것입니까?

답 제가 상을 당했을 때에, 졸곡일이 마침 조비(祖妣)의 기일과 겹쳤는데, 먼저 졸곡제를 지내고 나서 한 잔을 올려 제사를 지냈습니다. 의리에 과연 해가 없는지 모르겠습니다.

안달경에게 답하다

答安達卿

자세하게 말씀해주셔서 감사합니다. "《중용》은 의리가 지극히 정밀하지만, 그 실제가 일상생활의 떳떳한 법도를 벗어나지 않는다."라는 말씀은 절실하고 지극하다고 하겠습니다. 《소학》을 다시 읽는 것은 더욱 근본으로 돌아가고 실제에 힘쓰는 의미를 얻은 것이니, 이것으로 기초를 삼고, 또 《근사록》과 사서(四書)를 익숙히 읽어 거경(居敬), 궁리(窮理), 실천(實踐) 세 가지로 하여금 서로 길러주고 발양하게 해서 열심히 공부해야만 덕을 이룰 수 있습니다. 〈광경신(廣敬身)〉편 말미에 "먼저 가까운 것과 작은 것을 전해주고 그 후에 먼 것과 큰 것을 가르치지 않는 것이 아니다."[42]라는 정자(程子)의 말로 끝맺은 데에서 이런 뜻을 볼 수 있습니다. 어떻게 생각하십니까?

42 광경신(廣敬身)편……아니다 : 《소학》 〈가언(嘉言)〉 광경신 90장에 "명도 선생이 말하기를, '군자는 사람을 가르침에 차례가 있다. 먼저 작은 것과 가까운 것을 전해준 뒤에 큰 것과 먼 것을 가르치니, 먼저 가까운 것과 작은 것을 전해준 뒤에 먼 것과 큰 것을 가르치지 않는 것이 아니다.〔君子教人有序, 先傳以小者近者而後教以大者遠者, 非是先傳以近小而後不教以遠大也.〕'" 하였다.

안달경에게 답하다 병인년(1746, 영조22)

答安達卿 丙寅

이별한 지 보름 밖에 지나지 않았는데, 봄 석 달은 지난 듯합니다. 오늘 보내준 편지를 받고서 돌아간 뒤에 편안하다는 소식을 알았으니, 너무나도 위로가 됩니다. 저는 병세가 예전과 같습니다. 뜰에 매화가 흐드러지게 피어도 바람이 두려워 나가지 못해 아무런 흥취도 없으니 어찌하면 좋겠습니까.

사수(士洙 박성원(朴聖源))가 온 지 며칠이 지났고, 어제 저녁에 계달(季達 양응수(楊應秀))이 또 왔기에 마주하여 막 《중용》에 대해 토론하려고 합니다. 여기에 그대가 없어서는 안 되니 언제나 오시렵니까? 하나의 '욕(欲)'자를 억눌렀다고 들었는데, 나중에 청명하고 고원한 기상을 징험할 수 있을 것이니, 참으로 기쁩니다.

심계문 중주 에게 답하다 무신년(1728, 영조4)

答沈季文 重周○戊申

《혹문(或問)》을 많이 읽었다고 하셨는데, 별지에 질문한 여러 조목에서 또한 학문에 분발하는 뜻을 멀리서 알 수 있으니, 얼마나 기쁘고 위로가 되겠습니까. 병들어 혼미함이 한창 심해져 자세히 토론할 수 없으니, 조만간 뒤이어 알려드리거나 만나서 자세히 말씀드리겠습니다.

《혹문》은 처음에 볼 때는 한 없이 넓어 보이는 듯하지만, 점점 많이 읽을수록 단락이 지극히 분명해지고 혈맥이 절로 관통하니, 장구(章句)를 강령으로 삼아 서로 참고하여 자세히 완미하면 비로소 이 의미를 알게 될 것입니다. 서두르거나 게으름을 피우지 말고, 서서히 공력을 쏟아 마음을 붙여 글을 읽는 것을 한 가지 일로 삼는다면, 주자(朱子) 학문의 요체도 역시 여기에서 벗어나지 않을 것입니다. 어떻게 생각하십니까?

심계문에게 주다 을축년(1745, 영조21)

與沈季文 乙丑

그대의 사위 박군(朴君)이 갑자기 요절했다는 소식을 들었습니다. 지난번 편지에 비록 와병중이라는 소식을 들었으나, 젊은이의 일시적인 병이라 크게 염려할 일이 아니라고 여겼지, 갑자기 이렇게 될 줄 어찌 생각이나 했겠습니까. 멀리서 생각해보니 천리 떨어진 유배지에서 지내는 정리가 차마 말할 수 없는 점이 있었을 것인데, 그가 몇 개월 객살이 하는 동안 의지하고 믿을 사람은 장인인 그대뿐이었습니다. 병세를 걱정하고 초상을 치르는 것은 그 책임이 그대에게 있으니, 모르겠습니다만 세상을 떠날 적에 임종을 지켰으며 염습과 빈소를 차리는 것도 모양새를 갖추었습니까.

듣기로 이서하(李西河 이민서(李敏敍))가 사위를 위해 쓴 만사(輓詞)에 "만약 군이 살고 내 딸이 죽었다면, 단지 죽은 자를 슬퍼할 뿐, 산 자를 슬퍼하지 않으리."라고 하였다는데, 이는 참으로 절실한 말입니다. 그대의 심정을 생각함에 더욱 참기가 어려울 터이니, 범에게 물린 아픔[43]은 참으로 겪어야만 알 수 있습니다. 그러나 듣건대 남긴 자식이 있다 하니, 만일 요행히 생장한다면 죽은 사람은 죽는 것이 아닙니다.

43 범에게 물린 아픔 : 자신이 일찍이 경험하여 매우 두려워함을 이른다. 《근사록》 권7에 "옛날에 일찍이 범에게 물린 자가 있었는데, 딴 사람들이 범을 말할 때 비록 삼척동자라도 모두 범이 무서운 줄을 알았지만, 끝내 범에게 물린 적이 있는 자의 정신과 얼굴빛이 겁에 질려 진정으로 무서워하는 것과는 같지 않다." 하였다. 저자의 사위 유언흠(兪彦欽, 1713~1743)이 31세로 요절했기 때문에 말한 것이다.

그대의 딸이 마땅히 자신의 몸을 아껴 남겨진 아이를 잘 길러야 할 것입니다. 부디 이것으로 스스로를 위로하기 바라니, 살아 있는 사람을 위로하고 죽은 사람을 위로하는 데에도 모두 이 보다 좋을 것은 없습니다. 어떻게 생각하십니까?

제 사위 백익(伯翼 유언흠(兪彦欽))이 죽었으나 아들을 남겨 제 딸이 결코 죽을 수 없었으니, 생각하면 더욱 마음이 아픕니다. 초 한 쌍을 보내니 부디 영전에 두고서 제 마음을 밝혀주시기 바랍니다.

홍대기[44] 창한 에게 답하다 신해년(1731, 영조7)

答洪大紀 昌漢○辛亥

거처를 정하지 못하여 근심하고 있다고 하니, 추울 때 떠도는 것이 진실로 염려스러우나, 이는 세세한 일이네. 내가 염려하는 것은 오직 몸과 마음이 끝내 편안히 머물 곳이 없는 것인데, 그대는 여전히 자기에게 절실한 것을 모르니, 분명히 아는 곳으로부터 미루어 알 수 있지 않겠는가.

지난번에 만났을 적에 한가하지 않았던 것이 아닌데, 그대는 질문할 거리가 없었고, 나는 면려하는 것도 없이 그저 며칠간 한가하게 응대하며 시간을 보냈네. 이러면서도 걸핏하면 사문(師門)이라 일컬으니, 내가 대신 부끄럽기에 편지를 쓰다가 우연히 언급하네. 모르겠네만 언제쯤 조용히 앉아서 책을 볼 수 있겠는가. 부디 스스로 힘써 어진 하늘이 옥성(玉成)[45]해 주려는 뜻을 저버리지 마시게나.

44 홍대기(洪大紀) : 홍창한(洪昌漢, 1698~?)을 말한다. 본관은 풍산(豊山), 자는 대기(大紀)이다. 저자의 문인이다.

45 옥성(玉成) : 사람을 옥처럼 훌륭히 완성시켜 준다는 뜻이다. 송(宋)나라 장재(張載)의 〈서명(西銘)〉에 "빈천과 우척은 너를 옥처럼 다듬어 완성시키는 것이다.〔貧賤憂戚, 庸玉汝於成也.〕" 한 데서 유래한 말이다.

홍대기에게 답하다 계축년(1733, 영조9)

答洪大紀 癸丑

막 출륙(出六)[46]을 했다고 들었으니, 그동안의 좁은 길에 비할 바는 아니지만, 어디를 간들 어려운 곳이 없겠는가. 늘 그대에게 한가할 때에 독서하라고 권면하였지만 아득히 소식이 없더니, 지금은 오히려 할 수 있겠는가?

별지에서 질문한 내용은 잘 알았네. 여형공(呂滎公)의 아내[47]와 주자(朱子)의 사위[48]에서 일을 징험할 수 있으나 우리나라의 풍속은 중국과 전혀 다르니, 비록 이를 시행할 수 없지만, 의리로 미루어 보면 촌수가 한 번 두 번 넘어가서 더욱 멀어지면, 문제가 되지는 않을듯 하네.

46 출륙(出六) : 7품직에 있던 관원이 그 임기가 만료되고 성적이 좋은 경우 6품으로 승급하여 다른 직에 전임하는 것을 말한다.

47 여형공(呂滎公)의 아내 : 여형공은 송나라의 학자인 여희철(呂希哲)을 가리킨다. 자는 원명(原明)이며, 여공저(呂公著)의 아들이다. 여형공의 아내인 장부인(張夫人)은 장온지(張昷之)의 딸이다. 장부인의 어머니는 여형공의 어머니인 신국부인(申國夫人)의 언니였으므로, 여형공과 장부인은 이종사촌끼리 혼인한 관계였다. 《小學 善行》

48 주자(朱子)의 사위 : 황노(黃輅)를 말한다. 황로는 주자의 외손인데, 주자의 손자사위가 되었다. 《勉齋集 卷36 朝奉大夫文華閣侍制贈寶謨閣直學士通議大夫諡文朱先生行狀》

홍대기에게 답하다 을묘년(1735, 영조11)

答洪大紀 乙卯

보여준 상소의 부본은 보고 돌려보내네. 일찍이 말이란 크고 작음에 관계없이 말을 하는 것이 말하지 않는 것보다 좋다고 생각했었네. 더구나 이 일은 사론(士論)과 관계된 만큼 성상의 잘못된 처분을 즉시 바로잡는 것이 신하의 직분일 뿐이니, 참으로 가상하네. 다만 의리의 좋은 곳을 말하다가 대부분 끝까지 다 말하지 못했으니, 단지 평소에 의리가 밝지 못해 그런 것일 뿐만 아니라, 그 사이에 무슨 다른 의도가 섞여 있는 것인가.

대체로 관직에 책임이 있는 것은 사람에게 성(性)이 있는 것과 같네. 이전에 말을 하지 않은 것은 바로 그 성(性)을 잃은 것이고, 지금 말한 것은 그 성(性)을 조금 회복한 것이니, 결코 이 일을 대단하게 여기지 말게. 이후로 관직을 맡게 되면 반드시 그 책임을 생각하여 쉽고 어려운 일을 따져 선택하지 말고, 이해를 따지지 말아서 반드시 그 직분을 다한 뒤에 그만두어야하네. 어떻게 생각하시는가? 그러나 의리에 밝지 않으면 이것을 말하기 쉽지 않을 것이니, 그 요체가 독서에 달려있네. 그런데 그대는 이미 성상께 이를 고한 만큼 믿고서 걱정하지 않을 수 있으니, 나는 더 이상 말하지 않겠네.

홍대기에게 답하다 병진년(1736, 영조12)

答洪大紀 丙辰

이전 편지에서 말한 뜻은 잘 알았네. 내 생각에는 비단 춘방(春坊 세자시강원)에 나아갈 수 있을 뿐 아니라, 대성(臺省 사헌부와 사간원)이라도 나아가지 못할 의리는 없을 듯하네. 만일 관직에 나아가지 않고자 한다면 집안 식구들을 이끌고 낙향하여 문을 닫고 글을 읽는 것이 상책이지만, 이미 이렇게 할 수 없으니 오직 마땅히 제수된 벼슬에 따라 직분을 다할 뿐이네. 현재의 춘방은 직책이 없고 대성은 몹시 난처하니, 어찌 비교하고 따져서 나아가고 피하는 것으로 귀결되지 않겠는가. 그러나 이러한 도리는 내가 들은 바가 아니니, 잘 헤아려서 조처하시게.

몇 개월 사이에 몇 권의 책을 읽었는가? 이 늙은 몸이야 진실로 말할 것도 없는 사람이지만, 위로 우리 성상을 속이게 될까 걱정스러울 뿐이네.

홍대기에게 답하다 기미년(1739, 영조15)
答洪大紀 己未

오랜 이별에 잠깐의 만남으로 마음속에 있는 것을 다 말하지 못했는데, 문득 이렇게 심부름꾼을 보내 편지로 안부를 물어주니 이별의 그리움이 너무도 위로가 되네. 다만 의금부에 잡아다 심문하라는 명이 내려졌다고 들었네. 오랫동안 집안에 앉아 있으면서 교외에 있다고 거짓으로 둘러댄 죄상이 가볍지 않으니, 오늘 엄한 교지를 받은 것은 역시 늦은 것이라 하겠네.[49] 다만 배척당하는 일이 이어지면 성조(聖朝)를 위한 근심과 탄식이 어떠하겠는가.

별지에서 말한 내용은 잘 알겠네. 이전에 나아가지 않고 버티던 것이 어찌 의리가 없겠는가. 이러한 때에 차마 그 사이에 발을 담그지 않은 점에서 오히려 한 가지 볼 만한 점이 있네. 그런데 갑자기 견책을 두려워하여 서둘러 벼슬길에 나가 사은숙배를 한다면 어떤 모양새의 사람이 되겠는가. 이른바 온 집안과 여러 벗들의 말이 사람을 그르치지 않는 경우가 없으니, 만일 그대로 따른다면 비록 일시적으로 구차히 면할 수는 있겠지만, 무슨 면목으로 사대부들을 보겠는가. 두 번 말하지 않을 테니, 부디 굳게 결정하여 동요하지 마시게.

49 의금부에……하겠네 : 부수찬에 임명된 홍창한이 한 번도 나와 명을 받지 않았으므로 의금부에서 잡아다 추고하라는 임금의 명이 있었고, 그 당시 파주(坡州)에 있었기에 전례대로 의금부 나장을 보내 잡아오겠다는 의금부의 계사가 보인다. 《承政院日記 英祖 15年 5月 14일 · 15日》

편지 말미의 "함께 죄를 받기를 원하고 이어 권면하고 경계하겠다."는 말은 참으로 좋으니, 상소에서 통렬히 진술하여 구차함이 없기를 바라네. 신료들이 그저 왕명에 나오지 않고 버티기만 하는 것이 진실로 죄가 되지만, 오로지 작위와 봉록, 위협과 형벌로 신하들을 속박하여 다그친다면 일세의 인심이 무너뜨림이 장차 얼마나 되겠는가. 만일 그대의 무리가 두려워 한번 벼슬길에 나아간다면 비록 스스로 조금 신하의 분의(分義)를 펼쳤다고 하겠지만, 이는 다만 임금의 과오를 더 이루어 줄 뿐이니, 이로부터 더욱 여지없이 신하들을 경시할 것이네. 비록 진언하지 못하여 무단히 다시 임금의 뜻을 어긴다 하더라도 이 일이 오히려 은혜에 보답하는 한 가지 방법일 것이네. 옥강(玉江)[50]과 주온(朱溫)[51]이 어찌 사람을 죽일 수가 있겠으며, 죄율(罪律)이 어찌 사형에 이르겠는가. 걱정하지 마시게. 처벌받을 각오로 끝까지 버티기를 간절히 바라네. 만일 상소를 올려 아뢰려고 한다면 위엄과 형벌로 신하를 속박하는 일과 임금의 과오를 더 하는 일 두 가지가 죄를 받더라도 감히 나아갈 수 없는 주장의 근거가 될 것이니, 이 뜻을 위주로 삼으시게.

50 옥강(玉江) : 주온(朱溫)처럼 포학한 사람을 말하는 것으로 보이는데, 누구인지는 확실하지 않다.

51 주온(朱溫) : 당나라를 멸망시킨 후량(後梁)의 태조 주전충(朱全忠)이다. 황소(黃巢)의 난을 평정하는 데 공이 많았지만 성격이 잔인하여 많은 사람을 죽였다.

홍대기에게 답하다

答洪大紀

그대가 삼사(三司)에 들어간 이후로 줄곧 침묵만 지켰네. 감옥이 아니면 내옥(內屋 궁중 안)에 있으면서 시들시들 저승사람의 기상이더니, 하루아침에 말에 뛰어 올라 멀리 나아갔으니, 무더운 날씨를 가을 날씨처럼 여기고 변방을 평지처럼 거닐 것이네.[52] 이 늙은이가 이 소식을 들음에 기운이 솟구치니, 평소에 그대에 대해 어설프게 알았던 것이 너무나 부끄럽네. 모르겠네만 지금 어느 고을에 도달하였으며, 며칠쯤 부임하겠는가. 현재 물이 크게 불어 하늘에 닿을 듯하니, 부임길에 필시 곳곳에서 어려움을 겪을 것이네. 설령 부임 기한 안에 도착하지 못하더라도 유배에 처하라는 명이 거두어졌으니 전혀 걱정할 것이 없네.

얼핏 들으니, 그대가 떠날 때에 어떤 내색도 하지 않았다고 하고, 어떤 사람은 이와 반대로 심지어 눈물을 흘렸다고 말하기까지 하는데, 이는 사랑과 미움의 사사로운 감정에서 나온 것이나 대체로 모두 잘못된 일이네. 이번 행차로 산천의 강건한 기운을 흠뻑 들이마시고 그동안의 병들고 나약한 습성을 한번 씻어내어 후일의 처사로 하여금 늘 화복을 두려워하지 않는 지금처럼 하다면 저 비방하는 자들이 역시 어찌 죽을 만큼 부끄럽지 않겠는가. 힘쓰시기 바라네.

52 하루……이네 : 패초를 어긴 수찬 홍창한이 경성 판관(鏡城判官)에 제수된 일을 말한다. 《承政院日記 英祖 15年 5月 23日》

평소에 군이 몹시 술을 즐기는 것을 알고 있네. 술에 빠지는 사람은 필시 여색에도 빠지는 법이니, 이것이 염려스럽네. 부디 스스로를 아껴 절제하고 조심하기 바라네.

나는 함창(咸昌) 종형(宗兄)의 문상(問喪) 때문에 그믐 전에 화교(花郊)[53]에 왔다가 비에 막혀 돌아가지 못하고 있네. 멀리 떠난 그대에게 아득히 미칠 수 없는데, 날마다 서쪽 언덕에 오르면 그대의 새 집이 눈앞에 있으니, 어찌 그리워하는 마음이 들지 않은 적이 있겠는가. 대략 이렇게 말을 적네. 권 만호(權萬戶)는 자주 만나시는가? 그대를 판관으로 얻었으니 기쁜 일이네. 이 편지를 전해주시게.

53 화교(花郊) : 경기도 고양 화전(花田)을 말한다.

홍대기에게 답하다
答洪大紀

북쪽으로 부임한 뒤로는 한 번도 소식을 듣지 못했으니, 얼마나 근심하였겠는가. 6월 19일 보낸 편지를 어제 비로소 받고서 무더위 여정길에 산을 넘고 물을 건너 부임한 뒤로 백성을 다스리는 체후가 평안하다는 것을 잘 알았으니, 얼마나 위로가 되고 기쁜지 모르겠네. 이 편지도 다시 안부를 묻는 서신인데, 이전에 보낸 편지와 차례차례 도착할지 모르겠네.

날씨가 서늘해지는 근래에 그리움이 더욱 간절한데, 공무를 본지 어느 정도 시일이 흘렀으니, 일에 두서를 갖추어졌는가? 우리 외조부께서 한 때에 외직에 보임되신 적이 있는데,[54] 북쪽 사람들에게 너무나 은혜로운 선정을 베풀었으니, 그대는 이 일을 모범으로 삼기 바라네. 돌아갈 기약이 없다고 한 말은 마음이 동요되는 것을 면하지 못한 듯한데, 절대로 이렇게 슬퍼하거나 고통스러워하는 말을 입 밖에 내지 말고, 편안히 앉아 밥을 잘 먹고 공무의 여가에 독서하면서 조만간에 임금의 은혜로 돌아오기를 기다리시게.

사장(士長 민형수)의 서신이 연이어 도착하였는데, 그의 아우[55]가 특

54 우리……있는데 : 저자의 외조부 민유중(閔維重, 1630~1687)이 경성 판관(鏡城判官)으로 나갔던 일을 말한다. 홍창한이 이때 경성 판관으로 나가 있었기 때문에 말한 것이다. 《孝宗實錄 8年 3月 25日》

55 그의 아우 : 민통수(閔通洙, 1696~1742)를 말한다. 본관은 여흥(驪興), 자는 사연(士淵)이다. 민통수는 1739년 7월에 광주 부윤에 임명되었다. 《英祖實錄 15년 7월

별히 광주 부윤으로 임명되었다고 하니, 이 세상의 모든 일이 사람으로 하여금 불안하게 하여 갈필을 못 잡게 하네.

보내준 해산물은 잘 받아서 그대의 관청 음식을 맛보았으니, 참으로 귀한 선물이네.

21일》

홍대기에게 답하다 경신년(1740, 영조16)

答洪大紀 庚申

기일이 지났는 데도 도착하지 않아 계속해서 근심하였는데, 편지가 갑자기 와서 무사히 잘 도착했다는 소식을 알았네. 산을 넘고 물을 건너는 험한 수천 리 길에 무탈하다고 하니, 어찌 다행이 아니겠는가. 돌아온 뒤에는 몸에 긴장이 풀려서 편안함이 이를 틈타 쉽게 병을 일으킬 수 있으니, 부디 조심하고 또 조심하기 바라네.

육진(六鎭)[56]을 두루 유람하고 돌아왔다는데, 우리나라는 강역이 아주 좁으므로 24일의 일정이면 이 지역을 돌아보기 충분하네. 젊은 시절의 장쾌한 유람이 아직 잊혀지지 않았을 것인데, 어떡하면 마주하고서 마치 눈앞에 있는 듯한 선명한 산천의 모습을 들을 수 있으려나.

이 몸은 어느덧 환갑이 되었으니, 무엇 때문에 이렇게 지루하게 살고 있단 말인가. 슬픈 일만 있고 기쁜 일은 없는지라, 이미 늙은이의 심사가 된 것을 깨달으니, 그대의 거취로 다시는 나를 번거롭게 하지 마시게. 그동안 그대 아내의 진노가 집채만큼 컸는데, 산으로 들어가 듣지 않게 되었으니, 도리어 한번 웃을 일이네. 보내준 해산물과 황간지(黃簡紙)는 잘 받았네. 옷감은 그대에게 받는 것을 어찌 사양하겠는가. 관직에 있을 때는 괜찮지만, 어찌 행낭에 넣어오기까지 한단 말인가.

56 육진(六鎭) : 1434년(세종16) 김종서(金宗瑞) 등에게 두만강 유역의 여진족을 몰아내고 그곳에 설치한 경원(慶源), 경흥(慶興), 온성(穩城), 종성(鍾城), 회령(會寧), 부령(富寧)의 여섯 군데의 진을 말한다.

홍대기에게 답하다
答洪大紀

요사이 조섭하는 정황은 더욱 좋으신가? 즉시 돌아가 사은숙배를 하겠다 말하고 지금까지 나아가지 않은 것은 어째서인가? 한두 망단자의 고하와 선후를 결정하는 일이 얼마나 자잘한 일인데,[57] 머리를 움츠리고 깊이 칩거하여 사지(死地)를 피하는 것처럼 하니, 이런 일을 이처럼 처리하는데 다른 일을 오히려 어찌 논하겠는가. 이 일로 보자면 일전에 그대가 들른 것이 빠르지도 않고 늦지도 않아 도당록(都堂錄)[58]의 모임에 교묘하게 맞추었던 것이 역시 의도가 없었던 것이 아니네.

이조 낭관으로 출사한 뒤에 한 일이 무엇인가. 듣기로는 대론(大論)이 일어나려 할 적에 옥당(玉堂)에 처음에는 '잘 알았다.'라고 써 보냈으나 다시 후회하여 태도를 바꾸었다고 하네. 그대의 친한 벗도 그 속에 있는데, 그대가 겁이 많고 나약하여 돕기를 이렇게 하였으니, 백에 한 가지도 잘하는 것이 없음이 이상하지 않네. 지난 일이야 어쩔 수 없지만 앞일은 고칠 수 있으니, 즉시 관직에 나가 정사(政事)에 참여하여 의도적으로 교묘하게 죄를 피한 사람들을 모두 멀리 외직으로 내쳐서 공의(公議)를 보이되, 평소 친분이 있는 사람이라고 관대하

57 한……일인데 : 홍창한(洪昌漢)이 이조 정랑에 제수된 일을 말한다. 《承政院日記 英祖 16年 2月 9日》

58 도당록(都堂錄) : 홍문관 관원을 선발하기 위한 선거기록으로, 의정, 정부의 우참찬, 관각의 당상, 이조의 당상이 회권하여 차점 이상을 뽑고, 이들을 의망하여 제수한다. 《典律通補 吏典》

게 하는 일이 없어야 할 것이네.

대론(大論)이 이미 일어나 더러 견책을 받고 축출되기도 하였으니, 이후의 일을 잘 수습하는 것은 오직 이조(吏曹)에 달려 있네. 앞장서서 짐을 지고서 악을 물리치고 선을 권장하는 책임을 다한다면 뒤늦게나마 이전의 잘못을 만회할 수 있겠지만, 이런 일을 할 수 없다면 이후로는 더 이상 함께 일을 도모할 수 없네.

홍대기에게 답하다
答洪大紀

만 리 여정을 하루 앞두고 있어[59] 외로이 앉아 그대를 그리워하는 마음을 그칠 수 없었는데, 문득 편지가 이르니 얼마나 위로가 되는지 모르겠네. 다시 방문할 뜻은 있었지만, 이루어지기 어려움을 이미 짐작하고 있었네. 내 몸은 여전히 쇠약하고 변변치 않으나 아들이 잘 돌아왔으니,[60] 마주보며 천은(天恩)에 감축할 따름이네.

그곳에 도착한 뒤에 일의 변화는 진실로 예측하기가 어려우니, 옛사람이 전대(專對)[61]를 중시하였던 것은 이 때문이네. 임기응변의 도는 오직 견식이 어떠한가에 달려 있으나, 견식은 짧은 기간에 갑자기 늘어나기가 쉽지 않으니, 마땅히 직분을 다하고 목숨을 바치는 것으로 마음을 삼아야 할 뿐이네. 이 말이 어진 사람에게 주는 이별 선물로 부족하지만 역시 마음에 새겨 실수하는 일이 없기를 바라네.

59 만……있어 : 홍창한이 사은 겸 동지사 서장관에 제수되어 연경으로 가게 된 일을 말한다. 《英祖實錄 16年 閏6月 29日》

60 아들이 잘 돌아왔으니 : 북평사로 나갔던 아들 이제원(李濟遠)이 돌아온 일을 말하는 것으로 보인다. 《英祖實錄 16年 9月 6日》

61 전대(專對) : 외국에 사신으로 나가서 독자적으로 잘 응대하여 사명(使命)을 완수하는 것을 말한다.

홍대기에게 답하다 계해년(1743, 영조19)

答洪大紀 癸亥

보여준 연석(筵席)에서의 말은 잘 알았네. 유자(儒者)의 거취는 가볍지 않으니, 만일 임금의 잘못을 바로잡는 것을 자신의 책임으로 여기지 않는다면 쉽게 조정에 들어가고 나와서는 안 되네. 그대가 여장(黎丈 박필주(朴弼周))에게 기대하는 것은 전혀 고식적인 사랑[62]이 아니지만, 말하는 사이에 가리지 않고 말하는 것이 많네. 《서경》에도 노성(老成)한 사람을 업신여기지 말라[63]고 말하지 않았던가.

설령 마음에 불만스러운 점이 있더라도 절대 경솔히 비난하는 말을 하여 남들의 구설수에 오르는 일을 만들지 마시게. 유현(儒賢)은 유현의 책임이 있고, 삼사(三司)는 삼사의 책임이 있는데, 그대가 이미 자기의 책임은 다하지도 못하면서 남에게 요구하는 것은 몹시 중하니, 고인(古人)의 명암(明暗)에 대한 경계[64]가 허언이 아님을 비로소

62 고식적인 사랑 : 상대가 잘못을 저질러도 충고는커녕 그 기분을 상하게 하지 않기만을 힘쓰는 것으로, 《예기》 〈단궁 상(檀弓上)〉에 "군자는 도덕에 입각해서 사람을 사랑하는 반면, 소인은 그저 고식적으로 사람을 좋아한다.〔君子之愛人也以德, 細人之愛人也以姑息.〕"라는 말이 나온다.

63 서경……말라 : 반경(盤庚)이 은(殷)으로 천도할 때, 이를 따르지 않는 귀족 가문들에 대해 천도의 이로움과 해로움을 말하여 설득하는 내용에 "내 너희들에게 이 일의 어려움을 말하노니, 마치 활쏘는 자가 과녁에 뜻을 두는 것과 같다. 너희들은 노성한 사람을 업신여기지 말고, 외로운 어린이들을 하찮게 여기지 말며, 각기 그 거처를 장구하게 할 계책을 세워, 각자의 힘을 발휘하는 데 힘써 나 한 사람이 세운 계책을 따르도록 하라." 하였다. 《書經 盤庚上》

알겠네.

경연(經筵)에서 언급했던 몇 마디 말은 참으로 잘못된 것이 있는데, 어떤 이가 전하기로 여장이 돌아갈 때 올린 상소에 여덟 조목[65]을 진언했다고 하니, 그 내용이 무엇인지는 모르겠지만, 지난 잘못을 만회할 수 있지 않겠는가. 듣기로 상소의 원본은 유중(留中)[66]에 있어 쉽게 보기는 어려울 듯한데, 그대가 만일 본다면 즉시 알려 주시게. 내가 죽음에 가까운 나이인데 내내 남들에 의해 천거되니, 때로 절로 한 번 웃을 뿐이네. 아들놈이 공무에 몰두하는 것을 식자들은 비웃고 그대들은 부러워하니, 역시 기괴한 일일세.

64 명암(明暗)에 대한 경계 : 남을 꾸짖는 데는 밝고, 자기의 잘못을 용서하는 데는 어둡다는 뜻이다. 송나라 범순인(范純仁)이 자제들을 경계하면서 "사람이 아무리 어리석어도 남을 꾸짖는 데는 밝고, 사람이 아무리 총명하더라도 자신의 잘못을 용서하는 데에는 어둡다.〔人雖至愚, 責人則明, 雖有聰明, 恕己則昏.〕"라고 한 데서 유래한 말이다. 《宋名臣言行錄 後集》

65 여덟 조목 : 찬선(贊善) 박팔주(朴弼周)가 물러날 것을 고하며 진계(陳戒)한 8조목을 말한다. 그 내용은 첫째 자신을 속이지 말 것, 둘째 자용(自用)하지 말 것, 셋째 사정(事情)에 순응할 것, 넷째 자신의 허물을 반성할 것, 다섯째 희로(喜怒)를 절제할 것, 여섯째 언어와 행동을 신중히 할 것, 일곱째 세자의 덕(德)을 기를 것, 여덟째 당론(黨論)을 평정해야 한다는 것이었다. 《英祖實錄 19年 4月 4日》

66 유중(留中) : 상주한 안건이나 상소문을 승정원으로 내려보내지 않고 궁중(宮中)에 그대로 두는 것이다. 안건이나 상소가 올라가면 임금은 반드시 3일 이내에 그 문건을 승정원으로 내려 보내야 한다. 만약 비답이 없을 경우에는 계(啓)자를 새긴 도장을 찍어서 내려 보낸다.

홍대기에게 주다

與洪大紀

누누이 다시 말한 내용은 잘 알겠네. 경유(景孺 윤급(尹汲))의 준론(峻論)이 만약 한결같이 그대의 견해와 같다면 그 역시 삼사(三司)의 직책을 맡고 있으니, 어찌 그대를 질책하는 말을 그에게 보여주어 남만 질책할 게 아니라, 자신을 질책할 줄도 알도록 하지 않는가? 요순(堯舜)도 일반사람과 똑같은 분이신데,[67] 유자(儒者)가 비록 어질지만 어찌 비할 수 없는 대상이라고 기꺼이 중인(衆人)으로 자처하여 자신을 용서하는 단서로 삼기까지 하는가. 바라건대 상대방에 대해 분명히 아는 것으로 자신의 어두운 면을 제거하여 서로 권면하여 직분을 다하시게.

유현(儒賢)의 상소는 보고 돌려보내네. 여덟 조목[68]은 대강(大綱)은 매우 좋으나, 세목(細目)이 자못 허술하네. 그러나 그 속에 군주의 잘못을 바로잡는 말이 많으니, 그 말을 기뻐하면서도 참뜻을 찾아 허물을 고치기를 성상을 위해 묵묵히 바랄 뿐이네.

67 요순(堯舜)도……분이신데 : 《맹자》 〈이루 하(離婁下)〉에 "저자가 말하기를 '왕이 사람을 시켜 부자를 엿보게 하시니, 과연 다른 사람과 다른 점이 있습니까?'하자, 맹자가 말하기를 '어찌 다른 사람과 다르리오? 요순도 다른 사람과 똑같다.'하였다.〔儲子曰, 使人瞯夫子, 果有以異於人乎? 孟子曰, 何以異於人哉? 堯舜與人同耳.〕"하였다.

68 여덟 조목 : 67쪽 주41 참조.

홍대기에게 답하다 갑자년(1744, 영조20)

答洪大紀 甲子

유배객이 편지를 남겨 신속히 전해달라고 부탁했건만, 그대는 하루가 지난 뒤에 느긋하게 보내었네. 만일 이 편지가 어제 도착했다면 여기에서 따로 급히 목천(木川 천안)의 숙소로 사람을 보내어 소식을 물었을 텐데, 이제는 소용없게 되었네. 나와 그대, 그대와 사수(士洙 박성원) 사이에 정의(情義)가 어떠한가. 그런데도 이런 환난을 당했을 때[69] 이렇게 소홀하게 대우하니, 다른 일을 오히려 어찌 논할 수 있겠는가.

또 듣자하니, 적소로 가는 행차에 과현(果縣)[70]에서 말을 빌려 그대의 관아[71]에 이르자, 그대는 관복(官卜 관아에서 짐 싣는 말)을 수삼일간 빌려주었다고 하니, 수삼 일 뒤엔 그에게 어떤 친구가 있어서 말을 빌릴 수 있겠는가. 형세로 보면 수많은 고개를 넘느라 발에 피가 날 것일세. 비록 사수처럼 교분이 두터운 자가 아니라 조금 호의가 있는 사람이라 하더라도 이처럼 대우해서는 안 되는데, 너무나 통탄스럽네.

69 이런……때 : 1744년 박성원이 지평으로서 영조가 기로소에 들어가는 것을 반대하는 상소를 올렸다가 남해(南海)에 위리안치 된 일을 말한다.《英祖實錄 20年 8月 29日》

70 과현(果縣) : 수원(水原)으로 가는 길목에 있는 고을을 가리키는데, 과천현(果川縣)을 말하는 것으로 보인다.

71 그대의 관아 : 홍창한이 수령으로 있던 고을로, 당시 홍창한은 수원부사(水原府使)로 재직 중이었다.《承政院日記 英祖 20年 8月 8日》

홍대기에게 답하다 을축년(1745, 영조21)

答洪大紀 乙丑

나는 이미 병들어 버려진 몸이라 높은 벼슬에 오른 그대들만 그저 바라보고 있네. 어찌 늙지 않을 수 있겠는가. 오직 묵묵히 "임금을 요순(堯舜)으로 만드는 일은 공들에게 부탁한다."[72]라는 구절을 암송할 뿐이니, 갚을 수 없는 크나큰 은혜에 보답하기를 권면할 수 있겠는가. 아비와 아들이 모두 높은 관직에 오르는 일[73]은 실제 복이 적은 쇠퇴한 가문에서 감당할 바가 아니니, 지금 나무 위에 아슬아슬 앉아 있는 것처럼 두렵네. 그런데 보내온 편지에 기뻐하는 말만 있으니, 깊은 근심과 멀리 내다보는 생각이 없는 사람이라 하겠네.

72 임금을……부탁한다 : 두보(杜甫)의 〈모추왕배도주수찰솔이견흥기체정소환시어(暮秋枉裴道州手札率爾遣興寄遞呈蘇渙侍御)〉에 시에 "임금을 요순으로 만드는 일은 공들에게 부탁하노니, 얼른 요직을 차지하고서 몸 바칠 일을 생각하시라.〔致君堯舜付公等, 早據要路思捐軀.〕"라는 말이 나온다. 《杜少陵詩集 卷23》

73 아비와……일 : 1745년 저자는 대사헌에 제수되었고, 아들 이제원은 수원부사(水原府使)에 제수되었기 때문에 한 말이다. 저자는 끝내 관직을 사양하고 나가지 않았다. 《英祖實錄 21年 7月 15日》《承政院日記 英祖 21年 11月 16日》

홍대기에게 답하다 병인년(1746, 영조22)

答洪大紀 丙寅

남솔(濫率)[74]한 일로 말하면, 한 지역의 기율과 풍속을 바로잡는 지위에 있는 사람[75]이 제일 먼저 법을 어겼으니, 어떻게 남의 잘못을 바로잡겠는가. 삼가고 조심하였던 전임 관찰사처럼 하지 못하고서 다만 잘못된 행동만 본받아서야 되겠는가. 예전에 유상(兪相)[76]이 경상도 관찰사로 부임했을 적에 안식구들이 차례로 남솔에 들어가 있었고, 그중에 며느리도 한 명 있었네. 그래서 내가 개탄하여 "이 대감이 다른 재상에 비해 아주 가망이 있었는데도 법을 어겼으니, 앞으로 이런 일이 생기지 않으리라는 보장이 없겠구나."하고는 이어서 "대기(大紀)에게 이런 일이 생기면 내가 마땅히 부당하게 데려간 사람을 돌려보내게 할 텐데, 유상의 경우는 이 일이 내 본분에 크게 지나치니 할 수 없다."라고 생각했었네. 그 후에 유상을 만나 한 번 웃으면서 이 말을 했네. 내 뜻은 본래 이러하니, 다시 묻지 마시게.

74 남솔(濫率) : 수령으로 부임할 때 제한된 수 이상의 가족을 데리고 부임하는 일을 말한다.

75 한……사람 : 관찰사의 임무를 말하는데, 당시에 홍창한이 전라도 관찰사로 부임하였기 때문에 말한 것이다. 《承政院日記 英祖 22年 1月 18日》

76 유상(兪相) : 저자의 사돈인 유척기(兪拓基)를 말한다. 유척기는 1737년에 경상도 관찰사에 부임하였고, 남솔과 관련에 장계를 올린 일이 있다. 《承政院日記 英祖 13年 4月 2日 · 14年 5月 1日》

양계달 응수 에게 답하다 기미년(1739, 영조15)

答楊季達 應秀○己未

한 해 동안 떨어져 지낸 터라, 하루도 그대를 그리워하지 않은 적이 없었는데, 문득 6월 10일에 보내준 편지를 받았습니다. 너무나도 놀라고 기쁘니, 하늘 너머에서 온 소식과 무엇이 다르겠습니까. 근래 쌀쌀해지는 날씨에 공부하는 체후가 더욱 평안하리라 생각됩니다. 저는 지난봄에 새로 지은 대심(大心 이유)의 암정(巖亭)을 방문하였습니다. 산수는 모두 승경이었지만, 화초 하나 나무 한 그루에도 눈물이 흐르지 않음이 없었으니, 무슨 즐거움이 있었겠습니까. 돌아온 뒤에 또 그의 기일을 보냈으니, 처음처럼 마음이 찢어집니다.

여름 이후로 찾아오는 벗들이 거의 드물어 제 자신을 돌아보니 그저 게으르고 보잘 것 없는 몸이었습니다. 이 때문에 더욱 그대가 그립지만 만날 수가 없습니다.

말씀하신 내용은 진심에서 우러나온 것이라 감탄하게 합니다. 그러나 주자(朱子)의 "대면했을 때 서로 드러냄이 마치 양자강과 황하를 터놓은 듯 성대하다."[77]라는 말을 우리가 마땅히 힘쓸 바입니다. 모르겠습니다만 어제 다시 만날 수 있을는지요?

77 주자(朱子)의……성대하다 : 주자가 보한경(輔漢卿)에게 답한 편지에 "어느 날 아침에 서로 만나면 대면했을 때 서로 드러냄이 마치 양자강과 황하를 터놓은 듯 성대하여 더 이상 막힘이 없을 것입니다.〔一旦相聚, 覿面相呈, 如決江河, 更無凝滯矣.〕" 하였다. 《朱子大全 卷59 答輔漢卿》

양계달의 문목에 답하다 경신년(1740, 영조16)
答楊季達問目 庚申

문 《예기》〈분상(奔喪)〉에 "모든 상(喪)에 아버지가 계시면 아버지가 상주가 된다."라고 하였습니다. 이를 근거로 말하면 비록 서부(庶婦)[78]의 상(喪)이라 하더라도 마땅히 아버지가 주관해야 하는 것입니까? 《예기》〈복문(服問)〉에 "임금이 주관하는 바는 부인처(夫人妻 임금의 적처)와 태자(太子)와 태자의 적부(適婦)이다."라고 하였으니, 이를 근거로 말하면 다른 곳에 사는 여러 아들은 각자 상을 주관해야할 듯합니다.

답 상을 주관하는 예절은 집안과 국가의 체모가 다른 법이고, 이궁(異宮)의 뜻은 옛날과 지금의 제도가 다르니, 마땅히 아버지가 계시면 아버지가 상주가 된다는 말을 법으로 삼아야 합니다.

문 《문해속(問解續)》[79]에 실린, 임시로 장례를 지낸 뒤에 상복을 벗는 절차에 대한 지영해(池寧海)의 질문에 대한 신재(愼齋 김집)의 대답[80]

78 서부(庶婦) : 장부(長婦) 또는 적부와 상대되는 말로 중부(衆婦)라고도 한다. 즉 맏며느리 이외의 며느리를 말한다.

79 문해속(問解續) : 《의례문혜속(疑禮問解續)》을 말한다. 김집(金集)이 그의 아버지 김장생(金長生)의 《의례문해》에서 다루지 못한 문제를 속편에서 보충하여 질의문답 형식으로 만든 책이다.

80 임시로……대답 : 지영해가 부모의 묘를 가매장하고 나서 겨울이 되어야 장례를 치를 수 있는데, 아직 장례가 끝나기 전이라서 시마복을 그대로 입고 올겨울까지 지내다

에 의문점이 있습니다. 구애되는 일이 있어 임시로 매장하는 것은 예법이 아니니, 비록 임시로 매장했다 하더라도 아직 안장(安葬)하지 못했다면 이는 장례를 지내지 않은 것과 같습니다. 개월 수를 채우고 시마복을 벗었다가, 다시 이장할 때를 기다려 시마복을 입는 것이 모르겠습니다만 예법에 해가 되지 않습니까?

답 이장하고 임시매장 했을 때, 상복을 벗는 일에 대해서는 말씀하신 논의가 매우 고견이고, 구애를 받아 임시로 매장하는 것을 비판한 일은 더욱 엄정합니다. 그러나 면례(緬禮 이장(移葬)) 때 시마복을 입는 것은 부모의 시신을 보기 때문입니다. 비록 임시로 매장했다고 하더라도 이미 장례를 치렀으니, 입고 있는 시마복은 개월 수가 차고 나면 마땅히 벗어야 하고, 훗날 이장할 때에 다시 상복을 입는다고 말한 것은 신재의 설이 옳은 듯합니다.

문 합장(合葬)하는 예는 마땅히 서쪽을 높은 자리로 삼아야 하는데, 아버지는 동쪽으로 하고, 어머니는 서쪽으로 하는 경우가 많습니다. 이와 같다면 자손이 제사지낼 때 서는 차례는 어떻게 해야 합니까? 또 쌍분(雙墳)의 사이에 간격이 제법 떨어져 있는 경우에 편하고 높은

가 개장일이 완전히 끝난 뒤에 벗으려고 하면서 어떻게 해야 하는지 묻자, 김집이 대답하기를 "비록 가매장이라 해도 일단은 매장을 한 것이므로 입고 있는 시마복은 3개월이 차면 벗고, 뒤에 파묘(破墓)를 할 때 시마복을 다시 입었다가 또 3개월이 차면 벗어야 옳습니다. 대체로 개장 때 시마복을 입는 까닭은 어버이 시신을 직접 보았다고 해서인데, 이미 가매장을 한 상태에서 장례가 아직 끝나지 않았다 하여 지난 섣달부터 올겨울까지 시마복을 계속 입고 있다면 그것은 바로 기년복이지 시마복이라고 할 수 있겠습니까."라고 한 내용을 가리킨다. 《愼獨齋全書 卷13 疑禮問解續》

쪽을 따라 모두 아버지의 묘 앞에 제사 음식을 진설하는 경우가 많으니, 이 역시 어떻게 생각하십니까?

답 아버지는 동쪽으로 하고, 어머니는 서쪽으로 하는 것은 이미 예의 올바름을 잃은 것입니다. 자손은 다만 마땅히 서쪽을 높은 자리고 삼아야 하니, 어찌 잘못을 따라서 그 차례를 어지럽혀서야 되겠습니까. 제사 음식은 각각 진설하는 것이 예입니다. 아버지 쪽의 묘 앞에 모두 진설할 필요 없이 한결같이 묘의 위치를 따라 서쪽과 동쪽으로 나누어 제사를 지내는 것이 옳을 듯합니다.

양계달에게 답하다
答楊季達

지난 겨울 직접 써서 보내주신 안부편지는 마치 얼굴을 마주하는 듯하였으니, 얼마나 위로가 되었겠습니까. 어느덧 이미 중춘이 되었는데, 공부하시는 체후는 더욱 평안한지요? 저는 또 새로운 한 해를 만나 온갖 감회가 일어나니, 지난달을 되돌아봄에 무슨 일을 하였습니까? 밤낮으로 부지런히 힘써 지금이라도 부족한 점을 메우려고 극진히 힘쓰고자 했으나, 아는 것이 진실 되지 못하고 행실이 독실하지 못하여 오히려 빙빙 돌면서 연자매를 끄는 나귀 신세[81]이니, 앞으로도 이와 같을 뿐이겠지요. 그대와 같은 사람은 마땅히 저를 보고 경계를 삼아 늘그막의 후회가 없도록 하십시오.

81 빙빙……신세 : 새롭게 발전하지 못한 채 계속해서 똑같은 일만 반복하는 것을 비유한다. 소식(蘇軾)의 시에 "나의 생계가 졸렬하기 그지없어서, 연자매 끄는 나귀처럼 돌기만 하는 것을 비웃겠지.〔應笑謀生拙, 團團如磨驢.〕"라는 말과 〈송지상인유여산(送芝上人游廬山)〉시에 "돌고 도는 것이 연자매 끄는 소와 같아서, 걸음걸음마다 묵은 자국만 밟노라.〔團團如磨牛, 步步踏陳跡.〕"라는 말이 나온다.《蘇東坡詩集 卷21 伯父送先人下第歸蜀詩云》《蘇東坡詩集 卷35 送芝上人游廬山》

양계달의 문목에 답하다 신유년(1741, 영조17)
答楊季達問目 辛酉

문 세 살 이전에 남의 손에 길러진 사람은 길러준 사람을 위해 자최 삼년복을 입는다는 말이 《주자가례》와 《상례비요》에 보이지만, 세 살 이후에 대해서는 더 이상 거론하지 않았습니다. 만약 다섯 여섯 살이나 일곱 여덟 살에 남에게 길러진 사람은 어떤 상복을 입어야 합니까?

답 어렸을 때 거두어 키우는 것은 세 살 이하와 이상에 따라 그 어려움과 쉬움의 차이가 현격하니, 이것이 복제(服制)를 세 살 이하에 대해 언급하고 세 살 이상에 대해 언급하지 않은 까닭입니다. 이미 선왕(先王)이 정해놓은 제도가 없으니, 다섯 여섯 살이나 일곱 여덟 살에 남에게 길러진 사람은 다만 마땅히 그 은혜와 의리를 헤아려 스스로 심상(心喪)[82]을 할 수는 있으나, 역시 감히 삼년 동안 할 수는 없을 듯합니다.

문 《오복연혁도(五服沿革圖)》[83]에 남의 후사가 된 자의 처는 남편의

82 심상(心喪) : 상복을 입지는 않고 상중에 있는 것 같은 마음으로 지내는 것을 말한다. 흔히 스승이나 자신을 길러 준 사람에 대해서 입는다.

83 오복연혁도(五服沿革圖) : 오복(五服)을 의례(儀禮), 가례(家禮), 황조제(皇朝制), 국제(國制)로 구분하여 그 연혁을 도식화한 책으로, 정구가 1617년(광해군9) 완성하였고 그의 제자 이윤우(李潤雨)가 1629년(인조7) 담양 군수(潭陽郡守)로 있을 때 간행하였다. 《한강전서(寒岡全書)》와 《사계전서(沙溪全書)》 권24 〈가례집람도설(家

본생(本生) 시부모를 위해 대공(大功)을 입는데, 본생 시부모는 후사가 된 아들의 처를 위해 입는 상복이 없다고 되어 있습니다. 모든 상복에는 대체로 보답으로 입는 복이 있기 마련인데, 이 경우만 유독 그렇지 않은 것은 무엇 때문입니까?

답 모든 상복은 정통(正統)을 제외하고는 모두 보답으로 입는 복이니, 아내가 남편의 본생부모를 위해 대공을 입었다면 본생 시부모 역시 마땅히 상응하는 복을 입어야 합니다. 논란하는 자들이 "중자(衆子)의 아내를 위해 대공을 입는데, 양자로 나간 아들의 아내를 위해 또 대공을 입는다면 등급을 줄이는 뜻에 어긋나는 듯하다."고 합니다. 저는 "중자를 위해 부장기(不杖期)[84]를 입고, 양자로 나간 아들을 위해서도 부장기를 입으니, 이 또한 등급을 줄이는 뜻이 있는 것이 아니다."라고 하겠습니다. 양자로 나간 아들은 정통이 될 수 없으므로 반드시 상응하는 상복을 입는데, 아들이 이미 이와 같으니 며느리가 어찌 유독 그렇게 하지 않겠습니까. 《가례》의 강복조(降服條)에 다만 "남의 후사가 된 자가 그 사친(私親)을 위해 복을 입을 경우 등급을 내리고, 사친도 그를 위해 복을 입을 경우에 또한 그렇게 한다."고 되어 있는데, 오복(五服)의 조목을 따라 내려가면 애초에 나누어 소속시키지 않았습니다. 《오복연혁도》에 보이지 않는 것이 혹 이와 동일한 뜻이 아닐런지요?

禮輯覽圖說)〉에 실려 있다.

84 부장기(不杖期) : 복상(服喪)하는 예제(禮制)의 하나이다. 장(杖)은 거상할 때 짚는 지팡이이고, 기(期)는 기년복으로, 기년복을 입으면서 지팡이를 짚는 것을 장기라 하고, 지팡이를 짚지 않는 것을 부장기라고 한다.

문 《가례》〈제찬도(祭饌圖)〉의 어육(魚肉)에 대하여 사계(沙溪 김장생)는 "날 것의 어육이 아니라 어탕(魚湯)과 육탕(肉湯)이다. 날것을 쓴다는 율곡(栗谷)의 말이 비록 서의(書儀)[85]에 근본을 둔 것이지만 《의례》의 궤식례(饋食禮)와 같지 않다. 익히지 않은 것과 익힌 것을 함께 섞어 쓰는 것이 비록 고례(古禮)이지만, 《가례》 사신조(辭神條)에 주자(朱子)가 '연기(燕器 평소에 사용하던 그릇)를 제기(祭器)로 대용(代用)하고, 상찬(常饌)으로 조육(俎肉)을 대용한다.' 하였으니, 날것을 쓰지 않는 것이 분명하다"라고 하였습니다.[86] 저는 이 말을 믿어 날것의 어육을 쓰지 않았습니다. 그런데 근간에 신도(神道)를 탐구해 보니, 혈제(血祭)[87]를 지내는 것이 아주 이치가 있어, 마침내 날것을 쓰지 않는다는 말에 의문이 들었습니다. 근래에 〈악기(樂記)〉를 보니, "희생을 익혀서 제사를 지내는 것은 통달한 예가 아니다."라고 하였고, 그 주(註)에 "희생을 익혀서 제사에 올리는 것은 옛날에 피 묻은 희생을 올려서 제사를 지내는 것이 예의 뜻에 부합하는 것만 못하다. 그러

85 서의(書儀) : 송나라 사마광(司馬光)이 지은 책으로, 고례(古禮)에 근본하고 당시의 행할 만한 것을 참작하여 만들었는데, 표주(表奏)·공문(公文)·사서(私書)·가서(家書)의 서식(書式) 1권, 관의(冠儀) 1권, 혼의(婚儀) 2권, 상의(喪儀) 6권 등 모두 10권이다. 《사마씨서의(司馬氏書儀)》라고도 한다.

86 날……분명하다 : 《동춘당선생별집(同春堂先生別集)》 권1 〈상사계선생(上沙溪金先生)〉에 의거하면 "參用生熟부터……則不用生明矣"까지는 사계의 질문에 대한 우계(牛溪)의 답변으로 되어 있다. 엄밀하게 보면 사계의 질문에 대한 우계의 답변이지만, 사계 역시 우계의 답변을 수용하였으므로, 사계의 의견으로 보고 번역하였다.

87 혈제(血祭) : 사직(社稷), 오사(五祀), 오악(五嶽)에 지내는 제사이다. 토지와 사직에 대한 제사인 음사(陰祀)는 피로부터 시작되니, 기운과 냄새를 귀히 여기는 것이다. 혈사(血祀)는 희생의 피를 바치는 것이다. 《周禮 春官 大宗伯之職》

므로 통달한 예가 아니라고 한 것이다." 하였습니다. 이 사실로 보자면 더욱 날것을 쓰지 않아서는 안 됩니다.

또《예기》〈잡기(雜記)〉에 이르기를 "종묘를 이루었을 때는 짐승의 피로 칠한다.", "집에 피를 칠하는 것은 신명(神明)과 접하는 도(道)이다." 하였습니다. 진씨(陳氏)는 말하기를 "흔(釁)은 피를 바르는 것이니, 신명과 접하는 도이다." 하였습니다.[88] 이 몇 가지 말을 보면 성혈(腥血)이 신명과 접하는 일과 관련되어 있음을 알 수 있으니, 율곡이 날 것을 쓴 것이 실로 예의 본뜻을 얻은 것입니다. 지금부터는 날 것을 제사에 쓰기로 결정하려고 하나 감히 마음대로 쓸 수 없기에 감히 질문을 드립니다.

답 날것을 제사에 올리는 한 절목은 실제 고례(古禮)의 본뜻을 얻은 것이니, 그대의 말씀이 참으로 좋습니다. 그러나 우암 선생은 "《가례》에는 다만 '어육(魚肉)'이라고 했으니, 날 것을 쓰던 익힌 것을 쓰던 간에 모두 무방하다. 다만《요결(要訣)》에는 날것의 생선과 비린 고기를 사용하도록 하였다." 하였습니다. 근래 사대부들이 종종 날것의 생선과 비린고기 한두 가지를 제사에 올리는데, 이는《요결》과《상례비요》를 참고하여 취해서 그런 것이니, 오직 어느 것을 선택하는가에 달려 있습니다.

88 진씨(陳氏)는……하였습니다 :《예기집설(禮記集說)》권104에 나오는 내용이다. 진씨는 장락 진씨(長樂陳氏)로, 이름은 상도(祥道), 자는 용지(用之)이다. 송나라 복주(福州) 사람으로, 철종(哲宗) 때 태상 박사(太常博士)를 지냈다. 저술에《태상예서(太常禮書)》가 있다.

문 화산(華山) 권집(權𤨏)[89]이 임종 때에 그 문인들에게 경계하기를, 훗날 남인(南人)중에 반드시 장씨(張氏 장희빈)를 위해 복위를 해달라고 상소를 올리는 자가 있을 것인데, 만약 그 상소에 참여한다면 만고에 소인이 되는 것을 면하지 못할 것이니, 그대들은 명심하게나."라고 하였습니다. 처사 조세유(趙世維)가 이 말을 듣고서 무릎을 치며 탄복하고는 화산의 만사(輓詞)에 "임종 때에 한 마디 말로 인륜을 부지한 뜻, 참으로 천추에 대의를 밝게 하였도다."라고 하였습니다. 그 후 신축년(1721)과 임인년(1722) 사이에 남인들이 과연 상소를 올렸으나,[90] 화산의 가르침을 받든 문인들은 참여하지 않았습니다. 근래에 안숙(安璹) 어른이 화산 선생의 언행록을 기술하였으나 이 한 절목을 산삭하였습니다. 그 이유를 물어보니, 작은 일이라 굳이 기록할 필요가 없는 데다 화산 선생이 이 때문에 남인에게 미움을 받을까 염려스럽기 때문에 그 내용을 넣지 않았다고 하였습니다. 제가 누차 말을 하였으나 끝내 받아들여지지 않았습니다. 이 일이 과연 어떻습니까?

답 임종할 때 남긴 한마디 말이 실제로 인륜을 부지하는 뜻이고, 처사가 이미 세상에 드러낸 사업이 없으니, 여기에서 오히려 뛰어난 학식

89 권집(權𤨏, 1665~1716) : 본관은 안동(安東), 자(字)는 수옥(壽玉), 호(號)는 화산(華山)이다. 처음 이름은 권숙(權璹)이다. 도암에게 질문을 한 양응수(楊應秀)가 유년시절 권집에게 학문을 배운 적이 있다. 《星湖先生全集 卷16 華山權先生墓碣銘 幷序》《白水集 年譜》

90 신축년……올렸으나 : 1722년 청주(淸州)사람 허벽(許璧)이 장씨의 일에 대해 조서를 내리고 원통함을 풀어줄 것을 청하는 상소를 올렸으며, 이외에도 장씨(張氏)를 위하여 상소를 사람이 매우 많았는데, 경종이 한 번도 비답을 내리지 않았다. 《景宗實錄 2年 2月 21日》

을 볼 수 있는데 그 언행을 기록하는 자가 어찌 이 한 가지 일을 빼버려서야 되겠습니까. 만일 남들에게 미움을 받을까 두려워 일부러 삭제한 것이라면, 식견이 있는 사람이 할 일이 아닌 듯하니 안공이 어찌 이런 일을 했겠습니까. 감히 믿지 못하겠습니다.

양계달의 문목에 답하다 임술년(1742, 영조18)
答楊季達問目 壬戌

문 적자(嫡子)가 폐질(廢疾)에 걸렸을 때, 적손(嫡孫)이 대신 상복을 입는 것에 대해서는 주자(朱子)의 정론(定論)이 있으니, 의심의 여지가 없을 듯합니다. 다만 스스로 전중(傳重)[91]의 바른 주인이 될 수는 없을 듯하니, 방제(旁題)와 축문(祝文)에는 아버지의 이름을 쓰고, 적손이 참최복을 입고 궤전(饋奠)을 섭행하는 것은 어떻습니까?

답 폐질에 걸린 사람이 적자에게 대신 상복을 입게 하는 것은 이미 주자의 정론이 있으니, 더 이상 의심의 여지가 없습니다. 다만 을묘년(1675, 숙종1) 이후로 우암이 여러 흉악한 이들에게 무함을 당할 때 이 일이 또 한 가지 빌미가 되었고,[92] 현석 역시 이 일에 연좌되어 삭판(削版)되었습니다.[93] 이 이후로는 세상에서 기피되어 행하는 사람

91 전중(傳重) : 상제(喪祭)나 종묘(宗廟)의 중한 책임을 손자에게 전한다는 뜻이다. 옛날에는 종법(宗法)에 있어서 적서(嫡庶)의 구별이 엄격하여 적자(嫡子)가 죽었을 경우 다른 서자에게 종통을 전하지 않고 바로 손자에게 전하였는데, 이를 할아버지의 처지에서는 '전중'이라 하고, 손자의 처지에서는 '승중(承重)'이라고 하였다.

92 흉악한……되었고 : 흉악한 이들은 남인을 지칭한다. 1674년에 효종비가 죽자 자의대비의 복상 문제를 놓고 서인과 남인 간에 논쟁이 벌어졌을 때, 남인은 효종비를 장자부로 보고 기년복을, 서인은 차자부로 보아 대공복을 입어야 한다고 주장하였는데, 결국 남인들이 승리하여 송시열을 비롯한 서인들이 축출되었다. 그 후에 남인들은 송시열이 기해예송 때 효종이 인조의 둘째 아들, 즉 장자가 아니고 중자(衆子)이므로 장자의 삼년복은 안 되고 서자의 기복을 입어야 한다고 주장한 사실을 소급하여 비판하였다.

93 현석(玄石)……삭판(削版)되었습니다 : 효종이 승하하자, 자의대비(慈懿大妃)

이 드물었습니다. 그러나 이러한 변고를 당한 사람이 과연 예의 뜻으로 보아 그만둘 수가 없고, 흉론(凶論)이 빼앗을 수 없음을 분명하게 안다면, 누가 막는다고 하지 않겠습니까. 다만 마땅히 이 도리를 말해주어 그 사람으로 하여금 헤아려 처리하게 할 따름입니다. 제주(題主)로 말하자면 현석이 이 논의를 주장하였고, 우암이 옳게 여겼습니다. 그러나 그 당시에 민가(閔家)에서 과연 실행하였는지의 여부[94]는 모르

의 복상 문제가 거론되었는데, 박세채는 3년설을 주장한 남인계열의 대비복제설을 반대하고, 송시열・송준길의 기년설을 지지하며 서인 측의 이론가로서 활약하였다. 그 후 1674년 숙종이 즉위하고 남인이 집권하자 기해복제 때에 기년설을 주장한 서인 측의 여러 신하들이 다시 추죄(追罪)를 받게 되었는데, 이에 박세채는 관직을 삭탈당하고 유배되었다. 《厚齋集 卷44 文純公南溪先生行狀》

94 민가(閔家)에서……여부 : 교관 민업(閔業)의 죽음에 손자 민신의 승중복이 타당한가와 상사(喪事)에 대하여 논한 일을 말한다. 민업에게 민세익(閔世益)이라는 아들이 하나 있어 미친병을 앓았는데, 민업이 죽자, 박세채가 민세익의 아들 민신(閔愼)을 세워야 한다고 하면서 주자의 상복(喪服)에 관한 차자를 인용하여 증거하였다. 민정중(閔鼎重)도 박세채의 말이 옳다고 하였다. 민신이 마침내 참최복을 입게 되었으므로 듣는 자들이 모두 의아해 하였다. 그러다가 방제(旁題)와 체천(遞遷)에 관한 의논이 나오게 되면서 사람들이 더욱 떠들썩하게 되었다. 송준길・이유태(李惟泰)・윤증(尹拯) 등 여러 사람도 모두 이를 힐난하였다. 이에 반해 송시열은 박세채의 말이 옳다고 본래부터 강력히 주장하였는데, 방제와 체천에 관련된 일에 있어서는 역시 의심을 품고 결정짓지 못했다. 민가(閔家)의 상사(喪事)에 송시열의 문인 고회(高晦)가, 송시열이 이것을 의논한 적이 있다 하여 민정중과 박세채에게 묻고 드디어 결정하여 행하였는데, 이때에 시비가 물 끓듯 일어났으므로 민가(閔家)에서 다시 송시열에게 물으니, 송시열이 '이것은 과연 주자의 밝은 가르침이라 다시 의심할 것 없으나, 시비가 이와 같으니 예부(禮部)에 품(稟)하여 제도를 정하면 더욱 완비될 듯하다.'고 답하였다. 민가에서 그 말대로 예조에 올렸다. 신주(神主)의 방제와 세대(世代)의 체천 등의 절목(節目)을 송시열에게 물으니, 송시열은 우선 삼월 부묘(三月祔廟)의 예(禮)를 쓰고 훗날을 기다리라고 답한 일이 있다. 《顯宗實錄 14年 9月 9日》《肅宗實錄 卽位年 10月 15日》

겠습니다.

문 백이(伯夷)와 숙제(叔齊)가 도망을 친 것은 언제입니까?[95] 아버지가 죽고 나서 아직 빈(殯)을 하지 않았는데 도망을 간 것이라면 인정상 차마할 수 없는 일이고, 만일 빈을 한 뒤에 도망을 간 것이라면 빈을 하기 이전에는 누가 상주가 되는 것입니까?

답 백이와 숙제가 도망을 친 것이 만약 빈을 치르고 난 뒤라면 빈(殯)을 치르기 전에 상을 주관하는 일에는 참으로 난처한 문제가 있는 듯합니다. 그러나 옛날에는 상례(喪禮)가 제대로 갖추어지지 않아 후대처럼 정밀하지 못합니다. 더군다나 이 일은 중함이 나라를 선위하는데 있으니, 나머지 세세한 일에 대해서는 굳이 의문을 가질 필요가 없습니다.

95 백이(伯夷)와……언제입니까: 백이(伯夷)는 형이고 숙제(叔齊)는 아우인데 주나라 무왕이 은의 주(紂)를 토벌하는 것을 간하다가 듣지 않으므로 수양산에 들어가 아사(餓死)하여 청절(淸節)을 다한 사람이다. 이들은 원래 고죽군(孤竹君)의 두 아들로서 그의 아버지가 숙제에게 계후(繼後)할 것을 명하였는데, 숙제는 백이에게 사양하였으나 백이는 아버지의 명령이라 하고 도망쳤으며 숙제도 도망치고 말았다. 《史記 卷61 伯夷列傳》

양계달에게 답하다

答楊季達

문묘(文廟)에 배향되는 대현(大賢)과 태묘(太廟)에서 함께 제향되는 공신은 모두 불천위(不遷位)로 해야 하지만, 이외에 불천위를 하는 것은 참람된 일입니다. 미암(眉巖 유희춘(柳希春))이 진실로 석유(碩儒)이지만, 이 두 경우에 모두 해당되지 않으니, 자손된 자가 어찌 감히 사정(私情)으로 함부로 거행할 수 있겠습니까? 호남에서 이런 폐습이 가장 많아 미암의 집안만 그런 것이 아니니, 모두 바로잡아 고치지 않아서는 안 될듯합니다. 그러나 이미 바로 잡으라는 조정의 명이 없는 만큼 자손 중에 어진 사람이 다만 스스로 그 일을 해야 하는데, 백배(百拜)하고 아뢰기 전에, 또 먼저 그 연유를 갖추어 고해야 합니다.

이중고 명직 에게 답하다 갑진년(1724, 경조4)

答李仲浩 命直○甲辰

말한 뜻은 잘 알겠네. 그대가 본래 인정과 물태에 익숙하지 않고, 말속(末俗)이 또 남의 아름다움을 이루어주기를 즐기지 않아 진실로 이렇게 시끄러운 일이 있는 것이니, 이 때문에 낙심하지 말고 억지로 변명하지도 마시게. 다만 사람은 반드시 스스로를 업신여기고 난 후에야 남이 자신을 업신여기는 법이니, 비방을 야기한 근원을 묵묵히 되돌아보고, 문을 닫고 독서하며 자신을 신칙하고 행실을 닦는다면 필시 타산지석이 안 되지는 않을 것이네. 어떻게 생각하시는가.

이중호에게 답하다 신해년(1731, 영조7)

答李仲浩 辛亥

듣건대 용촌(龍村)에서 독서를 한다고 하니, 아마 조용한 가운데 참맛을 느끼리라 생각되네. 내가 휴정(休亭)[96]에 있지 않아 그대가 왕래하기에 편치 않은 점이 아쉽네. 편지를 받고서 내내 그리워하던 마음이 몹시 위로가 되었지만, 여전히 태만히 지낸다고 하니, 무엇이 그렇게 만든 것인가. 서른 셋의 나이는 적은 나이가 아니고 뜻은 세월과 함께 사라지니, 한 해 한 해 지나다 보면 장차 가난한 집에서 슬피 탄식하는 사람[97]이 되고 말 것이네. 몹시 두렵네.

《소학의의(小學疑義)》의 이른바 '사람을 가르치는 법〔敎人之法〕'은 애친경장(愛親敬長) 속에서 나오지 않은 것이 없으니, 어찌 옛날과 지금에 차이가 있겠는가. 사소한 제도의 차이는 논하기에 부족할 듯하네. '잠잘 때에는 몸을 기울여 눕지 않는다.〔寢不側〕'는 굳이 좁은 뜻에 국한하여 볼 필요는 없으니, 비록 이리뒤척 저리뒤척 하는 사이라도 '정(正)' 자의 뜻을 놓지 않으면 괜찮네.

96 휴정(休亭) : 경기도 고양 화전(花田)에 있던 작자의 일휴정(逸休亭)을 말하는 것으로 보인다. 《梅山集 卷2 臘月拜陶菴遺像于花田之逸休亭》

97 가난한……사람 : 허송세월을 하는 데 대한 슬픔을 말한다. 궁려는 가난한 사람이 사는 오두막이다. 후한(後漢) 제갈량(諸葛亮)이 아들을 경계하는 글에 "나이는 때와 함께 치달리고 뜻은 해와 함께 떠나가 마침내 시들어 버리면 궁색한 오두막에서 슬피 탄식한들 장차 무슨 수로 되돌릴 수 있겠는가.〔年如時馳, 意與歲去, 遂成枯落, 悲歎窮廬, 將復何及也?〕" 하였다. 《小學 嘉言》

이중호의 문목에 답하다 계해년(1743, 영조19)

答李仲浩問目 癸亥

문 송재화(宋載和)는 고(故) 집의(執義) 필항(必恒) 씨의 둘째아들입니다. 그 집안은 삼대 봉사를 하는데, 그의 형이 후사가 없이 죽어 총부(冢婦)만 있고, 일가에 우선 후사로 세울 만한 사람이 없습니다. 봄에 내간(內艱 모친상)을 당했는데, 제주(題主)를 쓰는 문제에 아주 난처한 점이 있습니다. 부인이 비록 제사를 주관하는 의리가 없지만 《의례문해(疑禮問解)》에 '현구고(顯舅姑)'라는 글귀가 있으니, 이에 의거하여 써도 과연 예법에 부합합니까? 혹 개자(介子) 아무개라고 방제(旁題)에 써서 제사를 대행하고,[98] 후사를 이을 때까지 기다렸다가 방제를 고치는 것이 무방합니까?

답 부인은 본래 제사를 주관하는 의리가 없으니, 《의례문해》에 실린 내용도 매우 부득이한 경우를 들어 말한 것일 뿐이니, 어찌 근거하여 당연히 행해야 할 법으로 삼을 수 있겠습니까. 그 집안의 종인(宗人)과 인척들이 마침 그 자리에 있었는데, 모두 상을 당한 둘째 아들에게 아들이 있다고 하였으니, 일가에 우선 후사로 세울 만한 사람이 없다고 한 그대의 말은 실상이 아닌 듯합니다. 그 아이가 비록 장성하지 않았다 하더라도 옛날에 역시 "최복(衰服)으로 싸서 안고서 상주로

98 개자(介子)……대행하고 : 방제는 신주(神主)의 아랫부분 왼쪽에 제사를 받드는 사람의 이름을 쓰는 것으로, 신주에 "제사를 대행하는 개자(介子) 아무개 봉사〔攝祀介子某奉祀〕"라고 썼다는 말이다.

세운다."라는 글귀가 있었습니다. 지금의 계책으로는 그 아들을 형의 후사로 삼아 신속히 예안(禮案)을 내고, 이어 제주(題主)를 만들어 상을 당한 둘째 아들이 "종손이 어려서 제사를 받들 수 없기 때문에 우선 임시로 대신 제사를 받든다"는 뜻을 궤연(几筵)에 고해야 합니다. 이것이 예법과 정리에 모두 합당한데, 어찌 이것을 버리고 구차한 일을 하겠습니까? 이렇게 알려주기를 바랍니다.

이여량 규채 에게 답하다 기미년(1739, 영조15)

答李汝亮 奎采○己未

별지에서 말한 서원의 일은 잘 알았네. 봄에 방문하여 배알하였을 때, 위패의 순서가 묘정비(廟庭碑)[99]와 서로 어긋나는 점이 괴이하여 제유(齋儒)[100]에게 그 곡절을 알려달라고 하였네. 몇 개월 뒤에 비로소 와서 말하는데, 징험할 수 있는 문건은 한 장도 없었고, 단지 전해내려오는 말에 따라 그렇게 했다고 하였네. 그리하여 과연 잘못된 것을 바로잡아 고쳐야 한다는 뜻을 품목(稟目)에 써서 돌려보냈네. 묘정비가 이미 우옹(尤翁)의 손에서 나왔으니, 우옹의 뜻이 아니라고 하는 것이 과연 말이 되겠는가. 비문에만 그렇게 써 있는 것이 아니라, 계축년(1673, 현종14)에 지은 중수기(重修記)에도 "율곡(栗谷)을 오로지 배향해야 한다."[101]라고 되어 있으니, 이것이 확실한 근거가 되네. 우옹

99 묘정비(廟庭碑) : 1685년 송시열이 글을 짓고 조형기가 글을 쓴 신항서원묘정비(莘巷書院廟庭碑)를 말한다. 신항서원은 1570년(선조3)에 창건되어 경연・박훈・김정・송인수를 모시다가 1642년(인조20) 개건하면서 한충을 추향하고, 1650년(효종1) 송상현・이득윤을 추향하고 1656년(효종7) 이이・이색을 추향하여 현재 9명을 모시고 있다. 이때까지의 명칭은 유정서원(有定書院)이라 하였으며 1660년(현종1) 사액되면서 신항서원으로 개칭하였다.

100 재유(齋儒) : 거재 유생(居齋儒生)의 준말로, 조선 시대 성균관이나 사학 또는 향교의 기숙사에서 숙식하며 학문을 닦던 선비를 말한다.

101 계축년에……한다 : 《송자대전》 권143에 실린 〈청주신항서원중수기(淸州莘巷書院重修記)〉를 말하는데, 그 글에 "드디어 두루 원근에 알리니, 모두 율곡 선생을 오로지 전향해야 한다고 하였다.〔遂以遍告于近遠, 則咸以爲栗谷先生當專享矣.〕"라는

이 위패의 순서가 잘못 되었다고 수암(遂巖 권상하)과 장암(丈巖 정호(鄭澔))에게 말했다는 그대의 말은 또 전해오는 말이니, 지금 글에 적힌 내용을 믿어야겠는가. 전해오는 말을 믿어야겠는가.

보여준 두 통의 편지는 원래 이 일과는 딱 들어맞지가 않으니, 내 생에는 예전처럼 다시 봉안하는 것으로 결정하지 않을 수 없을 듯하네. 처음의 발단과 끝의 결론이 모두 나에게서 나온 것이니, 저 재유(齋儒)들이야 무슨 관련이 있겠는가. 지금 고치려고 하면서 저 사람에게 죄를 돌리는 것은 무엇 때문인가. 이 일은 목옹(牧翁 이색(李穡))에게 털끝만큼도 손해가 되지 않고, 또 전적으로 사림의 공론에 붙여야하니, 자손이 알 수 있는 바가 아니네.[102] 부디 마음을 편안히 하고 멀리 생각하여 스스로 사론(士論)과 달리하는 일이 없기 바라네. 지금 그대가 이렇게 누누이 말하는 것도 글을 읽지 않은 데서 비롯된 과실인 듯하니, 참으로 탄식할 노릇이네.

내용이 있다.

102 목옹(牧翁)에게……아니네 : 목은 이색이 신항서원에 추향되었고, 이규채가 한산 이씨(韓山李氏)로 목은의 후손이기 때문에 한 말이다.

이여랑에게 답하다

答李汝亮

아침에 풍편(風便)으로 제주에 유배하라는 명이 내려졌다 들었는데,[103] 비록 자세한 곡절은 듣지 못했으나, 맡은 직분을 저버리지 않았음을 알 수 있네. 엄동설한에 급하게 유배길에 오르는 것이 어찌 근심스럽지 않겠는가마는 그 기쁨은 이루 말할 수 없네. 이제부터 고가(故家)의 명성이 전혀 적막하지 않게 되었으니, 벗들 역시 영광스런 일로 여길 것이네. 아마 행차가 교외를 지났을 터인데, 기다릴 방도가 없어 결국 손잡고 이별하지 못했으니, 슬픔이 어찌 끝이 있겠는가. 부디 책을 가지고 조용한 곳으로 가서 크게 공력을 기울여 돌아올 때에는 이 늙은이가 괄목상대할 만큼 진보하기를 간절히 바라네. 이 편지를 종을 시켜 보내는데, 혹 이미 행차가 떠난 뒤일지도 모르겠네.

103 아침에……들었는데 : 이규채(李奎采)가 제주도 대정현(大靜縣)으로 유배된 일을 말한다. 《英祖實錄 16年 11月 2日》

이여량에게 주다 경신년(1740, 영조16)

與李汝亮 庚申

저번에 조보(朝報)를 보고 금오랑(金吾郞)이 막 돌아온 줄 알았네. 비록 편지를 받지는 못했으나, 큰 바다 길을 잘 건넜으리라 생각되네. 봄이 되었는데 객지의 정황은 더욱 평안하신가? 일전에 대부(大府)[104]의 안부 편지를 받았는데 내내 평안하시다고 하니, 먼 바다 밖에서 〈척호(陟岵)〉[105]의 그리움에 위로가 될 것이네. 이 몸은 쇠락함이 해마다 더 심해지는데, 이 역시 이치이니 어찌하겠나.

송강(松江 정철)의 고사(故事)[106]는 아마 들었을 터인데, 백목(白木)에 써놓은 글이 무슨 책인지 모르겠지만, 부디 힘쓰시기 바라네. 선배들이 일생 이렇게 환란에 처했을 때 힘을 얻는 것이 많았음을 몰라서는 안 되네. 호옹(胡翁)이 여와(黎渦)로 인해 비난받은 것[107]이 진실로

104 대부(大府) : 당시 광주 목사(黃州牧使)로 있었던 이규채의 부친 이사제(李思悌)를 말하는 것으로 보인다.

105 척호(陟岵) : 《시경》의 편명으로, 멀리 나가 있는 자식이 부모를 애틋하게 그리워하는 마음을 비유한 것이다. 《시경》 〈위풍(魏風) 척호(陟岵)〉는 효자가 부역을 나가서 어버이를 잊지 못하는 심정을 노래한 것인데, 그 둘째 장에 "저 민둥산에 올라가서 어머님 계신 곳을 바라본다.〔陟彼屺兮, 瞻望母兮.〕"라는 말이 나온다.

106 송강(松江)의 고사(故事) : 55쪽 주30 참조.

107 호옹(胡翁)이……것 : 호옹(胡翁)은 송 고종(宋高宗) 때의 인물인 호전(胡銓)을 가리키고, 여와는 송나라 때의 기생인 여천(黎倩)의 보조개란 뜻이다. 호전이 금(金)나라와의 화친을 주장하는 진회(秦檜) 등을 탄핵한 죄로 귀양 갔다가 10년 만에 풀려나 돌아오는 길에 매계관(梅溪館)의 기생인 여천을 건드렸는데, 그 이튿날 주인이

유배에서 돌아오는 길에 있었으나, 돌아오기 전에 더욱 경계해야 하니, 늘 호미춘빙(虎尾春冰)의 경계[108]를 놓지 마시게. 장기(瘴氣)는 두려워할 만하니, 더욱 조심하기 바라네.

이를 추잡하게 여겨 밥 대신 여물을 주었다. 그 뒤에 주자가 그곳을 지나다가 시를 짓기를, "십 년 동안 호해에선 한 몸 한가했는데, 풀려나 돌아오다가 여천의 보조개 보고 욕정 일었네. 세상 길 욕심보다 더 험한 것 없는데, 몇몇이나 이로 인해 일생을 망쳤던가.〔十年湖海一身輕, 歸對黎渦却有情. 世路無如人欲險, 幾人到此誤平生.〕" 하였다. 《朱子大全 卷5 宿梅溪胡氏客館觀壁間題詩自警二絶》

108 호미춘빙(虎尾春冰)의 경계 : 범의 꼬리를 밟고 녹는 봄 얼음을 밟는다는 뜻으로, 매우 조심함을 말한다. 《서경》〈군아(君牙)〉의 목왕(穆王)이 군아(君牙)에게 명하는 말 가운데 "호랑이 꼬리를 밟은 듯이 봄에 얼음판을 건너듯이 조심하다.〔若蹈虎尾, 涉于春氷.〕"라는 말이 있다.

이여량에게 주다 신유년(1741, 영조17)

與李汝亮 辛酉

금년의 무더위는 이전에는 거의 없던 일인 듯한데, 더군나 장독(瘴毒)의 소굴에 있는 그대야 말할 나위가 있겠는가. 비록 신명(神明)이 화락한 군자를 보우하여[109] 붉은 옥과 같은 얼굴을 쇠하지 않게 할 줄 알지만, 가슴에 맺힌 간절한 그리움을 어찌 잠시라도 그칠 수 있겠는가.

천중일(天中日 단오)에 쓴 편지를 어제 비로소 받아보았으니, 혜주(惠州)는 여전히 지상에 있겠지.[110] 놀라움과 기쁨을 이루 말로 다할 수 없네. 반년 사이에 큰 우환과 병이 없는 것이 이미 기이한 일인데, 《소학》과 《중용》을 모두 읽었다고 하니, 어찌 좋은 소식이 아니겠는가. 만일 그대가 편안히 도성에 앉아 있었다면 필시 이 공부에 힘을 기울이지는 못했을 것이니, 어진 하늘이 그대를 옥으로 만들어주려는 공[111]을 더욱 징험할 수 있네. 무더위와 장독(瘴毒)이 비록 두려워할

109 신명(神明)이……보우하여 : 《시경》 〈한록(旱麓)〉에서 문왕(文王)의 덕을 칭송하며 "화락하신 군자님은 신명이 보우한 바이로다.〔豈弟君子, 神所勞矣.〕"라고 한데서 유래한 말이다.

110 혜주(惠州)는……있겠지 : 혜주는 광동성(廣東省) 혜양현(惠陽縣) 서쪽에 있는 지명으로, 소식(蘇軾)이 이곳에 유배 가서 많은 시작(詩作)을 남겼는데, 뒤에는 유배지로 비유하여 쓰였다. 여기에서는 저자가 유배지에서 편지가 오는 것을 보고, 유배지가 소식이 전달될 수 없는 천상에 있는 곳이 아님을 비유한 것이다.

111 어진……공 : 이규채가 유배에 처해졌지만, 하늘의 뜻은 그를 옥으로 만들어주려

만하나 마음이 내내 오랫동안 평안하다면 온갖 병이 침범하지 못할 것이니, 부디 힘쓰시기를 바라네.

이 몸이 비록 몹시 쇠하였으나, 산에서 조용하고 편하게 지내며 그럭저럭 지탱하고 있으니, 멀리서 번거롭게 걱정할 것 없네. 세간에 변괴가 없지는 않은데, 유배 중에 있는 그대의 귀에까지 들어갔는가? 한 달 전에 여온(汝溫)이 흑산도에서 돌아왔는데,[112] 지금 나간 도사와 서로 교대하고서 그대를 만나보고 올라오게 하지 못한 것이 한스럽네. 이미 가을에 접어든 터라 이후로 시원한 기운이 날마다 생겨날 것이니, 점점 상쾌해지지 않겠나. 오로지 성상께서 깨달아 속히 사면의 은택을 내려주시길 바라네.

는 것이라고 말한 것이다. 옥성(玉成)은 246쪽 주45 참조.

112 여온(汝溫)이 흑산도에서 돌아왔는데 : 여온(汝溫)은 한사직(韓師直, 1695~1778)을 말한다. 본관은 청주(淸州), 자는 여온으로, 저자의 문인이다. 한사직은 이때에 전라도 나주목 흑산도(黑山島) 출사 도사(出使都事)로 있다가 교체되어 왔다. 《承政院日記 英祖 17年 6月 15日》

이여량에게 답하다
答李汝亮

묵묵히 앉아 그대를 생각하던 차에 문득 그대의 편지를 받았네. 아마 편지가 오는데 족히 육십 일은 걸린 듯한데, 이 편지가 아무 탈 없이 면 바다를 건너 도착하겠지만, 사람이 언제쯤 다시 올지는 모르겠네. 한때 병을 앓았다고 했는데, 지금은 여름도 지나 무사하다고 할 수 있을 듯하네. 그러나 내가 염려하는 것은 몸은 비록 버티더라도 속이 실제 상하면 이후에 증상이 나타나기 쉬우니, 몸이 편하고 마음에 여유가 있을 때 부디 마음을 느긋하게 하고 수양을 잘 하여 멀리 있는 부형과 벗들에게 근심을 끼치지 않기 바라네.

은혜로운 소명(召命)은 우선 아득하여 기약이 없고, 감귤 숲과 정원에 서리 내릴 날이 멀지 않았으니, 귤을 실컷 먹은 뒤에는 바다 신선과의 인연을 끝내고 속세로 돌아올 수 있을 듯하네. 나는 날씨가 서늘해져 건강을 되찾았네만, 아들놈이 직명(職名)을 벗자마자 관직에 얽매여 내내 고심하니, 그대들이 과거에 합격해 무엇 하겠는가. 문득 한번 웃네.

알려준 독서의 횟수는 실로 몹시 감탄스러우니, 만일 그대가 도성에 있었다면 비록 세상에 쓰이지 않았다 하더라도 어찌 이 독서에 힘을 쓸 수 있었겠는가. 이는 거의 하늘이 그대를 옥으로 만들어주려는 것이니,[113] 우옹(尤翁)의 말씀이 진실로 존경스럽네. 그러나 그대의 경우를

113 하늘이……것이니 : 246쪽 주45 참조.

논하자면 일이 생겨야만 독서를 할 것이니, 유배를 당한 것이 참으로 좋은 팔자인 듯하네. 유배생활을 하는 것이 좋은 팔자라는 것은 세속에서 들은 말이니, 어떻게 생각하는가?

이여량에게 주다 계해년(1743, 영조19)

與李汝亮 癸亥

삼가 듣건대 무사히 반우(返虞)[114]를 했다고 하니, 장맛비 속에 상례(喪禮)가 어찌 제대로 이루어졌겠는가. 몹시 염려되네. 근래 자주 답장을 요구하는 것은 문자는 체제가 중하기에 편지가 전해졌는지 알고 싶어서라네. 옛날에는 선생이나 연장자가 편지를 보내면 장례 전에도 구애받지 않고 그 때마다 바로 답장을 보냈으니, 이는 부형의 예로 대하기 때문이네. 편지만 그런 것이 아니라, 비록 왕래를 하는 것도 해가 될 것이 없으니, 그대는 듣지 못했는가. 지금 반드시 장례를 치르고 우제(虞祭)와 졸곡(卒哭)을 지내고 나서 답장을 보내려 하니, 너무 지나치지 않은가. 고집하는 바가 이와 같다면, 아들로 하여금 대신 알리게 해도 되나 몹시 변통이 없는 사람이라 하겠네. 한 집안 사람처럼 생각하기에 마음을 다해 말해주지 않을 수 없으니, 헤아리시게.

114 반우(返虞) : 장사 지낸 뒤에 신주(神主)를 만들어 집으로 모셔 오는 일로, 일명 반혼(返魂)이라고도 한다. 집에 와서 지내는 제사는 우제(虞祭)라고 한다.

이효백 하술 에게 답하다 계해년(1743, 영조19)

答李孝伯 河述○癸亥

멀리서 정성스레 조문 편지를 보내주어 몹시 싸늘한 날씨에 부모를 모시고 거상(居喪)하는 근황에 별 탈이 없음을 알았으니, 위로와 기쁨을 말로 다할 수 없네.

그대가 독서하는 뜻이 일신의 영달 때문에 마음을 바꾸지 않으리라는 것은 알고 있네. 그러나 입지(立志)가 확고하지 못해 걸핏하면 일에 마음이 빼앗기기 일쑤라, 근래에 전혀 독서를 하지 않는 문관과 한 치도 차이가 없으니, 늘 안타까웠네. 선배들이 조정에서 세운 언론과 사업은 대부분 거상 중의 공부에서 얻은 것이니, 어찌 슬픔과 괴로움 속에서 외부의 유혹에 이끌리지 않고 부지런하고 독실하게 하여 쉽게 힘을 얻었기 때문이 아니겠는가. 그대는 노망해서 하는 말이라 치부하여 버려두지 말고, 제 때에 부지런히 힘써 훗날에 만났을 때 이 늙은이가 괄목상대할 만큼 진보하기를 바라네.

이여고 현정 에게 답하다 병진년(1736, 영조12)

答李汝固 鉉貞○丙辰

더 가르침을 달라는 말은 뜻이 참으로 좋네. 주부자(朱夫子)께서 어떤 사람에 답하는 편지에 "학문에는 별다른 기교가 없으니, 지킴이 순수하고 견고해야 하며, 익히고 외는 일을 정밀하고 익숙하게 할 따름입니다. 이 두 가지 일은 모두 전일하고 유구함으로 성공을 이루고, 두세 번의 중단으로 실패하고 마니, 깊이 생각하지 않아서는 안 됩니다."[115] 라고 하였네. 우연히 글을 읽다가 여기에 이르러 이 내용을 그대에게 알리니, 서원의 여러 군자들과 힘쓰기를 바라네.

115 학문에는……됩니다 : 《주자대전》 권49 〈답등덕장(答滕德章)〉에 보인다.

이여고에게 답하다 을축년(1745, 영조21)
答李汝固 乙丑

보내준 편지로 편안하다는 소식을 알았으니, 위로가 되네. 나는 이전 모습 그대로인데, 자식이 수령으로 부임하여 며칠 동안 봉양을 받다보니, 분수를 넘은 일임을 벌써 알겠네. 나라의 은혜 아닌 것이 없는데, 몸이 늙어 갚을 길이 없는지라 부끄러워 탄식할 뿐이네.

지역이 가까운 관계로 자식의 비방과 칭찬을 가릴 수 없으니, 혹여 백성에게 죄를 짓는다면 진실로 감히 하루도 편안하지 못할 것인데, 환곡이 백성들의 마음에 흡족했다니, 얼마나 다행인가. 이후로 과실이 있으면 하나하나 깨우쳐주어야 비로소 이것이 그를 아껴주는 것일세.

옛날에 복자천(宓子賤)이 선보(單父)의 수령이 되었을 때, 아버지로 모신 이가 두 사람, 형으로 모신 이가 다섯 사람, 벗으로 사귄 이가 열한 사람이었으니, 모두 복자천에게 백성들을 다스리는 방법을 가르쳐주었네.[116] 그러므로 공자가 칭찬하시기를 "노나라에 군자가 없었다면 이 사람이 어디에서 이러한 일을 취했겠는가."[117]라고 하였네. 그대는 아직 내 자식의 형이 되어주고 벗이 되어 줄 수는 없는가.

116 복자천(宓子賤)이……가르쳐주었네 : 《설원(說苑)》 〈정리(政理)〉에 나오는 내용이다.

117 노나라에……취했겠는가 : 《논어》 〈공야장(公冶長)〉에 공자가 제자 자천(子賤)을 군자답다고 칭찬하면서 "노나라에 군자가 없었다면 이 사람이 어디에서 이러한 일을 취했겠는가.〔子謂子賤, 君子哉, 若人, 魯無君子者, 斯焉取斯?〕"라고 한 말을 인용하였다.

윤숙오 경륜 에게 답하다 병진년(1736, 영조12)

答尹叔五 敬倫○丙辰

이전 편지에서 도움을 바라던 말이 기억나는 듯하니, 이는 온화한 선의 단서입니다. 다만 부족하고 비루한 제가 어찌 이에 대해 말할 수 있겠습니까. 그러나 우연히 터득한 어리석은 생각[118]이 가릴 만한 것이 없을 수 없는데, 가령 그대가 듣고는 행여 다른 말을 들을까 두려워할까봐 미루다가 지금까지 이르렀으니, 혹여 처음 솟는 샘물이 막히는데 이르지는 않겠지요? 이는 저의 죄입니다.

아, 부모의 은혜는 하늘과 더불어 다함이 없으니, 비록 순(舜)임금과 증자(曾子)와 같은 효자도 만에 하나도 갚았다고 감히 말하지 못했는데, 하물며 그 아래 수준에 있는 사람들은 말할 나위가 있겠습니까. 세상 사람들은 대부분 부모에게 양육받지만 부모를 봉양하지는 못하니, 부모가 돌아가시고 난 뒤에는 비록 봉양하고자 한들 어찌 미칠 수 있겠습니까. 저 같은 사람은 종신토록 한을 품고 한밤중에도 생각하며 끝없이 눈물을 흘립니다. 하물며 그대의 집안과는 예전부터 세교(世交)가 있는 터라 괴로움과 고달픔이 서로 통하니, 터럭만큼도 숨길 것이 없습니다.

118 우연히……생각 : 자신의 견해에 대한 겸사이다. '일득지우(一得之愚)'는 천 번을 생각하여 하나를 얻는 어리석음이라는 말로, 《사기》 권92 〈회음후열전(淮陰侯列傳)〉에 "지혜로운 사람도 천 번 생각에 반드시 한 번쯤의 실수가 있고, 어리석은 사람도 천 번 생각하면 반드시 한 번은 얻는 것이 있다." 하였다.

그대가 평소에 부모의 뜻을 봉양한 것이 어떠했는지 진실로 감히 알 수 없으나, 맹자(孟子)가 말한 소자(小者)[119]도 스스로 극진히 하지 못했을 듯합니다. 율곡 선생(栗谷先生)이 진(晉)나라 왕연(王延)의 일[120]을 외우고 이를 반복하여 읽으며 눈물을 흘렸으니, 이로써 필시 그대의 마음을 알 수 있습니다. 그대가 이미 부모에게 정성을 다하지 못했다면, 자신의 구체(口體)에 대해 어찌 감히 배부름을 구하고 편안함을 구하려는 생각이 싹트겠습니까.

그대가 현재 자신을 기르는 데 오히려 한 가지 방도가 있습니다. 《서명》을 읽어보니, 천지(天地)라고 말하지 않고 건곤(乾坤)이라고 말하였습니다.[121] 이는 천지는 형체(形體)이고, 건곤은 성정(性情)이

119 맹자(孟子)가 말한 소자(小者) : 《맹자》 〈고자 상(告子上)〉에 "몸에는 귀천(貴賤)이 있으며 소대(小大)가 있으니, 작은 것을 가지고 큰 것을 해치지 말며, 천한 것을 가지고 귀한 것을 해치지 말아야 하니, 작은 것을 기르는 자는 소인(小人)이 되고, 큰 것을 기르는 자는 대인(大人)이 되는 것이다. 천하고 작은 것은 구복(口腹)이요, 귀하고 큰 것은 심지(心志)이다.〔體有貴賤, 有小大, 無以小害大, 無以賤害貴, 養其小者爲小人, 養其大者爲大人. 賤而小者, 口腹也, 貴而大者, 心志也.〕"라고 하였다.

120 진(晉)나라 왕연(王延)의 일 : 부모를 잘 봉양한 효자의 일을 말한다. 진(晉)나라 하서(西河) 사람 왕연은 부모를 섬길 적에 기쁜 얼굴빛으로 봉양하여 여름에는 베개와 자리를 부채질해드리고, 겨울에는 몸으로 이불을 따뜻하게 해드렸다. 한 겨울 큰 추위에 자신은 항상 온전한 옷이 없으면서도 어버이에게는 맛있는 음식을 극진히 해드렸다. 《晉書 卷88 孝友列傳 王延》 《小學 善行》

121 서명(西銘)을……말하였습니다 : 〈서명〉은 송나라 학자 장재(張載)가 좌우명으로 삼아 쓴 두 편의 글인 〈동명(東銘)〉, 〈서명〉 중 하나인데, 송대 성리학 사상을 간결하게 표현한 글로 여겨져 후대 학자들에게 많은 영향을 주었다. 이 글의 첫머리에 다음과 같이 말하였다. "하늘을 아버지라 부르고 땅을 어머니라 부른다. 나는 미미한 몸으로 그 가운데에 섞여 있다. 그러므로 하늘에 가득 찬 기운이 나의 몸이고 천지를

기 때문이니, 여기에서 효자가 부모의 뜻을 봉양하는 뜻이 크다는 것을 더욱 알게 되었습니다.

그대가 만일 부모의 뜻을 잘 잇고 부모의 몸을 욕되게 하지 않을 수 있다면, 비록 이전에는 잘못을 했더라도 다가올 일을 잘할 수 있습니다. 그대는 과연 여기에 뜻이 있습니까? 과연 여기에 뜻이 있다면 악정자춘(樂正子春)이 문인에게 대답해준 말[122]을 종신토록 마음에 새기십시오. 《예기》〈내칙(內則)〉에 "부모가 비록 돌아가셨으나, 장차 선한 일을 행할 적에는 부모에게 아름다운 명예를 끼침을 생각하여 반드시 결행할 것이며, 장차 선하지 않은 일을 행할 적에는 부모에게 부끄러운 욕을 끼침을 생각하여 반드시 결행하지 말아야 한다."라고 하였는데, 이 말이 통렬하고 절실하니 그대의 좌우명으로 삼지 않아서는 안 됩니다. 옛날에 효자라고 일컬어진 사람들은 반드시 계모(繼母)를 잘 섬겼다고 말하는데, 이는 은혜와 의리가 겸하여 극진한 것이니,

주재하는 이치가 나의 본성이 되며, 백성은 나의 동포이고 사물은 나와 함께하는 것이다.〔乾稱父, 坤稱母, 予玆藐焉, 乃混然中處. 故天地之塞, 吾其體, 天地之帥, 吾其性, 民吾同胞, 物吾與也.〕"《古文眞寶後集 卷10 西銘》

122 악정자춘(樂正子春)이……말 : 몸을 잘 간수하여 다치지 말라는 경계를 말한다. 악정자춘이 당(堂)에서 내려오다가 그 발을 다치고 수개 월 동안 나가지 않고서 아직도 근심하는 기색이 있었는데, 제자가 그 이유를 묻자, 다음과 같이 대답하였다. "군자는 반 걸음과 한 걸음에도 감히 효도를 잊지 않는다. 지금 나는 효도의 도리를 잊었다. 내가 이 때문에 근심스런 기색을 하고 있다. 발을 한 번 드는 데에도 감히 부모를 잊지 않는다. 그러므로 큰 길로 다니고 지름길로 다니지 않으며, 배로 건너고 헤엄쳐 건너가지 않는다. 그리하여 감히 돌아가신 부모가 남겨 준 몸으로 위태로운 짓을 행하지 않으며, 한 번 말을 할 때에도 감히 부모를 잊지 않는다. 그러므로 나쁜 말이 입에서 나오지 않으며, 남의 성낸 말이 자신에게 돌아오지 않는다. 그 몸을 욕되게 하지 않으며, 그 부모에게 욕을 끼치지 않으면, 효도라고 말할 만하다."《禮記 祭義》

그 일이 지극히 어렵습니다. 그러나 효자가 부모를 섬기는 것은 다만 '애경(愛敬)' 두 글자에 있지만, 애(愛)가 경(敬)보다 앞서니, 이를 몰라서는 안 됩니다.

근세에는 상기(喪紀)가 크게 무너진 터라, 만일 부모 생전에 주거를 달리한 경우에는 부모의 상을 당하여 그 곁을 지키는 자가 드무니, 제가 세도를 위해 통렬히 개탄한 지 오래입니다. 제가 듣기로 그대가 요사이 오래도록 부모의 묘소 아래에 머물고 있다고 하니, 그 사이에 혹 공산(公山)을 왕래하였는지요? 비록 잠깐 사이의 왕래라 하더라도 더러운 세속에 동화되고 영합하는데 귀결됨을 면치 못할 듯하니, 이 일을 일찍 말씀드리지 못한 것이 안타깝습니다. 그러나 역시 이를 유추하여 경계할 줄을 알기 바랍니다. 인편이 갑자기 떠난다고 하여 마음에 있는 말을 다하지 못하고, 말씀드린 내용 역시 미진하니, 헤아려 주시기 바랍니다.

홍운기 장한 에게 답하다 갑자년(1744, 영조20)

答洪雲紀 章漢○甲子

이별의 그리움은 양쪽 모두 동일한데, 갑자기 이렇게 멀리에서 편지를 보내주니 너무나 위안이 되네. 이어 편안히 돌아갔다는 소식을 들으니 기쁘네. 생선과 술은 도착한 즉시 푹 삶아 안주로 하고 술은 조금씩 마셨네. 근일에 수성(隋城 수원(水原))의 관청 음식이 자주 상에 오르지만 끝내 보내준 정미(情味)에는 미치지 못하니, 너무나 고맙네. 다만 어린 며느리가 음식 마련을 주관하여 산 사람과 죽은 사람을 봉양해야 하니, 그대처럼 엉성한 사람은 필시 그 어려움을 곡진히 살피지 못할 것이네. 형세가 밀가루 없이 수제비를 빚으려는 것과 같을 것인데, 이어 또 긴요치 않은 인사(人事)를 요구하니, 어찌 그리도 사람 마음을 헤아리지 못하는가.

홍운기에게 답하다
答洪雲紀

괴망(槐忙)[123] 중에 어찌 안부 편지를 쓸 겨를이 있었는가. 이 뜻이 참으로 부지런하네. 잦은 비로 점점 추워지는 날씨에 편안히 잘 지내는가? 앉아서 상상하건대 지금 바삐 애쓰는 것이 친구들과 모여서 공부할 때의 고민과는 비교도 되지 않을 것이네. 지금 달경(達卿 안구(安衢))과 한가롭게 앉아 있다가 문득 이 군(君)이 높은 수준에 이르렀음을 알았네.

그대 말처럼 수백(隋伯)[124]과 도사(都事)의 봉양은 과연 그러하니, 말년에 이를 얻은 것이 또한 분수에 넘치는 일이네. 그러나 구체(口體)의 봉양일 뿐 심지(心志)의 봉양이 아닌지라[125] 그다지 기쁜 줄도 모르

123 괴망(槐忙) : '괴화황 거자망(槐花黃擧子忙)'의 준말로, 과거 준비에 여념이 없다는 뜻이다. 당(唐)나라 때 과거에 실패한 응시생들이 6월 이후 계속 장안에 머물러 공부하면서 서로들 개인적으로 시험 문제를 출제하여 실력을 점검한 뒤 홰나무 꽃이 노랗게 될 즈음에 해당 관원에게 새로 지은 글을 작성하여 천거되기를 원했으므로 "홰나무 꽃이 노래지면 수험생들이 바빠진다.〔槐花黃, 擧子忙.〕"라는 말이 유행했던 데에서 유래한 것이다. 《南部新書 卷乙》

124 수백(隋伯) : 앞의 편지와 뒤의 편지를 보면 이 편지가 쓰여진 시기는 1745년(영조21)으로 추정되므로, 본문에서 말하는 수백(隋伯)은 당시 수원부사로 있던 저자의 아들 이제원(李濟遠)을 말하는 것으로 보인다. 《承政院日記 英祖 21年 11月 16日》

125 구체(口體)의……아닌지라 : 구체의 봉양은 의식(衣食)을 풍족하게 해 드리는 것을 말하고 심지(心志)의 봉양은 부모의 뜻에 맞추어 드리는 것을 말한다. 맹자는 증자(曾子)가 증석(曾晳)을 봉양한 것을 '뜻을 봉양하는 것〔養志〕'이라 하였고, 증자

겠으니, 어찌하겠나.

어렸을 때에는 늘 묵묵히 생일을 손꼽으며 그날이 오기를 기다렸는데, 늙은 후로는 다만 슬픔만 더할 뿐이네. 근세에는 번번이 예제(禰祭)의 남은 음식으로 술을 몇 잔 마시고 파하였는데, 비록 풍악을 울리지는 않았어도 마음속으로는 이천(伊川 정이(程頤))의 말[126]에 부끄러운 점이 있네. 지금 '잔치〔宴〕'라고 한 말은 나로 하여금 황공한 마음이 들게 하니, 그날 여기에서 공부하는 벗들과 한 번 즐길 뿐이네.

수백(隋伯)은 권상(權相)의 명을 기다리고 있으니, 어찌 이 궁벽한 골짜기로 올 수 있겠는가. 그대 역시 수백을 보려고 오는 만큼 오지 않을 것이 확실하네. 다만 이번에는 헛걸음이 되지 않을 테지. 참으로 우습구만.

(曾子)의 아들 증원(曾元)이 증자를 봉양한 것을 '입과 배를 봉양하는 것〔養口體〕'이라고 하였다. 《孟子 離婁上》

126 이천(伊川)의 말 : 이천 선생(伊川先生) 정이(程頤)가 말하기를, "사람이 부모가 없으면 생일에 마땅히 갑절로 비통해야 할 것이니, 또 어찌 차마 술자리를 마련하고 풍악을 벌여 즐거워 할 것인가? 만일 부모가 모두 생존해 계신 자라면 괜찮다.〔伊川先生曰, 人無父母, 生日當倍悲痛, 更安忍置酒張樂以爲樂? 若具慶者, 可矣.〕" 하였다. 《二程全書 遺書》

홍운기에게 답하다 을축년(1745, 영조21)

答洪雲紀 乙丑

그대의 조카[127]가 나를 만나보려 하지 않는 것은 아마도 내가 원수처럼 붙잡을까 두려워 그런 듯하지만, 나는 떠나고 머무는 것에 대해 단속하지 않은 지 오래되었네. 그가 또 편지를 보냈으나, 무슨 말로 답장하겠는가. 관찰사가 비록 영광스러운 직책이지만,[128] 아들을 망친 것은 작은 근심거리가 아닌데 그의 아비는 모르고 있으니, 그대가 이런 사실을 말해줄 수 있겠는가?

대심(大心 이유)의 예전 여종이 서울에서 돌아와 춘(春)의 아내[129]가 막 내려갔다고 자랑삼아 말하였네. 관찰사는 한 지역의 벼리가 되는 사람인데, 자신이 법을 어긴다면 어찌 남을 법으로 다스릴 수 있겠는가.[130] 이런 뜻을 그대의 형님께 전하여 즉시 돌려보내어 호남의 백성에게 실망을 안겨주지 않도록 하시게. 경장(瓊章)에 또 부득이하게 목과(木瓜)로 보답하니,[131] 한번 웃을 뿐이네.

127 그대의 조카 : 홍장한의 형 홍창한의 아들 홍낙순(洪樂純), 홍낙춘(洪樂春), 홍낙빈(洪樂彬) 중 한 명을 말하는 것으로 보인다.

128 관찰사가……직책이지만 : 홍창한이 당시에 전라도 관찰사에 제수되었기 때문에 말한 것이다. 《英祖實錄 21年 11月 9日》

129 춘(春)의 아내 : 홍낙춘의 부인으로, 홍창한의 며느리이다.

130 자신이……있겠는가 : 부임지에 며느리를 데리고 가는 것은 제한된 수 이상으로 가족을 데리고 가는 남솔(濫率)의 죄에 해당하기 때문에 말한 것이다.

131 경장(瓊章)에……보답하니 : 경장은 상대방의 훌륭한 시문을, 목과(木瓜)는 그

에 비해 보잘 것 없는 자신의 시문을 비유한 것이다. 《시경》 〈목과(木瓜)〉에 "나에게 목과를 주었는데, 경거로 갚는다.〔投我以木瓜, 報之以瓊琚.〕"라고 한 데서 유래하였다.

이내숙 경장 의 문목에 답하다 계해년(1743, 영조19)

答李來叔 慶章 問目 癸亥

문 사숙(舍叔 삼촌)의 부자간이 연이어 모두 세상을 떠나 종질(宗姪)이 승중(承重)이 되었습니다. 지금 상제(喪制)가 이미 끝났으니, 6대조와 5대조의 두 신주를 체천(遞遷)하고 개제(改題)를 아뢰는 고사(告辭)를 여러 신주(神主) 아래에 나열해 써야 합니다. 그런데 만약 다만 "선조고(先祖考)의 상기(喪期)가 끝나 예법상 신주를 옮겨 가묘(家廟)에 봉안해야 하니, 봉사(奉祀) 대수가 다한 6대조와 5대조의 신주를 조천(祧遷)하겠습니다."라고 한다면 6대조는 진실로 조고(祖考)의 상기가 끝난 뒤에 봉사 대수가 끝난 것이지만, 5대조는 봉사 대수가 끝났다고 할 수 없습니다. 만약 아울러 선조고와 선고의 상기가 끝났다고 말한다면 역시 온당치 못한 점이 있으니, 고사(告辭)를 어떻게 하는 것이 합당하겠습니까?

답 고사를 여러 신주 아래에 나열해 쓰는데, "선고(先考) 모관 부군(某官府君)의 상기가 모년 모월에 끝이 나서 조감(祖龕)에 함께 봉안하였습니다. 지금 선조고(先祖考) 모관 부군의 상기가 또 끝났으니, 예법상 아울러 신주를 옮겨 가묘에 봉안합니다."라고 쓰면 될 것입니다.

문 조천한 뒤에는 최장방(最長房)이 마땅히 다례(茶禮)를 행하고 겸하여 축사(祝辭)가 있어야 하는데, 《상례비요(喪禮備要)》와 《의례문해(疑禮問解)》에는 모두 빠져 있으니, 가르침을 주시기 바랍니다.

답 대체로 조천한 신주의 개제(改題)는 굳이 종가(宗家)에서 할 필요는 없으니, 장방(長房)이 신주를 옮겨 받들어 집에 이른 뒤에 술과 과일을 마련하여 고유하면 되고, 고사에는 "모관 부군과 모봉 모씨(某封某氏) 아래에 '종자의 봉사 대수가 끝이 나서 장방 아무개가 예법상 마땅히 옮겨 봉안하고, 지금 개제를 함에 삼가 술과 과일을 마련하여 경건하게 아뢰니다.'"라고 쓰면 될 것입니다. 개제에 관한 의식과 절차는 《상례비요》에 보입니다.

노대래[132] 이형 에게 답하다 경술년(1730, 영조6)

答盧大來 以亨○庚戌

별지에서 하신 말씀은 잘 알았습니다. 우리들이 '도리' 두 글자에 마음을 붙인다면 자연히 대중들을 따르지 않게 될 것입니다.[133] 그러나 그대는 본래 함양하는 공부가 부족했으니, 화난 기분으로 대하면 상대방의 반발을 부른다는 경계[134]를 깊이 유념하지 않아서는 안 됩니다. 세속에서는 구결에 익숙하지만, 자신부터 오직 의리를 살피고 역량을 헤아려 응하고 굳이 싫어하고 미워하는 뜻을 쌓아두어 자신의 마음에 누를 끼칠 것은 없으니, 어떻게 생각하십니까?

132 노대래(盧大來) : 노이형(盧以亨, 1694~1760)을 말한다. 본관은 만경(萬頃), 자는 대래(大來), 호는 무척와(無慽窩)이다.

133 우리들이……것입니다 : 주자의 말을 변용한 것이다. 주자가 황직경(黃直卿)에게 답하는 편지에 "우리가 처신에 있어 도리(道理) 두 글자에 마음을 붙인다면 곧 절로 대중들을 따르지 않게 될 것입니다.〔吾人所處, 着個道理二字, 便自是隨衆不得.〕" 하였다.《朱子大全 卷100 答黃直卿》

134 화난……경계 : 정호(程顥)가 말하기를, "남과 이야기할 적에 이성(理性)으로 자기 감정을 억누르면 일이 명백하게 해결되지만, 화난 기분으로 대하면 상대방의 반발을 부른다.〔凡爲人言者, 理勝則事明, 氣忿則招拂.〕"라고 하였다.《近思錄 卷10 政事》

노대래에게 답하다 을묘년(1735, 영조11)

答盧大來 乙卯

듣건대 학문을 권장하는 정사(政事)가 점차 두서가 있다고 하니,[135] 몹시 기쁩니다. 다만 보리의 흉작은 이미 판가름 났고, 봄 농사는 시기를 놓쳤으니, 백성을 다스리는 수령의 근심이 더욱 어떠하겠습니까. 관직에서 물러나 돌아갈 계획을 우선 거두었으니, 이는 공(公)을 우선시하고 사(私)를 뒤로 하는 도리에 있어서는 옳지만, 혹여 떠나야 하는 의리가 있는 것이 《맹자》에서 말한 "구하여 얻지 못하면 되돌려 주어야 한다."[136]라는 것과 같은 경우라면 역시 구차히 머물러서는 안 되니, 신중히 살펴 처리하시기 바랍니다.

135 학문을……하니 : 노이형은 이 당시 신창 현감(新昌縣監)으로 있었는데, 그 때의 일을 말한 것이다. 《承政院日記 英祖 11年 9月 21日》

136 맹자……한다 : 관직을 내놓고 떠나야 한다는 의미이다. 《맹자》 〈공손추 하(公孫丑下)〉에 "지금에 남의 소와 양을 받아다가 그를 위하여 기르는 자가 있으면, 반드시 그를 위하여 목장과 꼴을 구할 것이니, 목장과 꼴을 구하다가 얻지 못하면 그 주인에게 되돌려 주어야 하겠는가? 아니면 또한 서서 그 죽어 가는 것을 보아야 하겠는가." 하였다.

노대래의 문목에 답하다
答盧大來問目

문 세속에서는 삼년 안에 성묘할 때에는 대부분 시속 제도의 상복을 입는데 온당치 못한 듯하니, 비록 길이 멀더라도 최복을 입고 가서 곡을 하는 것이 어떻습니까?
답 최복을 입고 가서 곡을 하는 것은 의심할 여지가 없는 듯합니다. 고인들은 비록 길에서도 최복을 바꾸어 입지 않고 갔는데, 지금의 풍속에서는 해괴하게 여기기 때문에 그렇게 행하는 자들이 드문 것입니다.

문 부제(祔祭)[137]때 주인(主人) 이하가 흉복을 입고 사당에 들어가는 것은 압존(壓尊)의 혐의가 없는데, 유독 신주(新主)에 대해서는 압존하여 곡하지 않는 것은 마음에 편치 못합니다. 게다가 발인하여 조조(朝祖)[138]할 때에 주인 이하는 서서 슬픔을 다해 곡을 하여 이미 압존하

137 부제(祔祭) : 졸곡(卒哭) 이후에 망자의 신주를 사당으로 모시고 가서 조고(祖考)의 신주와 함께 모셔 놓고서 합사(合祀)하는 것이다.

138 조조(朝祖) : 발인하기 하루 전에 영구(靈柩)를 모시고 사당으로 가서 조상을 뵙는 의절이다. 이는 생전에 외출하려면 반드시 어른에게 고했던 것을 본뜬 것인데, 후세에는 가묘(家廟)가 협소한 관계로 혼백으로 대신하였다. 《가례(家禮)》 〈상례(喪禮)〉에 "발인 하루 전날에 조전(朝奠)을 올리면서 영구를 옮길 것을 고유한다. 영구를 받들어 조묘에 알현시킨다.〔發引前一日, 因朝奠以遷柩告, 奉柩朝於祖.〕"라고 한 의절이 보인다.

지 않는데, 부제 때 곡하지 않는 것은 무슨 의미입니까?

답 부제 때는 조조에 비해 조금 슬픔을 줄이는 뜻이 있으니, 압존의 뜻을 써도 무방합니다.

문 양자로 나간 사람은 본생부모에 대해 비록 기년복을 입지만, 최복을 입고 여막에 거처하며 조석으로 곡을 하는 것은 상주(喪主)와 다름이 없으니, 장사를 지낸 뒤 양부모의 제사(諸祀)에는 역시 상주처럼 예를 줄여 한 잔만 올립니까?

답 본종(本宗)의 제사(諸祀)에 어찌 감히 사사로운 상례로 인해 마음대로 예법을 줄일 수 있겠습니까. 장사를 지낸 후에는 기년복을 입고 평상시처럼 제사를 지내니, 양자로 나간 사람이 비록 상주로 자처하더라도 실제로는 기년복이기 때문입니다.

노대래에게 답하다 병인년(1746, 영조22)

答盧大來 丙寅

예전에 듣자니 그대가 논의를 세워 귀한 것이 천한 것만 못하다는 말을 했다고 하는데, 너무 치우친 듯합니다. 오랫동안 완영(完營 전라 감영)에 머무신 것으로 보건대, 귀한 것이 좋은 것인 줄 비로소 아신 듯하니, 전날의 생각은 지나친 것입니다. 소문으로 떠도는 비난이 과연 어떠한지 모르겠지만, 제 뜻은 "선비는 각각 본분을 지켜야 하는데 그대의 이 일은 결국 자신을 굽혀 남을 따르는 모습에 가까우니, 속히 본분으로 되돌아오는 것이 옳은 일이 되는 것만 못하다."라는 것입니다.

이회보 엽 에게 주다 임술년(1742, 영조18)

與李晦甫 曄○壬戌

그대가 과거에 "만일 나에게 십년 동안 일이 없게 해 준다면 오랫동안 사우들 사이에 있으면서 학문에 매진하는 정성을 이룰 수 있을 것인데, 하늘이 혹여 불쌍히 여겨 도와주시려는가."라고 했던 말이 기억나니, 이 말이 매우 간절하고 정성스럽습니다. 그대처럼 지성으로 학문에 매진하고 견고하게 뜻을 세운 사람이 진실로 많지 않습니다. 그러나 고루함으로 인해 진보하기가 쉽지 않은데다, 하늘이 소원을 들어주지 않아 또 이렇게 근심스런 일을 만나 사우들과의 종유마저 드물어졌으니, 늘 생각하면 마음이 아픕니다. 성인은 생명을 상하게 하는 것을 효(孝)로 여기지 않았으니, 제가 바라는 것은 오직 슬픔을 다독이고 몸을 잘 돌보아 이 몸이 죽기 전에 그대를 만나 함께 업(業)을 마치는 것입니다. 어떻게 생각하십니까?

남천우[139] 대유 의 문목에 답하다 신해년(1731, 영조7)
答南天祐 大有 問目 辛亥

성의(誠意)가 수신(修身)의 요체가 되지만, 신독(愼獨)이 또 성의의 요체가 됩니다. 그러므로 반드시 두 가지로 말을 한 것이니, 위의 구절은 겸(慊)과 불겸(不慊)의 사이를 자세히 살피고자 한 것이고,[140] 아래 구절은 심하게 스스로를 속이는 소인에 대해 더욱 경계를 드리운 것입니다.[141] 비록 두 가지를 말하였지만 뜻은 각각에 존재할 뿐입니다. 심광체반(心廣體胖)[142]은 성의의 효과를 극도로 말한 것이므로, 말미

139 남천우(南天祐) : 남대유(南大有, 1699~?)를 말한다. 본관은 고성(固城), 자는 천우(天祐)이다.

140 위의……것이고 : 《대학장구》 전(傳) 6장의 "이른바 성의(誠意)는 스스로 속이지 마는 것이니, 악(惡)을 미워하기를 악취(惡臭)를 미워하는 것과 같이 하며, 선(善)을 좋아하기를 호색(好色)을 좋아하는 것과 같이 하여야 하니, 이것을 자겸(自慊)이라 이른다. 그러므로 군자는 반드시 신독(愼獨)을 한다."라는 내용을 가리킨다.

141 아래……것입니다 : 《대학장구》 전 6장의 "소인이 한가로이 거할 때에 불선(不善)한 짓을 하되 이르지 못하는 바가 없다가, 군자를 본 뒤에 겸연쩍게 그 불선함을 가리우고 선함을 드러내나니, 남들이 자기를 보기를 자신의 폐부(肺腑)를 보듯이 할 것이니, 그렇다면 무슨 유익함이 있겠는가. 이것을 일러, '중심(中心)에 성실하면 외면(外面)에 나타난다.'고 하는 것이다. 그러므로 군자는 반드시 신독을 한다."라는 내용을 가리킨다.

142 심광체반(心廣體胖) : 《대학장구》 전 6장에 나오는 말로 증자(曾子)가 이르기를 "부는 집을 윤택하게 하고, 덕은 몸을 윤택하게 하는 것이니, 덕이 있으면 마음이 넓어지고 몸이 펴져서 태연해진다. 그러므로 군자는 반드시 그 뜻을 성실히 하는 것이다.〔富潤屋, 德潤身, 心廣體胖, 故君子必誠其意.〕" 하였다.

에 또 "반드시 그 뜻을 성실하게 한다.〔必誠其意〕"라는 말로 끝을 맺은 것입니다. 신독은 거경(居敬) 중에 지극히 정밀한 공부인데, 말씀하신 내용에서는 분명하지 못한 듯하니, 다시 체인(體認)해야 합니다.

이기여 복룡 에게 답하다 갑자년(1744, 영조20)

答李起予 伏龍○甲子

늘 아침저녁으로 억지로 일어나 남에게 의지하여 움직일 때면 산처럼 우뚝한 그대의 모습을 그리워하지만 어찌 만날 수 있겠습니까. 병을 앓는 가운데 하는 공부는 말을 줄이는 것을 위주로 삼고, 남을 질책하는 분수를 줄여야 합니다. 더구나 그대는 《맹자》를 읽는데 기한을 채우지 않은 일을 끝내 자복하지 않았으니, 지금부터는 더 이상 말하지 않겠습니다. 부채 한 자루를 보내니, 가을바람이 비록 다시 더워지지 않는다 하더라도 봄이 되면 너무 이른 계책으로 삼는데 문제가 없을 것이니, 오히려 없는 것보다는 낫지 않겠습니까.

신생 장 에게 답하다 병진년(1736, 영조12)

答申生 瀐○丙辰

서울에서 한 번 만났던 것이 이미 사 오년 전의 일입니다. 일절 소식을 듣지 못하여 생사조차 알 수 없었는데, 하물며 그 나머지 것을 논하겠습니까. 문득 이 골짜기에서 갇혀 사는 와중에 멀리에서 편지가 오니, 마치 다른 세상의 소식을 들은 것과 같습니다. 놀라움과 기쁨을 말로 다할 수 있겠습니까. 그 사이에 부인이 돌아가셨다고 하니, 소식이 막혀 듣지 못한 것이 한스럽습니다. 요사이 혹한에 부모님 모시고 공부하는 체후가 평안하신지요?

이 몸은 여지없이 쇠락하여 예전에 배운 것마저 죄다 잊어버렸으니, 결국 인생을 그르치게 될까 두렵습니다. 제가 본디 고루함이 심한지라 그대가 옛날처럼 종유하더라도 꼭 도움이 되지는 않을 것인데, 무엇 때문에 이처럼 자책하십니까. 다만 자신을 위한 공부와 도에 매진하는 뜻이 십년 전에 비해 어떤지는 모르겠으나, 빈곤에 의해 뜻을 상실하고 과거 공부로 인해 동요되거나 빼앗기지는 않았겠지요. 만일 그런 것이 아니라면 사람이 학문을 함에 있어서는 스스로 공부하는 것이 귀하니, 사우들에게 기대어서는 안 됩니다. 과연 깊이 궁구하고 실천하여 날마다 쌓이고 달마다 더해진다면 비록 천리 먼 거리에 있다하더라도 절로 마음에 묵묵히 부합할 터이니, 같은 당에서 함께 앉아 있는 것과 무엇이 다르겠습니까. 부디 힘쓰시기를 간절히 바랍니다.

신생의 문목에 답하다
答申生問目

문 《대학》의 치평장(治平章)에서 재물을 쓰는 도(道)에 대해 말한 것이 반복되면서도 절실한데,[143] 《중용》 구경장(九經章)에서는 재물을 천하게 여기고 덕을 귀하게 여긴다[144]고 하였습니다.

답 《대학》의 마지막 장에서 재물을 쓰는 도를 말한 것은, 사람들의 마음에서 동일하게 원하는 것은 재물보다 심한 것이 없으니 만일 재물에 호오(好惡)를 동일하게 할 수 없다면 백성들이 비록 감발하여 부모에게 효도하고 윗사람을 공경하며 윗사람을 저버리지 않는다[145] 하더

143 대학……절실한데 : 《대학장구》 마지막 장인 전 10장에서 치국(治國)과 평천하(平天下)를 해석하며 재물을 쓰는 도에 대해 자세히 부연한 것을 말한다.

144 중용……여긴다 : 구경(九經)은 천하를 다스리는 아홉 가지 큰 원칙으로서, 몸을 닦고, 어진 이를 존중하고, 친족을 친근히 하고, 대신(大臣)을 공경하고, 여러 신하의 마음을 살피고, 백성들을 자식처럼 사랑하고, 백공(百工)을 오게 하고, 먼 지방의 사람을 회유하고, 제후들을 은혜롭게 하는 것을 말한다. 그 아래에 구경의 일을 말하면서 "재계(齊戒)하고 깨끗이 하며 성복(盛服)을 하여 예(禮)가 아니면 동(動)하지 않음은 몸을 닦는 것이요, 참소하는 이를 제거하고 여색을 멀리 하며, 재물을 천히 여기고 덕(德)을 귀하게 여김은 어진이를 권면하는 것이요,……가는 것을 후하게 하고 오는 것을 박하게 함은 제후들을 은혜롭게 하는 것이다." 하였다. 《中庸章句 第20章》

145 비록……않는다 : 《대학장구》 전 10장 첫 구절의 내용으로, "이른바 천하를 평안히 함이 그 나라를 다스림에 있다는 것은, 윗사람이 노인을 노인으로 대우하매 백성들이 효를 흥기하며, 윗사람이 어른을 어른으로 대우하매 백성들이 공경함을 흥기하며, 윗사람이 고아를 구휼하매 백성들이 저버리지 않는다. 이러므로 군자는 혈구(絜矩)의 도가 있는 것이다."라고 하였다. 혈구의 '혈(絜)'은 재거나 헤아린다는 뜻이고 '구(矩)'는 방정

라도 그 마음을 이룰 수 없기 때문입니다. 그러므로 재물을 쓰는 일에 대해 반복하여 절실하게 말하였으나 가장 중요한 뜻은 오직 혈구(絜矩) 두 글자일 뿐이고, 예악형정(禮樂刑政)에 대해서는 전혀 언급할 겨를이 없었습니다.

《중용》 구경장(九經章)의 경우에는 이것이 천하를 다스리는 대경대법(大經大法)이기에 진실로 재물을 쓰는 한 가지 일에 그치지 않지만, 재물을 쓰는 도가 절로 그 속에 갖추어져 있으니, 여러 조목을 자세히 궁구해 보면 알 수 있습니다. 하물며 재물을 천하게 여기고 덕을 귀하게 여기는 것은 덕은 근본이고 재화는 말단이라는 뜻과 동일하므로 굳이 큰 차이를 의심할 것이 없는데, 또 무엇 때문에 굳이 하나하나 다 부합시켜 보는 것입니까.

문 《서경》 〈홍범(洪範)〉은 성인(聖人)이 도를 전한 지결(旨訣)인데, 인의예지신(仁義禮智信) 다섯 가지를 말하지 않은 것은 무엇 때문입니까?

답 〈홍범〉에서는 첫 머리에 이륜(彝倫)을 말하고,[146] 차례대로 오행(五行)과 오사(五事)를 말하였습니다.[147] 그렇다면 오성(五性)[148]이 절로

한 척도를 이르는 것으로, 나의 마음을 가지고 남의 마음을 헤아려 하고 싶은 것을 함께하고 싫은 것을 베풀지 않는 것을 말한다.

146 홍범에서는……말하고 : 《서경》 〈홍범(洪範)〉 2장에, "왕(王)이 이에 말씀하였다. '아! 기자(箕子)여. 하늘이 속으로 하민(下民)을 안정시켜 거처하는 것을 도와 화합하게 하시니, 나는 그 이륜(彝倫)이 펴지게 된 이유를 알지 못한다.'라고 한 내용을 가리킨다.

147 차례대로……말하였습니다 : 《서경》 〈홍범〉 4장에, 구주(九疇)의 강령(綱領)을

그 사이에 포함되어 있으니 굳이 의심을 품을 필요는 없을 듯합니다.

문 팔정(八政)에서 세 번째로 사(祀)를 말하였는데, 교육을 관장하는 사도(司徒)의 앞에 말한 것은 무엇 때문입니까.[149]

답 팔정의 차례에서 재물이 두 번째이고 제사가 세 번째인 것은 산 자를 기르고 본원에 보답하는 것이 바로 상대되는 것이라 백성에게 소중한 것을 들어 말한 것일 뿐입니다. 사도의 교육이 중요하지 않은 것은 아니지만 절로 그 아래에 있어야 합니다. 성인의 의리를 말한 곳에 서로 경중이 있어 각각 가리키는 뜻이 있으니, 굳이 한 가지에 빠져서 그 차이를 의심할 것은 없습니다.

문 계의(稽疑)는 천하를 다스리는 큰 절목이 아닌 듯한데, 굳이 구주

말하면서 "첫 번째는 오행(五行)이고, 다음 두 번째는 공경하되 오사(五事)로써 함이요, 다음 세 번째는 농사에 팔정(八政)을 씀이요, 다음 네 번째는 합함을 오기(五紀)로써 함이요, 다음 다섯 번째는 세움을 황극(皇極)으로써 함이요, 다음 여섯 번째는 다스림을 삼덕(三德)으로써 함이요, 다음 일곱 번째는 밝힘을 계의(稽疑)로써 함이요, 다음 여덟 번째는 상고함을 서징(庶徵)으로써 함이요, 다음 아홉 번째는 향함을 오복(五福)으로써 하고 위엄을 보임을 육극(六極)으로써 하는 것이다."라고 한 내용을 가리킨다. 오행은 수(水)·화(火)·금(金)·목(木)·토(土)를 말하며, 하늘에 있으면 오행이고, 사람에게 있으면 오사(五事)라고 하였다.

148 오성(五性) : 인(仁)·의(義)·예(禮)·지(智)·신(信)의 다섯 가지 성(性)을 말한다. 오덕(五德)이라고도 한다.

149 팔정(八政)에서……때문입니까 : 《서경》 〈홍범〉 7장에 "세 번째 팔정(八政)은 첫 번째는 먹는 것이며, 두 번째는 재물이며, 세 번째는 제사(祭祀)이며, 네 번째는 사공(司空)이며, 다섯 번째는 사도(司徒)이며, 여섯 번째는 사구(司寇)이며, 일곱 번째는 빈(賓)이며, 여덟 번째는 군사이다."라고 하였다.

(九疇)에서 일곱 번째로 서술한 것은 무엇 때문입니까?[150]

답 옛 사람들은 거북점과 시초점을 중시하였으니, 계의를 구주의 일곱 번째로 서술한 것은 의심할 것이 없는 듯합니다. 천하의 뜻을 통하고 천하의 의심을 결단하는 일이 어찌 작은 일이겠습니까. 견강부회하고 천착한 것은 한(漢)나라 유학자들의 잘못이지 〈홍범〉의 과실은 아닙니다. 그러나 정자(程子)와 주자(朱子) 등 제현들이 오로지 〈홍범〉과 관련된 학문을 숭상하지는 않은 것은 은미한 뜻이 있는 듯하니, 이를 몰라서는 안 됩니다.

150 계의(稽疑)는……때문입니까 : 《서경》〈홍범〉 20장에 "일곱 번째 계의(稽疑)는 복서(卜筮)할 사람을 가려 세우고서야 이에 명(命)하여 복서(卜筮)한다."라고 하였다.

이생 철하 에게 답하다
答李生 徹夏

장인을 위해서는 시마복을 입고 스승의 상은 삼년동안 치릅니다. 비록 경중의 차이가 있는듯하나, 시마복은 정복(正服)이고 삼년상은 심상(心喪)입니다. 정복은 선왕(先王) 때 제정한 법식이니, 감히 사적인 은혜와 의리로 변통하는 해서는 안 됩니다. 제 소견으로는 정복을 입고 그 기간을 마치고, 그 후에는 소복과 소대를 착용하여 그 정의(情義)를 펴는 것이 옳을 듯합니다. 그러나 면재(勉齋)는 주자(朱子) 문하의 적전(嫡傳)인데, 장인에 해당하는 상복을 입지 않고, 스승에 해당하는 상복을 입었으니,[151] 구씨(丘氏)의 설[152]에 보입니다. 이 둘 중에 잘 헤아려 선택하시기 바랍니다.

151 면재(勉齋)는……입었으니 : 주자의 제자이자 사위인 황간(黃榦, 1152～1221)이 주자의 상을 당했을 때, 장인의 상복에 해당하는 시마복을 입지 않고 스승을 위한 심상(心喪)을 했다는 뜻이다. 황간의 자는 직경(直卿)이고, 면재(勉齋)는 호이다.

152 구씨(丘氏)의 설 : 구씨는 명나라의 학자인 구준(丘濬, 1419～1495)을 말한다. 자는 중심(仲深), 호는 심암(深菴) 또는 경산(瓊山) 선생이다. 문연각 태학사로 주자학(朱子學)에 정통하였다. 구준이 "황간이 그 스승인 주희의 상을 당하자 조복(弔服)에 가마(加麻)했는데, 제도는 심의(深衣)와 같고 관(冠)과 질(絰)을 사용하였다.〔宋儒黃榦, 喪其師朱熹, 服加麻制, 如深衣, 用冠絰.〕" 하였다. 《大學衍義補 卷51》

이자후 덕후 에게 답하다 정미년(1727, 영조3)

答李子厚 德垕○丁未

가을 이후로는 일체 소식이 끊어져 그대를 그리워하는 마음이 간절했는데, 지금 편지를 받으니 얼마나 위로가 되겠습니까. 질문하신 의문점은 편차가 뒤섞인 것이 아니라, 불분명한 점을 보았을 뿐입니다. 〈가언편(嘉言篇)〉 중에 부유인민(夫有人民)[153]과 유개중도(柳開仲塗)[154]로 시작하는 두 장은 부부와 형제를 겸하여 말한 것이니, 이는 부부와 장유의 사이에 있기 때문입니다. 그 아래에 이천(伊川)과 횡거(橫渠)의 두 가지 설은 오로지 장유(長幼)에만 해당하는 말이고,[155] 그 아래

153 부유인민(夫有人民) : 《소학》 〈가언(嘉言)〉 47장을 말한다. 그 내용에 "인민이 있은 뒤에 부부가 있고,부부가 있은 뒤에 부자가 있고, 부자가 있은 뒤에 형제가 있으니, 한 집안의 친속은 이 세 가지일 뿐이다. 이로부터 나아가 구족(九族)까지가 모두 세 가지 친속에 근본한다. 그러므로 인륜에 있어 중요한 것이 되니, 돈독하게 하지 않을 수 없다.〔夫有人民而後, 有夫婦, 有夫婦而後, 有父子, 有父子而後, 有兄弟, 一家之親, 此三者而已矣, 自玆以往, 至于九族, 皆本於三親焉. 故於人倫, 爲重也, 不可不篤.〕"라고 하였다.

154 유개중도(柳開仲塗) : 《소학》 〈가언〉 48장을 말한다. 그 내용에, "유개 중도가 말하였다.〔柳開仲塗曰〕 '황고(皇考 선친)께서 집안 다스림을 효성과 엄격함으로 하였다.……자제와 며느리들이 물러 나와서는 두려워하여 감히 불효하는 일을 한 마디도 말고 꺼내지 못하였으니, 우리들이 지금에 이르도록 그 말씀에 힘입어 집안을 보전할 수 있었다.'" 하였다.

155 이천(伊川)과……말이고 : 《소학》 〈가언〉 49~50장을 말한다. 49장은 이천 선생이 형제간의 우애와 부모에 대한 사랑을, 50장은 횡거 선생이 형제간의 우애를 말하였다.

이천(伊川)과 횡거(橫渠)의 설과 〈동몽훈(童蒙訓)〉은 붕우 관계에 해당하는 말이며,[156] 그 아래 범 문정공(范文正公)과 온공(溫公)의 말[157]은 〈명륜(明倫)〉을 통론한 것입니다. 어떻게 생각하십니까? 학문에 힘쓰시기 바랍니다.

《시경》 〈문왕(文王)〉에 말하였다. "너의 조상을 생각하지 않느냐, 그 덕을 닦을지어다." ○율곡 선생(栗谷先生 이이)이 일찍이 말하기를 "조 정암(趙靜菴 조광조)에게 외우(畏友)가 있었으니, 바로 숭선부정(嵩善副正)이다."[158]라고 하셨으니, 부정이 훌륭한 인물임을 알 수 있습니다. 그 후손 덕후(德垕)가 나와 종유하였기에 돌아갈 때에 이렇게 써서 면려하니, 이른바 '그 덕〔厥德〕'이란 바로 율곡 선생이 지은 묘지명 중에 "어진 이를 가까이하고, 학문에 독실하였으며 경(敬)과 의(義)를 아울러 지녔다.〔親賢篤學, 敬義夾持.〕"라고 한 여덟

156 이천(伊川)과……말이며 : 《소학》 〈가언〉51~53장을 말한다. 51장은 이천 선생이 군신 사이와 붕우 사이의 공경을, 52장은 붕우 사이의 공경을, 53장은 함께 벼슬하여 교분이 있는 사람과 교대하는 신임과 구임 관리 사이사이에 형제간의 의리가 있어야 한다고 말하였다.

157 범 문정공(范文正公)과 온공(溫公)의 말 : 《소학》 〈가언〉54~55장을 말한다. 54장은 범 문정공이 참지정사의 높은 지위에 오르고 나서 세상을 떠난 자신의 모친과 부인이 넉넉하지 못한 살림에 고생했던 일을 생각하여 자식들에게 부귀의 즐거움을 누리게 할 수 없다는 점을 말하였고, 55장은 사마 온공이 집안의 어른이 되어서는 반드시 예절과 법도를 삼가 지켜서 여러 자제와 집안사람들을 다스려야 함을 말하였다. 범 문정공은 범중엄(范仲淹), 온공은 사마광(司馬光)이다.

158 율곡 선생(栗谷先生)이……숭선부정(嵩善副正)이다 : 이이가 쓴 숭선 부정 이총(李灇)의 묘지명에 보이는 내용이다. 《栗谷全書 권18 嵩善副正墓誌銘》

글자를 말합니다.-이는 선생이 이생(李生)에게 써 준 것인데, 지금 편지의 말미에 붙여서 보인다.-

도암집

제18권

書서

박사수 성원 에게 답하다 을묘년(1735, 영조11)

答朴士洙 聖源○乙卯

우중(雨中)에 편지를 보내주니 빈 골짜기에 들리는 발자국 소리에 매우 기뻤네. 점차 쌀쌀해지는 날씨에 시학(侍學)[1]은 평안하신가? 나는 가을이 되면서 차츰 건강을 되찾고 있지만 붕우들이 차례로 떠나서 강송하는 소리가 거의 들리지 않네. 신광두(申光斗) 군과 이여고(李汝固 이현정(李鉉貞))가 막 와서 모였는데, 대심(大心 이유(李維))은 또 도성으로 떠났네. 모이고 흩어짐이 일정치 않아 공부가 극히 엉성하니, 이는 작은 근심거리가 아닐세.

그대는 돌아갈 때 했던 말을 잘 실천하고 있는가? 서쪽으로 가는 일은 추석이 지나고 바로 출발할 작정이었네. 그런데 뜻밖에 외람되게도 원자보양관에 제수되어, 연이어 상소를 올려 사양하고 있으나 쉽게 벗어나지 못하고 있네. 이 일이 아직 마무리되지 않은지라 멀리 떠날 수가 없네. 세상일이 뜻대로 되기란 극히 어렵지만 끝내 반드시 중한 견책을 받은 뒤에 끝날 것이니, 황송하고 민망함이 어떠하겠는가. 일운(逸雲)은 한 번 보고서 조용한 것이 마음에 들었는데, 벽계(蘗溪)와 소설산(小雪山)이 또 지척 거리에 있네. 경치 좋은 강산을 많이 얻기가 또한 쉽지 않은데 지금 이렇게 알려주니, 멀리서 생각해 주는 후의를 깊이 알겠네. 다만 산을 구입할 자금이 부족하니 장차 어찌하겠는가.

1 시학(侍學) : 부모를 봉양하고 학문에 힘을 쏟는 상대의 근황을 뜻하는 말이다.

박사수에게 답하다
答朴士洙

《논어》를 다 읽은 뒤에 본문을 다시 복습하여 지금 〈공야장(公冶長)〉편 마지막에 이르렀네. 강규(講規)를 조금 변통하여 3일마다 한 번씩 하는 강과 순강(旬講)[2]을 합쳐 열흘에 네 차례로 정하였으니, 오래도록 깊이 연구하기를 힘써 종래의 서두르는 병통이 없게 되면 힘을 얻을 수 있지 않겠나.

달경(達卿 안구(安衢))은 어제 비로소 돌아갔고, 형로(衡老 이천주(李天柱))는 10월에 와서 한 달 남짓 있다가 막 돌아갔는데, 그도 그대를 만나지 못한 것을 매우 안타까워하였네. 붕우들 중에 왕왕 많이 발전한 자가 있는데, 그대는 얼마나 많이 발전했는지 모르겠네. 훗날 만나면 얼굴빛에서 알 수 있을 테지. 강설(講說) 이외에는 다시 별다른 방법이 없네.

오로지 날마다 몸의 과실은 없었는지, 말의 과실은 없었는지, 마음의 과실은 없었는지 스스로 살펴보시게. 대체로 각종의 다양한 죄과가 이 세 가지에서 벗어나지 않으니, 긴요하고 절실한 일인 듯하여 한번 이렇게 말하네.

2 순강(旬講) : 열흘에 한 번 여는 강독회를 말한다.

박사수의 문목에 답하다

答朴士洙問目

문 자로(子路)가 위(衛)나라에서 벼슬한 일[3]에 대하여, 주자(朱子)는 "잘못된 점은 목숨을 바칠 때에 있는 것이 아니라 처음 벼슬하던 때에 있다."라고 하였습니다. 가령 자로가 첩(輒)을 섬기는 것이 잘못임을 일찍 알았다면 반드시 벼슬하지 않았을 것이고, 늦게 깨달았다면 비록 벼슬한 뒤라도 반드시 떠났을 것입니다. 그러나 공리(孔悝)[4]의 난을 만났을 때에 비로소 문득 그 잘못을 깨달았다면 또한 장차 어찌하였겠습니까. 자식으로서 아버지를 막는 것은 천하의 대역(大逆)입니다. 대역이라는 것을 알았다면 반드시 잠시도 그 조정에 서지 않아야 하는데, 하물며 그런 임금을 위해 목숨을 바치겠습니까. 그러나 평소에 잘못임을 알지 못하여 그 녹을 먹으며 떠나지 않다가 지금의 위급한 상황에 이르러 "내가 지금 비로소 벼슬한 것이 잘못임을 깨달았으니, 지금은 목숨을 바칠 의(義)가 없다."고 하면서 도망간다면, 사람들이 반드시 거짓이라고 여길 것입니다. 만약 "이미 처음에 잘못하였으니 지금 비록 깨달았더라도 마음을 바꿀 수 없다."고 한다면 사람들은 대의(大義)에 대하여 본디 처음에 어두웠지만 나중에 깨닫는 경우가

3 자로(子路)가……일 : 위나라 첩(輒)이 왕위에 오른 뒤 망명 갔던 아버지 괴외(蒯聵)의 입국을 거부하자 괴외가 난을 일으켰는데, 자로가 첩을 섬기고 떠나지 않다가 그 난리에 죽은 일을 말한다. 《論語集註 子路》

4 공리(孔悝) : 위나라의 권신(權臣)으로, 괴외와 모의하여 첩을 쫓아낸 사람이다.

있는데, 깨달은 뒤에도 여전히 그대로 행하여 그 잘못을 이루어서는 안 됩니다. 만약 "의리상으로는 목숨을 바칠 이유가 없지만, 위급한 상황에서 변심하는 것은 핑계를 대고 구차하게 살려는 혐의가 있으니 죽지 않을 수 없다."고 한다면 생사가 또한 큰 문제인데, 어찌 본래 죽을 만한 의리도 없는데 혐의를 피해서 죽는 경우가 있겠습니까.

답 위태로운 나라에서 벼슬하는 자는 떠날 수 있는 의(義)가 없으니, 녹을 먹으면서 그 환란을 피하는 짓을 군자는 하지 않네. 그러나 자로는 죽음에 임하여 갓끈을 묶었으니[5] 구차하지 않으려는 뜻이었네. 과연 의가 아님을 분명히 알았다면 사생이 본디 큰 문제인데, 또한 어찌 구차하게 죽으려 했겠는가. 더구나 일은 큰 일이든 작은 일이든 단지 내 마음에 부끄러움이 없어야 할 뿐, 외인들이 의심하건 의심하지 않건 따질 것이 아니네. 그러나 자로의 병통은 실로 알지 못하는 것을 안다고 여기는 데에 있었네.[6] 그러므로 명분을 바로잡겠다는 부자(夫子)의 말씀이 분명하고 절실하였는데도 깨닫지 못했을 뿐만 아니라 도리어 우활하다고 여겼던 것이네.[7] 이는 죽으면서도 끝까지 미혹하여

5 자로는……묶었으니 : 자로가 위나라의 난리에 싸우다가 적의 창에 찔렸는데, 이때 갓끈이 끊어지자, "군자는 죽을 때에도 갓을 벗지 않는다."라고 하면서 갓끈을 매고서 죽었다. 《春秋左氏傳 哀公 15年》

6 자로의……있었네 : 《논어》 〈위정(爲政)〉에 "유야, 너에게 아는 것이 무엇인지 가르쳐 주겠다. 아는 것을 안다고 하고 모르는 것을 모른다고 하는 것, 이것이 바로 아는 것이니라.〔由誨汝知之乎! 知之爲知之, 不知爲不知, 是知也.〕"라 하였는데, 그 주석에 "자로가 용맹을 좋아하였으니, 아마도 알지 못하는 것을 억지로 우겨서 안다고 여기는 일이 있었을 것이다."라 하였다.

7 명분을……것이네 : 《논어》 〈자로(子路)〉에 나오는 내용이다. 자로가 "위나라 임금이 선생님을 기다려 정사를 한다면 선생님께서는 무엇을 먼저 하시겠습니까?"라고

깨닫지 못한 것일 뿐, 그대가 말한 것과 같은 일은 없었네. 설사 그런 일이 있더라도, 정자(程子)와 주자(朱子)가 위나라 첩의 일을 논한 것이 상세하니, 만일 이러한 의리로 헤아린다면 도망가지 않고 죽지 않는 사이에 또한 혹 잘 대처할 방도가 있었을 것이네. 그러나 함께 권도(權道)를 행할 수 있는 사람이 아니라면 쉽게 말할 수 없네. 어떻게 생각하시는가?

묻자, 공자가 "반드시 명분을 바로잡겠다."라고 하였다. 이에 자로가 말하기를, "이러하십니다. 선생님의 우활하심이여. 어떻게 바로잡을 수 있겠습니까." 하였다.

박사수에게 답하다 무오년(1738, 영조14)

答朴士洙 戊午

가을날 이별의 심정이 매우 쓸쓸하였는데, 갈천(葛川)에서 편지 한 통이 전해 오니 마치 다시 만난 듯이 반갑네. 지금 과연 사직하고서 고향으로 돌아가 부모님을 모시고 있는가? 부모와 천리 길을 떨어져 있었으니 그 마음을 알 수 있겠네.

아동 이대덕(李大德)을 보내었으니, 부디 그를 잘 데리고 가게. 머무를 때에는 일과(日課)의 독서를 폐하지 않으면 또한 다행이겠네. 열한 살의 나이에 금강산을 유람하는 것은 너무 일찍 드러낸 것이라 하겠으니, 그에게 있어서는 전혀 복을 아끼는 뜻이 아니니 두려워할 일이네. 오직 조심하라는 말 외에는 달리 해 줄 말이 없었네. 어떻게 생각하는가?

박사수의 문목에 답하다 경신년(1740, 영조16)

答朴士洙問目 庚申

공자께서는 명(命)에 관하여 드물게 말씀하셨습니다.[8] 명은 본디 하나의 명인데, 이(理)로 말하는 경우가 있고, 기(氣)로 말하는 경우가 있습니다. 정자(程子)는 "명의 이치는 은미하다"고 하였으니[9] 이는 이를 위주로 말한 것이고, 《혹문(或問)》과 《주자어류(朱子語類)》의 여러 설들은 또 대부분 기를 위주로 말하였습니다. 만약 기수(氣數)를 위주로 한다면, 공자께서 드물게 말씀하신 것이 학자들로 하여금 몸을 닦아서 명을 기다리게[10] 하는 뜻에 더욱 절실합니다. 그러나 이 명이란 글자는 천명이 부여한 이치는 버려두고서 장수와 요절, 곤궁과 현달로만 전적으로 말해서는 안 될 듯합니다. 주자(朱子)가 집주(集註)에서 마침내 정자의 설을 취했으니, 이를 위주로 하되 기수 또한 그 속에 포함되어 있음을 알 수 있습니다. 이렇게 보는 것이 어떠한지요?

8 공자께서는……말씀하셨습니다 : 《논어》 〈자한(子罕)〉에 "공자께서는 이(利)와 명(命)과 인(仁)을 드물게 말씀하셨다.〔子罕言利與命與仁〕" 하였다.

9 정자(程子)는……하였으니 : 《논어》 〈자한〉의 윗 구절 주석에 "이를 따지면 의를 해치고, 명의 이치는 은미하고, 인의 도는 크니, 모두 부자께서 드물게 말씀하신 것이다.〔計利則害義, 命之理微, 仁之道大, 皆夫子所罕言也.〕"라는 정자의 주석이 있다.

10 몸을……기다리게 : 《맹자》 〈진심 상(盡心上)〉에 "요절하고 장수하는 것에 의심하지 않아 몸을 닦아서 명을 기다리는 것이 명을 세우는 것이다.〔夭壽不貳, 修身以俟之, 所以立命也.〕" 하였다.

그대의 말이 옳은 듯하네.

문 "학문의 도는 다른 것이 없다. 그 놓아버린 마음을 찾을 뿐이다.〔學問之道無他, 求其放心而已矣.〕"라는 구절에 대하여, 주자는 "이를테면 《중용》의 '배우고 묻고 생각하고 분별하는〔學問思辨〕' 네 가지가 매우 절실하지만, 놓아버린 마음을 수습하지 못하면 어떻게 배우고 묻고 생각하고 분별할 수 있겠는가."라고 하였고, 또 "배우는 자는 반드시 먼저 그 놓아버린 마음을 수습해야 한다. 그렇게 하지 않고 이 마음을 놓아버리면 널리 배움도 부질없는 일이고 따져 물음도 부질없는 일이니, 어떻게 밝게 분별하며 어떻게 독실히 행하겠는가."라고 하였습니다. 이는 놓아버린 마음을 찾은 연후에 배우고 묻고 생각하고 분별하여야 비로소 안착할 곳이 있다는 말입니다. 면제(勉齋 황간(黃幹))는 "학문의 방도는 한 가지만이 아니라, 강습하고, 토론하고, 완미하여 탐색하고, 함양하고, 지키고, 실천하고, 확충하고, 사념(邪念)을 다스리는 것이 모두 그 방법이다. 이와 같이 하는 까닭은 다름이 아니라, 내가 놓아버린 마음을 찾는 것에 불과할 뿐이다."라고 하였으니, 이는 놓아버린 마음을 찾는 것이 강습 이하의 많은 공부에 달려 있다는 말입니다. 이 두 설이 같지 않습니다.

제 생각으로는, 처음 배울 때로 말하자면 놓아버린 마음을 먼저 수습하여 기본을 세운 뒤에야 배우고 묻고 생각하고 분별하는 공부를 할 수 있으니, 주자의 설이 이것입니다. 배우는 자들이 종신토록 해야 할 공부로 말하자면 강습 이하가 놓아버린 마음을 찾는 공부 아님이 없으니, 면재의 설이 이것입니다. 이 두 가지가 진실로 서로 필요하지만, 《맹자》 본문의 "뿐이다〔而已矣〕"라는 구절을 가지고 본다면 면제의 설이 더욱 의미가 좋습니다. 아마도 본주(本註)와 인용한 정자의 설[11]이 모두 이 두 뜻을 겸하고 있는 듯합니다. 이처럼 보는 것이 어긋나지는 않겠는지요?

답 나는 주자의 설이 본장(本章)의 올바른 뜻이라 생각하네.

11 본주(本註)와……설 : 《맹자집주》의 내용은 다음과 같다. "학문하는 길은 진실로 하나의 방법만은 아니다. 그러나 그 도는 놓아버린 마음을 구하는 데에 있을 뿐이다. 이와 같이 할 수 있다면 지기(志氣)가 환하게 밝아지고 의리가 밝게 드러나 위로 통달할 수 있을 것이다. 그렇지 않으면 어두워지고 방탕해져서 학문에 종사한다 하더라도 끝내 발명하는 것이 없을 것이다. 그러므로 정자가 말하기를, '성현의 수많은 말씀들은 단지 사람으로 하여금 놓아버린 마음을 단속해서 다시 자신의 몸 안에 들어오게 하여 스스로 위를 향해 찾아가서 아래로부터 배워서 하늘의 이치를 통달하게 하려는 것일 뿐이다.' 하였다. 이는 바로 맹자가 열어 보여준 절실하고 긴요한 말을 정자가 또 설명하여 그 뜻을 곡진히 다하였으니 배우는 자들은 마땅히 가슴에 담아두고 잃지 말아야 한다."

박사수에게 답하다 신유년(1741, 영조17)

答朴士洙 辛酉

남쪽에서 돌아와 그대가 남긴 편지를 보았고, 이어서 조지(朝紙)를 통하여 이미 하직 인사를 올리고 떠났다는 것을 알았네.[12] 그 후로 아무 소식이 없는 통에 그저 그립고 답답하였는데, 인편에 안부 편지가 이르니 몹시도 위로되네. 점차 더워지는 날씨에 어버이를 모시고 정사를 돌보는 근황이 평안하신가? 어버이에게 맛난 음식을 갖추어 올리고 온 집안사람들이 모두 굶주림에서 면하였으니, 이와 같은 나라의 은혜를 무엇으로 보답하겠는가.

오랫동안 방치되었던 터라 관청의 일이 많은 것이 이상할 것이 없네. 더구나 흉년을 당하여 백성들의 고통을 당하고 있으니 그 근심이 더욱 자신에게 절실한 것인데, 아직도 진휼을 시행하지 않았는가? 백성을 다스리는 것이 본디 쉬운 일이 아닌데, 세상물정에 어두운 선비가 갑자기 고을을 다스리게 되었으니 필시 생소한 일이 많을 것이네. 그러나 그대는 이미 《대학》을 익숙하게 읽은 사람이니, "마음에 진실로 구하면〔心誠求之〕"[13]이라는 한 구절이 족히 쓰기에 충분할 것이네. 어떻게 생각하시는가?

12 조지(朝紙)를……알았네 : 《승정원일기》 영조 17년 3월 15일 기사에 "은산 현감(殷山縣監) 박성원(朴聖源)이 하직하였다."는 기록이 있다.

13 마음에 진실로 구하면 : 《대학장구》 전 9장에 나오는 구절로, "마음에 진실로 구하면 비록 딱 맞지는 않으나 멀지 않을 것이다. 자식 기르는 것을 배운 뒤에 시집가는 자는 있지 않다.〔心誠求之, 雖不中不遠矣. 未有學養子而后嫁者也.〕"라는 내용이다.

평안도는 다른 도와 비교하면 가장 한가로운 관청이라 일컬어지니, 어찌 독서를 폐하는 데에 이르겠는가. 공문서에만 골몰하지 말고 옛 학문을 수습한 뒤에야 비로소 고을의 자제들을 권면하여 일으킬 수 있으니, 일의 순서가 이와 같네. 부디 더욱 몸을 보중하시게.

박사수에게 답하다

答朴士洙

그대의 말은 잘 알았네. 관사가 한가하여 편안히 앉아 독서할 수 있으리라 여겼지, 이렇게까지 복잡하고 어지러운 일이 많을지 어찌 알았겠나. 그러나 심상하게 덮어두려 하지 않고 쇄신하려는 뜻이 있으니 이는 매우 기쁜 일이네. 모든 일은 어려운 일이건 쉬운 일이건 오로지 성심으로 대처해야 이룰 수가 있네. 더구나 학정(學政)이 이미 대략 두서를 갖추었다고 하니, 부디 더욱 노력하시게.

남은 곡식은 애초에 잘못 보고하였으니 형세상 마땅히 감관(監官)과 색리(色吏)에게서 수량을 채워야 하겠지만, 자수하는 것은 우선 천천히 하시게. 미처 보고하기 전에 혹여 영문(營門)에서 힐책한다면 오직 사실대로 정직하게 대답해야 할 뿐이네. 어떻게 생각하시는가?

박사수에게 답하다

答朴士洙

그대의 말은 멀리서 생각해주는 뜻이니 참으로 감사하네. 이 세상에 나가지 않는다면야 그만이지만, 세상에 나간다면 행동에 필시 제약이 따르네. 그대의 경우는 이미 어버이의 봉양을 위하여 벼슬에 몸을 굽혔으니 꼭 그렇지는 않을 듯하네. 마땅히 직무에 마음을 다하여 백성을 구제하고 나라에 보답할 계책으로 삼아야 할 것일세. 직무를 수행하기 어려운 사정이 생긴 뒤에 비로소 즉시 결정하고 돌아가는 것이 옳네. 나의 견해는 이러하니 다시 심사숙고하여 잘 처리하시게.

박사수에게 답하다
答朴士洙

가은(稼隱 홍하서(洪河瑞))의 죽음은 그 애통함을 어찌 말로 다하겠는가. 오늘날의 세상은 결국 조급하게 권세를 다투는 자들이 높이 출세하고 조용하게 지조를 지키는 자들은 가난하여 굶주리니, 어찌 단지 이 벗 한 사람뿐이겠는가.

손자 아이가 이미 관례(冠禮)를 치렀으니 장가가는 것도 머지않았네. 이것이 기쁘지 않은 것은 아니지만 어리석기가 한결같은지라, 온공(溫公)의 "15세 이상"의 말씀[14]에 매우 부끄럽네.

14 온공(溫公)의……말씀 : 《소학》 〈가언(嘉言)〉에 실린 사마 온공(司馬溫公)의 말은 다음과 같다. "관을 쓰는 것은 성인(成人)의 도이니 성인이란 장차 아들이 되며 동생이 되며 신하가 되며 젊은이가 된 자의 행실을 책임지우려는 것이다.……고례(古禮)에는 비록 20세에 관례를 한다고 하였으나 세속의 폐단을 갑자기 바꿀 수 없다. 만약 돈후하여 옛 것을 좋아하는 군자가 그 아들의 나이가 15세 이상으로서 능히 《효경》과 《논어》에 능통하여 예의의 방향을 알기를 기다린 뒤에 관례를 한다면 아름다울 것이다."

박사수에게 답하다
答朴士洙

번거로운 소송 문서가 조금 줄어 기나긴 밤에 등불을 가까이 한다고 하니, 소나무와 계수나무 숲에서 글을 읽는다[15]는 시를 그대에게서 보겠네. 얼마나 위로되고 기쁜지 모르겠네.

이 몸은 깊이 들어앉아 조용히 안정하다 보니 묵은 병이 더 심해지지는 않았네. 때때로 사우들과 옛 학업을 점검하여 의미를 깨닫네만, 그대가 멀리 있어 도움받을 수 없는 것이 한스러울 뿐이네.

15 소나무와……읽는다 : 한유(韓愈)의 〈현재독서(縣齋讀書)〉에 "산수 좋은 고을의 수령이 되어 소나무와 계수나무숲에서 글을 읽네.〔出宰山水縣, 讀書松桂林.〕" 하였다.

박사수의 문목에 답하다 계해년(1743, 영조19)
答朴士洙問目 癸亥

문 새벽에 사당에 배알하는 일과 관련하여, 《가례(家禮)》에서는 단지 주인만 말했는데,[16] 《격몽요결(擊蒙要訣)》에는 주인이 아니더라도 주인을 따라 함께 배알하는 것이 무방하다고 하였고,[17] 《의례문해(疑禮問解)》에도 그렇게 기록되어 있지만 혼자 배알하는 것은 불가하다고 하였습니다.[18] 우암(尤菴 송시열)은 "부모가 생존했을 때로 헤아려보면, 여러 아들이 각자 의식대로 새벽에 배알해야 한다. 또 《가례》에는 '여러 아들이 출입할 때에 대문에 들어가 사당에 고하기를 장자(長子)와 다름없이 한다.'라고 하였는데, 유독 새벽에 사당에 배알하는 일에 있어서는 감히 할 수 없다는 것이 무슨 뜻인지 모르겠다."라고 하였고, 또 "새벽에 배알하는 예는 또한 주인이 있고 없음에 아무 관계가 없다."라고 하였습니다. 《의례문해》에서 주인 없이 혼자 배알하는 것을 허락

16 가례(家禮)에서는……말했는데 : 《가례》 권1 〈통례(通禮) 사당(祠堂)〉에 "주인은 새벽마다 사당의 대문 안에서 배알한다.〔主人晨謁於大門之內〕" 하였다.

17 격몽요결(擊蒙要訣)에는……하였고 : 《격몽요결》 제7 〈제례장(祭禮章)〉에 "사당을 받드는 주인은 매일 새벽에 대문 안에서 뵙고 재배하며 -주인이 아니더라도 주인을 따라 함께 배알하는 것은 무방하다.- 출입할 때는 반드시 아뢴다." 하였다.

18 의례문해(疑禮問解)에도……하였습니다 : 《의례문해》에 "아들, 동생, 조카, 손자들이 함께 살 경우에 만약 주인이 사고가 있으면 혼자 배알하지 못합니까?"라고 질문하자, "새벽에 사당에 배알하는 것은 주인의 예이다. 주인과 함께 배알하는 것은 무방하지만 주인이 없이 혼자 행하는 것은 불가하다."라고 답하였다.

하지 않은 것은 바로 종법(宗法)을 엄격하게 하려는 뜻이지만, 우암의 말씀 또한 의거할 만한 점이 있으니, 장차 어느 것을 따라야 할지 모르겠습니다.

답 우암의 설로 본다면 주인이 아니더라도 새벽 배알을 행할 수 있겠으나, 끝내 《의례문해》에 실린 의리가 더 나은 듯하네.

문 이전에 말씀하시기를, "아버지의 상중에 조부가 돌아가시면 빈(殯)의 시행 여부에 관계없이 모두 삼년복을 입는 것이 정당한 도리이다."라고 하셨습니다. 이것으로 예(例)를 삼는다면 조부의 상중에 아버지가 돌아가신 경우에도 연제(練祭) 이전이든 이후든 관계없이 모두 삼년복을 입어야 합니다. 다만 조부의 삼년상이 끝나갈 즈음에 아버지의 상을 당했다면 대상(大祥) 전에 남은 날이 지극히 적더라도 대복(代服)[19]하여 그 일수(日數)를 마쳐야 하는지요?

답 지난번의 내 말은 우옹의 설이 이미 정론이기에 준용하고자 했을 뿐이네. 대상 전에 남은 날이 얼마이든 관계없이 모두 추복(追服)하여 그 일수를 다해야 하네.

19 대복(代服) : 손자가 아버지 대신 복을 입고 상을 치르는 것을 말한다.

박사수에게 답하다 갑자년(1744, 영조20)
答朴士洙 甲子

서경(署經)을 받을 기약이 아직도 요원하니 기다리기가 답답하네. 이전에 얻은 명성이 이상할 것이 없으니, 이름높은 지위에 끝내 잘 부합한다면 얼마나 다행이겠는가. 이해와 성패는 미리 헤아릴 수 없으니, 단지 자신의 성의를 다 바치고 자신의 직책을 극진히 수행하면서 기다릴 뿐이네.

계사(啓辭)의 초고가 이르지 않았기에 소본(疏本)을 가지고 그 마땅한 지 여부를 대략 논하여 그대의 결정에 이바지하겠네. 삼훈(三勳)의 일[20]은 진실로 논해야 하겠지만 이는 시급한 일이 아닌데다 또 이미 지난 일인 만큼 우선 놓아두게나. 이후에 일이 없는 때를 기다려 숙종(肅宗) 묘정(廟廷)에 배향된 몇몇 재상[21]과 아울러 논하여 기필코 출거(黜去)시키는 것이 좋은 방법일 듯하네.

20 삼훈(三勳)의 일 : 삼훈은 중종반정의 원훈(元勳) 성희안(成希顔), 박원종(朴元宗), 유순정(柳順汀)을 말하는데, 중종의 묘정에서 이들의 배향을 출거(黜去)해야 한다는 논의를 말한다.

21 숙종(肅宗)……재상 : 남구만(南九萬), 윤지완(尹趾完), 최석정(崔錫鼎) 등 소론 인사들을 가리킨다. 본서 권16 〈민사위에게 답하다〔與閔士衛〕〉에, "숙묘 묘정에 배향된 세 신하가 아직 무탈하니 생각하면 마음이 아픕니다. 이는 비록 백세가 지나더라도 끝내 한 번 바로잡지 않을 수 없습니다." 하였다.

박사수에게 주다

與朴士洙

그대가 귀양길에 올랐다는[22] 소문은 들었네. 그러나 길이 수원(水原)을 지나는 만큼 필시 편지를 남겼을 것인데 한참을 지나도 편지가 이르지 않기에 혹여 와전된 소문이라 생각하였는데, 3일 아침에야 비로소 그대가 남기고 간 편지를 대기(大紀)[23]가 보내왔네. 만일 그 하루 전날 이 편지를 받았다면 목천(木川) 숙소로 사람을 보내어 편지를 전할 수 있었을 텐데 이미 소용없었네.

영해(嶺海)로 떠난지라 본디 만나기도 쉽지 않은데 편지마저 끊겼으니 서글픈 심정을 어찌 말로 다하겠는가. 귀양길 고생이야 묻지 않아도 알 수 있네. 대기에게 말을 빌려가 기한이 지난 뒤로는 달리 도움을 받을 친구가 없었을 듯하니, 서산(西山)처럼 다리에 피가 나는 수고[24]를 형세상 필시 면치 못했을 것일세. 언제쯤에나 적소(適所)에 도착할

22 그대가 귀양길에 올랐다는 : 박성원은 1744년에 지평의 신분으로 영조가 기로소에 들어가는 것을 반대하는 등 11개 조목을 아뢰었다가 남해(南海)에 위리안치(圍籬安置)되었다.

23 대기(大紀) : 홍창한(洪昌漢, 1698~?)으로, 본관은 풍산(豐山)이고 자가 대기인데, 저자의 문인이다. 당시 홍창한은 수원 부사(水原府使)로 재직중이었다.

24 서산(西山)처럼……수고 : 서산은 송(宋)나라 학자 채원정(蔡元定, 1135~1198)으로, 자는 계통(季通)이고 호가 서산이다. 채원정이 간신 한탁주(韓侂冑) 등의 모함을 받아 도주(道州)로 유배되었는데, 도보로 3천여 리를 가는 동안 다리에서 피가 흘렀다는 고사가 있다.《宋史 卷434 儒林列傳 蔡元定》

수 있겠는가?

그대의 일과 관련하여 조지(朝紙)에 나온 것을 도배전지(島配傳旨) 이후부터 모두 기록하여 보내네. 익장(益章)은 당시에 조태상(趙台祥)이 있었는데, 그대는 또 권현(權賢)을 얻었네.[25] 이는 또한 음이 있으면 양이 있는 법이니, 상대적인 이치가 없을 수 없네.

그대가 첫 번째로 아뢴 일[26]은 정세가 매우 갑작스러우니, 상소에서 말한 것이 또한 조리가 있는 것만 못하네. 그러나 어찌 불가할 것이 있겠는가. 아쉬운 것은 조어(措語)에 자못 논란이 될 만한 것이 있고, 또 통렬하게 의리를 진술하여 성상을 깨우치지 못한 것이네. 화복(禍福)이나 훼예(毁譽)는 그대에게 있어 말할 것도 못 되는 일이네. 다만 성상의 잘못된 조처가 매번 이러하니, 걱정스럽고 절박한 심정을 어찌 말로 다 표현하겠는가.

25 익장(益章)은……얻었네 : 익장은 조중회(趙重晦, 1711～1782)로, 본관은 함안(咸安)이고 자가 익장이다. 조중회는 1743년(영조19) 영조의 잦은 사묘(私廟) 참례와 사행(使行)의 폐단을 간하다가 유배되었는데, 당시 조태상(趙台祥)이 조중회의 탄핵을 주도하였고, 박성원에 대해서는 권현(權賢)이 탄핵을 주도하였다.

26 그대가……아뢴 일 : 영조가 기로소에 들어가는 것을 반대한 내용을 말한다.

박사수에게 주다

與朴士洙

일전에 편지를 써서 의금부 도사 편에 부치려 했는데 공교롭게도 일이 틀어졌네. 아들아이가 경기 도사(京畿都事)로 들어가 숙배하였기에 그에게 인편을 찾아 전하게 하였는데, 지체되지는 않았는가? 계절이 깊어도 날씨가 춥지 않으니, 남쪽의 기후는 어떠할지 알 만하네. 가는 사람 편에 옷을 보냈네. 다른 시급한 근심거리는 없는가? 풍토(風土)와 적소(謫所)에 관한 모든 것은 편지할 기회가 있으면 자세히 알려주시게.

나는 병들어 쇠약한 것이 여전하네. 이전에 지은 그대의 시에 "늙은 홰나무 그늘 아래에서 또한 높이 오른다.〔老槐陰下亦登高〕"라는 구절이 있으니, 그대의 뜻과 기상을 볼 수 있네. 시 두 편을 지어 보내니,[27] 부디 화답시를 보내주어 천리 밖의 얼굴을 대신해주기를 바라네.

생각건대, 어제 이미 영수각(靈壽閣)에서 이름을 쓰는 성대한 전례[28]가 거행되었으니 외로운 신하의 송축하는 정성이 필시 그치지 않았을 것이네. 얼핏 들으니 대간 박치륭(朴致隆)이 상소를 올려 그대를 구원하고 권현(權賢)을 배척하다가 지엄한 성상의 비답을 받고 갑산(甲山)으로 유배되었다고 하는데 바빠서 상세히 말할 수 없네.

27 시……보내니 : 본서 권4에 〈남해의 유배객 박사수에게 부치다〔寄南海謫客朴士洙〕〉와 〈거듭 지어 함께 부치다〔疊成幷寄〕〉라는 시가 실려 있다.

28 영수각(靈壽閣)에서……전례 : 영수각은 기로소 안에 있는 누각으로, 어첩(御帖)을 보관하던 누각이다. 1744년 9월 영조가 영수각에 나아가 친히 '지행 순덕 영모 의열왕(至行純德英謨毅烈王)'라고 명호를 썼다. 《英祖實錄 20年 9月 9日》

박사수에게 주다

與朴士洙

전후로 보낸 여러 편지는 모두 도착했는가? 떠난 뒤로 그대 소식을 한 번도 듣지 못했으니 언제 적소(謫所)에 도착했는지, 그곳의 풍토와 음식 등의 여러 일이 어떠한지 알 수가 없네.

얼핏 들으니 새로운 수령이 막 내려갔는데 그가 "내가 비록 무인(武人)이기는 하지만 어찌 박 아무개를 굶어죽게 두겠는가."라고 말했다 하니, 이와 같다면 양식이 떨어질까 염려할 것이 없네. 요사이 바람과 추위가 이처럼 심하지만, 그대 아들이 "겨울을 지낼 용구를 만들어 간다."라고 하니, 옷이 없을까 또 걱정할 것이 없네.

정승 송강(松江)이 위리안치 중에 장목(長木)을 하얗게 깎아 《대학(大學)》을 쓴 고사[29]는 그대가 평소에 알고 있던 일이니, 독서 이외에 다시 무슨 일을 권면하겠는가. 어떤 이가 말하기를, "서포공(西浦公)과 소재공(疎齋公)의 유택(遺澤)이 없어지지 않았으니,[30] 근처의 학생들이 필시 그대를 따라 종유하는 자들이 많을 것이다."라고 하는데, 그렇다면 외로움을 견디기 어려울까에 대한 염려도 없을 것이네.

29 정승……고사 : 55쪽 주30 참조.

30 서포공(西浦公)과……않았으니 : 서포 김만중(金萬重)은 숙종의 폐비 사건에 반대하다가 남해(南海)로 유배되어 1692년(숙종18) 적소(謫所)에서 죽었다. 소재 이이명(李頤命)은 1689년(숙종12) 기사환국으로 남해에 유배되었고, 1721년(경종1) 다시 관작을 삭탈당하고 남해에 유배되었다가 신임사화로 목숨을 잃었다.

박사수에게 답하다
答朴士洙

그대 종인(宗人) 집안의 인마(人馬)가 돌아옴에 그대의 편지를 받았네. 이는 이별한 뒤로 처음 들은 소식이니 위로되는 마음을 어찌 말로 다하겠는가. 앞서 누차 보낸 여러 편지는 일일이 받아 보았는가? 귀양길에 다리에 피가 났다는 말이 서울에 파다하였는데, 서군(徐君)이 나귀를 빌려준 경건(景建)이 되었을 줄[31]은 생각지도 못했네. 명성은 실상보다 지나치기 일쑤라 세상일이 대체로 이러한데, 도리어 우습네.

그대가 도착한 다음날 아침에 이미 대대적으로 책을 읽었다는 말을 어떤 이에게 전해 들었네. 내가 기뻐서 옆 사람에게 "이 공이 또 장차 오광운(吳光運)의 포계(褒啓)[32]에 들어가겠군." 하고 말하면서 한번 웃었네.

오광운이 상소를 올렸다[33]는 소식은 혹 이미 들었는가? 이에 대한

31 서군(徐君)이……줄 : 서군이 경건(景建)처럼 귀양가는 사람을 위해 나귀를 빌려주었다는 말이다. 경건은 주자의 제자인 증극(曾極)의 자이다. 어떤 사람이 증극이 있던 임천을 지나갈 때 증극이 나귀를 빌려주어 도보로 가는 수고를 면하였다고 한다. 《朱子大全 續集 卷3 答蔡伯靜》

32 오광운(吳光運)의 포계(褒啓) : 오광운은 1729년(영조5)에 영남 안핵어사(嶺南按覈御史)로서 장계를 올려 영남의 유생 이재(李栽) 등 22명을 천거하여 조용(調用)할 것을 청하였다. 《英祖實錄 5年 3月 10日》

33 오광운이 상소를 올렸다 : 오광운이 상소하여 박성원에 대해 말한 내용은 다음과 같다. "신은 박성원의 얼굴도 알지 못하고 명성과 소문도 듣지 못했습니다. 그러나 일찍이 서북 지방의 고을인 은산(殷山)에서 수령을 역임하였는데, 그곳 사람들에게서 박성

성상의 비답이 준엄하지 않았네. 이 때문에 사람들은 그대가 오래지 않아 풀려날 것이라고 말하지만 이것이 어찌 쉬운 일이겠는가. 부디 영욕(榮辱)과 훼예(毁譽) 사이에 조금도 동요하지 말고, 함양하고 성찰하는 공부에 전력하여 쓸데없이 다독(多讀)을 일삼지 말아, 그대가 돌아온 뒤에 괄목상대할 수 있기를 바랄 뿐이네.

보내준 일곱 개의 유자(柚子)는 참으로 이른바 "너를 아름답게 여겨서가 아니라, 미인이 주었기 때문이다."[34]라는 것이네. 일찍이 《초사(楚騷)》에서 '가귤(嘉橘)'이라는 두 글자를 본 적이 있는데, 지금 이 글을 가져다 읽으면서 그 풍미를 상상하려네.

원이 은산 현감으로 재직할 때에 정사가 깨끗하고 공무의 여가에 책을 읽었다는 말을 듣고는 마음속으로 그를 기억하였습니다. 만나는 사람들마다 박성원의 사람됨을 물어보니 그가 진실로 곤궁하지만 학문에 부지런하여 숭상할 만한 점이 많다고 모두들 말합니다. 외따로 떨어진 누추한 시골 구석에 살아서 사체를 알지 못하는 것은 심한 형벌을 내릴 것이 못되는 듯합니다. 소외되고 비천한 선비는 고귀한 근신(近臣)과는 다르니, 만약 그로 하여금 절해(絶海)의 풍토병이 많은 땅에서 병들어 죽게 한다면, 이처럼 전에 없었던 나라의 경사를 당하여 화기(和氣)를 맞아들이는 방도가 심히 못될 것입니다. 또 듣건대, 박성원에게는 늙은 어미가 있다 하니, 정리가 가엾고 불쌍합니다." 《英祖實錄 20年 9月 24日》

34 너를……때문이다 : 과일이 좋은 것이 아니라, 상대가 보내 준 것이기에 좋다는 말이다. 《시경》 〈정녀(靜女)〉에 "너를 아름답게 여기는 것이 아니라, 미인이 주셨기 때문이다.〔非汝之爲美, 美人之貽.〕"라고 한 데서 온 말이다.

박사수에게 주다

與朴士洙

고을 아전이 돌아가는 편에 부친 편지는 받아보았는가? 추웠다 따뜻했다 변덕스러운 날씨에 근래 객지의 정황은 어떠하신가? 객지의 모든 생활은 이미 익숙해져서 두서를 갖추었는가? 그대 아들이 그대에게 돌아가 시봉(侍奉)한 지 여러 날이 되었으니 옷이 없을까 걱정하지 않아도 되겠네만, 또한 양식이 떨어지는 걱정은 없는가?

나는 조섭하여 몸이 조금 편안해졌네만 강학(講學)하는 일은 부실하네. 달경(達卿 안구(安衢))은 집으로 돌아갔고, 안음(安陰)의 신군서(愼君敍 신수이(愼守彝))가 와서 십수 일 머물다 이제 돌아가려 하고, 강중홍(康仲鴻 강규(康逵))은 봄에 떠났다가 가을에 왔네.

성조(聖朝)의 잘못된 조처가 빈번하자, 장령 윤광천(尹光天)이 이언세(李彦世)에게 내린 유배의 명을 거두기를 계청하고, 이어 입대(入對)하여 선악을 분별하지 않고 지레 《대훈(大訓)》[35]을 지었다는 말을 아뢰었네. 상께서 진노하여 친히 국문(鞠問)하시고 죄안을 작성하도록 명하셨는데, 끝내 수긍하지 않아 형신(刑訊)이 27차례에 이르렀네. 부친을 한번 어루만지고 죽기를 소원하자, 상께서 "타고난 천성은 그래도 민멸되지 않았다."라고 측은하게 여기시며 특별히 목숨을 살려주어 흑산도(黑山島)에 위리안치시키고, 떠날 때 늙은 아비를 만나도록 허

35 대훈(大訓) : 1741년(영조17) 반포한 신유대훈(辛酉大訓) 을 말한다. 영조가 당쟁의 폐해를 일소하고 신임사화의 원흉을 처벌하기 위하여 내린 훈유문이다.

락하셨네. 대간(臺諫) 이언세는 또 그대로 적소에서 위리안치되었네. 논하는 자들의 말로, 근래의 세 언관 중에 이언세가 그대에게 미치지 못하고 그대가 윤광천에게 미치지 못한다고 하네.

별지 別紙

"도를 배우려는 진실한 뜻〔學道眞實意〕"[36]

예전에 소자유(蘇子由 소철(蘇轍))가 남해(南海)로 좌천되었을 때 그 형 자첨(子瞻 소식(蘇軾))이 지어준 시에 이 말이 있네. 두 소씨가 본래 도를 아는 자가 아닌지라, 말만 하고 실천하지는 못했네. 그러나 학자들에게 있어 이 다섯 글자는 실로 마음을 세우는 시초요 힘써 행하는 근본이라 하겠네. 이 때문에 이 글을 써서 그대가 좌우(座右)에 두고서 성찰하도록 갖추어주네.

36 도를……뜻 : 소식(蘇軾)의 〈오적해남자유뇌주……(吾謫海南子由雷州……)〉에 나오는 구절로, "평생토록 도를 배우려는 진실한 뜻이 어찌 궁달에 따라 달라지리오.〔平生學道眞實意, 豈與窮達俱存亡?〕" 하였다.

박사수에게 주다

與朴士洙

전후로 부친 편지는 차례로 받았는가? 추웠다 더웠다 변덕스런 날씨에 근래의 유배생활은 평안하신가? 나는 조섭하여 몸이 조금 편안해졌네만, 아침저녁으로 강송하는 때마다 그대를 생각하지 않은 적이 없네. 손자아이 말이, 그대가 홀연히 와서 함께 앉아 있는 꿈을 꾸었다며 오래지 않아 돌아올 것 같다고 하였네. 그러나 근래 조정에 연이어 격랑이 불어닥치니, 이러한 정세를 보면 어찌 돌아올 기약을 논할 수 있겠는가.

대간(臺諫) 윤광천(尹光天)이 《대훈(大訓)》과 관련하여 경연(經筵)에서 아뢴 말은 조보(朝報)에 기록된 것 말고는 상세히 알 수가 없지만, 그가 받은 형벌이 특별히 무거웠기 때문에 그 명성이 가장 높다네. 그러나 아직 다른 것은 논할 것이 없네. 오광운(吳光運)의 상소에서, 그대에 대해서는 정성을 다해 칭찬하면서 윤광천을 가리켜선 '사람 축에도 낄 수 없다'고 논하였으니, 그대는 이 한 가지 일에서 마땅히 윤광천에게 앞자리를 양보해야 할 것일세. 껄껄.

박사수에게 답하다
答朴士洙

뜻밖에 인편이 와서 몇 폭의 편지와 시편을 받았네. 마치 마주보면서 심회를 서술한 듯하여 그대가 있는 남해(南海)가 멀다는 것도 느끼지 못하였네. 듣자니 글 읽는 소리가 가시로 둘러쳐진 집에 가득하다고 하니, 남쪽 지방에 있어선 다행이 아니라고 말할 수 없네. 내가 또 사천(泗川)에 새로 부임한 수령의 아들을 그대에게 가서 공부하도록 보냈네. 일찍이 그대와 함께 공부하던 자인데, 아직 도착하지 않았는가?

지금 세상에서 귀양살이하면서 치부(致富)한다는 비난[37]은 그대 입장에서 걱정할 일이 아니니, 단지 훈장(訓長)으로 호구지책을 삼는 양 여겨야 할 뿐이네. 집안에서 마땅히 해야 할 말은 주자(朱子)도 일찍이 무방하게 여기셨는데,[38] 또 무엇을 의심하는가.

《주역》을 이미 반 이상 읽었다지. 이곳에서 함께 지내며 공부하는

37 귀양살이하면서 치부(致富)한다는 비난 : 한국문집총간 106집에 수록된《동춘당집(同春堂集)》 권10 〈여김유선(與金由善)〉에 따르면 "세상 사람들이 '명관(名官)이 귀양 가는 것은 부자가 되는 길이다.'라고 하니, 이 말이 매우 부끄럽습니다."라는 내용이 있다.

38 집안에서……여기셨는데 : 위학당(僞學黨) 사건으로, 어떤 이가 주자에게 학도들을 해산하고 문을 닫고 일을 줄여 화를 피할 것을 권하자, "화복이 오는 것은 천명이다. '침묵함이 용납할 수 있다.' 하였으니, 다만 가서 신문고를 두드려 억울함을 하소연하지 않는 것이 바로 침묵이니, 집안에서 마땅히 해야 할 말도 감히 말하지 못하는 것은 말이 되지 않는다." 하였다.《心經附註 卷2 正心章》

붕우들도 이처럼 많은 공부를 한 자가 없네. 이 기회가 응당 임금의 은혜에 감사하는 하나의 단서가 될 것일세. 그러나 "마려와 같다.〔似磨驢〕"[39]는 세 글자는 뜰에서 다닐 때는 괜찮지만 학문을 함에 있어서는 불가한 말이네. 이 때문에 화답시에 이미 이러한 경계를 담았네.[40] 부디 이전의 습관을 통렬히 고치고 새로운 공부를 착실하게 하여 부질없이 자책하는 이런 말은 하지 말게나.

부탁한 묘문(墓文)은 마땅히 틈을 내어 지을 것이나, 글이 완성된 뒤에는 직접 만나서 논의할 때까지 가지고 있겠네.

39 마려(磨驢)와 같다 : 마려는 연자매를 끄는 나귀라는 뜻으로, 변화가 없이 항상 제자리에 맴도는 것을 의미한다. 소식의 〈백부송선인하제귀촉시운……(伯父送先人下第歸蜀詩云……)〉 시에 "나의 생계가 졸렬하기 그지없어서, 연자매 끄는 나귀처럼 돌기만 하는 것을 비웃겠지.〔應笑謀生拙, 團團如磨驢.〕"라고 한 데서 온 말이다.

40 화답시에……담았네 : 본서 권4에 〈위리안치 중에 회포를 적은 박사수의 시에 화운하다〔和士洙棘中述懷〕〉라는 제목으로 실려 있다.

박사수에게 주다 을축년(1745, 영조21)

與朴士洙 乙丑

장마와 무더위가 아직도 지루하네. 바닷가 유배지의 모든 생활을 어찌 걱정하지 않은 적이 있겠는가. 현재 어떤 책을 읽고 있는가? 다소의 〈여죽문답(與竹問答)〉시는 모두 읽었는데, 병이 들어 화답시를 보내지 못하네. 그대가 대나무와 사귄 정을 다른 사람이 헤아릴 바는 아니지만, 내가 한마디 말로 단언하겠네.

마음 있는 사람이 마음 없는 대와 같지 않은데　　有心不似無心者
또 어찌 이다지도 괴롭게 묻고 답하는가　　又胡問答苦云云
그대는 돌아와 혹여 잊을 날이 있겠지만　　君歸或有可忘日
차군[41]은 끝내 우리 그대를 저버리지 않으리　　此君終不負吾君

어떻게 생각하시는가?

41 차군(此君) : 대나무의 별칭이다. 진(晉)나라 때 왕휘지(王徽之)가 대나무를 몹시 좋아하여 가는 곳마다 대나무를 잔뜩 심었는데, 사람들이 그 까닭을 물으면, 대나무를 가리키면서 "어찌 하루라도 차군이 없어서야 되겠는가.〔何可一日無此君耶〕"라고 말한 데서 온 말이다.《晉書 卷80 王徽之列傳》

박사수의 문목에 답하다
答朴士洙問目

문 《상례비요(喪禮備要)》의 제주축문(題主祝文)[42]에 "형은 아우 모(某)에게 고한다." "아비는 아들 모에게 고한다."라고만 말하고 칭호(稱號)는 말하지 않았습니다. '모(某)'라는 한 글자가 칭호와 이름을 모두 포함합니까?
답 모 자는 실로 칭호와 이름을 포함하고 있네.

문 《가례(家禮)》의 부제축문(祔祭祝文)[43]에 "손자 모관(某官)을 올려 부묘(祔廟)합니다."라고 말하고, 이름은 쓰지 않았습니다. 만약 신분이 낮거나 나이가 어린 자를 부묘할 경우엔 그 이름을 써야 합니까?
답 그 이름을 쓰는 것이 불가하지는 않을 듯하네.

문 재작년 중부(仲父)의 상이 12월에 있었는데, 부고를 들은 것은 그 이듬해 1월이었습니다. 《상례비요》 소상조(小喪條)에는 단지 "친상(親喪)에 상복 입는 달수가 먼저 찬 사람은 먼저 상복을 벗고, 나중에 달수가 차는 사람은 나중에 벗는다."라는 말만 있고, 뒤늦게 입은

42 제주축문(題主祝文) : 장사지내면서 신주에 글자를 쓴 뒤에 고유(告由)하는 축문이다.

43 부제축문(祔祭祝文) : 졸곡(卒哭) 이후에 망자의 신주를 사당으로 모시고 가서 조고(祖考)의 신주와 함께 모셔 놓고서 합사(合祀)하기 위해 고유하는 축문이다.

기년복(朞年服)에 대해서는 논하지 않았습니다. 그러나 제 생각에는, 부고를 들은 것이 초상이 난 달이라면 비록 뒤늦게 입은 복이라도 소상일(小祥日)에 벗을 수 있지만, 만약 달을 넘긴 뒤에 부고를 들었다면 마땅히 달수를 채워야 한다고 생각합니다. 이는 뒤늦게 입는 공복(功服)과 시마복(緦麻服)도 반드시 달수를 채우니, 기년복을 지레 벗어서는 안 되기 때문입니다. 어떻게 생각하시는지요?

답 복제(服制)는 사리가 응당 이와 같네.

박사수에게 주다 병인년(1746, 영조22)

與朴士洙 丙寅

지난 섣달 14일에 보낸 편지를 받고 그리워하던 마음이 조금 위로되었네. 나도 세전(歲前)에 저리(邸吏) 편에 재차 편지를 부쳤네. 또 답장을 쓰려던 차에 조지(朝紙)가 홀연히 왔는데, 어제 대신(大臣)과 금오당상(金吾堂上)이 입대할 때 그대를 특별히 석방하라는 명이 있었다고 하네. 비록 경연(經筵)에서 오고간 말은 듣지 못했지만 성은에 감축하니 하해와 같은 은혜를 어찌 헤아릴 수 있겠는가.

그대의 형이 편지를 보내어 내게 알려주고 인하여 그곳으로 떠날 노복을 보내어 편지를 구하였네. 인마(人馬)는 비록 여기서 떠났지만 순영(巡營)에서 사면 교서를 반포한 뒤에야 적소(謫所)에서 나올 수 있으니, 부디 경솔하게 위리안치된 적소를 떠나지 말고 영현(營縣)의 사면 교서를 기다린 뒤에 귀로에 오르시게. 귀로의 양식거리는 혹 도와줄 자가 있는가?

남궁도유 영 의 문목에 답하다 갑인년(1734, 영조10)

答南宮道由 櫺 問目 甲寅

문 《중용장구》에 "하늘은 음양오행(陰陽五行)으로 만물을 화생(化生)하여 기(氣)로써 형체를 이루고 이(理) 또한 부여하였다."라고 하였습니다. 이와 기를 나누어 말할 수는 없지만, 이는 자취가 없고 기는 형체가 있습니다. 형체가 있는 것으로 말하면 인신(人身)의 오장(五臟)이 바로 오행(五行)의 기(氣)이고, 자취가 없는 것으로 말하면 인성(人性)의 오상(五常)이 바로 오행의 이(理)입니다. 간(肝)이 목(木)이 되고, 심장(心臟)이 화(火)가 되고, 비장(脾臟)이 토(土)가 되고, 신장(腎臟)이 수(水)가 되고, 폐(肺)가 금(金)이 되는 것을 '기로써 형체를 이룬' 것으로 간주하고, 목의 이치가 인(仁)이 되고, 화의 이치가 (禮)가 되고, 금의 이치가 의(義)가 되고, 수의 이치가 지(智)가 되고, 토의 이치가 신(信)이 된 것을 '이치 또한 부여된' 것으로 간주하는 것이 어떻겠습니까?

답 사지(四肢)와 모든 신체 부위, 혼백(魂魄)과 오장(五臟)이 모두 음양과 오행의 기(氣) 아님이 없고, 그 이(理)는 건순(健順)과 오상(五常)[44]이네. 이와 기의 오묘함이 본디 뒤섞여 간격이 없지만, 세분해서 말하고자 한다면 그대의 말도 옳네.

44 건순(健順)과 오상(五常) : 《중용장구》 제1장의 주석에 나오는 말로, 건은 양(陽)의 덕이고, 순은 음(陰)의 덕이며, 오상은 인의예지신(仁義禮智信)을 가리킨다.

문 지각(知覺)은 인심(人心)의 온전한 본체와 오묘한 작용에 대한 총체적인 명칭으로, 고요할 때나 감응할 때나 통틀어 성(性)과 정(情)을 주관하는 것입니다. 성 가운데 본디 인의예지(仁義禮智)가 있지만 지각이 아니면 발하여 사단(四端)이 될 수 없습니다. 이 때문에 주자(朱子)는 이미 "이 이(理)를 갖춘 것이 지각의 체(體)이고, 이 정(情)을 행하는 것이 지각의 용(用)이다."라고 하였습니다. 이것이 바꿀 수 없는 정론인데, 그 인설(仁說)에는 "지각은 지(智)의 영역이다."라는 말이 있습니다. 지각은 기(氣)이고 지(智)는 성(性)이니, 기의 발용(發用)을 가지고 오성 가운데 하나의 영역으로 간주해서는 안 되는데, 인설의 말씀은 도리어 이전의 말과 매우 차이가 있으니, 이는 아직 정해지지 않은 초년의 설이 아니겠습니까.

답 주자는 당시의 학자들 중에 지각을 인(仁)이라고 말하는 자가 있기 때문에 인설에서 "지각은 지(智)의 영역이지, 인이 아니다."라고 한 것일 뿐이네. 또 지(智)는 본디 성(性)이지만 그 발용처(發用處)는 기(氣)에 속하니, 옳게 여기고 그르게 여기게 하는 것이 지각이 아니고 무엇이겠는가. 그렇다면 지각을 지(智)의 영역으로 삼는 것에 의심할 점이 없네. 지각도 체(體)와 용(用)이 있으니, 지각할 수 있게 하는 것은 체이고 지각하는 것은 용이네. 그대가 인용한 "이 이(理)를 갖춘 것이 지각의 체이고, 이 정(情)을 행하는 것이 지각의 용이다"라는 주자의 말씀도 단지 지각에 나아가 그 체와 용을 논한 것일 뿐이네. 그러나 처음부터 끝까지 용을 위주로 함이 많은데, 지금 "지각은 인심의 온전한 본체와 오묘한 작용의 총체적인 명칭으로, 고요할 때나 감응할 때나 통틀어 성(性)과 정(情)을 주관하는 것이다."라고 하는 것은 또한 말이 너무 지나치지 않은가.

문 율곡(栗谷)의 〈인심도심도(人心道心圖)〉에 도심(道心)은 전적으로 선(善) 한쪽에 소속시키고, 인심은 선악(善惡)이 나누어지는 기미에 소속시킨 것은 어째서입니까? 인심이 도심에게 명을 받으면 처음에는 인심이지만 마지막엔 도심이 될 수 있습니다. 그렇지 않으면 반드시 인욕(人欲)으로 흘러갑니다. 그러므로 선악이 갈라지기 전의 경계에 소속시킨 것입니까?

답 유위(惟危)[45] 두 자를 보면 인심을 응당 선악이 나누어지는 기미에 소속시킨 것에 의심할 바 없네.

문 인의예지신(仁義禮智信)이 오상(五常)인데, 부자유친(父子有親), 군신유의(君臣有義), 부부유별(夫婦有別), 장유유서(長幼有序), 붕우유신(朋友有信)도 오상이라고 부르는 것은 어째서입니까? 또 부자유친, 군신유의, 부부유별, 장유유서, 붕우유신 다섯 가지도 오성(五性)에 나누어 소속시킬 수 있습니까?

답 오성(五性)과 오전(五典)을 똑같이 상(常)이라고 하는 것은 하늘에서 얻은 것이 성(性)이고 행동에 드러난 것이 전(典)이지만 똑같은 상리(常理)이기 때문이네. 오전을 오성에 나누어 소속시키는 것도 말이 되지만, 나는 일찍이 부자유친은 인에 속하고, 군신유의 이하는 모두 의에 속하고, 예와 지는 그 속에서 행해지는 것이라고 생각하였으니, 바로 《맹자》의 "지(智)의 실제는 이 두 가지(인의(仁義))를 알아

45 유위(惟危) : 《서경》 〈대우모(大禹謨)〉에 "인심은 위태롭고 도심은 은미하니, 정밀하게 살피고 전일하게 지켜야 진실로 중도(中道)를 잡을 수 있다.〔人心惟危, 道心惟微, 惟精惟一, 允執厥中.〕" 하였다.

서 버리지 않는 것이요, 예(禮)의 실제는 이 두 가지를 절문(節文)하는 것이다."라는 뜻이네. 그대는 어떻게 생각하시는가?

문 성(性)은 심(心) 속의 이(理)이고, 심은 성을 담는 그릇입니다. 이 성을 담아 이 정(情)을 발하는 것이 바로 심이니, 그렇다면 심이 먼저 동(動)한다고 할 수 있습니까? 성은 심 속의 이(理)지만 심이 동하는 것은 실로 성이 동하게 한 것이니, 그렇다면 성이 먼저 동한다고 할 수 있습니까? 심과 성이 하나의 물(物)이라, 심은 성을 거느리고 성은 체가 되니, 그렇다면 함께 동하여 선후를 구분할 수 없다고 할 수 있습니까? 주자는 "동하는 곳〔動處〕은 심이고, 동하는 근저〔動底〕는 성이다."라고 하였는데, '저(底)'와 '처(處)' 두 글자는 또한 조금도 구분되는 뜻이 없습니까?

답 먼저 동하고 함께 동한다고 말하는 것이 모두 병통이 있지만, 성이 먼저 동한다고 하는 것은 더욱 이치에 어긋나니, 선후를 구분할 수 없다는 설이 옳네. 주자의 "동하는 곳은 심이고, 동하는 근저는 성이다."라는 말에서 '저'와 '처' 두 글자는 글자의 배치가 정미하고 오묘하니, 같으면서도 다른 것이라고 할 수 있네. 깊이 음미하면 알 것일세.

문 심(心)의 정(靜)이 체(體)가 되고 심의 동(動)이 용(用)이 되니, 정할 때에는 동함이 없고 동할 때에는 정함이 없는데, 난계 범씨(蘭溪范氏)는 "온갖 생각이 어지러이 일어나도 이른바 지극히 정(靜)한 것은 본래의 모습 그대로 있다."라고 하였습니다. 이것을 가지고 본다면 이 심(心)이 동할 때에 또 하나의 심이 있어 간사한 생각이나 쓸데없는 잡념이 어지러이 일어났다 사라지는 속에서도 지극히 정한 상태를 그대로 유지하고 있는 것입니다. 범씨가 논한 것이 과연 옳은지요?

답 난계가 논한 것은 심의 본체를 가리켜 말한 것이네.

문 심(心)을 가지고 태극(太極)을 보면 심이 또한 하나의 태극이니, 만 가지 이치가 하나의 심에 모여 있는 것이 만 가지 변화가 태극에 모여 있는 것과 같습니다. 〈태극도(太極圖)〉에서 위에 있는 원이 바로 인성(人性) 본연의 체이고, 아래 원의 음양과 동정이 바로 인심의 미발(未發)과 이발(已發)의 체와 용입니다. 그 아래 원의 오행(五行)이 바로 인심의 오상(五常)이고, 그 아래 원의 건도성남(乾道成男)·곤도성녀(坤道成女)와 화생만물(化生萬物)이 바로 사람의 오성이 감동하여 흩어져 만사를 이룬 것입니다. 소강절(邵康節)이 말한 "심이 태극이다."는 것이 본래 이것을 가리켜 말한 것인지요?

답 심이 태극이라는 것은 대체가 그러할 듯하네.

문 〈하도(河圖)〉와 〈태극도〉를 합하여 보면 본시 하나의 물(物)입니다. 〈하도〉의 가운데 오(五)와 십(十)이 바로 〈태극도〉의 위에 있는 원입니다. 〈하도〉에서 천일(天一)·천삼(天三)·천오(天五)·천칠(天七)·천구(天九)가 양(陽)이 되고, 지이(地二)·지사(地四)·지육(地六)·지팔(地八)·지십(地十)이 음(陰)이 되는 것이 바로 〈태극도〉의 아래에 있는 원이 음과 양으로 나뉜 것입니다. 〈하도〉에서 천일(天一)이 오를 얻어 육이 되면 노음(老陰)이 되고, 지이(地二)가 오를 얻어 칠이 되면 소양(少陽)이 되고, 천삼(天三)이 오를 얻어 팔이 되면 소음(少陰)이 되고, 지사(地四)가 오를 얻어 구가 되면 노양(老陽)이 되는 것이 바로 〈태극도〉에서 성양(盛陽)·성음(盛陰)·치양

(穉陽)·치음(穉陰)이 좌우로 나누어 자리한 것입니다. 그런데 〈하도〉에서 천오(天五)의 토(土)가 가운데에 있기 때문에 〈태극도〉의 토도 가운데에 있는 것입니까? 〈하도〉의 팔괘(八卦)에서 건(乾)이 부(父)가 되고 곤(坤)이 모(母)가 되고, 진(震)·감(坎)·간(艮)이 장남(長男)·중남(中男)·소남(小男)이 되고, 손(巽)·이(離)·태(兌)가 장녀(長女)·중녀(中女)·소녀(少女)가 되니, 그렇다면 〈태극도〉의 건도성남(乾道成男)과 곤도성녀(坤道成女) 또한 만물의 부모가 되어 여섯 자식이 그 속에 포함되어 있는 것입니까?

답 〈하도〉와 〈태극도〉는 본시 하나의 이치이니 자연히 일치하네. 그러나 〈하도〉를 볼 때에는 우선 〈하도〉를 세밀히 궁구하고, 〈태극도〉를 볼 때에는 우선 〈태극도〉를 세밀히 궁구해야 하네. 지금 그 이치를 다 궁구하지 못하고서 대번에 합하여 일치시키려 한다면 설령 막히는 곳 없이 말이 다 통하더라도 순서에 따라 정밀하게 공부하는 방도가 아닐 듯한데, 더구나 막히는 곳 없이 반드시 다 통하지도 못한 경우야 말해 무엇하겠는가. 부디 우선 천천히 공부하기 바라네.

남궁도유에게 답하다 정사년(1737, 영조13)

答南宮道由 丁巳

과장(科場)에 힘써 나아갔다고 하니 예전 질병이 지금 다 나았음을 알겠네. 그러나 문을 닫고서 고요히 지내다가 다시 이렇게 분분하게 애썼으니, 뜻을 빼앗기는 걱정[46]이 없을 수 있겠는가. 그러나 구구한 득실(得失)이 또한 우리 그대의 털끝 하나도 동요시키지 못했겠지? 학문의 힘이 얕은지 깊은지를 여기에서 어렵지 않게 알 수 있네. 고인(古人)의 시에 "하루라도 제목(除目)을 보면 삼년 동안 도심이 손상된다.〔一日看除目, 三年損道心.〕"[47]라는 구절이 있으니, 이는 두려운 말이네. 알지 못하겠네만, 이미 스스로 시험하여 경계한 바가 있는가. 도움을 구하는 뜻은 참으로 좋네. 다만 바빠서 다른 것은 미처 언급할 겨를이 없고 우선 이 말로 경계하겠네. 부디 부지런히 힘써서 그대를 아끼는 마음에 부응해 주시게.

46 뜻을 빼앗기는 걱정 : 《정씨외서(程氏外書)》에 "과거 공부는 공부를 방해함이 걱정이 아니라, 오직 뜻을 빼앗기는 것이 걱정이다.〔科擧之事, 不患妨功, 惟患奪志.〕" 하였다.

47 하루라도……손상된다 : 제목(除目)은 관원의 인사를 기록한 문서이다. 이 시는 요합(姚合)의 〈무공현중작(武功縣中作)〉 30수 중 제8수에 보인다. 《요소감시집(姚少監詩集)》에는 '三年'이 '終年'으로 되어 있다. 《姚少監詩集 卷5》

남궁도유의 문목에 답하다 기미년(1739, 영조15)

答南宮道由問目 己未

문 예로부터 기질(氣質)의 선악을 논한 성현(聖賢)들은 모두 이발시(已發時)에 나아가 말하였으니, 미발(未發) 이전에는 단지 기질 두 자만 붙이고 기질지성(氣質之性)이라고 말할 수 없는지요? 성인(聖人)과 중인(衆人)이 그 본심의 전체(全體)와 허명(虛明)은 같지만, 중인의 경우는 미발시에 그 탁하고 박잡한 기질이 일체 완전히 변화되어 없어진 것이 아니라, 단지 기(氣)가 작용하지 못하는 것입니다. 이 때문에 본분(本分)의 탁하고 박잡한 것이 한 쪽에 있지만 감히 본체의 밝음에 간섭할 수 없습니다. 이것이 미발시에 순(舜)과 도척(盜跖)이 똑같은 이유입니다. 그러나 외물이 형기(形氣)에 감촉하여 기가 마침내 작용하여 그 맑은 것이 발현되어 선이 되고 탁한 것이 발현되어 악이 되면 기 속에 들어있던 본성 또한 기에 동화되고 악을 따르게 됩니다. 그러므로 기질지성에 선과 악이 있다고 말하는 것입니다. 그런데 "악도 성(性)이라고 하지 않을 수 없다."라는 정자(程子)의 말씀도 이것을 가리켜 말한 것인지요?

답 그대의 논의가 내 생각과 같지 않은 부분이 있네. 성(性)이라는 말은 모두 기질에 떨어진 이후를 말하니, 성이 어찌 기질을 떠난 적이 있겠는가. 《맹자》에서 말한 "성이 선하다.〔性善〕"라는 것은 단지 선한 쪽을 도려내어 말한 것일 뿐이네. 그러나 미발시에는 기질 두 자를 붙여서는 안 되네. 어리석은 사람이라도 혹 미발의 경지에 있게 되면 아주 짧은 시간이라도 이는 전적으로 담일(湛一)한 본연의 체이니,

맑음만 있고 탁함은 없으며 순수함만 있고 박잡함은 없네. 다만 자주 있을 수는 없고, 있더라도 오래 지속할 수 없을 뿐이네. 이와같지 않다면 어떻게 미발시에 요순(堯舜)과 길가는 사람이 같다고 말하겠는가가. 만약 본분의 탁하고 박잡한 것이 한 쪽에 있다고 한다면 선악혼설(善惡混說)[48]에 가깝지 않겠는가. 이것이 근본 요지이니 조금만 착오가 생겨도 그 해가 지극히 크네. 부디 깊이 생각하시게.

48 선악혼설(善惡混說) : 218쪽 주12 참조.

남궁도유의 《중용》 문목에 답하다
答南宮道由中庸問目

문 《중용》 서문(序文)에 "성명의 바름에 근원한다.〔原於性命之正〕"라 하였습니다. 하늘이 명한 것을 성(性)이라고 하는데, 명성(命性)이라고 하지 않고 성명(性命)이라고 한 것은 어째서입니까?

답 근원에서부터 설명하면 명(命)이 성(性)보다 앞서니, 《중용》의 천명지성(天命之性)[49]이 이것이네. 낮은 곳에서 깊은 곳으로 들어가면 성이 명보다 앞서니, 《주역》의 진성지명(盡性至命)[50]이 이것이네. 이를 미루어보면 알 수 있을 것일세.

문 "인심이 매번 명령을 따르게 한다〔人心每聽命〕"[51]는 구절 주석에서 주자(朱子)는 "단지 의리(義理)와 인욕(人欲)의 구분일 뿐이다."라고 하였습니다.[52] 여기에서 인심을 인욕에 소속시킨 것은 어째서입니까?

49 천명지성(天命之性) : 《중용장구》 제1장에 "하늘이 명한 것을 성이라고 한다.〔天命之謂性〕"라고 하였다

50 진성지명(盡性至命) : 《주역》 〈설괘전(說卦傳)〉에 "이치를 궁구하고 성을 다하여 천명에 이른다.〔窮理盡性, 以至於命.〕"라고 하였다

51 인심이……한다 : 《중용장구》 서문(序文)의 내용으로, "정(精)은 도심(道心)과 인심(人心) 사이를 살펴 섞이지 않는 것이요, 일(一)은 본심의 올바름을 지켜 떠나지 않는 것이니, 여기에 종사하여 잠시도 중단함이 없어 반드시 도심이 항상 일신(一身)의 주인이 되게 하고 인심이 매번 명령을 따르게 하면 위태로운 것이 편안해지고 은미한 것이 드러나 일상의 모든 동작과 언행에 절로 과불급의 잘못이 없어질 것이다." 하였다.

52 단지……하였습니다 : 《중용장구》 서문의 소주(小註)에 나오는 주자의 말로, "도

답 소주(小註)의 주자의 설은 수미(首尾)를 통틀어 세심하게 보면 본래 의심할 것이 없네. 시험삼아 이 단락에서 '인욕' 두 글자를 '인심'으로 바꾸어 보면 과연 말이 되겠는가. 이로 인해 주자가 인심을 인욕에 소속시켰다고 의심해서야 되겠는가.

문 마지막 단락의 소주(小註)에 "《대학》에는 성(性)자가 나오지 않고, 《중용》에는 심(心)자가 나오지 않는다."라고 하였습니다. 《대학》에서 성을 말하지는 않았지만 명덕(明德)[53]과 명명(明命)[54]이 바로 성이요, 《중용》에서 심을 말하지는 않았지만 계구(戒懼)와 근독(謹篤)[55]이 또한 심입니다. 또 마음을 바르게 하는 방법이 선을 밝게 알아 처음을 회복하는 데에 달려있기 때문에 《대학》 서문에서 반드시 하나의 성자를 제시하고, 마음을 전수하는 법이 정일집중(精一執中)[56]에

심과 인심은 두 가지 마음이 아니라, 단지 의리와 인욕의 구분일 뿐이다."라 하였다.

53 명덕(明德) : 《대학장구》 경 1장에 "대학의 도는 밝은 덕을 밝히는 데 있다.〔大學之道, 在明明德.〕"라고 하였는데, 주석에 "명덕은 사람이 하늘에서 얻은 것으로 허령하고 어둡지 않아 온갖 이치를 갖추고서 만사에 응하는 것이다.〔明德者, 人之所得乎天, 而虛靈不昧, 以具衆理, 而應萬事者也.〕" 하였다.

54 명명(明命) : 《대학장구》 전1장에 "〈태갑〉에 이르기를 '이 하늘의 밝은 명을 돌아본다.〔顧諟天之明命〕'" 하였다.

55 계구(戒懼)와 근독(謹獨) : 《중용장구》 제1장에 "군자는 보이지 않는 곳에서도 경계하고, 들리지 않는 곳에서도 두려워한다.〔君子戒愼乎其所不睹, 恐懼乎其所不聞.〕" 하고, "군자는 혼자만 아는 마음속의 생각을 신중하게 살핀다.〔君子愼其獨也〕" 하였다.

56 정일집중(精一執中) : 《서경》 〈대우모(大禹謨)〉에 "인심은 위태롭고 도심은 미묘하니, 오직 정밀하게 살피고 오직 전일하게 지켜야 진실로 중도를 잡을 수 있다.〔人心惟危, 道心惟微, 惟精惟一, 允執厥中.〕"라고 한 것을 가리킨다. 이 구절은 순(舜)임금이 우왕(禹王)에게 제위(帝位)를 물려주면서 경계한 말로, 도통(道統)을 전수하는 요결

달려있기 때문에 《중용》 서문에서 반드시 하나의 심자를 표출한 것인지요?

답 《대학》의 "인지성(人之性)"[57] 세 글자에서 성선(性善)의 뜻을 볼 수 있으니, 전혀 성자를 내지 않았다고 할 수 없네. 그러나 《중용》은 하나의 심자도 없으니, 어찌 "역(易)을 잘 말하는 사람은 역을 말하지 않는다."[58]는 뜻이 아니겠는가. "명덕과 명명이 바로 성이다"라는 말은 참으로 옳지만, 《중용》에서 심(心)을 말한 증거로 계구와 근독 두 단락만 거론한 것은 너무 엉성하지 않은가. 내가 살펴보건대 《중용》 한 부는 한 글자도 심을 말하지 않음이 없지만 미발과 이발이 가장 근본 요지이네.

《대학》과 《중용》의 서문을 논한 두 단락의 말은 설명이 분명하지 못한 듯하네. 명덕이 《대학》의 강령이고, 중화(中和)가 《중용》의 요체이기 때문에 성을 논하고 심을 논한 것이 같지 않은 것이네. 이는 그 의리의 당연함이지, 경문(經文)에 성자와 심자가 나오지 않기 때문에 일부러 서문에서 상세히 말한 것이 아니네.

로 일컬어진다.

57 인지성(人之性) : 《대학장구》 전 10장에 "사람들이 모두 미워하는 바를 좋아하고 사람들이 모두 좋아하는 바를 미워하는 것, 이를 두고 '사람의 보편적인 성정을 거스른다.'고 하는 것이다.〔好人之所惡, 惡人之所好, 是謂拂人之性.〕" 하였다.

58 역(易)을……않는다 : 《자치통감(資治通鑑)》 권75 〈위기(魏紀)〉에 "하안(何晏)이 평원(平原)의 관로(管輅)가 술수에 밝다는 것을 듣고 만나기를 청하였다. 12월 무술에 관로가 하안에게 나아가자, 하안이 그와 주역을 논하였다. 마침 등양(鄧颺)이 자리에 있었는데, 관로에게 말하기를 '그대는 스스로 주역을 잘한다고 하면서 말이 애초에 주역 가운데의 말과 뜻에 미치지 않는 것은 어째서인가'라고 하자, 관로가 '주역을 잘하는 사람은 주역을 말하지 않습니다.'라고 하였다."라는 내용이 있다.

문 계구근독장(戒懼謹獨章)[59]의 마지막 주석은 비록 계구와 근독을 동정(動靜)에 나누어 소속시켰지만, 꼼꼼히 따져보면 계구는 또한 동정을 겸합니다. 그러므로 그 주석에서 "군자의 마음은 항상 공경하고 두려워하는 마음을 지닌다.〔君子之心, 常存敬畏.〕"고 한 것은 동(動)할 때도 아울러 말한 것이고, "비록 들리지 않고 보이지 않는다 하더라도 감히 소홀히 할 수 없다.〔雖不見聞, 亦不敢忽.〕"고 한 것은 정(靜)할 때를 가지고 말한 것입니다. 소주(小註)에서 주자는 또 "계신공구(戒愼恐懼)는 미발이다. 그러나 미발로만 간주해서는 안 되니, 바로 그 미발을 기르는 것이다."라고 하였습니다. 이에 근거하여 살펴보면, 전적으로 정할 때만 소속시킬 수 없음이 분명합니다. 그런데 치중화장(致中和章) 주석에서 계구를 치중(致中) 한 쪽에 나누어 소속시킨 것[60]은 어째서입니까? "계구로부터 요약한다〔自戒懼而約之〕"라는 말은 또한 정(靜)이 동(動) 가운데 있어서 동으로 말미암아 정에 이르는 것이니, 근독이 전적으로 동에 속하여 다시 정에 간섭하지 않는 것과는

59 계구근독장(戒懼謹獨章) : 《중용장구》 제1장의 "도라는 것은 잠시도 떠날 수 없는 것이니, 떠날 수 있으면 도가 아니다. 그러므로 군자는 보이지 않는 곳에서도 경계하고 들리지 않는 곳에서도 두려워한다. 어두운 곳보다 더 잘 드러나는 것은 없고 작은 것보다 더 분명하게 보이는 것은 없다. 그러므로 군자는 혼자만 아는 마음속의 생각을 신중하게 살핀다.〔道也者, 不可須臾離也, 可離非道也. 是故君子戒愼乎其所不覩, 恐懼乎其所不聞. 莫見乎隱, 莫顯乎微, 故君子愼其獨也.〕"라는 구절이다.

60 치중화장(致中和章)……것 : 《중용장구》 제1장의 치중화장 주석에 "계구(戒懼)로부터 자신을 단속하여 지극히 정(精)한 가운데에 편벽되고 치우친 바가 없어 그 지킴을 잃지 않는 데 이르면 그 중(中)을 지극히 하여 천지가 제자리를 편안히 할 것이다.〔自戒懼而約之, 以至於至靜之中, 無少偏倚, 而其守不失, 則極其中而天地位矣.〕" 하였다.

다릅니다. 이 때문에 두 쪽으로 나누어 소속시킨 것인지요?

답 "계구 또한 동정을 겸한다."는 구절은 진실로 옳은 말이네. 다만 그 아래에서 이 뜻을 해석한 것에는 오류가 있네. 주자는 일찍이 "계신공구 네 자가 무겁게 짓누른다."고 하였으니 이는 미발시에 나아가 말한 것이지, 그대처럼 미발과 이발의 양단으로 나눈 것이 아니네. 장구(章句)의 "수불(雖不)" 두 글자 또한 동정을 통틀어 말한 것이니, "항상 공경하고 두려워하는 마음을 지닌다.〔常存敬畏〕"라는 한 구절만 그런 것이 아니네. 신독은 본디 계구 가운데 하나의 일이네. 그러나 계구를 가지고 신독을 상대하여 말하면 계구는 정에 속하고 신독은 동에 속하네. 이 장 마지막에서 중(中)과 화(和)에 나누어 소속시킨 것[61]은 이 때문이네.

문 "발하여 모두 절도에 맞는 것을 화(和)라 이른다.〔發而皆中節, 謂之和.〕"라 하였습니다. 칠정(七情) 가운데 한두 가지 일이 만약 절도에 맞지 않으면 화가 될 수 없는지요? '개(皆)' 자는 칠정을 포함하여 말한 듯합니다.

61 중(中)과……것 :《중용장구》 제1장의 치중화장 주석에 "계구(戒懼)로부터 단속하여 지극히 정(精)한 가운데에 편벽되고 치우친 바가 없어 그 지킴을 잃지 않게 되면 그 중(中)을 지극히 하여 천지가 제자리를 편안히 할 것이요, 근독(謹獨)으로부터 정(精)하게 하여 사물을 응하는 곳에 조금의 잘못됨이 없어 가는 곳마다 그렇지 않음이 없게 된다면 그 화(和)를 지극히 하여 만물이 생육될 것이다.〔自戒懼而約之, 以至於至靜之中, 無少偏倚, 而其守不失, 則極其中而天地位矣. 自謹獨而精之, 以至於應物之處, 無少差謬, 而無適不然, 則極其和而萬物育矣.〕" 하여, 계구는 중에 소속시키고 근독은 화에 소속시켰다.

답 "발하여 모두 절도에 맞는다〔發而皆中節〕"의 '개(皆)'자는 본디 칠정을 포함하여 말한 것이네. 그러나 칠정이 발할 때에 또 각각 그 발하는 바에 따라 모두 절도에 맞음을 말한 것이니, 이처럼 보아야 빈틈이 없네.

문 "중용을 택하여 한 달도 지키지 못한다〔擇乎中庸而不能期月守〕"[62]고 하였습니다. 택하는 것과 지키는 것은 지(知)와 행(行)에 나누어 소속시켜야 하는데, 이 장에서 이 두 가지를 전적으로 지(知) 한 쪽에 소속시킨 것은 어째서입니까?

답 이 장은 순(舜)임금과 안회(顔回)의 일 사이에 있어[63] 택하고 지키는 뜻을 겸하였네. 장구(章句)에서도 "위 장을 이어 아래 장을 일으켰다."[64]고 하였으니, 그렇다면 전적으로 지(知) 한 쪽에만 소속시켰다고

62 중용을……못한다 : 《중용장구》 제7장에 "사람들은 모두 '내가 지혜롭다'라고 하지만 덫이나 함정 속으로 몰아넣어도 피할 줄을 알지 못하며, 사람들은 모두 '내가 지혜롭다'라고 하지만 중용을 택하여 한 달도 지키지 못한다.〔人皆曰予知, 驅而納諸罟擭陷阱之中而莫之知辟也; 人皆曰予知, 擇乎中庸而不能期月守也.〕" 하였다.

63 이……있어 : 이 장은 《중용장구》 제7장이다. 제6장은 "순임금은 큰 지혜일 것이다. 순임금은 묻기를 좋아하시고 천근한 말씀을 살피기 좋아하시되, 악을 숨겨주고 선을 드날리시며, 두 끝을 잡으시어 그 중(中)을 백성에게 쓰시니 그 때문에 순임금이 되신 것이다.〔舜其大知也與! 舜好問而好察邇言, 隱惡而揚善, 執其兩端, 用其中於民, 其斯以爲舜乎!〕" 하였고, 제8장은 "안회의 사람됨이 중용을 택하여 한 선을 얻으면 가슴에 깊이 새기고 잃지 않는다.〔回之爲人也, 擇乎中庸, 得一善, 則拳拳服膺而弗失之矣.〕" 하였다.

64 위……일으켰다 : "위 장의 대지(大智)를 이어 말씀하였고, 또 도가 밝아지지 못하는 단서를 들어 아래 장을 일으킨 것이다.〔承上章大知而言, 又擧不明之端, 以起下章也.〕"라 하였다.

할 수 없을 듯하네.

문 "군자는 화락하되 지나치지 않는다〔君子和而不流〕"의 소주(小註)에서 주자는 백이(伯夷)와 유하혜(柳下惠)를 두고 "화락하되 지나치지 않고, 중(中)에 서서 치우치지 않는다."고 하였습니다. 백이처럼 편협하고 유하혜처럼 공손하지 못한 자를 주자가 중화(中和)로 인정한 것은 어째서입니까? 편협함은 맑음〔淸〕의 극치이고, 공손하지 못함은 화락함〔和〕의 극치입니다. 맹자가 청화(淸和)라고 말하고[65] 주자가 중화(中和)라고 인정한 것은 단지 백이와 유하혜의 큰 근본에 나아가 말한 것일 뿐입니다. 맹자가 다시 "군자는 따르지 않는다."고 말하고,[66] 주자가 다시 "두 사람은 폐단이 있다."고 말하고, 호씨(胡氏) 또한 "중용에 부합하지 않는다."고 말한 것은 단지 후세 사람들이 백이와 유하혜를 제대로 배우지 못하고 그 편협하고 공손하지 못한 점을 먼저 배울까 염려하였기 때문에 이런 말을 한 것인지요?

답 그대가 말한 "편협함은 맑음의 극치이고, 공손하지 못함은 화락함의 극치이다.〔隘者, 淸之極; 不恭者, 和之極.〕"에서의 두 '극(極)'자는 모두 '폐(弊)'자로 바꾸어야 하네. 백이와 유하혜가 성인이라는 이름을 얻은 것은 바로 그 청화(淸和)의 지극함 때문이지만, 청(淸)과 화(和)

65 맹자(孟子)가 청화(淸和)라고 말하고 : 《맹자》 〈만장 하(萬章下)〉에 "백이는 성인 중에 맑은 사람이고, 유하혜는 성인 중에 화락한 사람이다.〔伯夷, 聖之淸者也; 柳下惠, 聖之和者也.〕" 하였다.

66 맹자가……말하고 : 《맹자》 〈공손추 상(公孫丑上)〉에 "백이는 도량이 좁고, 유하혜는 공손하지 못했는데, 도량이 좁고 공손하지 못한 태도는 군자가 따르지 않는다.〔伯夷隘, 柳下惠不恭, 隘與不恭, 君子不由也.〕" 하였다.

가 이미 한 쪽으로 떨어져버렸기 때문에 편협하고 공손하지 못한 병통이 있는 것이네. 그러나 주자가 중화로 인정한 것은 단지 그 청화의 지극한 부분을 취하여 말한 것일 뿐이네.

문 연어장(鳶魚章)[67] 소주에서 정자(程子)가 말한 "솔개 위에 또 하늘이 있고, 물고기 아래에 또 땅이 있다."는 것은 그 귀결되는 뜻이 무엇인지 듣고 싶습니다.
답 이는 도체(道體)가 무궁하다는 뜻을 간략하면서도 깊이 있게 말한 것인 듯하네.

문 제13장, 14장, 15장은 몸과 위치와 집안을 말하여[68] 비(費)의 작은 부분을 드러내었고, 제17장, 18장, 19장은 네 분 성인의 효(孝)를 말하여[69] 비의 큰 부분을 드러내었는데, 그 중간에 귀신장(鬼神章)[70]을

67 연어장(鳶魚章) : 《중용장구》 제12장의 "솔개는 날아 하늘에 이르고 물고기는 연못에서 뛰논다.〔鳶飛戾天, 魚躍于淵.〕"라는 《시경》의 내용을 인용한 구절이다.

68 제13장……말하여 : 《중용장구》 제13장에서는 "도가 사람에게서 멀지 않으니, 사람이 도를 행하면서 사람을 멀리 한다면 도라고 할 수 없다." 하였고, 제14장에서는 "군자는 현재 자신이 처해 있는 위치에 따라 행하고, 그 밖의 것은 원하지 않는다." 하였고, 제15장에서는 "처자간에 정이 좋고 뜻이 부합함이 금슬(琴瑟)을 타는 듯하며, 형제간에 화합하여 화락하고 또 즐겁도다. 너의 집안을 마땅하게 하며 너의 처자들을 즐겁게 한다." 하였다.

69 제17장……말하여 : 《중용장구》 제17장에서는 "순(舜)임금은 참으로 대단한 효자시다."고 하였고, 제18장에서는 "근심이 없으신 분은 오직 문왕(文王)이시다." 하였고, 제19장에서는 "무왕(武王)과 주공(周公)은 누구나 칭찬하는 효자이시다." 하였다.

70 귀신장(鬼神章) : 《중용장구》 제16장의 "귀신의 덕이 지극하다.〔鬼神之爲德, 其

삽입한 것은 어째서입니까? 이 귀신장이 전후의 뜻을 관통하는 이유를 듣고 싶습니다.

답 제12장에 처음으로 비은(費隱)[71]을 말하였네. 천지 사이의 유행(流行)과 발육(發育)이 이(理)의 작용 아님이 없지만 그 작용이 신묘하여 헤아릴 수 없네. 이 때문에 근소(近小)하고 원대(遠大)한 상하의 일이 모두 비(費)를 설명한 것이지만, 비가 되는 이유에 대해서는 헤아릴 수도 없고 형용할 수도 없기에 이 16장에 이르러서 비로소 귀신을 말한 것이네. 귀신은 이(理)와 기(氣)가 오묘하게 합하여 간격이 없는데, 은미한 것이 그 체(體)이고 드러난 것이 그 용(用)이니, 이 귀신이 아니면 천지의 오묘한 작용의 기미를 알 수 없네. 앞뒤 장에서 거론한 비의 크고 작은 것이 어찌 참으로 만물의 본체[72] 속에 들어가지 않은 적이 있겠는가. 하단의 교사(郊社)와 종묘(宗廟)[73]도 제사 한 가지 일에서 근원하지 않음이 없으니, 이 귀신장이 앞의 세 장과 뒤의 세 장 사이에 있는 것이 마땅하네.

盛矣乎!〕"라는 구절이다.

71 비은(費隱) : 비(費)는 도(道)의 광대한 공용(功用)이고, 은(隱)은 도의 은미(隱微)한 본체(本體)이다. 《중용장구》 제12장에 "군자의 도는 비하고 은하다.〔君子之道, 費而隱.〕"라 하였는데, 주자의 주석에 "비(費)는 용(用)이 넓음이요, 은(隱)은 체(體)가 은미(隱微)함이다." 하였다

72 만물의 본체 : 귀신의 존재에 대한 표현이다. 《중용장구》 제16장에 "귀신의 덕이 성대하도다. 보아도 보이지 않고 들어도 들리지 않지만, 만물의 본체가 되어 빠뜨릴 수 없다.〔鬼神之爲德, 其盛矣! 視之而不見, 聽之而不聞, 體物而不可遺.〕" 하였다.

73 하단의 교사(郊社)와 종묘(宗廟) : 《중용장구》 제19장 마지막에 "교사의 예는 상제를 섬기는 것이요, 종묘의 예는 그 선조를 섬기는 것이다.〔郊社之禮, 所以事上帝也; 宗廟之禮, 所以祀乎其先也.〕" 하였다.

문 귀신장에 "만물의 본체가 되어 빠뜨릴 수 없다.〔體物而不可遺〕"고 하였는데, 이는 귀신의 묘용(妙用)이 본디 만물의 본체가 됨을 말한 것입니다. 그렇다면 천하의 모든 사물을 거론하지 않고 단지 제사 한 가지 일로 만물의 본체가 되는 증험을 삼은 것은 어째서입니까? 만물의 시종(始終)이 귀신의 묘용 아님이 없는 데도 그중에서 제사를 받는 귀신을 지적하여 마치 옆에 있는 것처럼 신명이 충만하다는 것으로 제사에 따라 밝게 드러낸 것은 알기 쉬운 부분이기 때문입니다. 그러므로 여기에서 징험하여 사람들로 하여금 만물이 굴신(屈伸)하는 허다한 이치를 미루어 알게 하려는 것인지요?

답 천하 모든 사물이 귀신에게서 체험하지 않음이 없는데도 단지 제사지낼 때에 귀신이 옆에 있는 듯한 정상만 거론한 것은 어찌 없으면서도 있는 저 귀신을 가지고 있으면서도 없는 이(理)의 작용을 증명한 것이 아니겠는가. 그대의 말처럼 제사를 받는 귀신을 지적한 것은 바로 하나의 이(理)와 하나의 기(氣)가 감통하는 것을 밝히기에 더욱 쉽기 때문이네. 그렇다면 조화와 발육의 귀신과 제사에 흠향하는 귀신이 두 개의 물사(物事)가 아니라 실은 모두 내 마음에 모여 있는 것이네.

문 공자는 "그 기운이 위로 발양(發揚)한다."[74]고 하였습니다. 그 기운

74 그……발양한다 : 《중용장구》 제16장 귀신장(鬼神章) 주석에 나오는 내용으로, "그 기운이 위로 발양하여 소명 · 훈호 · 처창함이 되니 이는 백물의 정기요 귀신의 드러남이다.〔其氣發揚于上, 爲昭明焄蒿悽愴. 此百物之精也, 神之著也.〕"라 하였다. 이 글은 본래 《예기》 〈제의(祭義)〉에 나오는데, 주자(朱子)는 이에 대하여 "귀신이 밝게 드러나는 것이 소명이고, 그 기가 위로 올라가는 것이 훈호이고, 사람의 정신을 두렵게 하는 것이 처창이다." 하였다.

이란 백물(百物)의 정기(精氣)를 가리키는 것인지요? 주자는 "소명(昭明)은 사람이 죽을 때의 밝은 빛이다."고 하였으니, 물(物)과 함께 말해서는 안 됩니다. 사계(沙溪)는 "초목이나 금수가 죽을 때에는 소명(昭明)·훈호(焄蒿)·처창(悽愴)한 기운이 없으니, 백물은 그저 백해(百骸)의 등속이다."라고 하였고, 우옹(尤翁)은 "모든 물(物)이 그 형체는 소멸되지만 민멸되지 않은 정기가 귀신이 되니, 소명·훈호·처창은 바로 그 정기가 드러난 것이다."라고 하였습니다. 주자와 사계는 전적으로 인귀(人鬼)를 가리켜 말하였고, 우옹은 인물(人物)을 겸하여 말하였습니다. 어느 설을 따라야 하는지요?

답 내 생각에는 우옹의 설을 따라야 하네. 사람도 백물 가운데 하나일 뿐이니, 주자의 설을 의심할 필요가 없네.

문 제21장의 이른바 '성명(誠明)[75]'은 생이지지(生而知之)와 안이행지(安而行之)[76] 일이고, 이른바 명성(明誠)[77]은 바로 학이지지(學而知之)와 이이행지(利而行之)[78]의 일입니다. 이 때문에 그 아래 두 장에서 성인의 진성(盡誠)[79]과 현인의 치곡(致曲)[80]을 천도(天道)와 인도(人

75 성명(誠明) : 《중용장구》 제21장에 "성(誠)으로 말미암아 밝아짐을 성(性)이라고 한다.〔自誠明, 謂之性.〕" 하였다.

76 생이지지(生而知之)와 안이행지(安而行之) : 태어나면서부터 알고 편안히 행한다는 말로, 성인의 자질을 뜻하는 말이다. 《中庸章句 20章》

77 명성(明誠) : 《중용장구》 제21장에 "명(明)으로 말미암아 성(誠)해지는 것을 교(敎)라고 한다〔自明誠, 謂之敎.〕" 하였다.

78 학이지지(學而知之)와 이이행지(利而行之) : 배워서 알고, 이롭게 여겨 행한다는 말로, 현인의 자질을 뜻하는 말이다. 《中庸章句 20章》

道)로 나누어 소속시킨 것인데, 그 아래 장에 일이 일어나기 전에 미리 아는 성(性)[81]을 이어 말한 것은 어째서입니까? 성인이 능히 그 성(性)을 극진히 다하여 귀신과 같은 지기(志氣)로 이처럼 미리 아는 명철함을 지닌 것이 바로 성명(誠明)의 효험이기 때문에 이렇게 말한 것인지요?

답 '지극히 성실하여 성을 극진히 다하는 것〔至誠盡性〕'이 성(誠)이고, '지성은 신과 같은 것〔至誠如神〕'[82]이 명(明)이니, 이는 성인이 성(誠)으로 말미암아 밝아진 증험이네. '그다음 한쪽으로 지극한 것〔其次致曲〕'이 명(明)이고, '성(誠)은 스스로 이루는 것〔誠者自成〕'[83]이 성(誠)이니, 이는 현인이 명(明)으로 말미암아 성(誠)하게 되는 순서이네. 천도와 인도가 간혹 섞여 나오긴 하지만 그 순서의 정연함을 볼 수 있네.

79 성인(聖人)의 진성(盡誠) : 《중용장구》 제22장에 "오직 천하에 지극히 성실한 분이어야 능히 그 성(性)을 다할 수 있다.〔唯天下至誠, 爲能盡其性.〕" 하였다.

80 현인(賢人)의 치곡(致曲) : 《중용장구》 제23장에 "그 다음은 한쪽을 지극히 함이니 한쪽으로 지극히 하면 능히 성실할 수 있다.〔其次致曲, 曲能有誠.〕" 하였다.

81 일이……성(性) : 《중용장구》 제24장 "지성의 도는 일이 닥쳐오기 전에 미리 알 수 있다.〔至誠之道, 可以前知.〕" 하였다.

82 지성은……것 : 《중용장구》 제24장에 "지성의 도는 일이 일어나기 전에 미리 알 수 있으니, 국가가 장차 일어나려면 반드시 상서로운 조짐이 있으며, 국가가 장차 망하려면 반드시 요괴스러운 일이 있어 시초점과 거북점에 나타나며 사체(四體)에 동(動)한다. 그리하여 화복(禍福)이 장차 이를 적에 좋을 것을 반드시 먼저 알며 좋지 못할 것을 반드시 먼저 안다. 그러므로 지성은 신과 같은 것이다." 하였다.

83 성(誠)은……것 : 《중용장구》 제25장에 "성은 스스로 이루어지는 것이요, 도는 스스로 행하여야 할 것이다.〔誠者自成也, 而道自道也.〕" 하였다.

남궁도유의 문목에 답하다 계해년(1743, 영조19)

答南宮道由問目 癸亥

문 오상(五常)의 예(禮)는 사덕(四德)의 형(亨)과 사시(四時)의 여름에 해당합니다. 사덕과 사시는 그 순서가 모두 순조로운데, 유독 오상에서는 '인예의지(仁禮義智)'라 하지 않고, 예로부터 성현들이 모두 의(義)를 예(禮)보다 앞세워 그 순서를 바꾼 것은 어째서입니까?
답 오상에서 의를 예보다 앞세운 것은 인과 의가 바로 상대되는 관건이기 때문이네. "사람의 도를 세운 것이 인과 의이다"라는 〈계사(繫辭)〉의 구절부터 이미 상대하여 말하였으니,[84] 사덕·사시의 순서와 같지 않은 것이 본디 마땅하네. 더구나 예(禮)는 인(仁)이 드러난 것이고 지(智)는 의(義)가 감춰진 것임에랴.

문 주자가 《중용》 장구에서는 "사람과 물이 태어날 적에 각기 부여받은 이(理)를 얻어서 건순(健順)과 오상(五常)의 덕이 형성된다."고 하였고, 또 《맹자》 주석에서는 "사람과 물이 똑같이 천지의 이(理)를 얻어 성(性)이 되었고, 똑같이 천지의 기(氣)를 얻어 형질(形質)이 되었다. 다른 점이라면 오직 사람은 그 사이에서 형기(形氣)의 바름을 얻어 그 성을 온전히 보존할 수 있는 것인데, 이는 작은 차이일 뿐이

84 사람의……말하였으니 : 이 구절은 《주역》 〈계사전(繫辭傳)〉이 아니라 〈설괘전(說卦傳)〉에 나오는 내용이다. "하늘의 도를 세운 것은 음과 양이고, 땅의 도를 세운 것은 유와 강이고, 사람의 도를 세운 것은 인과 의이다.〔立天之道曰陰與陽, 立地之道曰柔與剛, 立人之道曰仁與義.〕" 하였다.

다."라 하였고, 또 〈서원빙에게 답한 편지〔答徐元聘書〕〉에서는 "사람과 물의 성(性)은 본래 같지 않음이 없으나, 기품(氣稟)은 차이가 없을 수 없다."라고 하였습니다. 그런데 유독 《맹자》 〈고자(告子)〉 주석에서는 "기(氣)를 가지고 말하면 지각하고 움직이는 것이 사람과 물이 다르지 않은 듯하지만, 이(理)를 가지고 말하면 인의예지의 품성이 어찌 물이 부여받아 온전히 할 수 있는 것이겠는가."라 하고, 또 "지각하고 움직이는 등의 생체 본능은 사람과 물이 같다는 것만 알고, 순수한 인의예지는 사람과 물이 다르다는 것을 모르기 때문이다."라고 하였습니다. 전후의 설이 같지 않은 듯한데, 어떻게 생각하시는지요?

답 사람과 물이 부여받은 초기로 말하면 이(理)는 같으나 기(氣)는 다르며, 사람과 물이 태어난 이후로 말하면 기는 같으나 이는 다르네. 고자(告子)는 기를 이로 인식하여 단지 같다는 것만 알고 다른 까닭을 알지 못하였네. 이 때문에 맹자가 그 이가 같지 않은 곳에 나아가 분명히 분석하여 물리친 것이네. 이것이 주자가 집주에서 '기는 같으나 이는 다르다'고 해석한 이유이네. 주자가 어떤 사람의 질문에 대답한 것을 보면 알 수 있네. -집주와 《혹문》의 설에 차이가 있는 것에 대하여 어떤 사람이 답하기를, "집주에서 '기는 같으나 이는 다르다.'라고 말한 것은 사람이 귀하여 물이 견줄 수 없는 존재임을 드러낸 것이고, 《혹문》에서 '이는 같으나 기는 다르다'고 말한 것은 태극이 완전무결하여 내가 사사로이 얻을 수 없는 것임을 드러낸 것이다."라고 하면서 이를 주자에게 질문하자, 주자가 "이 논이 매우 분명하고 또 조리가 있다."라고 하였다.-

문 외손 봉사에 대하여, 주자는 '친족이 아닌 사람이 올리는 제사'라고 배척하였으니, 올바른 예가 아닙니다. 그러나 퇴옹(退翁)의 말씀에

"외가에 후사가 없어 그 신주가 갈 곳이 없는 것을 차마 볼 수 없다면 임시로 별도의 장소에 모셔 두고 오가면서 전을 올리고 배알한다."[85]는 말이 있고, 율곡(栗谷)과 우계(牛溪) 두 선생은 모두 외가의 제사를 모셨으니, 이는 부득이한 데서 나온 뜻입니다. 그런데 이것이 이미 예법에 없는 예이기 때문에 행하는 자들은 의절(儀節)마다 장애가 많습니다. 어떤 이는 "본가는 사대(四代)를 제사지내니 외가의 제사는 마땅히 한 대를 줄여야 한다."고 하는데, 어떻게 생각하시는지요? 아버지의 외조부는 자신에게 증조부가 되니, 제주(題主)에는 "현외증조(顯外曾祖)"라고 써야 합니까? 방제(傍題)[86]의 경우, 《의례문해》에 '빼버리고 쓰지 않는다.'는 글이 있습니다. 그러나 방제가 없이 제사를 모시는 것이 마음에 혹 편안하지 못하다면 써도 무방한지요?

답 "친족이 아닌 사람이 올리는 제사"라는 주자의 이 한 구절 말씀이 실로 올바른 의론이네. 대현(大賢)으로서 간혹 외손봉사를 행한 것은 끝내 구차함이지 올바름이 아니네. 내 생각에는 외손이 된 자가 설혹 부득이하여 임시로 그 제사를 모시더라도 자신이 죽은 뒤에는 신주를 땅에 묻어야 하네. 그대의 말은 마침내 비례(非禮) 가운데서 참작하여 변통하려는 것이니, 이런 일은 오직 합당한 이치에 따라 새로운 예법을 만들 수 있는 사람만이 할 수 있으니, 우매한 내가 미칠 수 있는 바가 아니네.

85 외가에……배알한다 : 《퇴계집》 권39 〈답정도가구문목(答鄭道可逑問目)〉에 보인다.

86 방제(傍題) : 신주의 측면에 글을 쓰는 것이다. 직함의 글자 수가 너무 많아 비석처럼 정면에 다 쓰지 못한 글을 좌측면으로 연결해서 쓰거나, 그 신위(神位)의 봉사자(奉祀者)를 좌측면에 쓰는 경우를 말한다.

남궁도유의 문목에 답하다
答南宮道由問目

문 《중용》 장구에 "사람과 물이 태어날 적에 각기 부여받은 이(理)를 얻어서 건순(健順)과 오상(五常)의 덕이 형성된다."라고 하였는데, 이른바 물(物)이란 금수와 초목을 통틀어 말합니다. 금수와 초목도 이러한 이(理)를 받아 성(性)을 이루니, 인의예지신(仁義禮智信)을 지니고 있는 것이 분명합니다. 세분하여 말한다면, 초목의 가지와 잎이 본래 푸른 것은 인(仁)이고, 뿌리가 흙에 붙어있는 것은 신(信)입니다. 꽃 색깔이 노란 것 또한 신(信)이 발로된 것이고, 붉은 것은 예(禮)가 발로된 것이고, 흰 것은 의(義)가 발로된 것입니다. 모든 식물이 본분에 인과 신을 공통적으로 갖고 있지만 기(氣)에 국한되어 꽃으로 발현될 적에 어떤 것은 예(禮)와 화(火)를 따라 붉은 색을 띠고 어떤 것은 의(義)와 금(金)을 따라 흰 색을 띠어 하나의 나무에 오색의 꽃이 필 수 없으니, 금수 중에 범과 이리는 인(仁)을 지니고 벌과 개미는 의(義)를 지니는 것과 같은 것인지요?

답 이른바 물(物)이란 이미 금수와 초목을 통틀어 말하는 것이니, 금수와 초목도 오성을 똑같이 갖추고 있음을 알 수 있네. 이에 대해서는 이전에 이미 대략 의견을 주고받았네. 어떤 이가 주자에게, "사람은 오행(五行)을 모두 갖추고, 물은 단지 일행(一行)만 얻습니까?"라고 묻자, "물 또한 오행을 갖추고 있으나, 다만 오행의 치우친 것을 얻을 뿐이다."고 대답하였네. 또 "성(性)은 인의예지를 갖추고 있습니까?" 라고 묻는 자에게, "이는 '사물이 생겨나면서 갖추고 있는 것이 성이다

〔成之者性〕'라고 말한 것과 같으니, 상단에 다시 '한번 음이 되고 한번 양이 된다〔一陰一陽〕'는 말과 '계속하여 만물을 화육(化育)하는 것이 선이다〔繼之者善〕'라는 말이 있다.[87] 사람이 될지 물이 될지는 모르지만 이미 이 네 가지를 구비하고 있으니, 곤충의 부류도 모두 이것을 가지고 있다. 다만 치우치고 온전하지 못하여 흐린 기운이 가로막고 있을 뿐이다."라고 대답하였네. 이러한 뜻은 그대의 편지에서 이미 잘 말하였네.

다만 그 아래에 세분해서 말한 것은 의심스러운 것이 있네. 천지 사이의 형형색색 수많은 물(物)은 이(理)를 지니지 않은 것이 없네. 그렇지만 초목의 가지와 잎이 본래 푸른 것은 봄기운을 얻어서 그런 것이니 인이라고 하는 것이 진실로 마땅하지만, 신(信)의 경우는 본래 사덕(四德)과 병렬되는 것이 아니라, 단지 사덕이 실로 그 이(理)를 가지고 있는 것일 뿐이네. 지금 뿌리가 흙에 붙어있는 것을 신(信)이라고 하는 것이 이미 명명(命名)에 착오가 없을 수 없는데, 또 꽃의 노란 색을 가지고 신(信)의 발로라고 한다면 신의 항목이 또한 많네. 붉은 색이 예의 발로이고 흰 색이 의의 발로라면 푸른 색은 인의 발로이고 검은 색은 지(智)의 발로라고 유독 말하지 않은 이유는 또 무엇인가? 가지와 잎이 본래 푸른 것이 인에서 말미암고 꽃이 푸른 것도 인의 발로라면 인의 발로가 너무 많지 않은가. 뿌리가 흙에 붙은 것이 신에

87 사물이……있다 : 《주역》 〈계사전 상(繫辭傳上)〉에 "한번 음이 되고 한번 양이 되는 것을 도라고 하고, 그 도가 계속하여 만물을 화육(化育)하는 것이 선이고, 사물이 생겨나면서 갖추고 있는 것이 성이다.〔一陰一陽之謂道, 繼之者善, 成之者性也.〕" 하였다.

서 말미암고 꽃의 노란색도 신의 발로라면 신의 발로가 또한 너무 많지 않은가. 단지 지리함만 있을 뿐, 끝내 발명한 것이 없네.

그대의 편지에서 또 "식물이 본분에 인(仁)과 신(信)을 공통적으로 가지고 있다."라고 하였는데, 반드시 인과 신 두 글자를 거론한 것은 또한 무엇 때문인가? 그렇다면 오행은 반드시 목(木)과 토(土)를 주로 삼는단 말인가? 납득할 수 없는 바이네. 그런데도 이처럼 분배하니 이것을 과연 어디에 쓰겠는가.

그대가 말한 "하나의 나무에 오색의 꽃이 모두 필 수 없으니, 금수 중에 범과 이리는 인(仁)을 지니고 벌과 개미는 의(義)를 지니는 것과 같다"는 것은 참으로 옳은 말이네. 그러나 삼색도(三色桃)[88] 같은 나무는 하나의 뿌리에서 나왔다고 할 수 없지만, 오색국(五色菊)과 오색봉선화(五色鳳仙花) 같은 품종은 또 무엇 때문에 그런 것인가? 이것은 모두 만물을 빚어내는 조화의 공이 지극히 신묘하여 헤아릴 수 없는 부분인데, 만일 하나하나 그 까닭을 깊이 탐구하려 한다면, 이른바 '세월만 허비할 뿐 아무 유익함도 없다.'라는 것일세.

또 정자(程子)가 격물(格物)을 논한 것을 들으니, 비록 "풀 한 포기와 나무 한 그루에도 모두 이(理)가 들어 있으니 살피지 않아서는 안 된다"고 하였지만, 그 위에 "성정(性情)에서 구하면 몸에 절실하다."는 말이 있으니, 그 경중과 완급이 진실로 따로 있네. 지금 그대의 편지로 살펴보건대, 근심 걱정 속에서 증익(增益)하지 못하니[89] 이는 과연 무

88 삼색도(三色桃) : 한 나무에서 세 가지 빛깔의 꽃이 피는 복숭아나무이다.

89 근심……못하니 : 《맹자》 〈고자 하(告子下)〉에 "하늘이 어떤 사람에게 큰 사명을 내리려 할 때에는, 반드시 먼저 그의 마음과 뜻을 고통스럽게 하고, 그의 힘줄과 뼈를

엇 때문에 그런 것인가? 증익하지 못하는 것을 스스로 병통으로 여긴다면, 옛사람이 말한 증익이라는 것이 무엇을 하려고 이런 말을 한 것인지, 옛사람이 증익한 것이 무슨 공부로 이런 효험을 얻었는지를 알아야 하네. 그러므로 "수년 전에 큰 병에 걸렸을 때는 이미 이전보다 조금 나았으며, 이번에 병에 걸렸을 때에는 전혀 마음이 동요되지 않았다."는 여형공(呂滎公)처럼[90] 몸에 체험하고 마음에 증험하여 스스로 성찰하여야만 하네. 왕양명(王陽明)이 쓸데없이 일개 분죽(盆竹)에서 궁격공부(窮格工夫)를 한 것[91]처럼 어찌 굳이 질병 속에서 억지로 은미

수고롭게 하고, 그의 육체를 굶주리게 하고, 그의 몸을 궁핍하게 하여, 그가 행하는 일마다 어긋나서 이루지 못하게 하니, 이는 그의 마음을 격동시키고 그의 성질을 굳게 참고 버티도록 하여, 그가 잘하지 못했던 일을 더욱 잘할 수 있게 해 주기 위함이다.〔天將降大任於是人也, 必先苦其心志, 勞其筋骨, 餓其體膚, 空乏其身, 行拂亂其所爲, 所以動心忍性, 增益其所不能.〕" 하였고, 장재(張載)의 〈서명(西銘)〉에 "빈궁과 걱정 속에 처하게 함은 그대를 옥으로 이루어 주기 위함이다.〔貧賤憂戚, 庸玉汝于成.〕" 하였다.

90 수년……여형공(呂滎公)처럼 : 여형공은 송나라 학자 여희철(呂希哲)로, "십여 년 전 초주에서 다리가 무너져 물속에 빠졌을 때는 마음이 동요되는 것을 느꼈고, 수년 전 큰 병에 걸렸을 때는 이미 이전보다 조금 나았으며, 이번에 병에 걸렸을 때에는 전혀 마음이 동요되지 않았다.〔十餘年前, 在楚州橋壞墮水中時, 覺心動; 數年前大病, 已稍勝前; 今次疾病, 全不動矣.〕"라 하였다. 《伊洛淵源錄 卷7 呂侍講》

91 왕양명(王陽明)이……것 : 《왕문성전서(王文成全書)》 권3 〈어록(語錄)〉과 《전습록》에 나오는 내용은 다음과 같다. "사람들이 단지 '격물(格物)은 반드시 회옹(晦翁 주희)의 설에 의거해야 한다.'라고 말만 하였지, 일찍이 회옹의 설에 따라 공을 들인 적이 있는가? 내가 전에 착실히 공을 들인 적이 있다. 초년에 전자(錢子)와 함께 '성현이 되기 위해서는 반드시 천하의 사물을 궁리해야 되는데, 지금 어떡하면 그 큰 역량을 얻을 수 있을까'라고 논하면서 정자 앞 대나무를 가리키며 전자로 하여금 궁구해 보도록 했다. 전자가 아침부터 밤까지 대나무의 도리를 끝까지 궁리하느라 그 심사를 다했다. 사흘이 되자, 정신이 피로한 나머지 전자가 병이 났다. 내가 즉시 그의 정력이 부족하기

하고 오묘한 이치를 탐구하여 한갓 심기(心氣)만 손상시키고 필경엔 아무런 유익함도 없는 공부를 하는가. 이것이 이른바 '유(類)를 알지 못한다.〔不知類〕'[92]라는 것일세. 마땅히 내 마음에서 그 이치를 돌이켜 구하여 스스로 저울질하고 재어서 선후의 순서를 살펴야 할 듯하네. 어떻게 생각하시는가?

편지에 또 "나아가 불설지교(不屑之教)[93]를 받들겠다."는 말이 있었는데, 이른바 불설지교란 그 사람을 거절하여 가르치지 않는 것이네. 공자가 유비(孺悲)에게 하신 행동[94]과 맹자가 등경(滕更)에게 하신 행동[95]이 모두 이런 경우이니, 그렇다면 또 어찌 나아가 받드는 것을

때문이라 생각하고는 스스로 깊이 궁리하게 되었다. 이레가 되자, 나 역시 정신을 혹사하여 병이 났다. 마침내 서로 탄식하기를 '성현이 될 수 없는 것은 다름 아니라 격물(格物)할 수 있는 큰 역량이 없기 때문이다.' 하였다."

92 유(類)를 알지 못한다 : 《맹자》 〈고자 상(告子上)〉에 "손가락이 남들과 같지 않으면 이것을 싫어할 줄 알되 마음이 남들과 같지 않으면 싫어할 줄 모르니, 이것을 일러 유를 알지 못한다고 하는 것이다." 하였는데, 주자 주석에서 "유를 알지 못한다는 것은 그 경중의 등급을 알지 못함을 말한다." 하였다.

93 불설지교(不屑之教) : 상대방을 탐탁지 않게 여겨 멀리함으로써 그의 마음을 경각(警覺)시키는 가르침을 말한다. 《맹자》 〈고자 하(告子下)〉에 "가르침도 방도가 많으니, 내가 탐탁지 않게 여기는 가르침도 이 또한 가르침일 뿐이다.〔教亦多術矣, 予不屑之教誨也者, 是亦教誨而已矣.〕"라고 한 데서 온 말이다.

94 공자가……행동 : 《논어》 〈양화(陽貨)〉에 "유비(孺悲)가 공자를 뵙고자 했는데, 공자께서 병이 있다고 거절하시고, 명을 전달하는 자가 문밖으로 나가자 비파를 가져다 노래를 부르시어 그로 하여금 듣게 하였다."라는 구절을 가리킨다. 그 주석에 "유비는 일찍이 공자에게 사상례(士喪禮)를 배웠는데, 이때에 반드시 죄를 지은 것이 있었을 것이다. 그러므로 병이 있다고 거절하시고 다시 그로 하여금 병 때문이 아님을 알게 하여 일깨워 주신 것이다." 하였다.

95 맹자가……행동 : 《맹자》 〈진심 상(盡心上)〉에 공도자(公都子)가 등경(滕更)의

논할 수 있겠는가. 이것이 비록 작은 말실수지만 또한 불찰이 심함을 알 수 있으니, 응당 반성해야 할 듯하네.

질문에 대답하지 않은 까닭을 물으니, 맹자가 "귀한 신분을 믿고 묻거나, 재주를 믿고 묻거나, 나이가 많음을 믿고 묻거나, 공로가 있음을 믿고 묻거나, 친분이 있는 것을 믿고 묻는 것에는 모두 대답하지 않는 법인데, 등경이 이 가운데 두 가지를 의식하고 물었기 때문이다."라고 말한 구절을 가리킨다.

남궁도유에게 답하다 을축년(1745, 영조21)

答南宮道由 乙丑

지난 번 편지를 미처 답장하기도 전에 잇달아 문안 편지가 또 이르니 매우 감사하네. 나는 입이 돌아가 말을 할 수 없지만 그나마 글자를 써서 의사소통하는 것으로 근근이 강독을 이어갈 뿐이네. 어제 우연히 종이에 글을 써서 학생들에게 보여주었는데, "목숨이 끊어지기 전에는 이 뜻이 조금도 해이해짐을 용납해서는 안 되니,[96] 감히 병을 핑계하겠는가."라는 내용이었네. 그대도 병이 많으니 그저 이것을 알았으면 하네.

96 목숨이……되니 : 《논어》 〈태백(泰伯)〉의 "선비는 도량이 넓고 뜻이 굳세지 않으면 안 되니 책임이 무겁고 길이 멀기 때문이다. 인으로 자기의 책임을 삼으니 막중하지 않은가. 죽은 뒤에야 그만두는 것이니 멀지 않은가.〔士不可以不弘毅, 任重而道遠. 仁以爲己任, 不亦重乎? 死而後已, 不亦遠乎?〕"라는 구절의 주석에 "인이란 사람 마음의 온전한 덕이니, 반드시 몸으로 인을 체행하여 힘써 행하려고 한다면 책임이 중하다고 이를 만하다. 목숨이 붙어 있는 동안에는 이 뜻이 조금도 해이해짐을 용납하지 않는다면 멀다고 이를 만하다.〔仁者, 人心之全德, 而必欲以身體而力行之, 可謂重矣. 一息尙存, 此志不容少懈, 可謂遠矣.〕" 하였다.

남궁도유에게 답하다

答南宮道由

다소 세상을 걱정하고 풍속을 개탄하는 뜻에 절로 감탄이 우러나네. 이러한 까닭에 선비된 자들이 반드시 도리를 강명(講明)해야 하는 것이네. 갓을 부수고 옷을 찢는 일 같은 것은 이단으로 빠지는 것이지 우리 도의 마땅한 바가 아니네. 우연이 편지에 써서 경계하고 책려하니 어떻게 생각하시는가?

도봉서원(道峯書院)의 강임(講任)은 비단 공론의 바람일 뿐만 아니라, 내 생각도 그러하네. 무엇 때문에 이렇게까지 지나치게 사양하는가. 그대 같은 사람이 또 겸양을 고집하여 나아가기를 어려워한다면 장차 이 직임을 비워두고 차출하지 않을 것일세. 유사(有司)가 비록 교체를 허락하더라도 나는 반드시 저지할 것이니, 이 일에 힘써 노력하여 나아가기 어려운 병이 있지 않는 한 곧바로 나가서 다른 사람들의 모범이 되시게.

남궁도유에게 답하다

答南宮道由

문 선생님께서 순경(荀卿) 궤시(佹詩)의 “밝은 하늘이 회복되지 못하니 근심이 끝이 없구나. 천년 이후에는 반드시 돌아올 것이니 이것이 이치의 당연함이다. 제자들이여 힘써 공부하라 하늘이 잊지 않으리라.〔皓天不復, 憂無疆也. 千秋必反, 理之常也. 弟子勉學, 天不忘也.〕” 라는 세 구절을 큰 글자로 써 주셨습니다. 이에 제가 삼가 그 운자를 써서 신춘축사(新春祝辭)를 바칩니다.

하늘이 큰 복록 내리시어	天降純禧
무한한 수를 누리시리라	壽無疆兮
하늘이 사도를 도우시어	天衛斯道
병이 다시 회복되시리라	病復常兮
소자는 가르침 받들어서	小子承訓
영원히 잊지 않겠습니다	永勿忘兮

인하여 편지로 다음과 같이 청합니다. 궤시를 써서 보여주신 뜻을 삼가 생각건대, 실로 오늘날 사람들이 스스로 위로하는 단서를 열어주신 것입니다. 그러나 천운(天運)은 가기만 하고 돌아오지 않으며 세도(世道)는 꽉 막혀서 통하지 않으니, 떳떳한 이치를 이미 믿을 수 없고 태평 시절을 끝내 기다릴 수 없습니다. 바야흐로 끝없는 근심이 간절하여 ‘반드시 돌아온다〔必反〕’는 말씀을 듣고 싶습니다.

답 보내준 화답시는 그 간곡한 뜻에 참으로 감사하네. 또 목과[97]의 보답이 없을 수 없기에 이 시를 지어 보내네.

굳세고 쉬지 않아서[98]	健而不息
무강한 하늘에 짝하라	配無疆也
변화를 의심하지 말고	勿疑其變
단지 상도만을 말하라	但道常也
끝내 하늘이 이기리니[99]	畢竟天勝
잊지 말기를 바라노라	庶不忘也

97 목과(木瓜) : 자신의 시문을 낮추어서 한 말로, 《시경》〈목과(木瓜)〉에 "나에게 목과를 주었는데 경거로 갚는다.〔投我以木瓜, 報之以瓊琚.〕"라고 한 데서 온 말이다.

98 굳세고 쉬지 않아서 : 《주역》〈건괘 상(象)〉의 "하늘의 운행이 굳세니, 군자는 이것을 본받아 스스로 힘쓰고 쉬지 않는다.〔天行健, 君子以, 自彊不息.〕"라는 뜻이다.

99 하늘이 이기리니 : 춘추 시대 초(楚)나라 신포서(申包胥)가 "사람이 많으면 하늘을 이기는 경우도 있지만 하늘의 뜻이 정해지면 또한 사람을 이기는 법이다.〔人衆者勝天, 天定亦能破人.〕" 하였다. 《史記 卷66 伍子胥列傳》

이생지 식 에게 답하다 경술년(1730, 영조6)

答李生之 埴○庚戌

고금에 횡역을 당한 사람이 어찌 한정이 있겠는가. 그대가 젊은 나이로 학문에 뜻을 두었는데 갑자기 헤아릴 수 없는 상황에 빠지고 말았네. 매우 차분하고 침착하지 않으면 얼마나 뜻을 상실하게 되겠는가. 이 때문에 더욱 슬피 탄식하며 잊을 수 없네. 필경 성상께서 밝게 살펴주실 것이니, 이에 대해서는 더 이상 말하지 않겠네.

상중이라 위문할 수 없었는데, 문득 먼저 편지를 보내주니 너무도 위로되네. 그대의 편지는 마치 진퇴의 명을 기다리는 것처럼 말 뜻이 위축되었으니 마음이 참으로 슬프네. 이는 또한 나를 잘 알지 못하는 것이라 하겠네. 그대가 이미 천지에 부끄러움이 없는데, 어찌 이 때문에 나를 멀리할 의리가 있겠는가. 오직 곤심횡려(困心衡慮)[100]하여 이 기회를 놓쳐서는 안 되네.

주자가 일찍이 창주정사(滄洲精舍)의 학자들에게 "문을 닫아걸고 노소(老蘇)의 방법[101]에 따라 2, 3년을 기약하고서 《대학》 등 여러 책을

100 곤심횡려(困心衡慮) : 노심초사하여 떨쳐 일어나는 것을 말한다. 《맹자》 〈고자하(告子下)〉에 "사람은 항상 과실이 있은 뒤에 고치나니, 마음에 괴롭고 생각에 걸린 뒤에 분발하며, 얼굴빛에 징험되고 목소리에 나타난 뒤에 깨닫는다.〔人恒過, 然後能改. 困於心, 衡於慮, 而後作; 徵於色, 發於聲, 而後喩.〕"라고 한 데서 온 말이다.

101 노소(老蘇)의 방법 : 노소는 송(宋)나라 유학자 소순(蘇洵)을 말한다. 그의 아들 소식(蘇軾)・소철(蘇轍)과 더불어 삼소(三蘇)라 불리는데, 소순을 노소(老蘇), 소식을 대소(大蘇), 소철을 소소(小蘇)라 한다. 주자의 〈창주정사유학자(滄洲精舍諭學

반복해서 읽은 다음 다시 자신의 심신(心身)에 나아가 마음을 보존하고 성품을 기르며 완미하고 탐색하여 착실하게 실천하여 들어가는 곳이 있게 된 뒤에 스승을 구하는 것이 좋다."라고 하였으니, 지금 이 방법을 쓴다면 우환에 대처하고 학문을 진보시킴에 있어 일거양득이 것일세. 어떻게 생각하시는가?

"명을 편안하게 여기고 근심하지 않는다〔安命不憂〕"
성인께서는 '근심〔憂〕'을 육극(六極)[102]에 포함시키셨네. 환란을 당해서는 근심하더라도 도움은 없고 단지 그 고통만 보탤 뿐이네. 그러므로 명을 편안하게 여기는 것만 못하다고 하는 것이네.

者)〉에서 소개하는 소순의 공부 방법은 다음과 같다. "처음 학문을 시작하여 문장을 지을 때 《논어》·《맹자》와 한유(韓愈) 및 기타 성현의 글을 가지고 하루 종일 단정하게 읽은 것이 7, 8년이었다. 처음 시작할 때에는 그 속에 들어가서 당황하여 의혹하였고 밖에서 널리 보고서 놀랐는데, 오랫동안 공부하자 읽은 것이 더욱 정밀해져서 가슴속이 환하게 밝아졌다. 이들의 말이 실로 당연한 것이었는데도 아직 스스로 그 말을 표현하지 못하였고, 시간이 지나면서 가슴속에 쌓인 말이 날로 더욱 많아져서 스스로 억제할 수 없어 시험 삼아 꺼내어 써보았다. 얼마 뒤에 두세 번 읽어보니 물 흐르듯이 술술 쉽게 나오는 것을 깨달았다."

102 육극(六極) : 여섯 가지 매우 좋지 않은 일을 말한다. 《서경》〈홍범(洪範)〉에 "육극이란, 첫 번째는 비명횡사와 요절이고, 두 번째는 질병, 세 번째는 근심, 네 번째는 가난, 다섯 번째는 악한 것, 여섯 번째는 나약한 것을 말한다.〔六極, 一曰凶短折, 二曰疾, 三曰憂, 四曰貧, 五曰惡, 六曰弱.〕" 하였다.

이생지에게 주다 계축년(1733, 영조9)

與李生之 癸丑

그대의 말은 잘 알았네. 공자의 "있을 테지만〔蓋有之〕"이라는 구절[103]은 향인(鄕人)의 기질이 똑같지 않아 혹여 매우 용렬하고 나약한 사람이 있을 테지만, 그 귀결은 "나는 힘이 부족한 사람을 아직 보지 못했다."는 것에 중점이 있네. 집주 가운데 "인을 하는 것은 자신에게 달려 있으니 하고자 하면 바로 되는 것이다. 뜻이 지극한 바에는 기운이 반드시 이른다.〔爲仁在己, 欲之則是. 志之所至, 氣必至焉.〕"라는 말이 바로 병통을 구제하는 처방인데, '지(志)'자가 주된 뜻이니 다시 상세히 음미하시게.

103 공자의……구절 : 《논어》 〈이인(里仁)〉의 "하루라도 그 힘을 인(仁)에 쓴 자가 있는가. 나는 힘이 부족한 자를 아직 보지 못하였다. 아마도 그런 사람이 있을 테지만 나는 아직 보지 못하였다.〔有能一日用其力於仁矣乎? 我未見力不足者. 蓋有之矣, 我未之見也.〕"라는 구절이다.

이생지에게 주다 을묘년(1735, 영조11)
與李生之 乙卯

자세하게 설명한 말에서 그대의 뜻을 잘 알겠네. 그대처럼 마음이 진실하기가 본디 쉽지 않고, 근래 학문을 향한 의지 또한 독실하지 않다고 할 수 없는데, 불행하게도 질병과 근심에 휩싸여 허다한 세월을 헛되이 보냈으니 몹시 안타깝네. 지난날 이곳에 머물면서 강학하고 토론하던 즐거움을 추억하니 또 어찌 이런 즐거움을 쉽게 얻을 수 있겠는가. 그러나 집안의 수많은 일을 이치에 맞게 처리하는 것도 학문이 아님이 없고, 조존성찰(操存省察)의 공부[104]는 근심하고 걱정하는 틈에도 더러 힘을 쓸 때가 있을 것이네. 부디 혼자 낙심하지 말고 마음을 누그러뜨리고 기운을 평온히 하여 끊임없이 공부하길 바라네.

104 조존성찰(操存省察)의 공부 : 마음을 보존하고 마음에서 일어나는 선악의 기미를 살피는 공부이다.

정노원[105] 사수 에게 답하다 을묘년(1735, 영조11)

答鄭魯源 師洙○乙卯

이별한 뒤로 아득히 소식을 들을 수 없어 그저 마음속으로 그리워할 뿐이었는데, 뜻하지 않게 편지가 문득 오니 정성스러운 뜻에 감사하네. 선선한 가을날에 부모를 모시고 공부하는 생활이 평안하다니 기쁘네.

증헌(烝獻)[106]에 대한 말은 당시 우연히 언급한 것인데, 마음에 새기고서 매달의 공부 과정을 일일이 알려올 줄은 생각지도 못했네. 모르겠네만, 함께 공부하는 벗 가운데 또 능히 이처럼 힘을 쓰는 사람이 있는가.

나는 봄여름 이후로 내내 병과 이웃하느라 책 한 권도 마친 것이 없으니, 가령 그대가 캐묻는다면 장차 무슨 말로 대답하겠는가. 부끄럽네.

그러나 증(烝)은 겨울 제사이니, 옛사람이 성과를 바치는 것이 실로 연말에 있었네. 그대가 혹 순조롭게 지난 시간 동안 어기지 않았다면 이룬 성과가 여기에 그치지 않을 듯하네. 부디 스스로 만족하지 말고

105 정노원(鄭魯源) : 정사수(鄭師洙, 1704~1747)로, 본관은 오천(烏川)이고, 자가 노원이다. 저자의 문인이다.

106 증헌(烝獻) : '증이헌공(烝而獻功)'으로 증제(烝祭)를 지내고서 일을 바친다는 뜻이다. 《소학》 〈계고(稽古)〉에 나오는 말로, "봄 제사를 지내고서 일을 맡겨주며, 겨울제사를 지내고서 일을 바쳐, 남녀가 공적을 힘써서 잘못이 있으면 형벌을 받는 것이 옛날의 제도이다.〔社而賦事, 烝而獻功, 男女效績, 愆則有辟, 古之制也.〕" 하였다.

더욱 힘쓰기를 바라네.

책을 천 번 넘게 읽으면 공부가 충분히 무르익을 텐데, 이런 경지에 이르러도 뜻이 글자에 붙지 못하고 마음이 입을 따르지 못하는 것이 학자들의 공통된 병통이네. 그대는 이렇지는 않겠지?

맥락이 의심스럽다는 말은 좋은 소식이니, 자신의 몸에서 체득한 것이 아니면 어찌 쉽게 이런 말을 말하겠는가. 주부자(朱夫子)가 이미 '선을 밝히는 요체〔明善之要〕', '몸을 성실히 하는 근본〔誠身之本〕'이라고 장구 안에서 뽑아내어 명시하셨으니,[107] 이것을 버리고는 별다른 방법이 없을 듯하네. 어떻게 생각하시는가?

107 주부자(朱夫子)가……명시하셨으니 : 《대학》 마지막 주석에 "무릇 전문(傳文) 열 장 중에서 앞 네 장은 강령의 지취(指趣)를 통합하여 논하였고, 뒤의 여섯 장은 조목의 공부를 세세히 논하였다. 제5장은 선을 밝히는 요체요, 제6장은 몸을 성실히 하는 근본이니, 초학자에 있어서 더욱 마땅히 힘써야 할 급선무가 되니 읽는 자들은 천근하다고 하여 소홀히 해서는 안 된다." 하였다.

정노원에게 답하다 병진년(1736, 영조12)

答鄭魯源 丙辰

《대학》을 천 번 읽었으니 내놓을 만한 성과가 없다고 할 수는 없지만, 의상(意象)과 기미(氣味)가 읽기 전과 비교하여 어떠한지 모르겠네. 보는 것이 투철하지 못함과 행하는 것이 독실하지 못함은 같은 문제이지 따로 두 가지 병통이 있는 것이 아니네.

"공부할수록 어렵고 더욱 어렵다는 것을 깨달을 뿐"이라는 말은 진실로 겪어보고 실제로 체험해서 그런 듯하니, 수많은 고생을 겪어보지 않으면 어찌 통쾌한 시절이 있겠는가. 부디 이 때문에 의심하지 말고 더욱 끊임없이 힘쓰기를 바라네. 나태한 습성은 아마도 뜻을 세움이 견고하지 못해서 그런 듯하네.

나는 나이가 들수록 학문이 더욱 퇴보하니 이것이 너무도 두렵네. 내가 자신하는 것은 오직 "진실된 마음으로 위기지학(爲己之學)에 종사하여 죽은 뒤에야 그만둔다.〔赤心爲己, 斃而後已.〕"는 것 뿐이네. 이 여덟 글자는 우리 노원이 몰라서는 안 되네.

정노원에게 답하다 기미년(1739, 영조15)
答鄭魯源 己未

산속 집에서 쓸쓸히 지내는 터라 내 심사를 말할 사람이 없었는데, 문득 그대 부친이 멀리서 찾아주고 인하여 그대의 편지를 받으니 실로 빈 골짜기에 사람의 발소리가 들리는 기쁨을 누렸네. 다만 오랫동안 두려운 마음으로 움츠리고 있다니 몹시 염려스럽네. 이번 행차는 참으로 망자의 뜻을 차마 저버릴 수 없어 나간 것이지만, 도착한 뒤론 보이는 온갖 사물마다 모두 가슴 아팠으니, 산수가 아무리 아름다운들 어찌 말할 만한 흥취가 있겠는가.[108] 시편은 살펴보고서 돌려보내니, 더욱 흐르는 눈물을 금할 수 없네.

그대가 말한 공부 방법은 대략 알겠네. "동(動)할 때나 정(靜)할 때나 마음을 보존하려 한다."는 그대의 말은 말에 병통이 있고 뜻이 통창하지 못하네. 동할 때나 정할 때나 어김이 없는 것이 바로 경(敬)을 지키는 법이니, 사의(私意)가 없어지고 천리(天理)가 밝아지게 되면 저절로 청명한 기상이 있을 것인데, 일을 처리하고 글을 읽을 적에 일일이 살피려고 한다면 너무 수고롭지 않는가. 이런 방법으로 공부하면 이 기상을 끝내 볼 수 없을 듯하네.

108 이번……있겠는가 : 망자(亡者)는 저자의 종제(從弟) 이유(李維)를 말하는 듯하다. 이유는 학천(鶴泉)에 은거하여 집을 짓다가 완성되기 전에 35세의 나이로 요절하였는데, 이유의 유언에 따라 저자가 이어서 집을 지었다. 이때에 저자가 학천에 다녀온 듯하다.

아래로 인사(人事)를 배워 위로 천리(天理)에 통달하는 공부 단계는 굳이 다른 데서 구할 필요가 없네. “《소학》에서 시작하고 《중용》에서 끝마친다.”는 주자의 독서법이 참으로 환하고 분명한 말이니 부디 깊이 생각하기 바라네.

이러한 때에는 문을 닫고 조용히 지내는 것이 참으로 병을 조심하는 방도이네. 그런데 이번에 갔을 때에 한번 만날 수 있으리라 생각했는데 보지 못했으니, 슬프고 한스러운 이 심정을 어찌 말로 다하겠는가. 부디 몸을 보중하고 더욱 열심히 날마다 진보하여 이 늙은이의 마음을 위로해 주시게.

정노원에게 답하다 경신년(1740, 영조16)

答鄭魯源 庚申

겨울의 성대한 모임에 대해서는 이미 사원(士元 민우수(閔遇洙))을 통해 자세히 들었네. 이것이 어찌 쉽게 얻을 수 있는 일이겠는가. 한 달간의 절시(切偲)[109]가 도움이 적지 않을 것인데, 나는 책 상자를 지고 가지 못했으니 계획이 틀어져 안타깝네.

그대가 말한 공부 과정이 독실하지 않다고 말할 수는 없지만, 실제로 효과를 얻기는 매우 쉽지 않네. 법도를 지킴이 엄격하지 못한 것이 바로 나의 늘그막의 병통인데, 이 병통을 없애려고 해도 아직 하지 못했네. 돌이켜 살펴봄에 몹시 두려우니, 부디 이것으로 서로 권면하세.

109 절시(切偲) : 붕우 사이에 서로 간절히 충고하고 자상히 권면하는 것을 말한다. 《논어》 〈자로(子路)〉에 "붕우 사이에는 간절하고 자상히 권면하고, 형제간에는 화락해야 한다.〔朋友切切偲偲, 兄弟怡怡.〕"라고 한 데서 온 말이다.

김숙거 유관 에게 답하다 무오년(1738, 영조14)

答金叔居 維寬○戊午

지난 편지에서 한 말을 망녕되다고 여기지 않고 이처럼 더 말해주기를 청하니 이 뜻이 참으로 훌륭하네. 다만 어리석은 내가 보건대, 평소의 용색(容色)과 언행(言行)에 어느 것 하나 협소하지 않은 것이 없으니, 비록 그대의 말처럼 그 가운데 한두 가지를 지적해주고 싶어도 할 수가 없네. 마땅히 마음에서 맹렬하게 공부하여 반드시 광대하고 너그러워져야만 할 것이네. 오랫동안 힘쓰다 보면 어떤 일이 협소한지 저절로 알 수 있어 굳이 남에게 물을 필요가 없을 것이네. 어떻게 생각하시는가?

이응지 정희 에게 답하다 경신년(1740, 영조16)

答李凝之 鼎禧○庚申

그대 집안의 지극히 억울한 사정을 아는 자는 오직 이여오(李汝五 이병상(李秉常)) 대감 한 사람 뿐인데, 지금 듣자니 현재 휴가를 받아 외방에 나가 돌아올 날을 기약하기 쉽지 않다고 하네. 이밖에 다시 누구를 믿겠는가. 그대가 먼 곳에 사는 터라 사정에 어두워 이 대감이 조정에 있을 때에 미처 도움을 청하지 못한 것이 안타깝네.

민령(閔令)[110]에게 편지를 써주는 것이 어렵지는 않지만 또한 그렇게 할 필요는 없네. 민령이 만일 그대가 내 집에 출입하고 내가 그대를 이처럼 가엾게 여기는 것을 안다면 어찌 매사에 돌보아주지 않겠는가. 우리 외숙이 살아계실 때 이 일을 측은하게 여기셨네. 그를 만날 때에 차분하게 억울한 정상을 진술한다면 민령이 필시 괄시하지 않고 지시해 줄 것이네. 다만 그 집안이 분분하고 소란스러워 틈을 내기 어려울까 걱정될 뿐이네. 이 편지를 보여주는 것도 무방하네.

110 민령(閔令) : 저자의 외사촌 형제 가운데 한 사람인데, 누구를 지칭하는지 정확하지 않다.

김경부 면행 에게 답하다 무오년(1738, 영조14)

答金敬夫 勉行○戊午

지난 번 편지에서 마음 써준 것이 몹시 고마운데 어찌 이토록 자책하는가. 이는 실로 내가 지나치게 높은 대우를 받아 그런 것이네. 그러나 끝내 이에 부응할 수 없으니, 그대도 내게 부끄럽고 나 또한 그대에게 부끄럽네. 외면의 인사치레가 소홀한 것쯤이야 어찌 말할 것이 있겠는가. 부디 장차 발분하여 배움에 힘써 자포자기하지 않기만을 바랄 뿐이네.

내가 지은 그대 부친의 지문(誌文)[111]이 버려지지 않고 과분하게도 함께 의견을 주고받았으니 감격스럽고 부끄러운 마음이 끝이 없네. 내가 일찍이 사우(士友)를 통해 "내 집을 알고 싶거든 십자교(十字橋) 머리의 시옹(詩翁)을 찾으라." 했다는 그대 부친의 말을 들었기에 사실을 기록함에 있어 감히 갑자기 바꿀 수 없다고 생각하였네.[112] 그대 부친이 늘그막에는 도리어 일생의 심사를 허비한 것[113]을 후회하여 시

111 그대 부친의 지문(誌文) : 김면행(金勉行)의 부친 김시서(金時敍)의 묘지가 본서 권44 〈진사 김공 묘지(進士金公墓誌)〉이다.

112 내가……생각하였네 : 저자가 지은 김시서의 묘지에 "김씨는 모두 시를 업으로 삼았는데, 군은 만년에 사부(詞賦)를 전공하였다."라는 구절이 있는데, 이와 관련된 내용인 듯하다. 김면행이 자신의 부친이 시인으로 자처하지 않으려 했다고 하자, 저자는 김시서가 스스로를 시옹(詩翁)이라 칭한 것에 따라 사실대로 기록했다고 말하는 듯하다.

113 일생의……것 : 시를 짓느라 일생의 마음을 다 허비했다는 뜻으로, 방간(方干)의

인으로 자처하고 싶지 않았던 것이 아니겠는가. 직접 뵙고 말씀을 듣지 못한 것이 안타깝네.

〈이전당현노명부(貽錢塘縣路明府)〉에 "다섯 글자 시구를 짜 맞추느라, 일평생 심사를 허비하였네.〔吟成五字句, 用破一生心.〕"라고 한 데서 온 말이다.

최치양 일복 의 문목에 답하다 무오년(1738, 영조14)

答崔穉陽 日復 問目 戊午

문 중부(仲父)의 후사가 없어 출계(出繼)한 아들의 둘째 아들을 상주로 삼았습니다. 다만 이것이 변례(變禮)라 구애받는 것이 많습니다. 제주(題主)와 방제(傍題)에 어떻게 호칭해야 하는지요?

답 출계한 아들의 둘째 아들이 비록 임시로 상주가 되었을지라도 제주와 방제에는 중간에 이미 한 세대가 빠진 만큼 감히 '조(祖)'라고 칭하고 '손(孫)'이라고 칭할 수 없음이 분명하네. '시양(侍養)'[114]이라는 명칭은 예가(禮家)에서는 볼 수 없네. 세속에서 간혹 행하는 집 김창업(金昌業) 진사 어른의 집 이 있기는 하지만, 구차하게 따르기 어려울 듯하네. 출계한 아들의 첫째 아들이 종손일 것이니, 제주는 '현종조(顯從祖)'라고 쓰고 반부(班祔)[115]의 예(例)를 쓰는 것이 마땅할 것이네. 어떻게 생각하시는가?

반부에는 방제가 없네. 대체로 별도로 후사를 세우는 것이 대경대법(大經大法)이네. 이 법을 쓰지 않으면 모든 일이 구차하지만, 현재 올바름을 잃지 않고 변통하는 길은 오직 이 한 가지 방법이 그나마 괜찮을 것이네.

114 시양(侍養) : 양사자(養嗣子)로 삼기 위한 목적 외에 남의 자식을 데려다가 길러 자식으로 삼는 것을 말한다.

115 반부(班祔) : 제사를 받들 자식이 없는 사람의 신주를 할아버지 항렬의 다른 신주에 붙여서 종위(從位)로서 합사(合祀)하는 것을 말한다.

이사긍 구 에게 답하다 경신년(1740, 영조16)

答李士肯 構○庚申

일찍이 잠깐의 친분도 없건만 궁벽한 골짜기로 멀리 찾아주시어 외람되게도 성대한 예를 받았고, 돌아가신 뒤 며칠 만에 또 편지를 보내어 곡진히 말씀해주시니 참으로 후의에 감사드립니다. 이를 통해 그대 선대의 성대한 덕행을 듣고 도를 향하는 정성을 더욱 알게 되었으니 감탄을 금할 수 없습니다. 다만 이런 예를 행하는 상대가 그럴만한 사람이 못되는 것이 두려울 뿐이니, 제 자신을 돌아봄에 부끄럽고 두려워 어떻게 답해야 할지 모르겠습니다.

과거 시험이 사람의 마음을 무너뜨린 지 오래되었는데, 그대는 하루아침에 시속의 얽매임에서 벗어나 개연히 자신을 완성하여 후손에게 복을 내리려는 계획을 세웠으니, 이는 참으로 오늘날 세상에서 쉽게 얻을 수 없는 사람입니다. 다만 실제보다 과대평가된 소문을 대번에 믿고서 한번 보고 갑자기 속수(束脩)의 예[116]를 행하고, 또 갑자기 가족을 모두 데리고 와서 따르고자 하니, 어쩌면 이렇게도 자세히 따지고 신중하게 생각하지 못하는지요. 그대는 비록 실질도 없이 엉성한 저의 실체를 알지 못해도 저는 제 자신을 이미 분명히 알고 있습니다. 간절히 바라건대, 깊이 생각하여 빨리 마음을 바꾸어 저로 하여금 자신을

116 속수(束脩)의 예 : 선생에게 제자가 되기를 청하는 예로, 수(脩)는 포(脯)이고, 속(束)은 묶음이다. 《논어》 〈술이(述而)〉에 공자가 "속수 이상의 예물을 가지고 온 자에게는 내가 일찍이 가르치지 않음이 없었다.〔自行束脩以上, 吾未嘗無誨焉.〕" 하였다.

그르치고 남까지 그르치는 죄를 가중시키지 않도록 해주시는 것이 어떻겠습니까? 왕래하면서 강론하고 토론하는 것은 이른바 "내게 도움을 있지 않으면 상대에게 도움이 있을 것이다."라는 것이니, 제가 비록 과루하지만 또한 감히 사양할 수 없는 일입니다.

오백온 위 에게 답하다 갑인년(1734, 영조10)

答吳伯溫 瑋○甲寅

질문한 바는 잘 알겠네. 선비들의 과거 공부 가운데 오직 대책(對策)이 조금 옛것에 가깝지만 이것도 기용되기를 구하는 것이고, 그 나머지 암송과 작문은 대체로 이익을 위한 것이네. 그러나 도를 행하고자 하는 사람이 이를 통하지 않고서는 나아갈 수 없으니, 이점이 바로 정자와 주자 이래로 과거 공부를 금하지 않고 단지 뜻을 빼앗길까 경계했던 이유이네.

그대는 이미 학문을 위주로 삼고 암송을 여사로 여기고 있으니, 시문(時文)[117]에 전력하는 자보다 낫지 않겠는가. 다만 그대의 거친 마음과 경솔한 기운이 본래 고요하고 침착함이 부족하니, 만일 이 병통을 없애지 못한다면 둘 다 성취하지 못할 듯하네. 오직 깊이 스스로 헤아려서 결정하시게.

117 시문(時文) : 과거 시험을 위한 문체를 말한다.

오백온의 문목에 답하다 정사년(1737, 영조13)

答吳伯溫問目 丁巳

공복(功服)과 시마복(緦麻服)을 입는 친척의 경우, 본종(本宗)·외당(外黨)·처당(妻黨)을 막론하고 성복(成服)하기 전에는 기제(忌祭)와 묘제(墓祭)와 다례(茶禮)를 모두 폐해야 하지만, 외당과 처당의 상이라면 상복을 입지 않은 집안 사람에게 대행시켜도 괜찮네. 비록 상이 다른 곳에서 났더라도 마땅히 자신이 성복했는가 성복하지 않았는가를 따져야 할 것이네.-대행시킨다면 한 잔만 올리고 축문도 없어야 할 듯하네.-

시제(時祭)의 경우 종가(宗家)에서 행하지 않더라도 이미 분가했다면 지손(支孫)이 행하지 못할 의리가 없을 듯하네.

중자(衆子)의 상을 장사 지내기 이전에는 분가하여 산다면 마땅히 제사를 지내야 하는데, 제사를 주관하는 자가 그 상에 기년복을 입거나 대공복을 입는 경우엔 한 잔만 올리고 축문이 없으며, 소공복 이하의 경우엔 평상시의 의식대로 행하네.

영남의 풍속에 정월 초하루 묘사(墓祀)를 매번 12월 그믐 사이로 당겨서 행하는 것을 세간에서는 퇴계 선생에게서 비롯되었다고 말하지만 실제로는 이미 주자의 편지에 보이네. 이로 미루어본다면, 사유가 있을 경우 날을 물려서 행하는 것도 의리에 해가 되지 않을 듯하네.

5대조 이상의 무덤이 고조의 무덤과 같은 묘역에 있을 경우 한 곳에만 제사지내고 한 곳에는 제사지내지 않는 것이 마음에 편치 못할 듯하네. 그러나 정은 비록 끝이 없어도 예는 절문(節文)이 있으니, 한 곳에만 제사지내는 것을 혐의할 필요는 없네. 매년 10월에 5대조 이상에게 한번 제사지내는 것이 예의 뜻에 부합할 듯하네.

부제일(祔祭日)이 망자(亡者)의 조부모 기일과 상치된다면 기제 또한 폐할 수는 없고 단지 한 잔만 올리는 것이 가하네.

오백온에게 답하다 계해년(1743, 영조19)

答吳伯溫 癸亥

서원(書院)에 머문 지 꽤 되었다는 소식을 이미 들었는데 편지가 이르러 또 서원 생활이 평안하다는 것을 알게 되니 기쁘네. 부(賦) 열 편과 대책(對策) 한 편을 지은 것이 적은 공부는 아니지만, 율곡(栗谷)의 학규(學規)에 따르면 과거 공부하는 사람은 재실(齋室)에 머물 수 없네. 만일 안읍(安邑)에 학문에 뜻을 둔 사람이 많아 능히 이러한 의리를 안다면 필시 북을 울려 성토할 것인데 이것이 어찌 쉽겠는가. 비록 이렇게 성토하는 사람이 없을지라도 그대가 이러한 도리를 몰라서는 안 되기에 그저 한번 언급하네.

오백온의 문목에 답하다

答吳伯溫問目

문 인심(人心)은 기질지성(氣質之性)에 속하고 도심(道心)은 본연지성(本然之性)에 속하는 듯합니다. 먼저 인심을 말한 것은 순서가 바뀐 듯한데, 또한 다른 의의(意義)가 있습니까?

주자(朱子)는 "도심은 성명의 바름에 근원하다.〔道心原於性命之正〕" 고 하였는데, '원(原)'자의 뜻은 안에 뿌리박혀 있는 것인 듯합니다. 그런데 왕 노재(王魯齋 왕백(王柏))는 "'원'자는 밖에서 들어오는 것이다."고 하였으니, 또한 주자의 설에 어긋나지 않는지요?

답 심(心)과 성(性)은 본디 떨어질 수 없지만 또한 구별이 없지도 않네. 이 장은 심(心)을 위주로 말한 것인 만큼 마땅히 심이 발현하는 곳에 나아가 보아야지, 성의 기질과 본연을 논할 필요가 없네. 인심을 먼저 말한 것은 형기(形氣)가 갖추어진 뒤에 성명(性命)이 보존되니, 선후의 순서가 여기에서 비롯된 듯하네.

왕노제의 설은 본디 병통이 많으니, 한결같이 주자를 정론(定論)으로 삼아야지, 다른 설을 억지로 취하여 그 차이를 따질 필요가 없네.

이대시 정하 에게 답하다 을사년(1725, 영조1)
答李大時 正夏○乙巳

엄동에 깊은 골짜기로 고생스럽게 멀리 찾아왔으니 그 뜻을 어찌 잊을 수 있겠는가. 그런데도 답서 이외에 다른 편지를 보내지 않았던 것은 스스로 졸법(拙法)을 지킨 것이네. 돌아간 뒤에 또한 편지 한 통이 없어 새해가 되면서 더욱 그리움이 간절하였는데, 방금 편지를 받고서 여독으로 고생했다는 것을 알았네. 젊고 건장한 사람도 이런 일이 있단 말인가. 매우 걱정스럽네. 이곳은 모친의 기력이 봄 이후로 조금 편안해졌으니, 한편으로 기쁘고 한편으로 두려운 심정[118]을 무어라 형용하기 어렵네.

깊은 산중에서 조용히 살면서 종이창 아래에서 질화로를 쬐며 일체 인연을 모두 끊어버렸지만 고향에 대한 그리움은 여전히 떨쳐버릴 수 없는데, 봉령(鳳嶺)[119]에서 배회한다는 그대의 탄식을 들으니 더욱 그리움이 사무치네.

편지 말미에 언급한 구급(口給)의 해[120]는 본디 남에게 자주 미움을

118 한편으로……심정 : 모친이 오래 사셔서 한편으로는 기쁘고, 사실 날이 오래 남지 않아 한편으로는 두렵다는 뜻이다. 《논어》 〈이인(里仁)〉에 "부모의 나이는 몰라서는 안 된다. 한편으로는 기쁘고 한편으로는 두렵기 때문이다.〔父母之年, 不可不知也. 一則以喜, 一則以懼.〕" 하였다.

119 봉령(鳳嶺) : 저자가 살던 고양(高揚)에 있는 산이다. 일명 봉산(烽山)이라고도 불린다.

120 구급(口給)의 해 : 구급은 말재주로, 《논어》 〈공야장(公冶長)〉에 "말재주로 사

받는 것으로 끝나지 않네. 공자께서도 일찍이 미움을 받은 것으로 끝이라고 여기셨으니[121] 미움을 받을 만한 실상이 있기 때문이네. 하물며 자주 미움을 받는 것이야 말할 필요가 있겠는가. 그 해가 또한 매우 크니, 어찌 군자가 구설을 겪는 것[122]과 똑같이 취급해서야 되겠는가. 다시 생각하는 것이 마땅하네.

람을 상대하다가 자주 미움을 산다.〔禦人以口給, 屢憎於人.〕" 하였다.

121 공자께서도……여기셨으니 : 《논어》〈양화(陽貨)〉에 "나이 마흔이 되어서도 세상 사람의 미움을 받는다면 그것으로 끝이다." 하였다.

122 군자가……겪는 것 : 《맹자》〈진심 하(盡心下)〉에, 맥계(貉稽)라는 사람이 남에게 비방을 받고 자주 구설수에 오른다고 근심하자, 맹자가 "이치에 해로울 것이 없다. 선비는 더욱 구설이 많은 법이다.〔無傷也, 士憎玆多口.〕" 하였다.

김평중 시준 에게 답하다 무오년(1738, 영조14)

答金平仲 時準○戊午

집을 옮겨 고향으로 돌아갔다고 들었네. 시끄럽고 번잡한 고장을 벗어나 깨끗하고 조용한 지역으로 잘 들어갔으니 어찌 다행스런 일이 아니겠는가.

예서(禮書)에 뜻을 두었다니 더욱 기쁘네. 이전에 한 말은 명물상(名物上)에서 그 의의를 분석하려 한 것이니 이를테면 '질(絰)'은 '실(實)'의 뜻이고[123] '쇠(衰)'는 '최(摧)'의 뜻이라는[124] 따위요, 아울러 이로써 성인이 예(禮)를 만드신 본뜻까지 언급했던 것이니, 예서를 볼 때에 이런 점에 나아가 수집하고 기록해서 보여주기를 바라네.

회옹(晦翁 주희(朱熹))에게 인정받은 〈정동학칙(程董學則)〉[125]은 나도 보았네. 절하고 읍하는 예절은 매번 다양한 의견이 있지만 이는 본디 말단의 일일 뿐이니 어찌 깊이 논할 게 있겠는가.

123 질(絰)은 실(實)의 뜻이고 : 《의례(儀禮)》 주소(注疏)에 "질(絰)이라는 말은 실(實)의 뜻이니 효자가 충실한 마음을 지니고 있음을 밝히는 것이다.〔絰之言, 實也, 明孝子有忠實之心.〕" 하였다.

124 쇠(衰)는 최(摧)의 뜻이라는 : 《요봉문초(堯峰文鈔)》에 "쇠(衰)라는 말은 최(摧)의 뜻이니, 효자가 슬픈 심정을 지니고 있음을 밝히는 것이다.〔衰之爲言, 摧也, 明孝子有哀摧之心也.〕" 하였다.

125 정동학칙(程董學則) : 〈정동이선생학칙(程董二先生學則)〉으로, 남송(南宋)의 학자 정단몽(程端蒙)과 동수(董銖)가 함께 만든 학칙이다. 10세 이상의 아동들이 외부의 스승에게 나아가 배울 때 준수해야 할 규범을 담고 있다.

김평중에게 답하다 기미년(1739, 영조15)
答金平仲 己未

사강(社講)[126]을 폐하지 않아 몹시 기쁘네. 그러나 성현(先聖)과 선사(先師)를 첨배(瞻拜)하는 일을 그대가 일찍이 말끝에 조금 드러내기는 했지만 이렇게까지 거창하게 행할 줄은 생각지 못했네. 회헌(晦軒 안향(安珦))과 율옹(栗翁 이이(李珥))도 실로 이런 일이 있었지만, 이 일은 회헌과 율옹이라면 괜찮지만 초학자에게는 사체가 중대하니 감히 경솔하게 해서는 안 되네. 그대의 뜻이 좋지 않은 것은 아니지만 일처리가 이처럼 너무 경솔하니 매우 염려스럽네.

주부자(朱夫子) 또한 일찍이 "선성(先聖)에게 절한다."고 말씀하셨지만, 서지백(徐志伯)에게 답한 편지에서 "방안의 사방 벽에 선배들의 초상을 빙 둘러 붙여 놓고 내가 복건(幅巾)과 편복(便服) 차림으로 그 안에서 노닐거나 잠자는 것은 편하지 않은 듯하다. 횡거(橫渠)도 '부자(夫子)의 화상(畫像)을 전해 받았지만 둘 곳이 없다.'라고 하였으니, 바로 이러한 이유에서일 뿐이다. 부디 한번 생각해보시게."라고 하였네. 내가 그대에게 바라는 바는 오직 실제의 공부에 전력하고 쓸데없는 겉치레와 부질없는 명성에 급급하지 않는 것이네. 어떻게 생각하시는가?

126 사강(社講) : 집안 및 고을 사람들을 대상으로 한 공부 모임이다.

김평중에게 답하다
答金平仲

그대의 말은 잘 알았네. 정성이 본디 꿈속에 드러나지만, 정자가 '꿈속에 주공을 보았다〔夢見周公〕'[127]는 뜻을 풀이하여 '꿈속에 간혹 본 것이다.'라고 분명히 말하지 않았으니,[128] 이 뜻을 깊이 생각해야 하네. 또 개연히 횡거(橫渠 장재(張載))가 남긴 법도에 뜻을 둔 것은 그 뜻이 참으로 크네. 그러나 학문이 횡거에 미치지 못하면서 꿈속에서 횡거를 보는 이런 작용이 먼저 있다면 아마도 자기 생각대로 행하고 자기 마음대로 하는 것[129]으로 귀결될 뿐이니, 횡거의 〈서명(西銘)〉을 많이 읽어서 근본 바탕으로 삼는 계책만 못하네.

127 꿈속에 주공을 보았다 : 《논어》 〈술이(述而)〉의 "심해졌구나, 나의 노쇠함이여. 오래되었구나, 내가 꿈속에서 다시 주공을 뵙지 못한 지도〔甚矣吾衰也! 久矣吾不復夢見周公.〕"라는 부분을 말한다.

128 정자(程子)가……않았으니 : 《주자어류(朱子語類)》 권34에 "이천선생(伊川先生)은 '꿈에 본 것이 아니라, 몽매지간에도 항상 주공의 도를 행하려는 마음을 보존하는 것뿐이다.'라 하였다."라는 내용이 있다.

129 자기……것 : 《중용장구》 제28장에 "어리석으면서 자기 생각대로 행하기를 좋아하고 천하면서도 자기 마음대로 하기를 좋아하며, 지금 세상에 태어나서 옛날 방식으로 돌아가려 한다면, 이런 사람은 재앙이 그 몸에 닥칠 것이다."〔愚而好自用, 賤而好自專, 生乎今之世, 反古之道, 如此者, 災及其身者也.〕" 하였다.

김평중의 문목에 답하다 임술년(1742, 영조18)

答金平仲問目 壬戌

나보다 먼저 상(喪)을 당한 붕우에게 편지로 위문해도 무방하지만 나의 외가 민씨(閔氏)는 이렇게 하지 않네. 만일 위문한다면 날짜 아래에 마땅히 '애자모(哀子某)'라고 써야 하네. 상인(喪人)의 위문에 답장할 때에는 '모위애전(某位哀前)'이라고 쓰지만, 복인(服人)에게는 '복전(服前)'이라고 쓸 필요가 없으니, 예문대로 쓰는 것이 옳네.

같은 집에 산다면 비첩의 상이 있어도 제사를 폐하는데, 하물며 아들이나 조카의 경우야 말해 무엇 하겠는가. 조석상식(朝夕上食)은 성복(成服)하기 전에는 폐해야 하지만, 분가하여 살 경우엔 성복 이전이라도 상식을 폐할 의리가 없네. 상사(祥事 대상(大祥))의 경우는 비록 여러 달이 지났더라도 장사를 지낸 뒤에 물려서 행할 수 있지만, 담제(禫祭)는 그 달을 넘기면 거행할 수 없다고 예문에 분명히 명시되어 있네. 전염병이 깨끗이 사라진 뒤에 성복하는 것은 시골의 무식한 집안의 잘못된 규례이네. 성복하기 이전의 제전(祭奠) 폐지 여부는 물을 만한 일도 아니고 대답할 만한 일도 아니네.

김평중에게 답하다 계해년(1743, 영조19)

答金平仲 癸亥

현관(賢關)[130]에 들어가자마자 크게 낭패를 보고 돌아갔다고 들었네. 세상 물정에 어두운 것이 본디 유자(儒者)의 본색이지만, 이렇게까지 세상 물정을 모르리라고는 생각지 못했네. 대체로 이 일이 훌륭한 뜻이고 좋은 일이긴 하지만, 마땅히 사장(師長)이 발론(發論)해야 하고 그대들은 받들어 시행해야 뿐이네. 사론(士論)을 전적으로 맡은 재임(齋任)이라 할지라도 반드시 일을 함께 할 사장을 얻은 뒤에 의논할 수 있네. 장의(掌議)의 신분으로 경솔하게 발론하는 것도 분수를 넘는 행동인데, 하물며 그대처럼 먼 지방의 이름 없는 유생이 어찌 감히 대번에 행하겠는가. 설사 발론하더라도 단지 처음 단자에 절목을 만드는 정도여야 하니, 사체를 알지 못함이 또한 심하네. 그대가 보고 들은 것이 익숙하여 이 일이 행하기 쉬울 듯이 보이겠지만, 팔도의 수많은 선비들이 모인 성균관이 어찌 그대처럼 시골에서 글줄이나 찾고 글자나 세는 무리와 같겠는가.

나는 서원에서는 모두 글을 읽어야 한다고 늘 생각했지만 내 주장을 모두 펼 수 없어 사세를 헤아려 어떤 때는 권하고 어떤 때는 권하지 않았고, 스스로 자세히 따지고 신중하게 생각했다고 여겼지만 또한 자주 낭패를 당하였네. 서원도 이러한데 하물며 성균관이겠는가. 일찍이 그대의 경솔함을 걱정하여 한두 번 경계한 것이 아닌데도 병폐가

130 현관(賢關) : 현인의 길로 통하는 관문이라는 뜻으로 성균관을 말한다.

마침내 이러하니, 어찌 성인께서 말씀하신 “어리석으면서도 자기 생각대로 행하기 좋아한다.”는 것이 아니겠는가. 지금부터 깊은 곳에서 문을 닫고 들어앉아 많은 독서로 견식을 키운 뒤에 비로소 세상에 나오는 것이 옳네.

신생 극태 의 문목에 답하다 신해년(1731, 영조7)
答愼生 克泰 問目 辛亥

문 서자(庶子)로서 아버지의 후사가 된 자가 자신의 어머니를 위해 입는 복(服)은 예에 의거하면 시마복(緦麻服)입니다. 그런데 착용하는 복색에 관한 여러 절목은 더 이상 근거할 만한 분명한 조문이 없습니다. 성복(成服)할 때에는 포망건(布網巾)과 추포직령(麤布直領)에 시마복을 더하고, 복을 벗은 뒤에는 평양자(平陽子)·포직령(布直領)·백포대(白布帶) 차림으로 삼년을 마치는 것이 어떠한지요?

그 아내도 마땅히 남편의 복을 따라야하는데, 부인의 시마복엔 본래 상복(喪服)과 요질(腰絰)과 수질(首絰)이 없지만 이 경우는 일반적인 시마복과는 다르니 어떻게 하면 되겠습니까?

답 시마복을 입고 이어 심상(心喪)으로 삼년을 마치는 것이 이미 분명한 조문이 있으니 의심할 것이 없네. 그 사이의 작은 절목은 스스로 짐작하여 헤아려야 하지만, 포망건은 혹 지나친 것이 아닌가.

아내도 마땅히 남편의 복을 따라야 하는데, 부인의 복제는 오늘날 풍속으로는 시마복의 경우 포대(布帶)만 착용하는데 옛 의식에는 상복을 갖추었네.

문 서자가 아버지의 후사가 된 경우 그 어머니의 신주를 쓰는 것을 차자(次子)가 해야 합니다. 그렇지만 방제(旁題)는 어떤 이의 말로는 감히 쓸 수 없다고 하는데, 이 설이 어떠한지요?

조조(朝祖)[131]는 떠나는 자가 존자(尊者)에게 하직하는 뜻인데, 첩이 남편의 사당에 하직하는 것은 해가 없습니까?

답 방제에 '망모(亡母)'라고 쓰고 '효(孝)' 자를 쓰지 않는다면 써도 무방하지 않겠는가. 조조는 감히 할 수 없는 참람한 짓이네.

131 조조(朝祖) : 발인하기 하루 전에 영구(靈柩)를 모시고 사당으로 가서 조상을 뵙는 의절이다. 이는 생전에 외출하려면 반드시 어른에게 고했던 것을 본뜬 것인데, 후세에는 가묘(家廟)가 협소한 관계로 혼백으로 대신하였다.

이생 인구 의 문목에 답하다

答李生 仁矩 問目

문 〈시잠(視箴)〉에서는 심(心)을 말하고[132] 〈청잠(聽箴)〉에서는 성(性)을 말하였는데,[133] 여기에 은미한 뜻이 있는지요?

또 시(視)와 견(見), 청(聽)과 문(聞)은 글자의 뜻에 구별이 있습니까?

답 시(視)는 외물을 따라 밖으로 나가는 것이고, 청(聽)은 거두어 들어오는 것이니, 심(心)을 말하고 성(性)을 말한 것에 은미한 뜻이 있는 듯하네. 그러나 만약 시(視)에서는 성을 말할 수 없고 청(聽)에서는 심을 말할 수 없다고 한다면 또한 꽉 막힌 것이니, 요점은 체인하여 터득하는데 있네.

132 시잠(視箴)에서는 심(心)을 말하고 : 정이(程頤)의 〈사물잠(四勿箴)〉 가운데 〈시잠〉은 다음과 같다. "마음은 본디 텅 빈 것이라서, 외물(外物)에 응하여도 자취가 없다. 마음을 잡아 보존하는 요령이 있으니, 보는 것이 바로 그 법도가 된다. 외물이 눈앞에서 가려 교차하면 마음 또한 옮겨 가니, 이것을 외부에서 제어하여 마음속을 안정시켜야 한다. 극기복례하면 시간이 감에 따라 성의 경지에 이르리라.〔心兮本虛, 應物無迹. 操之有要, 視爲之則. 蔽交於前, 其中則遷. 制之於外, 以安其內. 克己復禮, 久而誠矣.〕"

133 청잠(聽箴)에서는 성(性)을 말하였는데 : 〈청잠〉은 다음과 같다. "사람이 가진 양심은 타고난 천성에 근본한 것이다. 그런데 앎이 유혹되어 외물과 동화되어 마침내 그 올바른 것을 잃어버린다. 뛰어난 저 선각자들은 머물 곳을 알아 확고하게 안정되었으니, 사(邪)를 막고 성(誠)을 보존하여 예가 아니면 듣지 말지어다.〔人有秉彝, 本乎天性. 知誘物化, 遂亡其正. 卓彼先覺, 知止有定. 閑邪存誠, 非禮勿聽.〕"

견문은 시청에 비하면 일반적인 뜻이니, 시청은 의도를 갖고 응하는 것이네.

문 〈소남(召南)〉의 여러 시의 대지(大旨)에 모두 "문왕(文王)의 교화를 입었다"고 하였는데,[134] 〈행로(行露)〉장에서는 유독 "소백(召伯)의 가르침을 따랐다"고 말한 것[135]은 어째서입니까?

또 〈하피농의(何彼穠矣)〉는 왕희(王姬)의 시인데,[136] 〈소남〉에 실린 것은 어째서입니까?

답 〈행로〉장 이전은 모두 좋은 시이고, 이 〈행로〉장은 이전의 음란한 풍속을 처음으로 변혁한 것을 가리킨 것이므로 '소백의 가르침을 따르고 문왕의 교화에 복종하였다.'라고 특별히 써서 그 말을 거듭한 것이네.

〈하피농의〉에서는 왕희가 본디 천자에 속했지만 아래로 제후에게 시집갔으니 제후가 아니겠는가. 그렇다면 〈소남〉에 실린 것을 의심할 것이 없을 듯하네.

134 소남(召南)의……하였는데 : 〈소남〉의 첫 번째 시 〈작소(鵲巢)〉부터 〈채번(采蘩)〉, 〈초충(草蟲)〉, 〈채빈(采蘋)〉 주석에서 모두 "남국이 문왕의 교화를 입었다.〔南國被文王之化〕" 하였다.

135 행로(行露)……것 : 〈행로〉 주석에는 "남국의 사람들이 소백(召伯)의 가르침을 따르고 문왕(文王)의 교화에 복종하여 이전의 음란한 풍속을 변혁하였다." 하였다.

136 하피농의(何彼穠矣)는 왕희(王姬)의 시인데 : 왕희는 주(周)나라 왕의 딸을 가리킨다. 〈하피농의〉는 왕희가 제후에게 시집갈 때 감히 귀한 신분임을 내세워 남편의 집에 교만을 부리지 않았던 것을 찬양한 시로, 〈소남〉에 실려 있다.

도암집

제19권

書서

이원명 의철 의 문목에 답하다 무신년(1728, 영조4)

答李原明 宜哲 問目 戊申

문 영무자(甯武子)는 도(道)가 있는 문공(文公)의 시대에도 볼 만한 일이 없었는데 어찌하여 지혜롭다고 할 수 있습니까?[1]

답 '지혜롭다'는 '어리석다'와 상대가 되고, '미칠 수 있다'는 '미칠 수 없다'와 상대가 됩니다. 중요한 것은 아래의 한 구이니, '지혜로움은 미칠 수 있다'라는 말을 깊이 연구할 필요는 없습니다.

문 맹지반(孟之反)이 말을 채찍질한 구절[2]은 의도적으로 공공을 위한 데 가깝지 않습니까?

답 맹지반이 말을 채찍질한 일이 만약 의도적으로 공공을 위한 데서 나왔다면, 성인은 사람을 볼 때 그 동기를 보니 어찌 공을 자랑하지 않는다고 함부로 인정했겠습니까. 저는 부자(夫子 공자)를 믿습니다.

1 영무자(甯武子)는……있습니까 : 《논어》 〈공야장(公冶長)〉의 "영무자는 나라에 도가 있으면 지혜롭고 나라에 도가 없으면 어리석었으니, 그 지혜는 미칠 수 있거니와 그 어리석음은 미칠 수 없다.〔甯武子邦有道則知, 邦無道則愚, 其知可及也, 其愚不可及也.〕"라는 구절에 대한 질문이다.

2 맹지반(孟之反)이……구절 : 《논어》 〈옹야(雍也)〉의 "맹지반은 공로를 자랑하지 않았다. 패주하면서 뒤처져 있다가 도성 문으로 들어가려 하자 말을 채찍질하며 '내가 감히 뒤처지려 한 것이 아니라 말이 전진하지 않아서 그런 것이다.' 하였다."라는 구절을 말한다.

이원명의 문목에 답하다 기유년(1729)

答李原明問目 己酉

하늘이 운행하는 도수는 해의 운행과 같지 않아서 지나치거나 미치지 못한 차이가 있습니다. 이 때문에 세차법(歲差法)이 생겼으니, 예컨대 올해 동짓날은 아무 별의 아무 도수에 있다는 것입니다. 그 사이에 이미 작은 차이가 있지만 그 차이가 몹시 미세하여 오랫동안 지극히 정밀하게 추산한 뒤에야 알 수 있습니다. 역수가(曆數家)는 수십 년에 1도 차이가 생긴다고도 하고, 또 백년에 1도 차이가 생긴다고도 하는데, 지나치지 않으면 미치지 못합니다.

오직 정자(程子)는 강절(康節 소옹(邵雍))의 세차법이 고금의 으뜸이라고 하였습니다.[3] 그 법은 그믐, 초하루, 상현과 하현, 보름에 관측하는 것이 아니라, 일식과 월식 때는 길이 같고 도수가 같아 터럭만큼도 차이가 없으니, 이때에 구하여 해의 운행이 어느 도수에 있는지 아는 것입니다. 세차는 이를 벗어날 수 없습니다. 그대가 의심하여 물은 이유가 무엇 때문인지 모르겠으나 평소 아는 것은 대략 이와 같습니다. 어떻습니까?

3 정자(程子)는……하였습니다 : 《이정수언(二程粹言)》 권상에 보인다.

이원명에게 답하다 경술년(1730)

答李原明 庚戌

국상으로 슬픔이 망극한데 얼마 전 손수 쓴 답장을 받고, 《대례주소(戴禮註疏)》 21책도 이미 받았습니다. 더위를 먹고 정신이 없어 지금까지 사례하지 못했습니다. 앞서 보낸 편지의 말씀으로 말하자면, 요즘 대석인(大碩人)[4]의 걱정도 이와 같다고 들었습니다. 도원(道原)[5]의 말이 실상을 지나치지 않은 듯하니, 천 번 만 번 통렬히 경계하십시오.

공자가 효에 대한 맹무백(孟武伯)의 질문에 답한 단락[6]은 의미가 심원하고 말이 지극합니다. 아버지를 잃은 뒤로 한 번 읽을 때마다 한 번 눈물을 흘렸습니다. 절실한 말을 물었는데, 체인(體認) 두 글자를 벗어나지 않을 듯합니다. 예전에 허다한 책을 읽었는데 이렇게 공부하였습니까? 명도 선생((明道先生)은 기억하고 널리 아는 것을 완물상지(玩物喪志)라고 하였고,[7] 산곡(山谷)이 이기중(李幾仲)에게 준 서첩(書帖)은 주자(朱子)도 취하였으니,[8] 모두 참고해야 합니다.

4 대석인(大碩人) : 상대방의 모친을 가리키는 말이다.

5 도원(道原) : 미상이다.

6 공자가……단락 : 맹무백이 효에 대해 묻자 공자는 "부모는 오직 자식이 병들까 걱정한다." 하였다. 《論語 爲政》

7 명도 선생((明道先生)은……하였고 : 《이정유서(二程遺書)》 권3에 보인다.

8 산곡(山谷)이……취하였으니 : 산곡은 송(宋)나라 문인 황정견(黃庭堅)이다. 그가 이기중에게 보낸 편지에 "백 가지 책을 보는 것보다 하나를 정밀히 보는 것이 낫다." 하였는데, 《주자어류(朱子語類)》에 이 편지를 인용하였다.

보내준 책은 말단적인 훈고이지만 그대가 이렇게 힘을 쓴 줄은 몰랐습니다. 도착한 즉시 살펴보았는데 제가 미처 보지 못한 것을 본 것이 많습니다. 경탄스럽습니다.

이원명의 문목에 답하다 신해년(1731, 영조7)

答李原明問目 辛亥

문 지자(支子)가 어머니가 살아계신 상태에서 아내의 상을 당한 경우 담제(禫祭)를 지내는지 여부에 대해서는 이전에 질문을 드렸습니다. 다만 제 자식이 수복(受服)[9]하였는데 계속해서 담제를 지내지 않을 수는 없으니 삼가 가르침을 바랍니다. 또 죽은 며느리의 상제(祥祭)와 담제를 지낸 뒤 신주를 보관할 사묘(私廟)가 없으니, 조부의 사당에 임시로 부묘(祔廟)하고 훗날을 기다려 다시 처치하고자 합니다. 이것이 의리에 해가 되지 않겠습니까? 역시 가르쳐주시기 바랍니다.

답 질문하신 의심스러운 예는 《예기》 〈상복소기(喪服小記)〉의 '종자(宗子)가 아닌데 어머니가 살아계시면 담제를 지내지 않는다.'라는 글을 근거로 삼을 수 있습니다. 지금 새로 간행된 《우암집(尤庵集)》을 보니,[10] "부모가 살아계신 자는 아내를 위해 담제를 지내지 않는다고 하는데, 그 아들 역시 이 때문에 담제를 지내지 않습니까?"라고 하니, 대답하기를, "부모가 살아계시면 부장기복(不杖期服)을 입는 것이 옛날의 예이다. 그러나 《가례》에서는 아버지가 살았는지 죽었는지를 막론하고 모두 장기복을 입는다고 하였다. 장기복을 입는다면 담제를 지내야 한다. 만약 한결같이 《가례》를 따른다면 이러한 의심이 없을

9 수복(受服) : 172쪽 주73 참조.

10 우암집(尤庵集)을 보니 : 이하의 내용은 《송자대전(宋子大全)》 권118 〈답현이규(答玄以規)〉에 보인다.

것이다."라고 하였습니다. 이것은 〈상복소기〉의 기록과 어긋나는 듯한데, 부디 이 두 가지 중에 취사선택 하십시오. 그대는 이미 분가하여 사는 것이 아니니, 우선 임시로 조부의 사당에 부묘하더라도 안 될 것 없을 듯한데, 어떻습니까?

이원명에게 답하다
答李原明

편지의 말씀에 대한 제 의견은 본디 이와 같습니다. 그러나 천지 사이에는 단지 감동하고 응답하는 한 가지가 있을 뿐입니다. 스스로 헤아리기에 대인의 역량도 없고, 천 리 너머에서도 거만한 낯빛을 볼 수 있습니다.[11] 옛 현인이 충언을 아뢸 적에도 탈 만한 기회를 노렸습니다. 이 때문에 그만두는 결과를 면하지 못한 것입니다. 가슴을 부여잡고 슬퍼할 뿐 누구와 이야기하겠습니까.

어느덧 국상(國祥)이 다가왔지만 병든 몸으로 어찌 조금이나마 움직일 기세가 있겠습니까. 어제 비답에서도 또 윤허하지 않으셨으니, 황공하고 위축되어 몸둘 바를 모르겠습니다.

11 천……있습니다 : 《맹자》 〈고자 하(告子下)〉의 "거만한 목소리와 얼굴빛이 사람을 천리 밖에서 막는다.〔訑訑之聲音顔色, 拒人於千里之外.〕"라는 말을 인용한 것이다.

이원명에게 답하다

答李原明

편지의 말씀은 몹시 감사합니다. 국상 때 최복(衰服)을 입고 벗는 것은 조정이든 재야든 본디 안 될 곳이 없습니다. 그러나 면례(緬禮)의 경우, 슬픔은 이미 줄어들었으나 직접 영구를 보는데 차마 상복을 입지 않을 수 없습니다. 예의 뜻은 본디 이와 같습니다. 지금 비록 들어가 곡하지는 못하나 능 밖으로 나아간 것도 아니니 최복을 입는 것은 전혀 의의가 없습니다. 길가에서 재궁(梓宮)을 바라보고자 합니다.

이원명에게 답하다

答李原明

이달 초에 보내준 편지를 받아보고 위안이 되었는데 어느새 동지가 되었습니다. 어버이 모시며 잘 지내고 있습니까? 저는 날이 갈수록 노쇠해지는데 지금처럼 동지를 만나니 온갖 감정이 가슴을 가득 채울 뿐입니다. 밤에 친구들과 복괘(復卦)의 초구효(初九爻)[12]를 강론하였는데, 선의 단서가 무성해진다는 것을 제법 알았습니다. 매년 이 효를 세 번 반복해 외웠으나 끝내 자주 잘못을 저지르고 쉽게 혼미해졌습니다. 내년 올해에는 또 어떠할지 모르겠습니다. 원명도 여기에 생각이 미쳤습니까?

12 복괘(復卦)의 초구효(初九爻) : "머지않아 되돌아오니, 후회가 없을 것이요, 크게 길하다.〔不遠復, 无祇悔, 元吉.〕"라는 내용이다.

이원명에게 답하다 갑인년(1734, 영조10)

答李原明 甲寅

그간의 편지는 모두 잘 받았습니다. 용문산(龍門山)에 가서 한 달 동안 지냈는데, 진열 선생(陳烈先生)[13]을 본받으려는 것입니까? 예전에 윤필암(潤筆庵)과 죽장암(竹杖庵)[14] 등 몇 개의 암자를 보았는데 몹시 조용하여 좋았으니, 사흘 동안 묵으면 그리워할 것 같았습니다.[15] 돌아온 뒤 과거 보는 일이 핍박하였을 것인데, 백원의 흉금에 누를 끼치지 않았습니까?

저는 예전에 앓던 병이 거의 나아서 한창 옛책을 수습하고 있습니다. 지난 세월을 돌아보니 더욱 아득할 뿐입니다. 제 아들이 향시(鄕試)에 합격한 것은 축하할 일이 못 됩니다. 요즘 분주하여 겨를이 없으니, 그대들의 이 일이 언제쯤 끝날지 모르겠습니다. 한탄스럽습니다.

13 진열 선생(陳烈先生) : 송(宋)나라의 학자이다. 젊은 시절 글을 읽어도 기억하지 못하였는데, 《맹자》 구방심장(求放心章)을 읽고서 인사를 사절하고 몇 달 동안 칩거한 뒤 글을 읽으니 남김없이 기억할 수 있었다. 《心經 卷3》

14 윤필암(潤筆庵)과 죽장암(竹杖庵) : 모두 용문산에 있는 암자이다.

15 사흘……같았습니다 : 승려가 집착이 생기는 것을 경계하여 한 그루의 뽕나무 아래에서 사흘 동안 묵지 않았다는 고사를 인용한 것이다. 《後漢書 卷30 襄楷列傳》

이원명에게 답하다 을묘년(1735, 영조11)

答李原明 乙卯

그간 말씀하신 내용이 정성스럽고 간곡하니, 돌보아주시는 뜻이 참으로 깊습니다. 이 몸은 비록 재야에 있으나 마음은 왕실에 있지 않은 적이 없었습니다. 오랫동안 과부의 근심[16]을 품고 있다가 요행히 횡거(橫渠)의 기쁨[17]을 얻었으니, 한 번 원자의 모습을 보고자 하는 소원이 어찌 저만 없겠습니까.

다만 전례에 이 관직[18]을 설치한 것은 모두 대여섯 살에 강학할 시기였으니, 지금은 할 일이 없습니다. 그대는 한번 나아가 뵙는 것으로 직분을 다했다고 여기는 것입니까. 이것은 사적인 분의로는 참으로 영광이지만 국가에 무슨 보탬이 되겠습니까.

저의 처지는 일단 논하지 않겠습니다. 그대는 오늘의 세계를 어떻다고 여깁니까. 쉽게 발을 내디딜 수 있겠습니까. 저는 이 한 가지를 중요하게 생각하는데, 그대는 너무 쉽게 보고 있으니 다시 생각해보기 바랍니다.

대저 편지에 한 말은 융통성 있는 방법이니, 졸렬한 저의 꽉 막힌

16 과부의 근심 : 《춘추좌씨전》 소공(昭公) 24년의 "과부가 베 짜는 실은 걱정하지 않고 주나라가 망할 것을 걱정한다."라는 말을 인용한 것이다.

17 횡거(橫渠)의 기쁨 : 원자의 탄생을 말한다. 횡거는 송(宋)나라 유학자 장재(張載)의 자이다. 장재는 신종(神宗) 때 황자(皇子)가 태어났다는 소식을 듣고 기뻐하였다. 《近思錄 卷14 觀聖賢》 이해 사도세자가 태어났기 때문에 이렇게 말한 것이다.

18 이 관직 : 원자 보양관을 말한다.

견해에 비할 수 없습니다. 그렇지만 제게는 이런 수단이 없으니 어찌하겠습니까. 그렇지만 이 때문에 스스로 멀리하지 말고 보는대로 알려주어 어리석은 견해를 넓혀준다면 다행이겠습니다.

이원명에게 답하다 병진년(1736, 영조12)

答李原明 丙辰

지금 상소를 올리는 일이 있을 것이라고 들었습니다.[19] 그간 바른 사람을 비방하는 논의가 어찌 끝이 있었겠습니까. 그러나 지극히 흉악하고 몹시 패악하기가 이처럼 심한 경우는 없었으니, 선비들의 논의가 어찌 이와 같지 않을 수 있겠습니까. 편지에 하신 말씀을 통해 그대의 뜻은 잘 알겠습니다. 그러나 구구한 제가 지키는 바를 그대도 헤아리지 못해 이러한 말을 하는 것입니까? 두 본(本)에 대해 그 득실을 대략 논하여 돌려드리니, 벗들과 헤아려 취사하기 바랍니다.

19 지금……들었습니다 : 송시열과 송준길을 무함한 이인지(李麟至)를 성토하는 상소이다. 《承政院日記 英祖 12年 4月 4日》

이원명에게 답하다
答李原明

생각하고 있는데 사람이 왔습니다. 편지를 보는 것이 얼굴을 보는 것과 무엇이 다르겠습니까. 지난번 당신의 상소는 말뜻이 엄정하였습니다. 성상의 비답 하단의 말씀은 경자년(1720, 경종즉위년) 이후 처음 보는 것이니, 얼마나 성상의 덕에 영광이 되고 사림에게 다행한 일이겠습니까.

성균관의 일은 이미 헤아리고 있었습니다. 그 말은 비록 걱정할 것 없으나 이미 모욕을 받았으니, 자중해야 한다는 혹자의 말이 옳은 듯합니다. 예로부터 소인은 군자를 미워하여 그가 나아가는 것을 반드시 막고자 하였는데, 군자된 자는 스스로 그 계책에 빠지는 것을 부끄럽게 여겨서 스스로 진퇴를 경솔히 한 적이 없습니다. 오늘의 일이 어찌 이와 다르겠습니까. 그러나 그대가 고집하는 것 또한 하나의 도리이니, 이러한 내용으로 상소를 올린 사람들을 권면하고 깨우치되, 거취를 같이하게 할 필요는 없습니다. 그렇지만 자신의 경우는 안 됩니다. 편지에 말씀하신 선배의 옛 법도는 과연 근거가 있어 행하는 것입니까. 좌중의 벗 몇 사람 중에 어떤 이는 그대의 견해를 주장하고 어떤 이는 혹자의 말을 옳다고 여기니, 의견이 일치하기 어렵기가 이와 같습니다. 그저 깊이 헤아려 처리하십시오.

이원명에게 답하다 정사년(1737, 영조13)

答李原明 丁巳

〈주관(周官)〉은 이미 다 읽었습니까? 뱃속에 육경을 넣은 사람이 지금 세상에 얼마나 되겠습니까. 늙기 전에 하였으니 더욱 기쁩니다. 다만 읽은 책의 이치를 일일이 끝까지 미루어 마음에 체득하고 몸에 징험하여 날마다 깨달음이 달라진다는 것을 깨닫습니까? 성인의 문하에서 이른바 '박학(博學)'이라는 것이 바로 이와 같으니, 그렇지 않다면 끝내 완물상지(玩物喪志)로 귀결되는 것을 면하지 못합니다. 그대도 잘 알고 있을 것입니다. 그러나 앞으로 사서(四書)에 전념하겠다는 계획은 참으로 좋습니다. 비록 제가 대신 계획을 세워주더라도 어찌 이보다 더하겠습니까. 천 배 만 배 힘쓰기 바랍니다.

이원명에게 답하다
答李原明

근래의 한 차례 처치는 과거에 없던 일입니다. 성상께서 수라를 중지하셨으니 어찌 몹시 애타는 일이 아니겠습니까. 그러나 지나친 행동만큼 중대하지는 않으니, 나랏일이 장차 어떻게 귀결될지 모르겠습니다.

편지에 말씀한 내용은 일반적인 분수로 보면 옳으나 이 몸의 거취는 이미 스스로 지키는 바가 있습니다. 감히 남들을 따라 염치를 무릅쓰고 나아갈 수는 없으니, 그저 황공하여 견책을 기다릴 따름입니다. 소견이 있으면 알려주는 사람은 원명 한 사람 뿐이니, 몹시 감사합니다. 비록 생각이 다르더라도 무슨 해가 되겠습니까.

별지 別紙 계해년(1743)

학문하는 요점은 다음과 같습니다. ○위기지학(爲己之學)으로 마음을 세우고, 인의 실천을 일삼아야 합니다. 바탕은 《소학》, 법도는 《대학》, 계단은 《근사록》으로 삼고, 경전과 제자서들을 율곡이 말한 독서의 차례에 따라 반복해서 숙독하여 근간을 채워야 합니다.-이상의 책들은 모두 그대의 입과 귀에 익숙한 것입니다. 여러 해 동안 허다하게 읽었지만 지금까지 인이 좋아할 만하다는 것도 모르고 학문을 하지 않을 수 없다는 것도 모르니, 반평생을 허비했다고 하겠습니다. 속히 지난날 읽은 책을 가져다가 마치 처음 읽는 것처럼 하나하나 그 의미를 탐구하고, 거칠게 보거나 쉽게 보지 말아야 합니다. 조금이라도 의심스러운 점이 있으면 그때마다 따지고 질문하여 반드시 완전히 이해한 뒤에 그만두어야 합니다. 그리고 몸과 마음에 돌이켜 깊이 체득하고 실천하여 읽고 왼 뜻이 모두 귀결되는 곳이 있게 해야 합니다.- 밝고〔明〕 튼튼하고〔健〕 넓고〔弘〕 굳세며〔毅〕-네 가지 중에 하나라도 빠지면 덕을 이룰 수 없습니다.- 느리지도 급하지도 않게 하여 죽은 뒤에 그만두어야 합니다.

이원명에게 답하다
答李原明

지난날 별지로 한 말을 그대가 범상한 말로 여겨 그다지 유의하지 않을 것이라고 생각했습니다. 그런데 자세하게 회답하니 감탄스럽습니다. 여기에 실제로 힘을 쓰고 실제로 힘을 얻어서 끝내 한바탕 한가한 이야기를 주고받은 결과를 면한다면, 어찌 대단히 다행한 일이 아니겠습니까.

그대가 논한 여호(黎湖 박필주)의 일은 대체로 말하자면 옳습니다. 그러나 그대와 이 어른의 평소 교분이 어떠한지 모르겠지만 이처럼 지나치게 강직한 논의를 하였습니다. 이것이 비록 완벽을 요구하는 《춘추》의 뜻에서 나온 것이기는 하지만 성의가 미덥지 못하여 의심이 생기기 쉽습니다. 이 말이 지나친 걱정에서 나온 것입니까?

어제 들으니 새로 빈료(賓僚)에 제수하는 명이 있었다고 합니다. 이것은 천거하고 이끌어준 힘 때문이니, 사직 상소를 올릴 수밖에 없습니다. 그저 사사로운 분의에 있어 더욱 두렵고 위축될 뿐, 나라에 무슨 도움이 되겠습니까.

《정화(精華)》[20]의 비평은 미처 살펴보지 못했습니다. 대저 이 책은 제 뜻에 차지 않으니, 그대가 스스로 가려 뽑아 문장과 의리를 지극하게 하십시오. 많고 적음을 따지지 말고, 정밀하고 마땅하게 귀결하여

20 정화(精華) : 정홍명(鄭弘溟)이 편찬한 《예기정화(禮記精華)》를 말하는 듯하다. 《霽沙集 卷9 禮記精華跋》

보여주는 것이 어떻겠습니까? 설령 《정화》가 정말로 이 노인의 손에서 나왔다 하더라도 옛날 사람과 지금 사람이 각기 소견을 따르는 것이 무슨 해가 되겠습니까.

이원명에게 답하다
答李原明

지난 편지에 답장을 쓴 지 얼마 되지 않았는데, 어제 아침 안성 군수(安城郡守)가 들러 그대의 장문 편지를 소매에서 꺼내 전해주었습니다. 다른 사람을 시켜 읽게 하니, 한바탕 거대한 논의였기에 제법 통쾌하였습니다. 무더위가 갈수록 심해지는데 근황은 예전과 같습니까?

편지에 말씀하신 의리는 지극히 정당합니다. 다만 제 본뜻을 다 이해하지 못한 듯하니, 그대가 세심하게 편지를 읽지 않은 탓인 듯합니다. 대개 천하에는 할 수 없는 때도 없고 처리하지 못할 일도 없습니다. 무도하다고 해서 반드시 천하를 버린다면 어찌 성인의 마음이겠습니까.

출처의 의리는 여러 가지이니 하나로 단정할 수 없습니다. 그러나 공자가 교제가 가능하여 벼슬하는 경우든 국가에서 길러주어 벼슬하는 경우든,[21] 벼슬하고 그만두고 오래 있고 빨리 떠나는 네 가지를[22] 벗어나 '가(可)' 한 글자로 전부 결정한 적이 언제 있었습니까. 맹자가 말한

21 교제가……경우든 : 《맹자》 〈만장 하(萬章下)〉의 "공자는 도(道)를 행할 수 있어 벼슬하는 경우가 있었고, 교제가 가능하여 벼슬하는 경우가 있었고, 국가에서 길러주어 벼슬하는 경우가 있었다.〔孔子有見行可之仕, 有際可之仕, 有公養之仕.〕"라는 말을 인용한 것이다.

22 벼슬하고……가지를 : 《맹자》 〈공손추 상(公孫丑上)〉의 "벼슬할 만하면 벼슬하고 그만둘 만하면 그만두고 오래 있을 만하면 오래 있고 속히 떠나야 할 만하면 속히 떠난 것은 공자이다.〔可以仕則仕, 可以止則止, 可以久則久, 可以速則速, 孔子也.〕"라는 말을 인용한 것이다.

'맞이할 적에 공경을 다한다.'[23] 이하의 조건들이 모두 정도(正道)에서 나오지 않은 적이 언제 있었습니까. 관문을 지키며 목탁을 치거나 가축을 기르고 창고를 관리하는 것은 가난 때문에 하는 벼슬이니[24] 오늘날 증거로 삼을 것은 아닙니다.

제가 박씨 어른(박필주)에게 보낸 답장의 별지에 을사년(1725, 영조 1) 연석에서 아뢴 몇 가지를 기록하여 보여주었습니다. 대략의 내용은 "선비가 나아가지 않는 것이 근세의 큰 폐단이니, 심지어 집 밖을 나가지 않고도 정승의 자리에 오른 자도 있습니다." 하였고, 또 "후한(後漢)의 은자가 부름을 받고 탄식하기를, '후궁과 마굿간의 말을 줄일 수 있겠는가?'[25] 하고 마침내 나가지 않았습니다. 은자도 그러할진대, 더구나 도를 품고 자중하는 선비가 어찌 쉽게 나오겠습니까."라고 하였습니다.

제 소견은 본래 이와 같으니, 박씨 어른이 한 번 나간 일을 그르다고

23 맞이할……다한다 : 《맹자》 〈고자 하(告子下)〉의 "맞이할 적에 공경을 다하고 예의가 있으며, 말을 실천할 것이라고 말하면 나아가고, 예모가 쇠하지 않았더라도 말을 실천하지 않으면 떠난다.〔迎之致敬以有禮, 言將行其言也, 則就之, 禮貌未衰, 言弗行也, 則去之.〕"라는 말을 인용한 것이다.

24 관문을……벼슬이니 : 《맹자》 〈만장 하(萬章下)〉에 "높은 자리를 사양하고 낮은 자리에 처하며, 많은 녹봉을 사양하고 적은 녹봉에 처하려면 어떻게 해야겠는가. 관문을 지키며 목탁을 치는 일이다. 공자는 예전에 위리(委吏)가 되어 '회계를 마땅하게 할 뿐이다.' 하였고, 승전(乘田)이 되어 '소와 양을 잘 키울 뿐이다.' 하였다."라는 내용이 있다.

25 후궁과……있겠는가 : 후한의 은자 위환(魏桓)이 출사를 권유받자 "내가 나간다면 수천이나 되는 후궁을 줄일 수 있겠으며, 일만이나 되는 마굿간의 말을 줄일 수 있겠으며, 좌우의 권귀를 제거할 수 있겠는가."하고 나가지 않았다. 《後漢書 卷52 魏桓列傳》

여기는 것은 아닙니다. 그 분이 나갈 만한 때에 나간 것이 아닌 듯하고, 또 중시하는 바가 분의를 조금 펴는 데 있었기 때문입니다. 참으로 도를 행하고 세상을 구원하는 것을 자기의 임무로 삼는다면, 학문이 미치고 힘이 닿는 데까지 우선 목전의 당연한 책무를 하고 천천히 하늘의 명을 따라야 합니다. 그러다가 만에 하나 발을 헛디디면 한결같이 그대가 말한 것처럼 몸을 빼서 물러나야 합니다. 그렇게 한다면 제가 어찌 '진퇴가 여유롭다.'라고 하지 않겠습니까. 제가 그분의 출처를 불만스럽게 생각하는 이유는 바로 자부하는 바가 그다지 무겁지 않고 스스로 대우하는 바가 그다지 원대하지 않아 머뭇거리고 위축되어 이유 없이 갑자기 돌아왔기 때문입니다.

어진 이를 천거하는 것이 임금을 섬기는 첫 번째 의리라는 점으로 말하자면, 도리는 과연 이와 같으나 저는 본디 어진 이라는 지목을 감당할 수 없습니다. 그러나 행여 출사한다면 '하루만 조정에 있어도 하루치 효과가 있다.'라는 그대의 말처럼 되어야 할 것입니다. 다만 천거할 수는 있어도 반드시 나아가게 할 수는 없으니, 이는 빈말일 따름입니다. 나라에 무슨 도움이 되겠습니까. 자기가 받은 은혜와 예우는 참으로 드문 것이라고 할 수 있겠지만, 반드시 어진 이를 좋아하는 진심에서 다 나온 것은 아니니, 천거한 사람에 대해서도 어떠할지 미루어 알 수 있습니다.

공자가 이르기를, '군신의 의리를 어찌 버릴 수 있겠는가.' 하였으니, 이는 영원한 인도(人道)의 큰 법도입니다. 예로부터 군자와 소인은 말이 같아도 뜻이 달랐으니, 비단 '분의' 두 글자만 그러한 것이 아닙니다. 그렇다고 지금 분의를 말한다고 해서 오로지 속된 의론으로 치부하고, '군자가 여기에 지극히 신중할 필요는 없다.'라고 한다면 어찌 이치에 맞겠습니까.

저는 여러 해 명을 어긴 나머지 품은 충성을 바치지 못하였으니, 매번 정자가 이른바 '직분을 다하지 못하는 점이 많다.'[26]라고 한 말에 부끄러움을 느낍니다. 제가 고집하는 바가 옳더라도 간혹 지나친 곳이 있으면 그대가 요구하는 것이 참으로 옳습니다. 그런데 지금 내게 요구하는 것을 박씨 어른에게 요구한다면 어긋나지 않겠습니까. 선비의 출처는 과거에 급제한 일반적인 사람과는 몹시 다릅니다. 연석에서 아뢴 말과 봉사(封事)에 대해서는 단서만 제기하고 자세히 설명하지 않으려는 것이 아닙니다. 앞으로 하나하나 보내서 보여주고 허심탄회하게 듣고자 하는 뜻이 있다면 그때서야 제 소견을 다 말씀드릴 수 있을 것입니다.

26 직분을……많다 : 정호(程顥)가 말하기를, "천지가 사물을 낳을 적에는 각기 부족한 이치가 없었는데, 천하의 군신, 부자, 형제, 부부는 직분을 다하지 못하는 점이 많다." 하였다. 《近思錄 卷1 道體》

이원명에게 답하다
答李原明

박씨 어른(박필주)의 거취에 대해서는 이쪽 저쪽에서 논한 바가 다른 적이 없었습니다. 이른바 다른 점이란 사소한 절목 뿐입니다. 풍파를 일으키는 이야기를 꺼내 똑같이 만들 필요가 있겠습니까. 제가 일을 처리하고 논의를 내세울 때는 대체를 취하려고 힘쓰니, 의리의 작은 부분까지 알맞게 만드는 것은 참으로 능하지 못한 점입니다. 벼슬하는 세 가지 경우와 나아가는 세 가지 경우에 바른 것이 있고 바르지 않은 것이 있다는 말도 소략하게 이야기한 것 뿐입니다. 근래 오랫동안 《맹자》를 복습하지 않았기에 다시 주석을 가져다 당신의 말씀을 참고하여 자세히 풀이하여 득실을 결정하고자 합니다.

그리고 왕년에 대간 이동언(李東彦)의 일을 논하다가 성상의 비답에서 '억측한다〔臆逆〕'는 두 글자를 받았던 일[27]을 떠올리면 지금까지도 황송하여 몸둘 바를 모르겠습니다. 이번에 내려주신 가르침이 대체는 좋으나, 제 본심을 다 알지 못한 점이 있습니다. 겉으로 보이는 은혜와 예우는 융숭한 것 같지만, 좋아하는 속마음은 그와 같기 쉽지 않으니, 이것이 제가 우리 임금을 위해 간절히 걱정하며 저도 모르게 말로 드러

27 왕년에……일 : 저자는 1709년(숙종35) 6월 19일 이동언을 신구(伸救)하는 상소를 올렸다가 "지난날 이재의 상소에서 말한 내용은 전적으로 억측에서 나왔으니 몹시 무엄하다."라는 비답을 받았다. 《肅宗實錄 35年 6月 19日》《承政院日記 肅宗 36年 2月 16日》

낸 이유입니다. '측은' 운운하신 말씀은 제 마음을 더욱 슬프게 하니, 내 잘못을 알아주는 사람이 있어 다행이 아니겠습니까.[28]

'유(儒)'는 군자의 통칭이지만, 소인도 상대하여 뭉뚱그려 이름하니[29], '과목(科目) 또한 '유' 한 글자를 벗어난 적이 있습니까? 그러나 이정(二程)의 경우로 말하더라도 전전급제(殿前及第)와 하남처사(河南處士)[30]의 출처와 진퇴는 끝내 달랐습니다. 요즘 성상께서 과거에 급제한 사람은 유현으로 대우할 수 없다고 늘 말씀하시니, 저는 과거에 급제한 평범한 사람으로 자처할 따름입니다. 설령 그대가 하신 말씀의 의리가 지극히 정당하더라도 지금의 의리가 이와 같지 않은 듯합니다. 어떻게 생각하십니까?

28 내……아니겠습니까 : 공자의 "나는 다행이다. 잘못이 있으면 남이 반드시 아는구나."라는 말을 인용한 것이다. 《論語 述而》

29 유(儒)는……이름하니 : 공자가 자하(子夏)에게 "너는 군자다운 선비가 되고, 소인 같은 선비는 되지 말라.〔女爲君子儒, 無爲小人儒.〕"라고 한 말을 인용한 것이다.

30 전전급제(殿前及第)와 하남처사(河南處士) : 전전급제는 정호(程顥), 하남 처사는 정이(程頤)를 말한다. 두 사람이 어릴 적 모친이 정호는 전시(殿試)에 급제하고 정이는 처사가 될 것이라 예언하였다. 《二程文集 卷13 上谷郡君家傳》

이원명에게 답하다

答李原明

가을더위에 공부하며 잘 지내고 있습니까? 소곡(昭谷)에서 또 다른 곳으로 옮겨 지낸다고 들었는데, 이렇게 주거가 일정하지 않으니 마음도 이렇게 되지 않을 수 있겠습니까? 그대가 새로 소원을 품고서 세월이 흘렀는데, 과연 착실하게 공부하여 훗날 만나거든 토론할 만한 점이 있겠습니까?

예전에 《예기(禮記)》를 뽑아달라고 부탁하였는데, 그 뒤 누차 편지를 주고받았으나 한번도 언급이 없었습니다. 혹시 그 편지를 보지 못하여 그런 것입니까? 《정화(精華)》 2책은 요즘 한가로이 보고 있는데, 끝내 귀결되는 곳을 모르겠습니다. 괴이하게도 이 노인(정홍명)은 사옹(沙翁 김장생)을 스승으로 삼았으나 그 정통을 전수받지 못하고 단지 문장으로 이름났는데, 이 책 역시 학식이 부족하여 그러한 듯합니다. 그대는 마음을 다하여 정밀하게 선발하고, 또 벗들과 조용히 상의하여 지당하게 귀결되도록 힘쓰십시오.

몇해 전 김윤(金潤)이 하소연한 의심스러운 예에 대해서는 그대가 예서를 널리 살펴 여러 가지로 비판하여 바로잡았는데, 저도 그 아래에 대략 논설을 남겼습니다. 근래 다시 검토하여 그 사람에게 돌려주려 하였는데, 어디에 있는지 모르겠습니다. 예전에 보관해 두었던 것을 두루 찾아보았으나 끝내 찾지 못했습니다. 그대에게 혹시 이 글의 초본이 있다면 반드시 베껴써서 보여주십시오. 그렇지 않다면 김윤의 이른바 《폐석록(肺石錄)》이라는 것이 아직 있으니, 나중에 싸서 보내겠습니다. 형세상 부득불 그대에게 찾아서 토론하게 할 수밖에 없으니, 자세히 알려주기 바랍니다. 오래 전부터 한번 찾아올 뜻이 있었다는 것을 알고는 있지만 예전처럼 말을 빌려타기 어렵고, 농번기가 다가와 끝내 쉽지 않은 듯합니다. 그래서 편지로 언급합니다.

이원명에게 답하다

答李原明

거취의 의리가 상의하지 않았는데도 부합하였습니다. 이미 사은숙배하였는지, 그리고 언제쯤 부임할지 모르겠습니다. 도봉서원(道峯書院)의 직임을 겸임하는 것은 이미 전례가 있습니다. 번차(番次)가 보름 전이기는 하지만 동료들과 변통하여 왕래할 수 있을 것입니다. 사우들이 여럿이 와서 즐겁게 나아가게 하는 것이 어찌 상책이 아니겠습니까. 그러나 저 역시 어찌해야 좋을지 모르겠으니, 그대들이 서로 이끌고 선창하여 법대로 회강(會講)한다면 사람들이 몇 달만 지나도 소문을 듣고 일어날 것입니다.

권군(權君)은 아는 사람입니까? 그 사람의 법도는 허술하지 않으니, 비단 선대의 미덕이 훌륭한 것만은 아닙니다. 조우(趙友)는 비록 늙었으나 젊은이들과 함께 일하는 것을 꺼리지 않고, 또 그의 집이 서원 아래에 있습니다. 회강을 하지 않으면 그만이거니와 회강을 한다면 반드시 이 몇 사람이 참석해야 만에 하나 성취할 가망이 있을 것입니다.

《학천지(鶴泉志)》는 말씀대로 도착했습니다. 때때로 한번 훑어보니, 마치 대심(大心 이유)을 보는 것 같아 거듭 슬퍼 눈물이 흐릅니다.

이원명에게 답하다
答李原明

옮겨 제수된 직임[31]은 국가를 위해 적임자를 얻었으니 기쁩니다. 근래 높고 낮은 관직을 막론하고 무엇인들 폐단이 없겠습니까마는 이 직임이 더욱 심합니다. 그대는 절대 다른 사람들처럼 시위소찬하지 말고, 직분을 다하기를 생각하십시오. 내가 한양에 있었다면 손자 아이를 먼저 보내 그대의 제자 수를 채웠을 것인데, 그렇게 할 수 없으니 한스럽습니다.

도봉서원의 강회(講會)가 막 시작되었는데 그대는 공무 때문에 빠졌습니다. 그대들도 이와 같이 뒷걸음질하니 다시 누구를 믿겠습니까? 지금은 재사(齋舍)를 왕래하는 수고도 없으니,[32] 직분을 다하면서 함께 행하더라도 문제가 없을 듯합니다. 매달 강회가 있을 때마다 반드시 가십시오.

31 옮겨 제수된 직임 : 이의철은 1743년(영조19) 동몽 교관에 임명되었다.《承政院日記 英祖 19年 11月 28日》

32 지금은……없으니 : 이의철이 직전에 장릉 참봉(長陵參奉)을 역임하였기 때문에 이렇게 말한 것이다.

이원명에게 답하다 갑자년(1744)
答李原明 甲子

운기(雲紀 홍장한(洪章漢))가 생선과 술을 가져오면서 그대의 장문 편지를 가져왔는데, 얼굴을 마주하고 이야기하는 것처럼 위안이 되었습니다. 성상의 비답 중에 "박덕한 내게 벼슬하려 하지 않는다."[33]라는 하교는 너무도 황공하니, 즉시 진심을 아뢰는 상소를 올렸어야 하는데, 지금까지 하지 않은 이유는 깊이 생각하는 것이 있기 때문입니다. 지금은 상소를 올리기도 때가 늦었으므로 병세가 조금 낫기를 기다려 도성으로 나아가 명을 어긴 죄를 청하고자 하였으나 또 하지 못하였습니다. 진심을 아뢰는 대의는 운기에게 아직 자세히 언급하지 않았습니다. 그가 전한 이야기는 단지 대략적인 내용이고, 날짜에 한계가 있다는 말도 사실이 아닌 듯합니다. 나아가고 물러나는 것은 오직 때를 따르는 데 달려 있으니, 한쪽에 치우치는 잘못을 저질러서는 안 됩니다. 이는 참으로 쉽지 않은 중대한 법도입니다.

과목(科目)과 유자(儒者)가 본래 별도의 두 가지 부류가 아니라는 말은 옳습니다. 다만 군부가 이미 "너는 과목이다."라고 하였으니, 신하가 자처하는 도리에 있어서 어찌 감히 "저는 유자입니다."라고 하겠습

33 박덕한……않는다 : 1744년 1월 23일 저자가 원자 보양관을 사직하며 올린 상소에 대한 영조의 비답에 "경은 지난날의 신하로서 박덕한 내게 벼슬하려 하지 않는데, 어찌 원자를 본체만체 하는가〔以卿昔日之臣, 欲不仕於涼德, 豈邁邁於元良.〕"라는 내용이 있다.

니까. 이는 도리에 맞지 않습니다. 과목과 유자를 막론하고 단지 '의(義)' 한 글자를 따르며 나아가고 물러나고 말하고 침묵하는 사이에 과목이라는 이유로 제 몸을 가볍게 여기지 않을 따름입니다. 그대는 우활하여 이 뜻을 깨닫지 못하니, 매번 두 갈래의 차이에 대해 변론하고자 하니, 도리어 우습습니다. 오늘날 제 거취는 단지 스스로 근력을 헤아리고 또 의원의 입을 통해 결정하고자 합니다. 그런데 이렇게 자중하지 않으려 하니, 그대들은 고원한 논의를 하지 마십시오. 그러나 제 뜻과 그대가 편지로 한 이야기의 대략은 같으니, 조만간 한번 소상히 이야기할 기약이 어찌 없겠습니까.

사원(士元 민우수(閔遇洙))의 모든 일은 울지 않는 아이를 안은 것과 같은 모습입니다. 지금 이 장문 편지로 비방을 부른 것은 참으로 본색이 아니니 한탄스럽습니다. 제 생각에 두 송(宋) 선생은 효종에 대해서 마음이 같고 덕이 같았으니 우열을 따질 수 없습니다. 그러나 더욱 뜻이 맞고 복수설치의 책임을 맡은 일로 따지면 결국 우옹(尤翁)이 주도하고 춘옹(春翁)이 도왔습니다. 종향(從享)에 대한 논의는 우옹을 먼저 하고 춘옹을 뒤로 해야 하니, 비단 관직 때문에 그런 것은 아닙니다. 사원은 "이 말도 우열을 논하는 것과 같다. 두 선생은 이미 형제의 서열이 있으니 춘옹을 우옹보다 먼저 하면 우옹은 손해 보는 것이 없지만, 우옹을 춘옹보다 먼저 하면 춘옹을 폄하하는 결과가 된다."라고 하니, 이것이 같지 않은 까닭입니다.

우옹만 종향해야 한다는 이정욱(李廷郁)의 논의는 사원이 그르다고 여길 뿐만 아니라 저도 배척합니다. 저는 늘 "종향의 규례가 만약 한 사람만 취해야 한다면 춘옹이 우옹보다 못하지만, 이미 한정이 없으니 어찌 마음이 같고 덕이 같은 분들을 취사선택할 수 있겠는가."라고 생각했습니다. 그런데 오늘날 한 사람만 종향해야 한다고 논의하는 자는 도리어 제 말을 근거로 삼으니 이 또한 우스운 일입니다.

이원명에게 답하다
答李原明

두 편의 시를 한가한 때 펼쳐보고 읊었더니 마음이 몹시 시원합니다. 시서(詩序)의 "성인의 예악과 문장의 오묘함과 더불어 그 효과가 같다." 운운한 내용은 참으로 제 마음과 같습니다. 훗날 만나거든 한 번 읽고 자세히 평할 것입니다.

어떤 이의 말에 따르면 그대는 성서(聖瑞 정희하(鄭羲河))가 권 고성(權高城)에게 보낸 편지를 얻고 기뻐하며 "매일 새벽에 일어나 정 연풍(鄭延豐 정희하)의 편지를 너댓 번 읽으니 가슴 속이 시원하다."라고 하였다는데, 정말입니까? 제가 보기에 이는 마동평(馬東平)의 고사[34]와 비슷합니다. 만약 매일 이 편지를 읽은 뒤에 일을 본다면, 일을 보는 것이 중도를 지나치는 결과를 면하지 못할 것입니다. 어떻게 생각하십니까?

34 마동평(馬東平)의 고사 : 마동평은 정이(程頤)의 제자 마신(馬伸)이다. 그는 정이가 위학(僞學)으로 탄압을 받고 있을 때 열 번이나 찾아간 끝에 제자가 되었다. 《宋史 卷455 馬伸列傳》

이원명에게 답하다 병인년(1746)

答李原明 丙寅

말씀하신 《소희행례기(紹熙行禮記)》의 발문은 과연 있었습니다. 중간에 조카 민백순(閔百順)이 편지로 자기 아버지(민창수)가 남긴 뜻을 알려주어 대략 산삭하였습니다. 또 민백순의 편지를 그 아래에 덧붙여 당시의 사실을 자세히 말하여 난신적자의 입을 막고자 하였습니다. 조만간 한번 와서 상의하는 것이 어떻겠습니까?

여호(黎湖 박필주)는 한번 나왔다가 낭패를 당했는데, 그가 논한 의리는 반은 맞고 반은 틀렸습니다. 이 또한 쓰이지 못했으나, 그래도 이미 꺼진 불씨를 불어서 되살려 저들의 거대한 악을 무너뜨리고 우리의 충성스러운 분노를 더하였습니다. 세도에 보탬이 없지 않으니, 성패는 논할 것이 못 됩니다. 다만 돌아가기로 결정한 뒤 진퇴를 망설였으니, 이것이 아쉽습니다.

김도숙 취징 에게 답하다 기미년(1739)

答金道叔 就徵○己未

그간 편지를 보내주어 몹시 감사합니다. 효자의 마음은 잠시도 슬픔을 잊지 못하니, 이는 천리와 인정에 있어서 저절로 그만둘 수 없는 것입니다. 그러나 행여 슬픔이 지나쳐 병들고, 병들었는데 차마 몸을 보하는 육계와 생강을 가까이 하지 못하여 결국 죽는다면, 이는 성인이 취하지 않는 것입니다. 그러므로 효라고 하지 않고 불효라고 한 것입니다. 그대가 거상하는 예절을 비록 목도하지는 못했으나, 전해들은 일로 말하자면 뜻을 굽히고 나아가 스스로 다하지 못하는 것처럼 겸손해야 합니다. 효도하려는 생각은 끝이 없으니, 어찌 이와 같이하지 않을 수 있겠습니까. 그러나 효에는 큰 것과 작은 것이 있습니다. 슬퍼하는 것은 작은 것이고, 학업은 큰 것입니다. 큰 것을 소홀히 하고 작은 것을 조심하는 일이 없기를 바랍니다.

안여송 종무 에게 답하다 계해년(1743)

答安如松 宗茂○癸亥

요즘 조리하며 더욱 나아졌습니까? 저는 본래 병이 많으나 건강하고 병없는 사람으로 자처하였는데, 요즘은 늙고 망령되기가 더욱 심합니다. 지난 번에 저녁 내내 산에 올랐던 것은 마침 대신 갈 사람이 없었기 때문인데, 근력이 거의 평소처럼 회복되었다는 것을 알 수 있습니다. 옆에 있는 사람은 걱정하지만 어찌 저지할 수 있겠습니까. 만약 병은 조금 나았을 때 경계해야 한다고 저를 책망한다면 저는 참으로 할 말이 없지만, 독서한 벗들에게 허물을 돌린다면 지나칩니다. 강학하는 공부를 한다고 들었는데 기쁩니다. 《성학집요(聖學輯要)》 앞부분의 몇 편은 초학자에게 가장 절실하니, 부디 맹렬히 힘을 쏟기 바랍니다.

김백진 낙도 의 문목에 답하다 갑인년(1734)

答金伯眞 樂道 問目 甲寅

문 종숙(從叔) 김조(金碉)가 아들 없이 죽었으니 추후에 후사를 세워야 합니다. 그런데 초기(初期 소상)가 지금 박두하였으니, 고사(告辭)를 어떻게 해야겠습니까?

답 마땅히 이렇게 해야 합니다.

"오늘은 현고(顯考)의 초기를 맞이하는 날이니 예의상 연제(練祭)를 지내야 합니다. 그러나 고자(孤子) 아무개가 작년 10월 성복(成服)하였으니, 달을 채운 뒤에야 비로소 뒤늦게 지낼 수 있습니다. 오늘은 감히 술 한 잔을 올려 대략 인정과 예의를 펴겠습니다. 감히 고합니다."

문 오정홍(吳再挻)이 모친상을 당하여 곧 장사를 지내려 하는데 또 아내상을 당하여 우제(虞祭)와 졸곡(卒哭)을 어떻게 할지 물으니, 우암의 답장에 "졸곡과 부제(祔祭)는 아내를 장사지낸 뒤 날을 골라 행하라."라고 하였습니다. 이 답장에 근거하면 중제(重制)[35]를 치르는 중에 아내를 장사지내는 자는 졸곡을 물려 행해야 할 듯합니다. 지금 제 모친을 장사지낼 날이 다가왔는데, 부친께서 얼마 전 기년상을 당하였습니다. 장사지낸 뒤 우제와 졸곡을 뒤늦게 행해야 합니까? 어떤 이는 "상을 주관하는 사람은 중제의 성복 전에는 의식을 갖추어 제사를 지낼 수 없으니, 장사를 물려 정하는 것이 옳다."라고 합니다. 그러나 큰일

35 중제(重制) : 대공(大功) 이상의 상(喪)을 말한다.

을 당기고 물리기가 몹시 어려우니, 우제와 졸곡을 물려 행할지 여부를 가르쳐주시기 바랍니다.

답 졸곡을 물려 행해야 한다는 글은 기년상의 장사를 지내기 전을 가리키는 것이 아니니, 이를 인용하여 전례로 삼을 수는 없습니다. 기년상으로 말하자면, 성복하기 전에는 실로 온당치 않습니다. 그러나 장사를 지내는 중대한 일은 평상시와 다르고, 장사지내는 날을 물리기도 어려우니, 졸곡을 물려 행하지 않을 수 없을 듯합니다. 이미 장사지낸 뒤에 우제를 또 어찌 설행하지 않을 수 있겠습니까. 그러나 상을 주관하는 사람이 만약 중제를 당한 상태로 성복하기 전에 제사지내는 의식을 갖추는 것은 더욱 온당치 않습니다. 우제는 아들에게 대신 지내게 하고, 축사(祝辭)에 아버지가 아들을 시킨다고 말하는 것이 좋습니다. 우제는 장사에 달려 있으니, 이 일은 장사지내는 날을 물려야 할지 물러서는 안 될지에 달려 있습니다. 어떻게 생각하십니까?

김자장 이연 에게 답하다 정사년(1737)

答金子長 履延○丁巳

그대의 중형(仲兄)이 자세히 하신 말씀은 잘 알겠습니다. 매번 생각하기를, 그대는 좋은 자질을 지녔으니 지금처럼 젊고 건장할 때 마치 미치지 못할 듯이 급급해야 합니다. 그런데 홀로 궁벽한 곳에 사는 관계로 크게 진보하기 쉽지 않으니, 지난 번에 그대의 아우가 찾아왔을 때 말한 것이 있습니다. 독서하러 가려다가 또 병 때문에 가지 못했다고 들었는데, 몹시 아쉽습니다. 그러나 그대의 편지를 보니, 맹렬히 공부하고 있다는 것을 알겠습니다.

정자(程子)가 말하기를, "힘을 쓰는 곳이 있어야 힘을 얻는 곳이 있다."라고 하였는데, 어디에 힘을 쓰고 있으며 무슨 일에 힘을 얻었는지 모르겠습니다. 얼굴을 마주하고 여러 가지를 물어보고 충고하고 경계하는 뜻을 전할 길이 없으니 더욱 한스럽습니다. 주자(朱子)의 〈창주정사에서 공부하는 이들에게 타이르는 글〔滄洲精舍諭學者〕〉 한 편은 더욱 볼 만하니, 이렇게 착실히 하기 바랍니다. 조만간 만나서 교학상장(敎學相長)할 수 있다면 다행이겠습니다.

김자장에게 답하다 무오년(1738)

答金子長 戊午

대심(大心 이유)이 학천(鶴泉)에서 돌아오더니 곧 병들어 누워 20일 동안 심해졌다 나아졌다 하다가 5월 1일에 죽었습니다. 죽은 달을 넘기고 장사지내는 제도에 따라 이달 10일 선산의 오른쪽 언덕 바깥에 장사지내고, 이튿날 머무르던 집으로 반곡(返哭)하였습니다. 통탄스럽고 통탄스럽습니다. 평소 원대한 경지에 이르기를 기약하였는데, 중도에 이렇게 요절할 줄은 생각지 못했으니, 우리 도는 날로 외로워집니다. 빈 산에 우두커니 앉아 슬피 눈물 흘릴 뿐입니다.

편지를 보내 위로하셨으니 멀리서 생각해주시는 마음에 참으로 감사드립니다. 함창(咸昌) 관아를 통해 부고를 보냈는데 받았다는 이야기가 없으니 중간에 없어져 그러한 것이 아니겠습니까. 무더위에 어버이 모시고 잘 지내십니까?

저는 그를 잃은 뒤로 마치 몸 반쪽이 없어진 것 같습니다. 비록 마음을 너그럽게 가지려 하지만 감정은 속에서 나오는 것이니 절로 너그러이 지낼 수가 없습니다. 그러나 또 함께 지내는 동지들과 다시 예전에 하던 공부를 하지 않을 수 없으니, 단지 죽은 사람만 불쌍하다는 사실을 깨닫습니다.

그가 돌아와서 그대와 힘을 합쳐 일을 벌인 사실을 자랑스레 이야기하였는데, 건물이 완성된 것은 전적으로 그의 힘이었으니 감탄하여 마지 않았습니다. 임종을 앞두고 또 거듭 부탁한 말이 있었기에, 차마 그가 남긴 뜻을 저버릴 수 없어 아이를 시켜 일을 마치게 하였습니다.

지난날 함께 일한 사람들도 어찌 그가 세상에 있던 날처럼 여기지 않겠습니까. 저는 죽지 않아 간혹 그대들과 산수에서 종유하지만 그는 없으니, 눈에 보이는 광경마다 그저 슬픔을 더할 뿐입니다. 어찌하겠습니까. 서로 붙들고 한바탕 통곡할 길이 없으니 더욱 답답할 뿐입니다. 그가 산에 있을 때 승려를 시켜 죽순을 보내며 그대가 보낸 것이라고 하였습니다. 지금 마른 죽순을 보니 더욱 슬픕니다. 인생이 이처럼 부질없으니, 학문에 급급하지 않을 수 있겠습니까? 천 배 만 배 더욱 힘쓰기 바랍니다.

김자장에게 답하다 신유년(1741)

答金子長 辛酉

자세히 말씀하신 내용은 모두 잘 알겠습니다. 타산지석(他山之石)은 굳이 옥을 아끼는 마음이 없더라도 자연히 갈고 닦는 데 보탬이 될 것인데, 하물며 저와 여러분의 관계이겠습니까. 만약 이를 계기로 경계하고 두려워하며 서로 권면하여 나아간다면 얼마나 다행이겠습니까.

과거가 사람을 얽매는 것이 아니라 사람이 저절로 과거에 얽매이는 것이니, 이는 실로 손님과 주인의 구분이 없기 때문일 뿐입니다. 존양(存養)과 함양(涵養)은 본디 두 가지 일이 아니니, 어찌 안팎을 말하겠습니까. 두 양(養)자는 본디 정(靜)에 속하지만, 정(靜)도 정(定)이고 동(動)도 정(定)이라는 뜻[36]으로 미루어보면 저절로 분명해집니다. 또 혹시 조만간 책을 들고 한 번 찾아온다면 통렬히 이야기하겠습니다.

36 정(靜)도……뜻 : 고요할 때도 안정되고 움직일 때도 안정된다는 뜻으로, 《근사록(近思錄)》 권2 〈위학(爲學)〉에 보인다.

이사의 희인 에게 답하다 무오년(1738)

答李士依 希仁○戊午

모친을 장사지내지 않았는데 부친을 개장(改葬)하는 경우, 초상(初喪)은 개장(改葬)과 다르고, 시마복(緦麻服) 또한 자최복(齊衰服)보다 가볍습니다. 그러나 예전에 묻은 관(棺)을 꺼내면 초상과 마찬가지이니, 옛사람은 모두 상례(喪禮)로 처리하였습니다. 시마복이 비록 가볍다지만 본래 참최복(斬衰服)의 뒤에 입는 것으로, 삼년상의 체재를 대략 갖추고 있습니다. 아버지의 장례를 중하게 여겨 시마복을 입고 일을 치르다가 모친의 우제(虞祭)를 지낼 때가 되면 비로소 자최복을 입는 것이 마땅할 듯합니다. 이 일은 전부터 갑론을박이 많았는데 제 견해는 이와 같으니, 주관하는 집에서 어떻게 헤아려 정하는가에 달려 있습니다. 만약 합장(合葬)이 아니라면 장사지낼 때 각기 해당하는 상복을 입어야 하는 것이 의심없습니다.

한계유 계증 에게 답하다 계해년(1743)

答韓季牖 啓增○癸亥

연초에 보내준 안부 편지를 통해 새해를 맞이하여 더욱 잘 지낸다는 것을 알게 되어 기쁩니다. 저는 나이가 많아질수록 학문이 더욱 황폐해집니다. 미치지 못할 듯하고 잃을 것 같은 마음은 지난날의 갑절이나 되지만 힘이 미치지 못하니, 끝내 알려지지 않고 말 것 같습니다. 통렬히 가르침을 달라는 그대의 바람이 깊으니, 어찌 감탄을 이길 수 있겠습니까.

정자(程子)가 말하기를, "배우자마자 힘을 쏟을 곳을 알아야 하고, 배우고나면 힘을 얻을 곳을 알아야 한다."라고 하였습니다. 그대가 학문에 뜻을 둔 지 이미 여러 해가 되었다고 알고 있는데, 어떤 일에 힘을 쏟고 있는지 모르겠습니다. 힘을 쏟은 뒤에야 힘을 얻을 것을 말할 수 있습니다. 이른바 힘을 얻는다는 것에 대해 깊고 얕고 크고 작고를 막론하고 혹시 말할 만한 것이 있습니까? 듣고 싶습니다.

조익장 중회 의 문목에 답하다 기유년(1729)

答趙益章 重晦 問目 己酉

옛사람은 개장(改葬)을 중시하여 한결같이 초상으로 처리하였습니다. 대상(大祥)과 소상(小祥)은 길(吉)을 향하는 제사이니, 장사지내기 전에는 감히 논의할 수 없을 듯합니다. 《예기》 〈잡기(雜記)〉에 "부모의 상(喪)을 당하여 제사지내려 하는데 형제가 죽으면 빈소를 차리고 제사를 지낸다. 만약 한 집에 살면 신첩(臣妾)이라도 장사를 치른 뒤에 제사를 지낸다."라고 하였습니다. 여기서 제사는 소상과 대상이니, 이것으로 비추어 볼 수 있겠습니까.

조익장에게 답하다 을묘년(1735)

答趙益章 乙卯

그대의 숙부님이 당한 일은 결국 어떤 형률로 감죄(勘罪)하였습니까?[37] 처음 들은 말로는 조정에서 화사(畫師)로 대우하더라도 그 분은 자신을 사대부로 대우한다고 들었습니다. 세속의 떠들썩한 이야기를 어찌 말할 것이 있겠습니까.

《시경》을 읽고 의심난 뜻은 묻는대로 대답하겠습니다. 그러나 이는 말단적인 글뜻의 훈고입니다. 반드시 자하(子夏)처럼 말뜻의 바깥에서 터득해야 시를 말할 수 있습니다.[38] 작은 것에 매몰되어 큰 것을 소홀히 하지 마십시오.

37 그대의……감죄(勘罪)하였습니까 : 조중회의 숙부는 문인화가 관아재(觀我齋) 조영석(趙榮祏, 1686~1761)이다. 이 무렵 의령 현감(宜寧縣監)으로 재직 중이었는데, 영조가 세조(世祖) 영정(影幀)을 옮겨 그리고자 서울로 불렀으나 오지 않아 의금부로 하여금 잡아오게 하였다. 《承政院日記 英祖 11年 8月 28日》

38 자하(子夏)처럼……있습니다 : 공자의 제자 자하가 《시경》에 실린 시의 의미를 제대로 파악하여 공자의 칭찬을 받은 고사를 인용한 것이다. 《論語 八佾》

조익장의 《시전》 문목에 답하다

答趙益章詩傳問目

문 〈억(抑)〉의 "온순하고 공손한 사람〔溫溫恭人〕"에 대하여

답 온(溫)은 인(仁)자의 뜻입니다. 그러므로 옛날에 성인의 덕스러운 용모를 형상할 때 반드시 이 글자를 거론하였으니, 시인이 덕의 바탕이라고 한 것이 마땅합니다. "사람이 덕을 기르려면 쉬지 않고 강건해야 한다."[39]라는 주자의 말은 별개의 뜻이니, 끌어다 보아서는 안 됩니다.

문 〈기취(旣醉)〉의 "길이 너에게 선을 준다〔永錫爾類〕" 주석의 "유(類)는 선(善)이다."에 대하여

답 유(類)자를 선(善)으로 풀이한 것은 그 뜻이 명백하니, 복(福)자로 볼 필요는 없습니다. 아랫장의 조(祚)자와 윤(胤)가 선의 보응이 아니겠습니까. 《춘추좌씨전》에서 인용한 것[40]은 원래 단장취의(斷章取義)이나 선자의 뜻에는 어긋나지 않는 듯합니다.

39 사람이……한다 : 《주자어류》 권81에 보인다.

40 춘추좌씨전에서 인용한 것 : 《춘추좌씨전》에서는 영고숙(潁考叔)이 장공(莊公)과 모친 강씨(姜氏)를 화해시킨 일을 평하며 "《시경》에 이르기를, '효자의 효심은 끝이 없어 영원히 너의 동류(同類)에게 영향을 끼친다.'〔孝子不匱, 永錫爾類〕라고 하였는데, 이를 말하는 것이다."라고 하였다. 《춘추좌씨전》에서는 유자를 동류로 풀이하였다. 《春秋左氏傳 隱公 元年》

문 〈강한(江漢)〉의 "소공의 종묘 그릇을 만드니〔作召公考〕" 주석의 "이룸을 완성하다.〔以考其成〕"에 대하여

답 "이룸을 완성하다."의 성(成)자는 완성된 종묘 그릇입니다. 위의 고(考)자 역시 완성한다는 뜻입니다. 왕의 명령을 새겨 완성한 것입니다.

문 〈증민(烝民)〉의 "밝고 살펴서 몸을 보호한다.〔旣明且哲, 以保其身.〕에 대하여

답 주자는 수(守)자로 보(保)자의 뜻을 풀이하고, 또 이어서 "이익을 따르고 손해를 피한 것이 아니다.……"라고 하였습니다. 명백하고 정당하니, 어찌 다른 의심이 있겠습니까. 선유(先儒)가 자방(子房 장량(張良))이 명철하다고 인정한 것[41]은 이 장의 본뜻이 아닙니다. 이 부분을 너무 중시하여 '보(保)'자를 오해한 결과 저절로 양웅(揚雄)과 공광(孔光)[42]의 무리로 전락한 듯하니, 두렵습니다.

문 〈주송(周頌) 집경(執競)〉의 "성왕(成王)과 강왕(康王)으로부터 곧 사방을 소유하다.〔自彼成康, 奄有四方.〕"에 대하여

답 자(自)와 엄(奄) 두 글자는 성공과 강공에게 제사지내는 시이므로 공을 돌려서 그러한 듯합니다. 아니면 무왕(武王)은 창업한 군주

41 선유(先儒)가……것 : 사마광(司馬光)이 《자치통감(資治通鑑)》에서 "이른바 명철보신한 자는 자방이다.〔所謂明哲保身者, 子房有焉.〕"라고 한 말을 가리키는 듯하다.

42 양웅(揚雄)과 공광(孔光) : 모두 한(漢)나라 사람으로 학문과 문학을 인정받았으나 왕망(王莽)에게 투신하여 비난을 받았다.

이고, 사방을 안정시킨 것은 성왕과 강왕 때의 일이므로 그러한 듯합니다.

〈대무(大武)〉와 〈무숙야(武宿夜)〉[43]는 다릅니다. 〈무숙야〉는 한때의 노래이고, 〈대무〉는 공을 형상하여 만든 대악(大樂)입니다. 무왕(武王)이 죽은 뒤에 만들었다는 선유의 말이 옳은 듯합니다.

43 대무(大武)와 무숙야(武宿夜) : 〈대무〉는 무왕의 공덕을 기리는 노래이고, 무숙야는 무왕이 주왕(紂王)을 정벌할 때 기뻐한 군사들의 노래와 춤이다.

조익장에게 답하다 기미년(1739)
答趙益章 己未

요즘 어버이 모시며 잘 지내고 있습니까? 숙직한 지도 여러 번이 되었을 것입니다. 젊은 시절에 오랫동안 대궐에 있었는데, 시강원이 가장 조용하여 좋았습니다. 더구나 지금은 연석에 올라 강론하는 일도 없으니, 책을 읽지 않고서 또 무엇을 하겠습니까. 지금처럼 한가한 때에 의리 문자에 깊이 힘을 써서 훈도하고 보좌하는 책임을 다하는 것이 어떻겠습니까.

온릉(溫陵)의 일[44]로 말하자면 수백 년간의 억울함이 풀렸으니, 천도(天道)가 반드시 돌아온다는 사실을 알 수 있습니다. 그러나 전례(典禮)에 있어서는 끝내 근거가 없습니다. 제 소견으로는 정자(程子)의 말을 정론으로 삼아야 할 뿐입니다. 충암(冲菴)의 논의[45]는 중종(中宗)의 시대에는 괜찮지만 중종 이후로는 불가하니, 위차가 불편하다는 점은 오히려 작은 일에 속합니다. 그러나 성상께서 과감히 결단하여 성대한 의식을 이미 거행하였으니 이제 어찌 논의할 수 있겠습니까. 말단에 말씀하신 내용은 참 옳습니다. 요즘 추숭(追崇)하자는 말은 견해가 없지 않은 듯한데, 어떻게 생각합니까?

44 온릉(溫陵)의 일 : 1739년(영조15) 연산군의 비 신씨(愼氏)를 복위하여 시호를 단경(端敬)이라 하고 능호를 온릉이라 한 일을 말한다. 《英祖實錄 15年 3月 28日》

45 충암(冲菴)의 논의 : 충암은 김정(金淨, 1486~1521)이다. 1515년(중종10) 봉사(封事)를 올려 신씨의 복위를 청하였다. 《中宗實錄 10年 8月 8日》

조익장에게 답하다 신유년(1741)

答趙益章 辛酉

물어본 일은 실로 몹시 난처합니다. 그러나 나의 거취 때문에 부형의 죄를 재촉한다면 참으로 너무도 절박합니다. 그러나 군주의 잘못된 조처를 완성하는 것은 더욱 중차대한 일이 아니겠습니까. 지금 범상치 않은 하교는 이미 거두어들였으니, 다시는 흔들리거나 의혹되지 말고 평소의 지조를 온전히 지키는 것이 어떻겠습니까?

조익장에게 답하다 계해년(1743)

答趙益章 癸亥

그대가 견책을 기다린 뒤로 먼 곳에서 전해듣는 이야기는 모두 위태롭고 두려운 것이었습니다. 밝으신 성상께서 위에 계시니 결코 간언하는 신하를 죽일 리는 없을 것이라고 믿었습니다. 과연 성상의 노기가 조금 걷혀서 가벼운 별과 관대한 은혜로 강가의 넓은 땅에서 유유자적하게 해 주셨으니, 감축하는 마음을 이루 헤아릴 수 있겠습니까. 그러나 성상의 지나친 조처를 끝내 거두어들일 가망이 없으니, 저는 나라를 걱정하고 임금을 사랑하는 마음으로 그저 한밤중에 누차 탄식할 따름입니다.

옛선비가 말하기를, "눈앞에 의리만 보이고 형벌이 있다는 것은 모른다."[46]라고 하였는데, 도리는 본디 이와 같으나 생사가 갈라지는 때에 마음이 움직이지 않을 사람은 드물 것입니다. 시험삼아 그 당시 당신을 반성해보는 것이 어떻겠습니까? 만약 익숙해질 필요가 있어 여기서부터 나아간다면 하늘이 마음을 움직이고 참을성을 길러 보태주려는 것이 아니겠습니까.

지난번 편지에서 이른바 마음이 무너지고 뼈에 사무치는 원망에 대해 지금 자처하는 방법은 그저 성의를 감추고 깊이 칩거하여 성상의

46 눈앞에……모른다 : 육구연(陸九淵)의 "의리가 있는 곳은 형벌을 받더라도 피하지 않는다.〔義理所在, 雖刀鋸鼎鑊, 有所不避.〕"라는 말을 가리키는 듯하다.《象山集 卷7 與句熙載》

마음이 저절로 바뀌기를 기다리는 것 뿐입니다. 대간에서 체직되기 전에 대명(待命)하지 않는 것은 상도(常道)이고, 성상께서 들을 수 없는 하교를 내려 너무도 황공하고 위축되어 감히 대명하지 않을 수 없는 것은 변고입니다. 변고를 당하면 상도를 지킬 수 없으나, 관을 벗는 것은 의미가 없습니다. 이는 살아날 길을 가르쳐주려는 뜻에서 나온 것입니다. 감률을 받고 교외로 나온 뒤에 이유없이 다시 들어간다면 더욱 터무니없습니다. 그대가 굳게 고집하며 흔들리지 않는 것이 참으로 옳습니다.

조익장에게 답하다 갑자년(1744)

答趙益章 甲子

국혼(國婚)[47]을 거행한 지 이미 여러 날이 되었습니다. 그간 두렵게 만든 말이 지금은 조금 잦아들었습니까? 서울에 다녀왔다고 들었는데, 첫 출입인 듯합니다. 앞으로 성묘하러 가는 길에 만날 수 있겠습니까? 요즘 조용히 지내며 무슨 공부를 하고 있습니까?

밝으신 성상께서 위에 계시어 이미 잘 성취하였고, 또 뱀이 있는 산과 악어가 사는 물로 보내지 않고 서울 강가의 좋은 누정에 편안히 앉게 해 주셨으니, 이처럼 망극한 은혜는 갚을 길이 없을 듯합니다. 허송세월하느라 단련시켜 주시는 뜻을 저버리면 절대 안 됩니다. 《대학》을 다시 한번 복습한 뒤 이어서 《혹문》을 수백 번 읽고 의문나는대로 뽑아 기록하였다가 일일이 보내서 질문하고, 아울러 《성학집요》를 보면 좋을텐데, 어떻게 생각합니까? 이 말은 참으로 아끼는 마음에서 나온 것이니 소홀히 여기지 마십시오.

47 국혼(國婚) : 사도세자와 혜경궁의 혼인을 말한다. 《英祖實錄 20年 1月 11日》

조익장에게 주다

與趙益章

그대의 종인(宗人)인 신임 영광 군수(靈光郡守)[48]가 작별하러 왔을 때 장차 먼저 학정(學政)을 진흥하겠다고 하였습니다. 부임한 지 오래지 않아 따로 사람을 보내 강규(講規)를 부탁하였으니, 뜻은 아름답습니다. 다만 너무 갑작스러운 것이 문제이니, 이미 '서둘러 나아가면 빠르게 물러난다.〔進銳退速〕'라는 네 글자로 경계하였습니다. 그렇지만 감히 그 뜻을 저버릴 수 없어 소략하게 한 통을 써서 부쳤으니, 저 또한 너무 서두른 잘못을 저질렀습니다.

나중에 생각해보니, 다시 논의할 점이 많았습니다. 이 고을은 다스리기 어렵기가 나주(羅州)에 버금갑니다. 이처럼 몹시 바쁜 곳에서 매달 향교에 허다한 선비들을 모은다면 참으로 힘이 미치지 못할까 걱정이니, 간략히 해야 마땅합니다. 이미 각 면에서 훈장을 차임하였다는데, 차임할 때 문장과 행실이 있는 사람이 넉넉했는지, 행여 구차함을 면하지 못했는지 모르겠습니다. 그대가 내려간 뒤 민심은 어떻다고 합니까? 향교 외에 혹시 서원이나 서숙 따위가 있습니까? 고을에 혹시 평안도의 양사청(養士廳) 같은 규례가 있습니까? 혹시 선비들이 거처하며 공부하도록 허락합니까? 선배들이 이 고을을 다스릴 적에 시행한

48 그대의……영광 군수(靈光郡守) : 조중직(趙重稷, 1698~?)을 말한다. 1743년 10월 30일 영광 군수에 임명되어 12월 22일 하직하였다.《承政院日記 英祖 19年 10月 30日, 12月 22日》

학정으로 볼 만한 것이 있었습니까? 이와 같은 형편을 반드시 자세히 안 뒤에야 헤아려 변통할 수 있는데, 앞서의 편지에 전혀 알려준 것이 없으니, 이는 생소한 소치입니다. 장차 과거가 끝난 뒤에 설행하겠다고 하였으니, 다급히 반포하지는 않을 듯합니다. 혹시 이미 반포하였더라도 편의대로 보태고 고쳐도 무방할 것입니다.

저는 그가 답장을 쓰는 수고를 보태게 될까 두려워 편지를 쓰지 않았으니, 그대는 이러한 뜻을 자세히 언급하고, 저인(邸人)에게 엄하게 주의를 주어 빠른 인편을 찾아 편지를 전하게 하되, 지레 반포하지 말고 질문한 조건들을 일일이 회답하여 다시 편지를 주고받아 정본을 만들게 하는 것이 어떻겠습니까? 이 일은 서둘러야지 지체해서는 안 됩니다.

별지 別紙

똑같은 본생친이라도 대원군(大院君)은 일의 체모가 더욱 무거우니, 허다한 논설이 아니더라도 절로 명백합니다. 가령 그대가 사묘(私廟)에 친히 제사지내면 안 된다고 말한다면, 율곡의 논의에는 참으로 어긋납니다. 오늘 논하는 바는 축사(祝辭) 뿐이니, 삼헌(三獻) 따위는 원래 관계가 없습니다. 무슨 의심할 것이 있겠습니까. 새로 정한 의절(儀節)은 조보(朝報)에서도 보지 못했는데, 어떻게 알았습니까? 조만간 그 자세한 내용을 얻는다면 보여주기 바랍니다.

조익장에게 답하다 을축년(1745)

答趙益章 乙丑

산수에서 사는 청복(淸福)을 그대도 얻으면 사양하지 않는군요. 지금은 이미 강가의 집으로 돌아갔습니까? 상심하는 내용의 글은 감탄스럽습니다. 이를 알고서 즉시 고치는 것이 바로 약방(藥方)입니다. 요새 정자(程子) 문하의 경(敬)자 공부가 만학(晩學)에게 더욱 수월하게 힘이 된다는 것을 알겠습니다. 시험삼아 《혹문》에 실려 있는 여러 설을 일일이 몸소 실천해 본다면 다행이겠습니다.

조익장의 《대학》 문목에 답하다

答趙益章大學問目

문 "외어 전하여 후세를 가르쳤다." 이 구절은 《대학》과 《소학》을 겸한 것입니까?

답 《소학》은 문맥상 말한 것이니, 중요한 것은 《대학》입니다.

문 경(經) 1장 주석의 "품부받은 기에 구애된 바〔氣稟所拘〕"에 대하여

답 뭇사람의 마음은 성인과 다르니, 기질로 말하자면 참으로 천 가지 만 가지로 다릅니다. 그러나 본심을 따지자면 하나일 뿐입니다. 미발(未發)한 때는 요순도 길 가는 사람과 같다는 말을 보면 알 수 있습니다. 옥계 노씨(玉溪盧氏)는 본심으로 명덕(明德)을 해석하였는데, 율곡이 이 해석을 취하였습니다. 이른바 본심은 곧 인의(仁義)의 마음이고, 기의 근본도 처음에는 조용하고 한결같을 따름입니다. 어찌 같고 다름을 말할 수 있겠습니까.

문 성덕(盛德)과 지선(至善)에 대하여

답 이(理)로 말하자면 지선이고, 자기가 얻은 것으로 말하면 성덕이니, 실제로는 하나입니다. 체(體)와 용(用)으로 나누어 볼 수는 없을 듯합니다.

문 보망장(補亡章)에 나오는 "앎이 없는 것이 없다.〔莫不有知〕"의 지(知)자는 두 가지 뜻이 있습니다. 하나는 지각(知覺)이 없는 것이 없

다는 말이고, 하나는 사물의 이치를 알지 못하는 것이 없다는 말입니다. 이 지(知)자는 "이치가 없는 것이 없다.〔莫不有理〕"의 이(理)자와 상대되니, 지각으로 보는 것이 옳을 듯합니다. 다만 《혹문》에서는 "한 사람의 마음으로 천하 만물의 이치를 알지 못하는 것이 없다."라고 하였는데, 이는 사물의 이치를 알지 못하는 것이 없다는 말입니다. 지각의 지와는 말뜻이 다르니, 어느 쪽을 따라야겠습니까?

답 "알지 못하는 것이 없다."에 나오는 지자는 지각이 없는 것이 없다는 것이 올바른 뜻입니다. 《혹문》에 이른바 "알지 못하는 것이 없다." 라는 말은 자연히 그 안에 포함됩니다.

문 "그 뜻을 성실하게 한다.〔誠其意〕의 '의(意)'자가 오로지 선한 생각에 속한다는 것은 얼마 전에 가르침을 받았으나 끝내 의문이 있습니다. 의(意)라는 것은 마음이 발하는 것으로 선악의 구분이 있습니다. 그러므로 스스로 수양하는 자는 선한 의(意)는 아름다운 여색을 좋아하는 것처럼 확충해야 하고, 악한 의(意)는 악취를 싫어하는 것처럼 결단코 제거해야 합니다. 그 좋아하는 것처럼 하고 싫어하는 것처럼 하는 것이 바로 성(誠)입니다. 그렇다면 성(誠)자는 오로지 선에 속하는 것이 참으로 마땅하지만, 의(意)자는 선악을 겸하여 보아야 할 듯합니다.

답 감정에서 나와 헤아리는 것을 의(意)라고 하니, 의(意)에 선악이 포함되어 있다고 보는 것은 다른 곳에서는 괜찮지만 성의장에서만은 이렇게 보아서는 안 됩니다. 좋아하는 것처럼 하고 싫어하는 것처럼 하는 것은 모두 선한 의(意)입니다. 그러므로 "이 의(意)자는 오로지 선에 석하는 것이 마땅하다."라고 한 것입니다. 만약 당신 말대로라면 성(誠)도 선하지 않은 생각이 됩니다.

문 부윤옥장(富潤屋章) 장구에 나오는 "이와 같다.〔如此〕"의 차(此)자는 심광체반(心廣體胖)을 가리켜 말한 것입니다. "이를 말하여〔言此〕"의 차(此)자는 이 장 전체를 가리키는 것입니까, 아니면 "반드시 그 의(意)를 성실하게 한다.〔必誠其意〕" 네 글자를 가리킨 것입니까?
답 단지 "반드시 그 뜻을 성실하게 한다." 네 글자를 가리킨다는 말이 옳습니다.

문 전 7장 주석의 "그 용(用)이 행하는 바〔其用之所行〕"와 전문(傳文)에 네 차례 나오는 "있으면……바름을 얻지 못한다."는 마음의 체(體)와 용(用)이 모두 바름을 얻지 못하였음을 겸하여 말한 듯한데, 여기에 대해서 단지 "용(用)이 바름을 얻지 못하였다."라고 말씀하신 이유는 무엇입니까?
답 심(心)자는 체와 용을 합쳐서 보는 것이 본디 마땅하지만, 마음의 잘못을 논하는 경우는 용(用)에 속하는 것이 마땅합니다.

문 주석에 나오는 "반드시 이를 살핀다.〔必察乎此〕"의 차(此)자는 심(心)자만 가리키는 것입니까, 아니면 "마음이 보전되지 않으면 그 몸을 검속할 수가 없다."라는 한 구절을 포괄하는 것입니까?
답 "반드시 이를 살핀다."의 차(此)자에 대해 율곡은 오로지 심(心)을 가리킨다고 보았고, 퇴계(退溪)는 "마음이 보전되지 않으면 그 몸을 검속할 수가 없다."를 포함하여 보았습니다. 읽는 사람이 선택해야 합니다.

문 혈구장(絜矩章) 장구의 "지키는 바가 요약되었다.〔所操者約〕"라는 말은 혈구(絜矩)의 뜻을 말한 것이고, “미치는 바가 넓다.〔所及者廣〕”라는 말은 “한 사람도 제자리를 찾지 못한 사람이 없다.”라는 말을 가리킵니다. 그런데 소주(小註)에 나오는 호씨(胡氏)의 설에서는 단지 혈구 2자를 지키는 바〔所操〕와 미치는 바〔所及〕에 나누어 속하게 하였습니다. 이 설이 어떻습니까?

답 호씨의 해석에 따르면 지키는 바는 구(矩)에 속하고 미치는 바는 혈(絜)에 속하는데, 주자의 주석과 어긋나는 점을 볼 수 없습니다. 그대의 말은 혈구 2자를 모두 “지키는 바가 요약되었다.”라는 말 속에 넣은 것인데, 미처 자세히 살피지 못한 듯합니다.

문 “은나라가 백성을 잃지 않았을 때〔殷之未喪師〕”의 주석에 나오는 “능히 이 마음을 보전하다.〔能存此心〕”에 대하여

답 “이 마음〔此心〕” 두 글자는 두려워한다는 뜻이니, “큰 명을 보존하기 쉽지 않다.〔峻命不易〕”와 붙여서 보아야 합니다.

문 초서장(楚書章)은 선한 사람을 보배로 여긴다는 뜻이며, 구범장(舅犯章)은 어버이를 사랑한다는 뜻입니다. 선후와 경중으로 말하면 어버이를 사랑하는 것이 우선이고 중요하며, 선한 사람을 보배로 여기는 것이 나중이고 경미합니다. 그런데 어버이를 사랑하는 것이 선한 사람을 보배로 여기는 것 뒤에 있으니 어째서입니까?

답 초서장과 구범장의 선후는 아랫 단락의 순서를 참고하면 저절로 분명해집니다. “〈진서(秦誓)〉” 이하는 사람을 등용하는 일을 말하였고, “재물을 생산하는〔生財〕” 이하는 이익과 인의를 대비하여 말하였으며, 말단에 또 “의를 이익으로 여긴다.〔以義爲利〕”라는 말로 거듭

맺었으니, 서술이 긴밀하기가 절로 이와 같습니다.

문 "군자에게는 큰 도가 있다.〔君子有大道〕"의 도(道)자의 풀이는 단지 "자기를 수양하고 남을 다스리는 방법〔修己治人之術〕"이라고만 하면 되는데, 굳이 "그 지위에 거하여〔居其位〕"라는 세 글자를 더한 이유는 무엇입니까?

답 "그 지위에 거하여" 세 글자를 붙여서 말하지 않으면 그 사람이 나라를 다스리고 천하를 평정하는 군자임을 밝힐 수 없기 때문입니다.

민순지 백순 에게 답하다 갑자년(1744)

答閔順之 百順○甲子

보내준 편지는 사람을 시켜 읽게 하였는데, 그저 눈물이 흘러 얼굴을 덮었습니다. 더 이상 무슨 말을 하겠습니까. 책자는 받아서 보관해두었습니다. 평소 굳게 믿은 사람은 그대 부친만한 사람이 없습니다. 제가 비록 병들었으나 요행히 죽지 않는다면 그대 부친을 위한 글을 내가 짓지 않고 누가 짓겠습니까. 다만 장사지낼 기일이 박두하였으니, 형편상 지석(誌石)을 구워 땅에 묻을 수는 없습니다. 조용히 한 통의 글을 지어 효자의 마음을 위로할 것이니, 조금 마음을 너그럽게 가지십시오.

민순지에게 답하다 을축년(1745)

答閔順之 乙丑

처사(處士)라는 호칭은 이미 벼슬한 사람에게 합당하지 않습니다. 비록 시골에 있으면서 벼슬하지 않는다고는 하지만 처사라고 할 수는 없습니다. 신주에는 영치암부군(詥癡菴府君 민창수(閔昌洙))이라 쓰고, 광중(壙中)과 명정(銘旌)에서도 처사라는 글자를 빼는 것이 옳습니다. 동춘(同春 송준길) 선생은 사후에 윤휴(尹鑴)와 허적(許積) 등에게 관작을 추탈당하였는데, 천장(遷葬)할 때의 명정은 이 전례를 따랐습니다. 함중(陷中)[49]은 고칠 수 있는 곳이 아닌데, 죄를 입은 집안의 선배들도 관명을 적은 자가 많습니다. 지금은 호를 쓰지 않고 관명을 써도 무방합니다. 관명과 호를 함께 쓰는 의리는 없는 듯한데, 어떻게 생각하십니까?

49 함중(陷中) : 신주 뒤쪽에 망자의 관직과 성명을 적어넣는 곳이다.

민순지에게 답하다
答閔順之

유사(遺事)를 또 보내주셨으니 누락된 것을 보충할 수 있겠습니다. 다만 병이 심해 아직 손을 대지 못한 것이 한스럽습니다.

말씀하신 뜻은 잘 알겠습니다. 당시 저는 홍문관 부수찬으로 교외에 있었는데 끝내 정청(庭請)에 한 번도 참석하지 않았으니, 생각은 본디 이와 같았습니다. 그 사이의 난처한 단서를 소희(紹熙)[50] 연간에 비할 수 없다는 것을 어찌 모르겠습니까. 원래 옛사람의 성패를 지적하기는 쉽지만 일이 면전에 닥치면 도리어 어렵습니다. 어찌 이 일만 그렇겠습니까. 둘째 외숙의 말씀은 예전에 직접 들었으니, 일의 형세가 과연 지극히 어렵게 되었습니다. 시험삼아 조용히 다시 생각하고 몇 글자를 고치는 것이 마땅합니다.

50 소희(紹熙) : 남송(南宋) 광종(光宗)의 연호(1190~1194)이다.

신중효 경민 에게 답하다 경신년(1740)

答申仲孝 景閔○庚申

작년과 금년 두 통의 편지를 받아보았고, 또 중간에 한번 찾아왔는데 교묘하게 어긋나기는 했지만 성의는 참으로 부지런합니다. 봄이 다 지났는데 어버이 모시고 잘 지냅니까? 저는 어느덧 회갑이 되었는데 어찌 이리도 지리멸렬한지 모르겠습니다. 묵묵히 친구들을 생각하니, 저승에 있는 사람이 이승에 있는 사람보다 많아 그저 슬픔만 있고 기쁨이 없다는 것을 알겠습니다.

요즘은 무슨 공부를 하고 있습니까? 작년에 종유하였을 때 어떠한 기약을 하였습니까? 비록 학문에 전념하지는 못하더라도 몸가짐을 조심하고 행실을 닦아 오래된 집안의 법도를 실추하지 말아야 합니다. 그런데 종종 투전(投錢)하는 무리와 어울리며 낭자하게 희롱하고 전혀 검속하지 않는다고 들은 듯합니다. 이것이 어찌 부형과 친구의 큰 수치가 아니겠습니까. 근래에 이름난 관원들도 간혹 이 일을 한다고 하는데, 세도와 풍습이 무너지는 것은 바로 이 때문입니다. 젊은이의 지기(志氣)로는 옛사람의 경지에 오르기를 기약해야 마땅한데, 어째서 이렇게 더러워지고 추락한 것입니까. 지금부터라도 통렬히 경계하십시오. 종이를 앞에 두고 저도 모르게 길게 이야기하였습니다. 양해해 줄 수 있겠습니까?

이원보 인석 에게 답하다 신해년(1731)

答李元甫 仁錫○辛亥

한 해가 지나도록 함께 있었으니 오래지 않았다고 할 수 없지만, 헤어지니 망연자실하여 마치 만난 적이 없는 것 같습니다. 남이 알차게 돌아갈 수 있도록 만들어준 옛사람의 마음은 이와 같지 않았을 듯합니다. 그런데 갑자기 그대의 편지를 받았으니 위안이 되고 기쁜 마음 이루 말할 수 있겠습니까.

저는 중간에 부어오르는 증세 때문에 고생하느라 몹시 지쳐 지난번에 비하면 학업이 더욱 황폐해졌습니다. 그대가 떠난 뒤로는 강학도 드물어졌으니, 끝내 알려지지 않고 말 것입니다. 어찌하겠습니까. 말씀하신 뜻에서 힘쓰기를 게을리하지 않는다는 것을 충분히 알겠으니, 몹시 기쁩니다.

〈경의도(敬義圖)〉 왼쪽에 쓴 '한 번 움직이고 한 번 고요하다.〔一動一靜〕'와 오른쪽에 쓴 '서로 쓰임이 된다.〔交相爲用〕'라는 말을 합친 여덟 글자는 그대가 돌아간 뒤 새로 보탠 것입니다. 상의하지도 않았는데 그대가 편지에서 말한 내용과 같습니다. 그러나 두 군데에 작게 썼으니 너무 번잡하지 않겠습니까? 만나서 논의하기를 천천히 기다릴 뿐입니다.

〈소학제사(小學題辭)〉의 한 구는 의심스럽습니다. 그러나 성(性)을 이(理)자의 뜻으로 보면 병통이 없습니다. 사잠(四箴)의 "타고난 인륜은 천성에 근본한 것이다."라는 말도 이와 비슷합니다. 문(文)과 도(道)를 둘로 보면 안 되니, 인용한 주자의 말은 왕(汪)에게 답한 편지에서 나온 듯한데, 자세히 살피지 못한 듯합니다. 《주자어류》와 관련된 일은 그대가 돌아간 뒤로는 몹시 착실하지 못합니다.

이원보에게 답하다 계축년(1733)

答李元甫 癸丑

대심(大心)의 편지가 왔는데 그대와 함께 묵었다는 말이 있었습니다. 봄이 온 이후에 처음 받는 편지인데 그대의 편지가 뒤따라 도착하였으니, 얼마나 기쁘고 위안이 되겠습니까. 날씨가 맑고 따뜻한데 돌아가 어버이 모시고 잘 지냅니까? 시골의 어려움이 묵은 곡식은 다 먹고 새 곡식은 아직 익기 전이 심하다는 것은 묻지 않아도 알 수 있습니다. 다만 지난 편지에 언급한 '기운을 잃었다.〔隕穫〕'라는 두 글자는 어찌 그대를 깊이 알지 못한 탓이 아니겠습니까. 편지를 보니 부끄럽고 한탄스럽습니다.

보리는 비록 익었으나 그 와중에도 여전히 굶주리는 듯합니다. 밤낮으로 책을 읽는다는 말을 어찌 그리 쉽게 합니까? 먼저 행동하고 뒤에 말하라는 교훈을 미처 생각하지 못했습니까? 그렇지만 보충하겠다는 뜻은 참으로 좋으니 천배 만배 힘쓰십시오.

저는 눈병이 조금 나았으나 눈앞이 어지럽기는 한결같습니다. 늙어서 생긴 증상을 어찌 치료할 수 있겠습니까. 낮은 긴데 한 글자도 보지 못하니, 젊은 시절을 무엇 때문에 헛되이 보냈는지 모르겠습니다. 지금 와서 후회해도 어쩔 수 없으니, 행여 그대들은 훗날 이 말이 몹시 애통하다는 것을 정말로 알게 될 것입니다.

《논어》 공부를 몇 해 동안 하겠다고 정할 필요는 없으니, 그저 침잠하고 무젖은 뒤에야 잘 읽었다고 할 수 있을 것입니다. 터득한 바가 과연 어떠한지 모르겠습니다.

이원보에게 답하다 병진년(1736)

答李元甫 丙辰

여관의 등불 아래에서도 옛책을 공부하니, 부지런하고 독실하다고 하겠습니다. 그러나 집에 오기만 하면 중지하고 마니, 이는 무엇 때문입니까. 수고로우면 부지런하고 편안하면 게을러지는 것은 보통 사람의 마음입니다. 이 점을 맹렬히 반성하고 온갖 고생을 맛보아야 앞으로 호쾌한 경지에 도달할 것이니, 힘쓰기 바랍니다.

이원보에게 답하다 정사년(1737)

答李元甫 丁巳

날이 비로소 더워지는데 어버이 모시고 잘 지냅니까? 그리운 마음 그치지 않습니다. 저는 올해 더욱 늙었다는 것을 알겠습니다. 남은 날이 얼마 되지 않는데 이처럼 게으르니, 무슨 낯으로 뜻있는 선비를 보겠습니까.

요새 과거 공부를 한다고 들은 듯한데, 마음을 무너뜨리는 지경에 이르지는 않았습니까? 지난번 편지에 언급한 내용은 그저 한바탕 좋은 이야기일 뿐인 듯합니다. 저도 이 점에 대해 스스로 부끄럽게 생각하고 있으니, 그대를 위해 걱정해 줄 겨를은 없습니다. 주자가 누군가에게 답한 편지에 "과거 볼 날짜가 머지 않았으니 일단 과거 문장을 익히라. 그러나 의리의 의미 또한 갑자기 단절해서는 안 된다."[51]라고 하였습니다. 제가 이 말을 외는 것이 남에게 보통 사람이 되기를 바라는 뜻이겠습니까? 깊이 헤아리기를 간절히 바랍니다.

51 과거……된다 : 《회암집(晦菴集)》 권50 〈답여점지(答余占之)〉에 보인다.

이원보에게 답하다 계해년(1743)

答李元甫 癸亥

집에 찾아와 돈과 조세를 찾는 아전은 동소남(董召南)도 피하지 못했습니다.[52] 그렇지만 동소남처럼 처자가 불평하지 않고 부모가 근심하지 않게 할 수 있는지 모르겠습니다.[53] 반성하여 이를 병통으로 여기고, 가난을 병통으로 여기지 말기 바랍니다. 말하는 사람은 쉽지만 당하는 사람은 괴로우니, 도리어 우습습니다.

52 집에……못했습니다 : 동소남은 당(唐)나라의 선비이다. 한유(韓愈)의 〈차재동생행(嗟哉董生行)〉에 "문 밖에는 오직 아전이 있어 날마다 와서 조세를 징수하고 또 돈을 찾네.〔門外惟有吏, 日來徵租更索錢.〕"라는 구절이 있다. 《五百家注昌黎文集 卷2》

53 동소남처럼……모르겠습니다 : 위 시의 "부모는 근심하지 않고 처자는 불평하지 않네.〔父母不戚戚, 妻子不咨咨〕"라는 구절을 인용한 것이다.

이원보에게 답하다 갑자년(1744)

答李元甫 甲子

오늘 받은 그대의 편지는 참으로 뜻밖이었습니다. 이 일은 그대의 젊은 시절 기력이라면 본디 충분히 할 수 있는 것입니다. 근래에는 자못 물러진 기습이 있었는데, 이와 같이 수립하였으니 실로 뜻밖입니다. 그 기쁨이 어찌 진사(進士) 두 글자에 비하겠습니까. 또 이웃집의 수치를 씻고 집에서 잘못했다는 소리를 듣지 않을 것입니다. 이런 아버지에게 이런 아들이 있으니 더욱 기특합니다.

신문보 광벽 에게 답하다 신유년(1741)

答申文甫 光璧○辛酉

얼마 전 호서에 들렀는데 길이 어긋나 만나지 못했으니 아쉽고 한스러운 마음 끝이 없었습니다. 그런데 방금 편지를 받고는 편안히 어버이 모시고 공부한다는 소식을 들어 기쁩니다. 다만 선한 마음이 사그러든다는 말은 걱정스럽고 한탄스럽습니다. 그러나 우산(牛山)의 옆에 어찌 돋아나는 싹이 없겠습니까.[54] 천번 만번 심고 길러서 아름답고 무성한 숲으로 자라게 해야 합니다. 그대의 아우가 귀농하였는데, 계속 이 일을 하면서 생을 마치고 말 것입니까. 마주하고 탄식하며 가련히 여길 뿐입니다.

54 우산(牛山)의……없겠습니까 : 맹자는 선한 본성이 다시 생긴다는 점을 베어내도 다시 싹이 돋는 우산의 나무에 비유하였다. 《孟子 告子上》

정사빈 관제 에게 답하다 경술년(1730)

答鄭士賓 觀濟○庚戌

요새 들으니 조정의 새로운 규정에 따르면 인산(因山) 전에 대상(大祥)과 소상(小祥)을 지내도록 허락했다고 하는데, 장사지낼 때 졸곡(卒哭)과 부묘(祔廟)는 말할 것도 없지만, 선유(先儒)는 《예기》의 이른바 "장사를 빨리 지내면 우제도 빨리 지내되 졸곡은 반드시 석 달을 기다린다."라는 설을 인용하여 삼우제만 지내고 졸곡과 부묘는 인산 이후로 미루어야 한다는 정론이 있습니다. 그러나 우제 이후에 이어서 행해도 무방합니다. 그러므로 근래 큰 집안에서도 행하는 경우가 있으니, 오직 헤아려 취사선택하는 데 달려 있을 뿐입니다.

정사빈의 문목에 답하다

答鄭士賓問目

문 "하학상달은 뜻이 말 밖에 있다.〔下學上達, 意在言表.〕"에 대하여

답 하학은 사(事)이고 상달은 이(理)입니다. 이(理)는 사(事) 안에 있고, 사(事)는 이(理)를 벗어나지 않습니다. 그러나 사(事)는 형이하(形而下)의 것이고 이(理)는 형이상(形而上)의 것입니다. 형이하의 것에서 형이상의 것을 찾는 것은 언어로 구하기 쉽지 않습니다. 반드시 깊이 생각하여 터득해야 합니다. 그러므로 "하학상달은 뜻이 말 밖에 있다."라고 한 것입니다.

정사빈에게 답하다 무오년(1738)

答鄭士賓 戊午

서원이 맑고 깊숙하니 참으로 독서하기에 마땅합니다. 이곳을 버리고 무익한 과거에 분주한 이유는 무엇 때문입니까? 십수 년이 지난 뒤 제 말이 떠오르더라도 어찌할 방법이 있겠습니까? 자주 상소를 올리는 것은 조심해야 합니다. 그대가 편지에서 언급하였기에 입에서 나오는 대로 말하고 말았으니, 도리어 우습습니다.

정사빈의 문목에 답하다 신유년(1741)

答鄭士賓問目 辛酉

문 《상례비요(喪禮備要)》 소주(小註)에 나오는 주자의 말에 "개장(改葬)하고 장례를 마치면 전(奠)을 올리고 돌아온다."라고 하였습니다. 우제(虞祭)를 지내지 않고서 영좌(靈座)를 치울 때 묘소 앞에 전을 올리고 돌아오는 것입니까?

답 우제는 묘소의 영좌 앞에서 지내니, 만약 우제를 지내지 않았다면 이곳에서 전을 올려야 한다는 말인 듯합니다.

정사빈에게 답하다 임술년(1742)

答鄭士賓 壬戌

그대 종가(宗家)의 일에 대해서는 지난번 만나서 이야기하였을 때 이미 그대의 뜻이 무엇인지 알았는데, 이번 편지에는 좌우하려는 뜻이 현저합니다. 내 말이 이미 그대에게 이처럼 믿음을 얻지 못하는데 하물며 다른 사람에게는 어떻겠습니까. 그러나 선현에 관한 일이고 또 중대한 인륜이 달린 일이니, 감히 소견을 남김없이 아뢰지 않을 수 없습니다. 어떻게 생각할지 모르겠습니다. 부디 마음을 가라앉히고 이치를 살펴 사소한 처리하기 어려운 일이 그 사이에 섞이지 않도록 하십시오.

율곡의 후사에 대해서는 그대의 말대로 살펴보았는데, 이 일과는 비슷하지 않은 듯합니다. 신군(申君)의 말은 곡절을 자세히 알지 못하고 한 말인 듯합니다. 《우암집(尤菴集)》에 실려 있는 김기지(金起之)에게 답한 편지를 살펴보면 그 대략을 알 수 있습니다.

정사빈에게 답하다 계해년(1743)

答鄭士賓 癸亥

익장(益章 조중회(趙重晦))가 남들이 말하기 어려워하는 일을 말하였으니, 간관(諫官)의 풍채가 사람을 두렵게 합니다. 다만 처분이 어떠하였는지 듣지 못했으니 걱정스럽고 답답한 마음을 형용하기 어렵습니다. 설령 엄한 견책을 받더라도 영해(嶺海)가 어찌 사람을 죽이겠습니까.[55] 아들이 이름난 사람이 되었다는 사실도 모친의 마음을 위로할 수 있을 것입니다.

55 영해(嶺海)가……죽이겠습니까 : 송나라 때 추호(鄒浩)가 유배길을 떠나자 전주(田晝)가 "어찌 유독 영해만 사람을 죽일 수 있으리오." 하였다. 《宋史 卷345 田晝列傳》 사람은 어디서든 죽을 수 있으니 유배를 간다고 반드시 죽는 것은 아니라는 말이다.

정사빈에게 답하고 겸하여 정의중 집 과 송숙하 단 에게 보이다

答鄭士賓兼示鄭義仲 鍓 宋叔夏 煓

독여(篤如)가 오는 편에 편지를 받아 보고 세 친구가 한 서원에 함께 지낸다는 것을 알았습니다. 젊은 시절 독서하는 즐거움은 선배들이 칭찬한 적이 있는데, 늙고 나약한 사람은 부럽지만 얻을 길이 없습니다.

그대가 《맹자》를 읽는다고 들었는데 몹시 기쁩니다. 〈양혜왕〉이 무슨 이유로 일곱 편의 첫머리에 있는지 항상 괴이하게 여겼는데, 요즘 읽으니 의미가 특별하여 의리(義利) 두 글자를 확실히 분별하는 것이 선비된 자의 가장 중요한 일이라는 것을 알겠습니다. 책 전체의 의미도 모두 이를 벗어나지 않습니다. 과연 깊이 생각하고 실제로 체득하여 반드시 천리(天理)와 인욕(人欲)의 경계를 자세히 살피고 과감히 결단하며, 곁에 있는 친구들에게 한 차례 두루 이야기한다면 한 국자 감로수(甘露水)가 되지 않으리라는 보장이 없습니다. 어떻게 생각합니까? 제멋대로 언급하니 도리어 우스울 뿐입니다.

정의중의 《소학》 문목에 답하다
答鄭義仲小學問目

문 〈소학제사(小學題辭)〉의 "밝은 명이 환하다〔明命赫然〕"의 주석에 "덕(德)은 안에 얻은 도(道)이고, 업(業)은 밖에 이룬 공(功)이다."라고 하였습니다. 덕과 업, 안과 밖에 경계가 있는 듯한데, "안팎이 없다.〔罔有內外〕"라고 말한 이유는 무엇입니까?
답 안이라 하고 밖이라 하였으니 어찌 경계가 없겠습니까. 다만 이 환한 밝은 명은 원래 안팎의 차이가 없으니, 안에 얻고 밖에 이룬 것은 두 가지 일이 아닙니다.

문 "여색을 좋아하는 마음으로 어진 이를 어진 이로 대우한다.〔賢賢易色〕"라는 말이 부모를 섬기고 임금을 섬기고 벗과 사귄다는 말 앞에 있는 이유는 무엇입니까?
답 《중용》에 이르기를, "어버이 섬기기를 생각한다면 사람을 몰라서는 안 된다."라고 하였는데, 주자가 해석하기를, "어버이를 친애하는 인(仁)을 다하고자 한다면 반드시 어진 이를 높이는 의리를 따라야 한다."라고 하였습니다. 자하(子夏)의 뜻도 이와 같을 따름입니다. 그리고 여색을 좋아하는 마음으로 하는 것은 지극한 성실함이니, 반드시 먼저 선을 좋아하는 성실함이 있어야 선행을 할 수 있습니다.

문 "마치 다시 받는 것처럼 하라〔如更受賜〕"에서 갱(更)자의 뜻에 대하여

답 갱(更)자와 신(新)자는 상대하여 보아야 합니다. 며느리가 바쳤는데 시부모가 즉시 받으면 마치 새로 받은 것처럼 기쁘고, 만약 시부모가 받지 않고 도로 주시거든 며느리는 마치 다시 받는 것처럼 하라는 것입니다.

문 공자가 증자에게 조목별로 다섯 가지 효를 열거하였는데,[56] 어버이를 사랑하고 어버이를 공경하는 것을 천자의 경우에 대해서만 말한 이유는 무엇입니까? 선왕의 법복(法服)과 법언(法言) 등의 말은 천자 이하에게 모두 공통적으로 적용되는 것으로 간주할 수 있는데, 경대부의 경우에 대해서만 말한 이유는 무엇입니까?

답 천자의 경우에 대해서도 감히 남을 미워하지 말고 감히 남에게 함부로 하지 말라고 하였으니, 하물며 그밖의 사람들이겠습니까. 어버이를 사랑하고 어버이를 공경하는 것은 반드시 천자가 스스로 다한 뒤에야 천하에 모범이 될 수 있습니다. 그 이하는 각기 그 지위의 높고 낮음에 따라 종묘사직을 보존하고 제사를 지키며 부모를 봉양하는 차이가 있는 것이니, 효에 우열이 있는 것은 아니며 애경(愛敬) 두 글자는 절로 그 속을 관통합니다. 법복 등의 말을 공통적으로 적용되는 것으로 간주하는 것이 어찌 좋지 않겠습니까. 다만 천자와 제후는 이보다 무거운 책임이 있고, 사(士)와 서인(庶人)은 미치지 못하니, 반드시 경대부여야 가능합니다.

56 공자가……열거하였는데 : 천자(天子)의 효, 제후(諸侯)의 효, 대부(大夫)의 효, 사(士)의 효, 서인(庶人)의 효를 말한다. 《小學 明倫》

문 "무거운 짐은 나누어 진다.〔重任分〕" 아래에 "짐을 들지 않게 한다.〔不提挈〕"라고 하였는데, 젊은이와 젊은이가 나누어지는 것입니까?
답 나누어지는 것을 젊은이의 일로 보는 것이 짐을 들지 않게 한다는 뜻에 비추어 더욱 좋습니다.

문 낯빛은 얼굴에 드러나는 것인데, 구사(九思)의 온화한 용모[57]와 구용(九容)[58]의 장엄한 용모가 같지 않은 듯한 이유는 무엇입니까?
답 구용과 구사는 각기 한 가지 뜻이 있습니다. 구사의 경우는 온순한 낯빛 아래에 공손한 용모를 붙였는데, 공(恭)자에도 장엄하다는 뜻이 있습니다.

57 구사(九思)의 온화한 용모 : 구사는 볼 때는 밝음을 생각하고〔視思明〕, 들을 때는 귀밝음을 생각하고〔聽思聰〕, 낯빛은 온화함을 생각하고〔色思溫〕, 용모는 공손함을 생각하고〔貌思恭〕, 말할 때는 성실함을 생각하고〔言思忠〕, 일할 때는 공경함을 생각하고〔事思敬〕, 의심스러울 때는 묻기를 생각하고〔疑思問〕, 분할 때는 후환을 생각하고〔忿思難〕, 이익을 보면 의리를 생각하는 것〔見得思義〕이다. 《論語 季氏》

58 구용(九容) : 발은 무겁고〔足容重〕, 손은 공손하고〔手容恭〕, 눈은 단정하고〔目容端〕, 입은 무겁고〔口容止〕, 목소리는 조용하고〔聲容靜〕, 머리는 곧고〔頭容直〕, 기운은 엄숙하고〔氣容肅〕, 서 있는 모습은 덕스럽고〔立容德〕, 낯빛은 장엄한 것〔色容莊〕이다. 《禮記 玉藻》

송숙하에게 답하다 을축년(1745)
答宋叔夏 乙丑

전에 심곡서원(深谷書院)의 강록(講錄)을 보았더니, 그대의 이름 아래에 '서울에서 과거 공부를 한다.'라고 적혀 있었습니다. 속습이 저를 대신 부끄럽게 만듭니다.

편지를 받고서 산에 올라가 독서한다는 것을 알았습니다. 눈 내리는 창가에 아침 해가 뜰 것이니 참으로 좋은 광경입니다. 젊은 시절의 이 즐거움을 늙은이가 어찌 얻을 수 있겠습니까. 저는 계속 침상에 누워 있었는데 엊그제 그대 집안에서 급제한 사람이 들렀습니다. 그대도 필시 그를 이어 조정에 오르고 싶겠지만 이것은 운명에 달린 일이니 성급해하지 마십시오. 세모의 매화 모임에도 춘부장을 모시고 올 수 없으니 한탄스럽습니다.

이습지 관 에게 답하다 정사년(1737)

答李習之 灌○丁巳

한창 홰나무 그늘 아래에서 《소학》을 강하고 있는데 그대가 없어서 몹시 한스러웠습니다. 홀연 편지를 받으니 마치 얼굴을 마주한 것처럼 몹시 위안이 됩니다.

이제 공부를 시작한다고 들었는데, 세간의 얼마나 많은 영재들이 과거에 얽매여 잘못되었습니까. 그대는 뜻을 빼앗기지 않도록 스스로 살피고 있으니 참으로 다행입니다. 만약 그렇게 하지 못한다면 제가 평소 잘 인도하지 못하여 남의 자식을 해친 결과를 면하지 못할 것입니다. 대부(大府) 어른[59]께서 이 소식을 듣는다면 역시 깜짝 놀라실 것이니, 그대가 도(道)로 인도하지 못한 죄가 어찌 없겠습니까. 이는 각자 반성해야 하니, 남에게 보여주어 세속 사람들이 더욱 놀라고 괴이하게 여기는 일이 절대 없도록 해야 합니다.

붉은 과일이 쟁반에 가득하여 친구들과 목을 축일 수 있으니 참으로 다행입니다. 그렇지만 시위소찬(尸位素餐)하는 부끄러움이 어찌 그치겠습니까. 천배 만배 통렬히 분발하여 한갓 속세에서 골몰하지 마십시오.

59 대부(大府) 어른 : 이관의 부친 이항(李恒)을 말하는 듯하나 미상이다.

이습지에게 답하다 신유년(1741)

答李習之 辛酉

질문한 내용은 잘 알겠습니다. 강(强)은 약(弱)과 상대가 되고, 강(剛)은 유(柔)와 상대가 되니, 두 글자는 같은 듯하지만 약간 다릅니다. 공자가 말하기를, "신장(申棖)은 욕심이 많으니 어찌 강(剛)하겠는가?"라고 하였는데, 이 뜻을 미루어보면 이른바 강(剛)하다는 것은 사욕을 이긴 뒤에 가능한 것입니다. 그러나 사욕을 이기려면 먼저 이치를 궁구해야 하고, 이치를 궁구하려면 먼저 경(敬)에 거해야 하니, 등급을 뛰어넘어 얻을 수는 없습니다. 오직 차례로 힘을 쓰되 느리지도 급하지도 않게 하면서 행여 끊어지지 않도록 할 뿐입니다. 어떻게 생각합니까?

이습지에게 답하다 계해년(1743)

答李習之 癸亥

그대가 우환을 겪느라 오랫동안 공부를 포기하여 평소 한탄하였습니다. 그렇지만 이는 어쩔 수 없는 일입니다. 서책 외에도 마음을 쓸 곳이 있으니, 병간호하는 여러 절차 역시 모두 학문입니다. 절대 포기하지 말고 모든 일에 하나의 옳은 곳을 찾아 행하십시오. 사람에게는 우환이 많은 법이니 반드시 아무 일 없는 시기를 기다려 학문을 하겠다면 어찌 그런 날이 있겠습니까. 마음의 병이 생길 조짐이 있다는 말을 들었는데, 이는 대단히 걱정스럽습니다. 스스로 조심하십시오.

이습지의 문목에 답하다 을축년(1745)

答李習之問目 乙丑

문 《상례비요》 소상(小祥) 축문(祝文)의 "조심하고 삼가서……〔小心畏忌〕"에 대하여

답 삼가다〔畏忌〕의 기(忌)는 단지 조심한다는 뜻입니다. 《상례비요》에 이 글이 실려 있지만 사대부 집안에서는 사용하지 않는 경우가 대부분이고, 저도 감히 사용한 적이 없습니다.

문 소상 이후에 전배(展拜)하는 일에 대해서는 퇴계의 말이 있지만, 평상시 모시는 의리로 헤아려보면 끝내 온당치 않은 듯합니다. 저는 아침 저녁으로 곡할 때 분향과 청소하는 절차를 행하였고, 소상 이후로는 비록 아침 저녁의 곡은 중지하였으나 청소하고 분향하는 일은 그만두지 않았습니다. 그리고 잠시 모시고 서 있다가 물러났습니다. 예의 뜻에 어긋나는지 모르겠습니다.

답 소상 이전에는 전배하지 않고 소상 이후에 전배하는 것은 끝내 온당치 않습니다. 제가 행한 것은 한동안 모시고 있다가 물러나는 것이었으니, 예법으로 말하면 이른바 첨례(瞻禮)가 이것입니다. 그대가 행한 분향은 행한 적이 없습니다.

문 삼년상 동안 상식할 때 차를 올린 뒤에 밥을 뜨면 어떻습니까?

답 밥을 뜨는 절차는 우리 집에서도 삼년상 동안은 살아 계신 분을 모시는 것처럼 풍속에 따라 하였으나 삼년상 이후로는 하지 않았습니다.

송용경 덕중 에게 답하다 계해년(1743)

答宋龍卿 德中○癸亥

좌기(坐起)를 파했다고 들은 뒤로 아마도 감옥에 있을 것이라 생각했습니다. 방금 숙야(叔夜)가 전하는 말을 들으니, 좌기를 두 번이나 파하여 끝내 잡아오라고 청하지 않았다고 합니다. 승정원의 옛규례에 따르면 한 번 좌기를 파하면 곧 잡아올 수 있는데 어찌 이와 같은 사리가 있겠습니까.

차점(次點)을 뽑도록 간청했다는 말은 거짓으로 속이는 계책입니다. 차점이 준점(準點)보다 조금 낮지만, 권점에 들기는 마찬가지입니다. 그대가 속지 않으려 하여 사람들의 마음이 제법 굳어졌고 그밖의 답한 말도 모두 긴요하니, 일의 성패와 죄의 경중을 막론하고, 군주를 높이고 악인을 징계하는 의리를 얻었습니다. 관직은 높고 낮음을 막론하고 직분을 다하는 것이 중요합니다. 앞으로 미루어 확충하여 일마다 모두 이렇게 한다면 어찌 벗의 영광이 아니겠습니까.

이인보 명원 에게 답하다 계해년(1743)

答李仁甫 命元○癸亥

몇 년 동안 계획하다가 겨우 한번 왔는데, 곧 상(喪) 때문에 돌아갔으니, 슬프고 한탄스러워 마음 속으로 잠시도 잊을 수가 없었습니다. 그러다가 홀연 편지를 받고는 돌아가서 어버이를 모시는 소식을 들으니 기쁩니다.

장사지내기 전의 독서는 본디 논할 것 없고, 서책 외에 따로 마음을 쓸 곳이 있습니다. 감정을 절제하고 몸가짐을 삼가 일마다 옳은 곳을 찾아 실천하는 것도 모두 학문입니다. 후회하며 새로워지려는 뜻이 있다고 들었으니, 또 어쩔 수 없이 한 마디 말로 권면합니다.

이인보에게 답하다 갑자년(1744)

答李仁甫 甲子

얼마 전 사빈(士賓)을 만났는데, 예전에는 학문을 향한 이군(李君)의 정성이 그보다 나은 줄 알았으나 지금은 도로 난형난제(難兄難弟)입니다. 지금 과거에 골몰하고 있다고 들었는데, 참으로 내 말과 같다면 의심나는 예를 물은 일은 때가 늦어 미치지 못할 것입니다. 또 편지를 보낼 길도 없어 그대로 답장을 하지 못하였으니 한탄스럽습니다.

조구(祖舅) 두 글자에 대한 우옹(尤翁)의 일은 비록 기억하지 못하겠으나 제가 손자며느리에게 스스로 일컫는 말이 이와 같습니다.

이인보의 문목에 답하다

答李仁甫問目

문 곡위(哭位)를 만들어 곡하는 것을 염습한 뒤에 하는 것은 어째서입니까? 염습이 2,3일씩 오래 걸리면 어떻게 해야겠습니까?

답 염습은 죽은 당일에 하는 것이고, 염습하기 전에는 남녀가 무수히 곡하고 가슴을 치니, 어느 겨를에 곡위를 만들어 곡하겠습니까. 행여 2,3일씩 지체된 뒤라도 반드시 죽은 자를 염습한 뒤에야 살아 있는 자가 곡위를 만들 수 있습니다.

문 《의례문해》 역복조(易服條)에 "낳아준 부모 및 조부모와 아내의 상에 어찌 길관(吉冠)을 벗지 않는 예가 있겠는가?"라고 하였는데, '관을 벗는다.'라고 하지 않고 단지 '길관을 벗는다.'라고 하였으니, 흉관(凶冠)을 써야 합니까?

답 《가례》에 "아내와 자식, 며느리와 첩은 모두 관을 벗는다." 하였고, 조부모와 아내의 상에 관을 벗는다는 내용은 없습니다. 환질(環絰)을 두르는 경우 "모(帽)를 벗고 두건(頭巾)을 쓴다."라고 하였습니다. 이로 보건대 옛사람이 관을 벗지 않은 것은 분명합니다. 사계의 말이 이미 이와 같고, 우암 역시 "차라리 속습을 따라 관을 벗는 것이 낫다."라고 하였습니다. 당한 사람이 헤아려 거취를 결정할 따름이니, 감히 분명하게 말할 수 없습니다.

문 아내가 남편의 친족을 위해 상복을 입는 경우, 남편보다 항렬이

낮으면 강복(降服)하지 않는데 남편보다 항렬이 높으면 강복하는 이유는 무엇입니까?

답 아내는 남편의 친족에 대해서 남편보다 한 등급 강복합니다. 그러나 상복은 모두 보복(報服)[60]이므로, 항렬이 낮은 사람이 백숙모(伯叔母) 또는 종조모(從祖母)에 대해서는 모두 강복하지 않고, 백숙모 또는 종고모 역시 강복하지 않음으로써 보복하는 것입니다.

문 시골 풍속에 장사지낼 때 제주전(題主奠)의 술과 음식을 찾아온 손님에게 대접하는데, 이것이 풍조를 이루었습니다. 이는 예를 크게 해치는 행위이지만, 약간의 떡과 과일로 요기하여 보내는 것은 무방하겠습니까?

답 장사지낼 때 술과 음식을 대접하는 것은 예법을 크게 무너뜨리는 것입니다. 비록 약간의 음식으로 요기한다지만 똑같은 투식이 되지 않겠습니까. 정자(程子)가 주공숙(周恭叔)에게 한 말[61]을 법으로 삼는 것이 마땅할 듯합니다.

60 보복(報服) : 상대방과 똑같은 등급의 상복을 입는 것을 말한다.

61 정자(程子)가……말 : 정자가 부친의 장례를 치를 때 주공숙에게 손님을 접대하게 했는데, 어떤 손님이 술을 마시고자 하기에 주공숙이 정자에게 말하였더니, 정자는 "남을 악에 빠뜨리지 말라." 하였다. 《近思錄 卷6》

윤인보 득심 에게 답하다 정사년(1737)

答尹仁甫 得心○丁巳

그대 아드님의 삼가례(三加禮)를 치르는 날짜가 다가왔으니 가상히 여기고 기뻐하는 마음을 알 수 있습니다. 관례를 치르는 사람의 자(字)는 빈(賓)이 있으니 어찌 대신 지을 수 있겠습니까. 그렇지만 물었으니 대답하지 않을 수 없습니다. 자를 성문(聖文)으로 지으면 어떨지 모르겠습니다. 《춘추》에 의지하여 우리나라가 지키는 대의를 밝히고자 하는 뜻인데, 반고(班固)의 〈유통부(幽通賦)〉에 "소왕(素王 공자)의 글이 미더워 기린을 불렀네〔素文信而底麟〕라는 구절이 있으니, 이것이 그 출처입니다. 빈과 상의하여 처리하기 바랍니다.

유백익 언흠 에게 답하다 경술년(1730)

答兪伯翼 彦欽○庚戌

헤어진 지 두 달 만에 한 번 편지를 받았으니 얼마나 위안이 되는지 알 것입니다. 무더위에 어버이 모시며 잘 지냅니까? 아침에 수원(水原)에서 어떤 유생이 찾아왔는데, 저녁까지 농사를 짓고 밤에 돌아가 독서하곤 하는데 몹시 피곤하여 힘을 들일 수가 없으니 이것이 개탄스럽다고 하였습니다. 옆에서 어떤 이가 힐난하기를,

"독서를 농사지으면서 할 수 있는가?"

하니, 그가 말하기를,

"옛날에 행한 사람이 있었으니 순임금이 바로 그렇습니다. 제가 걱정하는 것은 순임금이 되지 못하고 시골 사람이 되는 것입니다."

하였습니다. 또 묻기를,

"수고롭지 않은가?"

하니, 대답하기를,

"부모형제가 모두 그 수고를 맡고 있는데 어찌 감히 말하겠습니까, 어찌 감히 말하겠습니까?"

하였습니다. 이러한 때 마침 그대의 편지가 왔는데, 더위 때문에 독서를 완전히 그만두었다는 말이 있었습니다. 이 사람과 비교하면 어떻습니까. 그의 말을 외어 들려주니, 혹시 교만하고 게으른 생각을 없앨 수 있겠습니까.

유백익에게 답하다 신해년(1731)

答兪伯翼 辛亥

게으름에 익숙해져서 걱정이라고 들었는데, 누가 그렇게 시켰습니까. "굽히고 펴는 것은 팔뚝이고, 뒤집고 되돌리는 것은 손이다."[62]라는 말을 깊이 유념해 보고, 쓸데없이 '부끄럽고 송구합니다.〔愧悚〕'라는 두 글자를 쓰지 않으면 될 뿐입니다.

62 굽히고……손이다 : 주자의 〈구방심재명(求放心齋銘)〉에 나오는 말로, 자기 하기에 달렸다는 뜻이다. 《晦庵集 卷85 求放心齋銘》

유백익에게 답하다 기미년(1739)

答兪伯翼 己未

여름이 지난 뒤로 무슨 공부를 하고 있습니까? 부귀한 집안의 자제는 으레 눈앞의 오락에 빠져 훗날을 도모하는 데 어두운 경우가 많습니다. 그대 집안은 교육이 엄격하니 어찌 이런 일이 있겠습니까. 서로 권면하여 독서하고 허송세월하지 말기를 간절히 바랍니다.

과거 공부 또한 쉬운 일이 아닙니다. 만약 착실히 공부할 수 있다면 얼마나 다행이겠습니까. 사람의 마음이 어찌 만나고 싶지 않겠습니까마는 이 또한 한가로이 드나드는 것이니 일단 중지하고, 상심하지 마십시오.

유백익에게 답하다
答兪伯翼

강가는 맑고 멀어 속세의 일이 닿지 않으니, 밤낮으로 독서하는 흥취가 몹시 좋을 것입니다. 얼마나 부러운지 모르겠습니다. 며칠 전 어떤 사람이 와서 그대가 사람들과 잡희(雜戲)를 한다고 말했습니다. 이 일은 이름난 관원들도 면하지 못한다고 들었는데, 그대도 이와 같을 줄은 생각지 못했습니다. 선비라는 것은 책을 읽고 의리를 아는 자의 호칭입니다. 생각하면 어찌 부끄럽지 않겠습니까. 편지를 보내 경계하고 책망하고픈 마음이 지극하였으나 앞서 한 말이 이미 물에 던진 돌과 같아 더 이상 무익한 말을 하지 않았습니다.

이번에 말씀하신 내용은 선의 단서가 무성하니, 땅 속의 일양(一陽)과 다름이 없습니다. 미루어 확충하면 무슨 일인들 하지 못하겠습니까. 몹시 기쁩니다. 속히 《격몽요결(擊蒙要訣)》의 입지장(立志章)과 혁구습장(革舊習章) 등을 읽고 이 좋은 생각을 기른 뒤 비로소 《심경》, 《근사록》 또는 사서를 읽는 것이 좋겠습니다. 어떻게 생각합니까?

유백익에게 답하다 경신년(1740)

答兪伯翼 庚申

말씀하신 충고는 참으로 감사합니다. 죄를 짓고 재야에 있으면서 외람되게도 자급을 훔쳤고, 이어서 또 앉은 채로 추증하는 은전을 받았으니 마음이 황공하고 위축되어 편안히 있을 수가 없습니다. 이미 환수받지 못하였으니 오랜 세월이 지난 뒤에는 어쩔 수 없이 청해 와야 하는데, 아직은 감히 하지 못하고 있습니다. 군내(君內)의 편지에 계하 운운한 내용이 있기에 괴이하여 그 이유를 물었더니, 윤경유(尹景孺 윤급(尹汲))가 과연 말을 보내 만들어 내었다고 합니다. 이는 본뜻에 어긋납니다. 그러나 이미 계하를 받아 또 감히 공경히 받들지 않을 수 없으니, 더욱 부끄럽고 두려울 뿐입니다. 그대들은 이번 과거에 또 정거(停擧)를 면하지 못했습니다. 그러나 이는 나라의 체모에 맞는 것이니 몹시 기쁩니다.

유백익에게 답하다 임술년(1742)

答兪伯翼 壬戌

태야(台爺 유척기(兪拓基))의 거취는 불러도 오지 않고 쫓아도 가지 않는다는 말에 거의 가깝습니다. 이러한 때에 이 일을 한다면 사류에게 다행한 일이 아니겠습니까.

다만 성상의 하교는 엄중한데 고집하는 바는 미약하니, 맞설 수 없을 듯합니다. 지금은 겨우 마무리가 되었으나 끝내 윗사람과 아랫사람의 마음을 깨우치지 못했습니다. 이는 다름이 아니라 '죄를 지은 신하'라고 칭했으니 마치 큰 죄가 있는 것 같지만 그 죄가 무엇인지는 한번도 밝히지 못했기 때문입니다. 처음에 이미 잘못하였고, 중간에는 때를 놓쳤으며, 지금은 형세가 갑자기 바뀌었으니, 조용히 상소 한 통을 써서 처음에 이른바 '죄를 지은 신하'라고 한 이유와 이번에 명을 받고 나아갈 수 없는 이유를 아뢰겠습니다. 그 기회는 결코 잃을 수 없으니, 시험삼아 이렇게 여쭈어보는 것이 어떻겠습니까?

유백익에게 답하다
答兪伯翼

삼대의 예악(禮樂)은 육경(六經)에 함께 나열되어 있었는데, 진나라의 분서갱유를 거친 뒤 예악이 먼저 무너졌습니다. 한(漢)나라 유생이 고생스레 보수하였으나 결국 온전한 책을 이루지 못했고, 남은 것은 삼례(三禮)-《주례(周禮)》, 《의례(儀禮)》, 《예기(禮記)》-뿐입니다. 악(樂)은 전하는 것이 전혀 없으니 율척(律尺)의 장단에 대해서도 그 내용을 아는 자가 없습니다. 주자는 악학(樂學) 하나를 세우겠다는 말을 한 적이 있는데, 후세에 왕자(王者)가 나타난 뒤에야 할 수 있을 것입니다.

악경(樂經)이 사라지자 후세에 육경을 논하는 자들은 대부분 《주례》로 대신하였습니다. 《논어》 역시 본디 13경에 들어가지만, 《주례》의 설명이 나은 듯합니다. 어떻게 생각합니까? 요즘은 무슨 공부를 하고 있습니까? 이렇게 질문한 것도 오히려 좋은 소식입니다. 천배 만배 부지런히 힘써 게을리 그만둔 채로 있지 마십시오.

유백익에게 답하다
答兪伯翼

별지로 물은 내용에서 직분을 다하려는 뜻을 볼 수 있으니 가상하고 감탄스럽습니다. 관직이 있으면 반드시 그 책임이 있으니, 불시의 사태를 대비하지 않고서 어떻게 목숨을 바치라고 요구하겠습니까. 이충정(李忠定 이귀(李貴))의 지난 일은 다른 책임이 없어 그러한 듯합니다. 삼연옹(三淵翁 김창흡(金昌翕))이 그대의 걱정을 들었다면, 필시 능참봉 노릇은 할 수 없다는 것을 더욱 믿었을 것이니[63] 우습습니다. 집에 있으면 게을러지기 쉬우니, 재실(齋室)을 지킬 때 날마다 일과를 정해 놓으면 반달 동안의 성과도 적지 않을 것입니다. 홍 참판 어른이 재실에 갈 적에는 날마다 변려문 제목을 하나씩 내고 길에서 생각에 잠겼다가 말에서 내리면 곧 써냈습니다. 숙직하러 가는 길에서도 그렇게 하였는데 재실에 있을 때는 알 만합니다. 비록 과거 문장이라도 노년에 성과를 이룬 자는 이처럼 부지런하고 독실한 공부가 있었습니다. 호굉(胡宏)의 "문예를 배우고 벼슬을 구하는 마음을 옮겨 잃어버린 마음을 거두어 그 몸을 아름답게 한다."[64]라는 말을 그대를 위해 외어주니, 어떻게 생각합니까? 《일성록(日省錄)》은 이미 담양(潭陽)에서 인쇄해 왔는데, 언뜻 보니 원래 대단하지 않습니다.

63 삼연옹(三淵翁)이……것이니 : 김창흡이 능참봉이 된 친구를 찾아갔다가 할 만한 벼슬이라고 생각했는데, 이튿날 능의 이상 유무를 살피는 것을 보고서 중요한 벼슬이니 할 수 없다고 말했다는 일화가 《형설기문(螢雪記聞)》 등에 실려 있다.

64 문예를……한다 : 《소학》 〈가언(嘉言)〉에 보인다.

유백익에게 답하다

答兪伯翼

산방이 적막한데 밤은 길고 촛불은 파르스름하여 참으로 독서하기 좋은 시절이리라 생각하니 부럽습니다. 저는 한달 남짓 홀연 벽곡(辟穀)하는 신선이 되어 오랫동안 침상에 누워 있습니다. 움직이면 마루에 올라가서 넘어지는 바람에 상(喪)을 마친 뒤의 제사도 몸소 행할 수 없으니 기력이 어떤지 알 수 있을 것입니다. 며칠 전부터 억지로 몇 숟가락 뜨기 시작했으니 행여 점차 나아질런지요. 말씀하신 내용이 간곡하니 지극한 정성에 몹시 감사합니다.

다만 봄 무렵에 점사(占辭)를 《맹자》에서 얻었다고 하였는데, 기억하지 못하여 그러는 것입니까? 수신(修身) 두 글자는 반성하면 참으로 부끄럽습니다. 그렇지만 요절하고 장수하는 것에 대해 의심하지 말고 운명을 기다린다는 말에는 그래도 가깝습니다. 병이 심해지고 나아지는 데는 각기 운명이 있으니, 처소를 옮기는 것과 무슨 상관이 있겠습니까? 그대들의 말은 매번 음식과 의약에 편리한 것을 중요하게 여기는데, 이롭기로 말하자면 음식과 의약에 편리하기는 도성이 교외보다 나으니, 장차 교외에서 도성으로 들어가겠습니까? 과거 여오(汝五 이병상(李秉常)) 대감이 삼산(三山)에 있을 적에 거의 온전한 사람이 되었는데, 지금 여오가 어떻게 될지 미리 알았다면 어찌 병을 걱정하며 살고자 하겠습니까. 그대들은 한갓 고식적으로 아끼지 말고, 이 노인이 묘막(墓幕)에 편히 앉아 여생을 보내다가 마침내 십 몇 걸음 위의 산자락으로 올라갈 수 있게 해 주는 것이 어떻겠습니까?

별지 別紙

단암(丹巖 민진원) 외숙에게 시장(諡狀) 없이 시호를 내리도록 한 것은 애초에 좌의정의 청에 따른 것이었는데, 조현명(趙顯命)의 상소에 막으려는 말이 있었습니다. 성상께서 다시 신하들에게 하문하고 이전처럼 거행하라고 명하셨는데, 자제들은 황공하고 감격스러워 감히 받지 못하고 오늘날에 이르게 되었습니다. 만약 연석(筵席)에서 조용히 한 번 아뢰기를,

"아무개의 나라를 위한 충성과 조정에서 이룩한 사업은 이미 윗사람과 아랫사람이 모두 자세히 알고 있는 것이니, 비록 시장이 없더라도 누가 안 된다고 하겠습니까. 다만 이 일은 실로 선정신(先正臣) 이황(李滉)으로부터 시작되었습니다. 당시 선조(宣祖)께서 몹시 어렵게 여기셨으나 신하들이 힘껏 청한 뒤에 허락하셨습니다. 성대한 도학과 덕업을 가진 선정에 대해서도 성조(聖祖)께서 이렇게 은전을 신중히 하셨으므로, 그 뒤에 이 일은 지극히 드물었습니다. 그런데 지금은 일상적인 은전으로 여기니, 외람된 결과를 면하지 못하여 사람들도 영예로운 줄 모릅니다. 더구나 아무개는 유언으로 시호를 청하지 말라고 하였으니, 겸손한 마음을 알 수 있습니다. 비상한 은전을 내려 그의 평소 뜻을 상하게 할 필요는 없습니다. 글짓는 신하에게 행장을 지어 바치게 한 뒤 시호를 내리는 것이 어떻겠습니까?"

라고 하면, 공적으로나 사적으로나 옳지 않겠습니까. 근래에 시장 없이 시호를 내리라는 명을 받은 자 두세 명이 있는데, 함께 거론할 필요는 없고, 그저 우리 외숙의 일만 이렇게 아뢰십시오. 성상께서 혹시 다른 사람을 거론하시면, "아무개도 오히려 이와 같았는데 하물며 그

밖의 사람이겠습니까."라고 대답하십시오. 조정에서 돌아온 뒤 즉시 이 별지를 보시고 잘 처리하기 바랍니다.

유백익에게 답하다

答兪伯翼

《통전(通典)》에 "외속(外屬)에 대해서는 상복을 입지 않지만, 항렬이 높거나 낮은 경우에는 혼인을 의논하지 않는다."라고 하였습니다. 퇴계의 편지에 이른바 예법이라고 한 것은 이 때문에 나온 말인 듯합니다. 옛사람은 며느리의 아버지와 사위의 아버지를 형제라고 하였는데, 소원한 인척이 거듭 친분을 맺었으나 그 순서를 잃지 않았습니다. 이렇게 한 뒤에야 이치에 맞으니, 퇴계의 논의는 지극히 엄정합니다. 그러나 우암은 그 말을 실천하지 못했으니, 《어록》에 나오는 한 조목을 뽑아 써서 보냅니다. 부디 이를 헤아려 결정하는 것이 어떻겠습니까?

선생은 외손 윤주교(尹周教)를 재종손녀 사위로 삼으려 하였으니, 이성(異姓) 9촌 숙질이 부부가 되는 것이었다.-《화양어록(華陽語錄)》에 나온다.-

유문보 각 에게 답하다 기유년(1729)
答柳文甫 慤○己酉

요즘 모여서 공부한다고 들었는데 착실히 하고 있습니까? 오랫동안 헤어져 있다가 한번 만났는데 예전에 있던 약간의 수렴하는 뜻이 거의 없어졌습니다. 대저 용모와 말투 사이에 전혀 공을 들이지 않고 종종 광대의 버릇이 있습니다. 내 몸은 부모의 몸입니다. 하늘이 부여한 것이 또 어떠합니까? 스스로 중하게 여기지 않을 수 있겠습니까? '장중하고 침착하다〔莊重沈實〕'는 네 글자로 힘쓰고 스스로 경계하기 바랍니다.

주자가 말하기를, "사람들은 과거 공부가 참된 학문에 방해가 된다고 하는데, 음식에 방해가 된 적이 있는지 모르겠다."[65]라고 하였고, 또 말하기를, "학문의 도는 집에 있으면 어버이를 섬기고 어른을 공경하는 것이며, 몸가짐을 검속할 적에는 움직이고 고요하고 말하고 침묵하는 것이니 달리 말할 만한 현묘한 것이 없다."[66]라고 하였으니, 이 말을 깊이 음미해야 합니다. 매번 안부 편지를 받을 때마다 성의가 몹시 두터우니, 감히 충고하지 않을 수 없습니다. 양해하십시오.

65 사람들은……모르겠다 : 《주자어류》 권13에 보인다.

66 학문의……없다 : 《회암집》 권58 〈답진염부(答陳廉夫)〉에 보인다.

박생 문보 의 문목에 답하다

答朴生 文黼 問目

문 《심경》 인심유위장(人心惟危章) 주석의 "이해는 가장 쉽게 드러난다.……"에 대하여

답 '이해는 가장 쉽게 드러나니, 그중에 거친 것은 새와 짐승도 모르는 것이 없습니다. 더구나 지극히 정밀한 의리를 어찌 보기 어렵는가.'라고 말한 것입니다. 이 단락은 도심이 은미하다는 점을 말한 것이니, 단지 이러한 뜻으로 보아야 합니다.

문 서산(西山 진덕수(眞德秀))의 주석에 "진흙탕은 물이 아니지만 흔들어서 흐려지면 이 또한 물이다."라고 하였는데, 이 말은 이해하지 못하겠습니다.

답 비루하고 속이고 경솔하고 태만한 것은 모두 본래 가진 것이 아닙니다. 그러나 이미 들어와 주인 노릇을 한다면 마음이 아니고 무엇이겠습니까. 이것은 마치 진흙탕은 물의 본체가 아니지만 흔들어서 흐려지면 물이라고 하지 않을 수 없다는 것과 같습니다.

문 〈양심설(養心說)〉에 "성현은 타고난 것이 아니다."라고 하였는데, 주자(周子)의 뜻은 사람들이 성인의 경지에 다다를 수 없다고 여기므로 이렇게 말하여 학문에 힘쓰도록 한 것이 아니겠습니까?

답 말씀한 내용이 좋습니다.

문 육덕(六德)에서 인과 의를 먼저 말하지 않고 지(知)를 으뜸으로 삼은 것은 어째서입니까.

답 집주에서 인과 의를 풀이하여 단지 '사욕이 없는 것이다', '결단이 있는 것이다.'라고 하였으니, 인과 의의 전체를 가리키는 것이 아닙니다. 이와 같다면 인과 의를 먼저 말할 필요는 없습니다. 대저 사람은 현명하건 어리석건 귀하건 천하건 가르치는 방법은 지가 우선이 되어야 합니다.

문 관례를 하지 않은 남자와 계례를 하지 않은 여자는 닭이 처음 울면 모두 세수하고 양치하는데, 날이 새기를 기다려 부모에게 아침 문안을 드리는 이유는 무엇입니까?

답 어린 사람에게는 가르치는 방법이 조금 느슨하니, 역시 의미가 있는 듯합니다.

문 서자(庶子)와 서손(庶孫)을 일전에 여러 자손이라고 단언하셨는데, 지금 풀이를 보니 모두 첩의 자손이라고 말하였습니다. 어떻습니까?

답 언해의 풀이는 본디 알고 있었지만 제 견해가 마침 이와 같았으니 어느 쪽이 옳은지 모르겠습니다.

문 《예기》 〈제통(祭統)〉의 "부부가 친히 행한다.〔夫婦親之〕"에 대하여 방씨(方氏)는 "군부인(君夫人)의 경우를 말한 것이다."라고 하였는데, 그 본문의 뜻에 따른 것입니까? "내외의 직분〔外內之官〕"의 관(官)자는 사대부 집안에서 통용할 수 없는 것입니까?

답 〈제통〉의 본뜻은 군주의 경우를 말한 것입니다. 그러나 관(官)자는 경대부(卿大夫)의 집안에서도 통용할 수 있습니다. 그러나 사(士)와 (庶人)의 경우는 가묘가 없으므로 논할 수 없습니다.

문 친영(親迎)할 때의 초자(醮子)에 대하여

답 초자의 예는 종자(宗子)가 아니더라도 모두 행할 수 있습니다. 초사(醮辭)는 '종가의 일〔宗事〕'을 '집안의 일〔家事〕'로 고친다는 말이 이미 예서에 나와 있습니다.

문 제자가 스승을 위하여 3년간 심상(心喪)을 입는 것이 예이니, 당연히 스승은 제자를 위하여 보복(報服)하는 의리가 없습니다. 그런데 공자는 문인이 죽자 아들이 잃은 것처럼 하되 상복을 입지 않았고, 문인들은 공자가 죽자 아버지를 여읜 것처럼 하되 상복을 입지 않았습니다.[67] 이는 마치 보복한 것 같은데 어째서입니까?

송나라 유자 왕백(王柏), 황간(黃榦), 김이상(金履祥) 세 사람은 스승이 죽었을 때 만든 상복이 각기 달랐는데,[68] 어째서입니까? 조복(弔服)에 삼베를 붙이는 것이 오복(五服)과는 차이가 있으나 복식을 바꾸

67 공자는……않았습니다 : 공자가 죽자 문인이 상복을 어떻게 입을지 몰랐는데, 자공이 말하기를, "예전에 선생께서 안연(顔淵)이 죽었을 때 아들을 잃은 것처럼 하되 상복을 입지 않았고, 자로(子路)가 죽었을 때도 그렇게 하였다. 선생의 상을 치를 적에는 아버지를 여읜 것처럼 하되 상복을 입지 말자."라고 하였다.《禮記 檀弓》

68 송나라……달랐는데 : 왕백은 스승 하기(何基)의 상을 당하여 심의(深衣)를 입고 대(帶)와 질(絰)을 더하였으며, 관(冠)에 사무(絲武)를 더하였다. 황간은 스승 주자의 상을 당하여 조복(弔服)에 삼베를 붙였는데 제도는 심의와 같았으며 관(冠)과 질(絰)을 사용하였다. 김이상은 스승 왕백의 상을 당하자 백건(白巾)에 질(絰)을 더하였는데, 질은 시마와 같되 작았고, 대는 가는 모시베를 사용하였다.《大學衍義補 卷51》

어 아무 일 없는 사람과는 다르니, 이 또한 상복을 입은 것과 마찬가지입니다. 그런데 상복을 입지 않는다고 한 것은 어째서입니까?

또 군주의 상이나 스승의 상을 당한 사람이 남에게 보내는 편지에는 방상인(方喪人) 또는 심상인(心喪人)이라고 자칭해야 합니까?

답 아버지가 죽은 것처럼 여기되 상복을 입지 말자고 한 자공(子貢)의 말은 부자가 안연의 상을 당한 데서 그 뜻을 얻어 미루어 행한 것입니다. 비록 사제지간이라도 어찌 보복하는 의리가 없겠습니까. 왕백, 황간, 김이상 세 사람이 복식을 바꾼 제도는 각기 슬픔을 다하였으나 끝내 조복에 삼베를 붙인 것으로 귀결되니, 최질(衰絰)과는 다릅니다.

편지의 칭호로 말하자면, 방상인은 참람되고, 심상인은 어버이에게 혐의가 되니 쓸 필요 없습니다.

문 "간사한 소리와 음란한 여색을 눈과 귀에 남겨두지 않는다.〔姦聲亂色, 不留聰明.〕"에서, 이목(耳目)이라 하지 않고 총명(聰明)이라고 한 이유는 총명이 이목의 법칙이기 때문이라는 말에 대하여

답 총명이 이목의 법칙이라는 한 구절은 몹시 좋습니다. 그러나 '남겨두지 않는다〔不留〕'의 유(留)는 좋아하여 놓지 못한다는 말입니다. 유(留)자를 쓰면 총명과 긴밀하게 붙고, 이목은 범범합니다.

문 "밥을 뭉치지 말라.〔無摶飯〕"라고 하였는데, 혼자 밥을 먹을 때도 이와 같아야 할 듯합니다. 그런데 주석에는 "남과 함께 밥을 먹기 때문이다."라고 하였습니다.

답 밥을 뭉치는 것은 반드시 함께 먹는 경우로 보아야 의미가 있습니다. 윗글을 보면 알 수 있습니다.

문 문왕(文王)이 왕계(王季)에게 조회하면서 내수(內竪)에게 안부를 묻고 물러난 것이 아니라 먼저 묻고서 들어가 조회한 듯합니다.
답 그런 듯합니다.

문 백이(伯夷)는 굶어죽었는데, 우연히 우리나라 사람의 시를 보니, 시골 노파가 고사리 역시 주나라의 풀이라는 뜻으로 비난하였으므로 마침내 다시는 캐지 않고 굶어 죽었다고 하였습니다.
답 이러한 따위의 말은 믿을 수 없습니다. 저는 항상 주나라 곡식은 녹봉이라고 생각하였으며, 굶어죽었다〔餓死〕는 말의 아(餓)는 곤궁하다는 뜻으로 보았습니다.

문 《대학장구》에서 말한 학문하는 차례는 원래 격물, 치지, 성의, 정심, 수신의 순서입니다. 《논어》와 《맹자》가 다음이라는 말은 먼저 《대학》을 읽고 다음에 《논어》와 《맹자》를 읽으라는 말인 듯합니다.
답 《혹문》에서는 정자의 말을 인용하여 《대학》은 배우는 자의 급선무이고 《논어》와 《맹자》는 오히려 그 다음이라고 하였으니, 다음이라는 편제(篇題)의 말은 바로 이 뜻입니다. 이것을 정론으로 삼아야 하니, 독서의 차례는 절로 그 안에 있습니다.

문 명덕은 심(心)과 성(性)을 겸하여 말한 것이지만 주된 뜻은 심에 있습니다.
답 명덕은 비록 심과 성을 합하여 말한 것이지만 마음은 성을 검속할 수 있고 성은 마음을 검속할 수 없으니, 심이 위주가 되는 것이 마땅합니다. 그러나 심자만 말할 수는 없으니, 옥계 노씨의 본심에 관한 이야기가 가장 정확합니다.

문 《대학》 전체에 자기의 덕을 스스로 밝히는 뜻을 말한 것은 많고, 백성의 뜻을 밝히는 뜻을 말한 것은 적습니다. 만약에 천하 사람을 모두 지극한 선에 머무르게 만들어야 한다고 하면, 성인도 불가능합니다. 요임금과 순임금은 단주(丹朱)와 상균(商均) 같은 아들이 있었고 사흉(四凶) 같은 신하가 있었으나 백성이 변하고 사방이 움직였으니, 이는 백성을 새롭게 하고 지극한 선에 머무르게 한 것입니다. 저 자포자기한 자는 성인도 어쩔 수 없으니, 만약 이를 두고 백성을 새롭게 함이 미진하다고 하면 성인의 경전에 실려 있는 가르침이 공허하여 실천하기 어려운 일이 되지 않겠습니까. 다만 백성이 모두 격물, 치지, 성의, 정심, 수신하게 만들어 성인의 경지에 나아가게 하기는 쉽지 않을 것입니다. 그저 사람마다 각기 어버이를 어버이로 대우하고 어른을 어른으로 대우하여 날마다 선(善)으로 옮겨가면서도 스스로 알지 못한다면, 이것이야말로 지극히 새롭게 하는 것이라 하겠습니다.

답 '만약에' 이하의 논란한 부분은 의리가 명확하여 좋습니다.

문 "반드시 홀로 있을 때 삼가야 한다.〔必愼其獨〕"에 대해 혹자는 "《대학》은 배우는 자의 일이므로 '반드시〔必〕'라는 글자를 넣었고, 《중용》은 가르치는 자의 일이므로 '반드시'라는 글자를 뺐다고 합니다.

답 《대학》과 《중용》에 '반드시'라는 글자가 하나는 있고 하나는 없는 것은 그 글의 형세에 따라 각자 다른 것에 불과합니다. 가르치는 사람을 위한 말을 배우는 사람에게만 할 수 없겠습니까. 혹자의 말은 융통성이 없는 듯합니다.

문 《대학장구》에 나오는 "그 기미를 살펴야 한다.〔審其幾〕"의 기(幾)자에 대해, 소주(小註)에서 주자는 선악의 기미라고 말하였습니다.
답 제 소견으로 선악의 기미는 조금 느슨하고, 성실하고 성실하지 않은 기미가 비교적 긴밀한 듯합니다.

문 탐려(貪戾) 2자 중에 탐(貪)을 인(仁)의 반대로 보고 여(戾)를 양(讓)의 반대로 보면 어떻습니까?
답 끝내 인과 여를 대비하고 양과 탐을 대비하는 것만 못합니다.

문 "어린이를 어린이로 대우하여 자애를 흥기한다."라고 하지 않고 "고아를 구휼한다."라고 말한 것은 어째서입니까?
답 효(孝), 제(弟), 자(慈)는 모두 하늘에서 얻은 것입니다. 특히 자(慈)는 지혜롭고 어리석고 현명하고 불초하고를 막론하고 대체로 같습니다. 앞장에서 "어린아이를 돌보듯 하라.〔如保赤子〕"라는 말을 인용하여 효제를 억지로 할 수 없다는 점을 밝혔으니, 이와 같습니다. 이로 미루어보면 자애는 흥기시키기를 기다리지 않더라도 능하다는 것을 알 수 있습니다. 그러므로 "어린이를 어린이로 대우한다."라고 하지 않고 "고아를 구휼한다."라고 한 것입니다. 고아를 구휼하는 것도 자애에 속하지만 그 일은 더욱 어렵습니다.

문 명덕(明德) 이하에 덕(德)자가 모두 두 번 보이는데, 장구의 "덕은 몸을 윤택하게 한다.〔德潤身〕"에서는 이것이 이른바 명덕이라고 말하지 않았고, "먼저 덕을 삼간다.〔先愼乎〕"에 이르러 비로소 말했습니다. 명덕이라는 글자와 멀리 떨어져 있으므로 특별히 드러내어 사람들에게 보인 것이 아니겠습니까?

답 "덕은 몸을 윤택하게 한다."는 성의장에 나오는데, 성의는 명명덕(明明德)의 한 가지 일이니, 따로 덕자를 풀이할 필요가 없습니다. 평천하(平天下)는 신민(新民)의 일이므로 "먼저 덕을 삼간다."에서 명덕이라고 풀이하여 명덕이 신민의 근본임을 드러낸 것입니다.

문 성의(誠意)는 수기치인(修己治人)의 요체이니, 악취를 싫어하듯 악을 싫어하고, 아름다운 여색을 좋아하듯 선을 좋아하는 것이 이것입니다. 이 때문에 〈진서(秦誓)〉를 인용한 한 단락은 군자와 소인, 선과 악이 다르다는 점을 말하였으니, 아랫글의 능히 사랑하고 능히 싫어할 수 있는 것은 좋아하고 싫어함이 지극히 성실하기 때문입니다. 등용하지 못하고 물리치지 못하면 좋아하는 것은 싫어함이 성실하지 못하기 때문입니다. 남이 싫어하는 것을 좋아하고 남이 좋아하는 것을 싫어하는 것은 좋아하고 싫어함이 성실을 거스르기 때문입니다. 나를 미루어 남을 헤아릴 수 있는가, 나를 미루어 남을 헤아릴 수 없는가는 단지 좋아하고 싫어함이 성실한가 성실하지 않은가에 달려 있을 뿐입니다. 그러므로 충(忠), 신(信), 교(驕), 태(泰)로 맺었습니다. 충과 신은 성실한 것이요, 교와 태는 성실하지 않은 것입니다. 장구에 "천리가 보존되고 멸망하는 기틀이 결정된다."라고 하였는데, 죽음과 삶, 사람과 귀신의 관건이 실로 여기에 있다는 것을 볼 수 있으니, 조심하지 않을 수 없습니다.

답 이와 같이 본다면 아주 좋습니다.

허군 급 에게 답하다 경술년(1730)

答許君 汲○庚戌

그대가 나를 따른 지 이미 여러 해가 되었는데 덕성은 나아지지 않았고 병통은 항상 그대로입니다. 그간 내가 성의를 다하지 않은 것이 아니지만 마치 물을 돌에 던지는 것 같습니다. 자기 때문에 남을 망친다면 어찌 부끄럽고 두렵지 않겠습니까. 보내주신 편지에 몹시 지극하게 반성하였는데, 이것은 혹시 만났을 때 새로워질 조짐입니까. 앞으로는 망언과 망동을 간절히 경계하고, 위엄을 바탕으로 삼고 돈독한 마음을 보존하십시오. 《경신편(敬身篇)》에서 심술(心術)과 위의(威儀) 두 편을 뽑아 깊이 체득하고 힘써 행한다면 자연히 조급한 성격은 너그러워지고 성급한 성격은 차분해지고 야박한 성격은 돈독해질 것입니다. 만약 이를 행할 수 없다면 나를 찾아 또 무엇하겠습니까. 나 역시 그대를 볼 낯이 없습니다. 도움을 청하는 뜻을 감히 저버릴 수 없으니, 부디 힘쓰기 바랍니다.

허군에게 답하다 정사년(1737)

答許君 丁巳

여러 가지 말씀하신 뜻에서 선한 단서가 참으로 가득하니, 기대하는 바가 녹록치 않습니다. 그러나 지난번에 영남의 서원에 가서 송당 선생(松堂先生)을 뵈었는데, 백년이 지났으나 더욱 지극한 존경을 받고 있었습니다. 이것이 어찌 쉽게 미칠 수 있는 것이겠습니까. 이러한 마음을 가지고 활 쏘는 여가에 책 읽기를 그만두지 말고, 쓸데없이 큰소리치지 않기를 바랍니다.

허군에게 답하다 을축년(1745)

答許君 乙丑

그대의 본직과 여러 겸직은 실로 무관으로서 지극한 촉망을 받는 직임입니다. 은혜가 융숭해질수록 보답은 더욱 어려워지니 그대를 위해 몹시 간절히 걱정합니다. 교만한 기운을 내지 말고, 또 성급히 나아가려는 생각도 하지 말며 책을 읽고 몸가짐을 삼가십시오. 만약 그렇게 하지 못하겠거든 속히 문생(門生) 두 글자를 제거하여 내게 모욕을 끼치지 않도록 하십시오.

박생 원지 에게 답하다 신유년(1741)

答朴生 遠枝○辛酉

며칠 머무른 것으로는 십년 동안 떨어져 있던 회포를 다 펴지 못하여 헤어진 뒤로 더욱 마음을 가눌 수 없었습니다. 두 유생이 홀연 편지를 전해주어 장마가 내리고 더운 날씨에 근황이 아주 좋다는 기쁜 소식을 들었습니다. 다만 이헌(李憲)이 뜻밖에 세상을 떠나 북쪽 선비들이 본받을 곳이 없어졌으니 얼마나 애통하겠습니까.

화원(華院)이 훼철된 일은 실로 사림의 액운이니 이루 말할 수 없이 한탄스럽습니다. 그러나 여러분이 존중하고 사모하는 정성은 건물이 있거나 없다고 해서 늘거나 줄지 않을 것입니다. 오직 책을 읽고 몸가짐을 가다듬어 서로 선행을 하도록 권면하여 옛현인이 길러준 아름다운 뜻을 저버리지 말아야 합니다. 오늘날 바라는 것은 이것뿐입니다. 《무정보감(武定寶鑑)》은 방문하였으나 집에 없었다고 들었으니 다행입니다. 장인을 위해 만류하기를 청한 글이 있다고 들었는데, 지금까지 보지 못했으니 먼 곳의 인사가 한탄스럽습니다.

지은이 **이재(李縡)**

본관은 우봉(牛峰), 자는 희경(熙卿), 호는 도암(陶菴), 한천(寒泉)이다. 부친은 이만창(李晩昌), 모친은 민유중(閔維重)의 딸로 인현왕후(仁顯王后)의 동생이다. 1680년(숙종6) 9월 28일 한양 훈도방(薰陶坊) 주자동(鑄字洞) 외가에서 태어났다. 5세에 부친상을 당하여 중부(仲父) 이만성(李晩成)의 훈도를 받았다. 1702년(숙종28) 문과에 급제하여 예문관 검열, 이조 정랑, 함경북도 병마평사, 수원 부사, 대사성, 예조 참판을 역임하였다. 1722년(경종2) 중부가 신임옥사에 연루되어 옥사하자 인제(麟蹄)에 은거하였다. 영조 즉위 후 대제학, 이조 참판에 임명되었으나 모두 사직하고, 1728년(영조4) 모친상을 계기로 용인에 한천정사(寒泉精舍)를 짓고 강학에 몰두하였다. 이후 대사헌, 공조 판서, 좌참찬에 임명되었으나 모두 사직하였다. 1746년(영조22) 10월 28일 광주(廣州)에서 세상을 떠났다. 문집 《도암집(陶菴集)》과 함께 《사례편람(四禮便覽)》, 《서사윤송(書社輪誦)》, 《삼관기(三官記)》, 《주형(宙衡)》, 《검신록(檢身錄)》, 《사서강설(四書講說)》 등 많은 저술을 남겼다. 시호는 문정(文正)이다.

옮긴이

최예심(崔禮心)

1967년 충북 제천 출생. 민족문화추진회 국역연수원 연수부 및 상임연구부를 졸업하였다. 민족문화추진회를 거쳐 단국대학교 동양학연구원 선임연구원으로 재직 중이다. 《승정원일기》(공역), 《월정집》(공역), 《용주유고》(공역), 《어우집》(공역) 등을 번역하였다.

장유승(張裕昇)

1976년 서울 출생. 성균관대학교 한문학과를 졸업하고, 한국학중앙연구원 한국학대학원을 거쳐 서울대학교 국어국문학과에서 〈조선후기 서북지역 문인 연구〉로 박사학위를 받았다. 한국고전번역원 고전번역교육원 전문과정을 마치고 한국고전번역원 번역위원을 거쳐 현재 단국대학교 동양학연구원 책임연구원으로 재직 중이다. 《정조어찰첩》(공역), 《영조 승정원일기》(공역), 《동국세시기》, 《현고기》, 《한국산문선》(공역) 등을 번역하였다.

권진옥(權津鈺)

1979년 경북 영천 출생. 고려대학교 한문학과를 졸업하고, 동 대학교 국어국문학과에서 〈택당 이식의 변문 · 고문 연찬과 산문 창작의 실제〉로 석사학위를 받고 〈귤산 이유원의 학문 성향과 유서 · 필기 편찬에 관한 연구〉로 박사학위를 받았다. 고려대학교 민족문화연구원 연구원을 거쳐 현재 단국대학교 동양학연구원 선임연구원으로 재직 중이다. 《낙전당집》(공역), 《어우집》(공역), 《한비자집해》(공역), 《오천집》 등을 번역하였다.

이승용(李承容)

1981년 경북 의성 출생. 영남대학교 한문교육과를 졸업하고, 성균관대학교 한문학과에서 《조선후기 강화학파 한시연구》로 박사학위를 받았다. 한국고전번역원 고전번역교육원 연수과정과 전문과정을 마치고 단국대학교 동양학연구원 선임연구원으로 재직 중이다. 《완구유집》, 《정관정요》(공역), 《낙전당집》(공역), 《완역정본 택리지》(공역) 등을 번역하였다.

권역별거점연구소협동번역사업 연구진

연구책임자　**김문식**(단국대학교 사학과)
공동연구원　**윤재환**(단국대학교 국어국문학과)
　　　　　　김우정(단국대학교 한문교육과)
책임연구원　**허호구**(단국대학교 동양학연구원)
　　　　　　장유승(단국대학교 동양학연구원)
　　　　　　최예심(단국대학교 동양학연구원)
선임연구원　**권진옥**(단국대학교 동양학연구원)
　　　　　　이승용(단국대학교 동양학연구원)
연구보조원　**신윤수**(단국대학교 동양학연구원)

도암집 5

이재 지음 | 최예심 · 장유승 · 권진옥 · 이승용 옮김
2019년 12월 31일 초판 1쇄 발행
편집 · 발행 학자원
등록 2011.4.6 제2011-14호
주소 (05355) 서울시 강동구 천호대로 1121
전화 02-6403-1000 | 팩스 02-6338-1001 | 이메일 hakjaone@daum.net

값 40,000원

ISBN 979-11-6247-142-5 94810
　　　979-11-6247-088-6 (세트)